D1669782

**Für registrierte Leser halten wir
zusätzliche Informationsangebote bereit.**

Bitte geben Sie Ihren Code auf der
Verlagswebsite ein.

**Ihr persönlicher
Registrierungscode** 04GP45610201

Leseproben · Artikel · Angebote · Newsletter · BuchScanner · Foren · Glossar

Liebe Leserin, lieber Leser,

vielen Dank, dass Sie sich für ein Buch von SAP PRESS entschieden haben.

SAP PRESS ist eine gemeinschaftliche Initiative von SAP und Galileo Press. Ziel ist es, qualifiziertes SAP-Wissen Anwendern zur Verfügung zu stellen. SAP PRESS vereint das fachliche Know-how der SAP und die verlegerische Kompetenz von Galileo Press. Die Bücher bieten Expertenwissen zu technischen wie auch zu betriebswirtschaftlichen SAP-Themen.

Jedes unserer Bücher will Sie überzeugen. Damit uns das immer wieder neu gelingt, sind wir auf Ihre Rückmeldung angewiesen. Bitte teilen Sie uns Ihre Meinung zu diesem Buch mit. Ihre kritischen und freundlichen Anregungen, Ihre Wünsche und Ideen werden uns weiterhelfen.

Wir freuen uns auf den Dialog mit Ihnen.

Ihre Eva Tripp
Lektorat SAP PRESS

Galileo Press
Gartenstraße 24
53229 Bonn

eva.tripp@galileo-press.de
www.sap-press.de

SAP PRESS wird herausgegeben von
Bernhard Hochlehnert, SAP AG

Uwe Brück
Praxishandbuch SAP-Controlling
2003, 539 Seiten, geb.
ISBN 3-89842-319-0

Karl-Heinz Barisch
Produktkosten-Controlling mit SAP
2004, 366 Seiten, geb.
ISBN 3-89842-370-0

Norbert Egger, Jean-Marie Fiechter, Jens Rohlf
SAP BW – Datenmodellierung
2004, 460 Seiten, geb.
ISBN 3-89842-535-5

Norbert Egger, Jean-Marie Fiechter, Jens Rohlf, Ralf Patrick Sawicki,
Thomas Thielen
SAP BW – Datenbeschaffung
2004, ca. 400 Seiten, geb.
ISBN 3-89842-536-3

Norbert Egger, Jens Rohlf, Jörg Rose, Oliver Schrüffer
SAP BW – Reporting und Analyse
2005, ca. 450 Seiten, geb.
ISBN 3-89842-537-1

Aktuelle Angaben zum gesamten SAP PRESS-Programm finden Sie unter
www.sap-press.de.

Uwe Brück, Alfons Raps

Gemeinkosten-Controlling mit SAP

Galileo Press

Bibliografische Information Der Deutschen Bibliothek
Die Deutsche Bibliothek verzeichnet diese Publikation in der Deutschen Nationalbibliografie; detaillierte bibliografische Daten sind im Internet über http://dnb.ddb.de abrufbar.

ISBN 3-89842-456-1

© Galileo Press GmbH, Bonn 2004
1. Auflage 2004

Der Name Galileo Press geht auf den italienischen Mathematiker und Philosophen Galileo Galilei (1564–1642) zurück. Er gilt als Gründungsfigur der neuzeitlichen Wissenschaft und wurde berühmt als Verfechter des modernen, heliozentrischen Weltbilds. Legendär ist sein Ausspruch **Eppur se muove** (Und sie bewegt sich doch). Das Emblem von Galileo Press ist der Jupiter, umkreist von den vier Galileischen Monden. Galilei entdeckte die nach ihm benannten Monde 1610.

Lektorat Eva Tripp **Korrektorat** Sandra Gottmann, Münster **Illustrationen** Peter Butschkow **Einbandgestaltung** department, Köln **Herstellung** Iris Warkus **Satz** SatzPro **Druck und Bindung** Koninklijke Wöhrmann, Niederlande

Das vorliegende Werk ist in all seinen Teilen urheberrechtlich geschützt. Alle Rechte vorbehalten, insbesondere das Recht der Übersetzung, des Vortrags, der Reproduktion, der Vervielfältigung auf fotomechanischen oder anderen Wegen und der Speicherung in elektronischen Medien.

Ungeachtet der Sorgfalt, die auf die Erstellung von Text, Abbildungen und Programmen verwendet wurde, können weder Verlag noch Autor, Herausgeber oder Übersetzer für mögliche Fehler und deren Folgen eine juristische Verantwortung oder irgendeine Haftung übernehmen.

Die in diesem Werk wiedergegebenen Gebrauchsnamen, Handelsnamen, Warenbezeichnungen usw. können auch ohne besondere Kennzeichnung Marken sein und als solche den gesetzlichen Bestimmungen unterliegen.

Sämtliche in diesem Werk abgedruckten Bildschirmabzüge unterliegen dem Urheberrecht © der SAP AG, Neurottstr. 16, D-69190 Walldorf.

SAP, das SAP-Logo, mySAP, mySAP.com, mySAP Business Suite, SAP NetWeaver, SAP R/3, SAP R/2, SAP B2B, SAPtronic, SAPscript, SAP BW, SAP CRM, SAP Early Watch, SAP ArchiveLink, SAP GUI, SAP Business Workflow, SAP Business Engineer, SAP Business Navigator, SAP Business Framework, SAP Business Information Warehouse, SAP inter-enterprise solutions, SAP APO, AcceleratedSAP, InterSAP, SAPoffice, SAPfind, SAPfile, SAPtime, SAPmail, SAPaccess, SAP-EDI, R/3 Retail, Accelerated HR, Accelerated HiTech, Accelerated Consumer Products, ABAP, ABAP/4, ALE/WEB, BAPI, Business Framework, BW Explorer, Enjoy-SAP, mySAP.com e-business platform, mySAP Enterprise Portals, RIVA, SAPPHIRE, TeamSAP, Webflow und SAP PRESS sind Marken oder eingetragene Marken der SAP AG, Walldorf.

Inhalt

	Vorwort	11

1 Grundlagen — 15

1.1	Liebe Leserin, lieber Leser!	15
1.2	Betriebswirtschaft »for Beginners«	17
1.3	Internes Rechnungswesen und Controlling	28
	1.3.1 Internes Rechnungswesen	28
	1.3.2 Definition Controlling	31
	1.3.3 Position des Controllers	39
1.4	Strukturen im SAP-System	42
	1.4.1 Softwarelösungen	42
	1.4.2 Module in SAP R/3	43
	1.4.3 Organisationsstrukturen	46
1.5	Zusammenfassung	47

2 Kostenarten — 51

2.1	Betriebswirtschaftliche Grundlagen	51
2.1.1	Kostenartenrechnung	51
2.1.2	Differenzierung primär und sekundär	53
2.1.3	Externes und Internes Rechnungswesen	55
2.1.4	Preis- und Mengenabweichungen	56
2.1.5	Zusammenfassung	60
2.2	Primäre originäre Kostenarten	60
2.3	Primäre kalkulatorische Kosten	69
	2.3.1 Anlagen und Abschreibungen	70
	2.3.2 Kalkulatorische Zinsen	73
	2.3.3 Anlagen in SAP R/3	75
	2.3.4 Sonstige primäre kalkulatorische Kostenarten	79
2.4	Sekundäre Kostenarten	80
2.5	Weitere Kostenartentypen	83
2.6	Kostenartengruppen	84
2.7	Kostenarten-Infosystem	86
2.8	Zusammenfassung	87

3 Kostenstellen 91

3.1 Betriebswirtschaftliche Grundlagen 91
3.1.1 Zielsetzungen der Kostenstellenrechnung 91
3.1.2 Sekundäre und primäre Kostenstellen 92
3.1.3 Leistungsarten 94
3.1.4 Leistungsarten in der Produktion 95

3.2 Kostenstellentypen und ihre Verrechnung 98
3.2.1 Verrechnung der primären Kostenstellen 98
3.2.2 Verrechnung der sekundären Kostenstellen 99
3.2.3 Umlage versus Leistungsverrechnung 100

3.3 Stammdaten in SAP R/3 102
3.3.1 Kostenstellen 102
3.3.2 Sekundäre Kostenarten 107
3.3.3 Leistungsarten 109

3.4 Betriebswirtschaftliche Grundlagen der Kostenstellen-Planung 111
3.4.1 Zielsetzungen der Kostenplanung 111
3.4.2 Planbeschäftigung 113
3.4.3 Planpreise 116
3.4.4 Durchführung der Kostenplanung 117
3.4.5 Kostenauflösung 127
3.4.6 Kostenplanung der sekundären Kostenstellen 129
3.4.7 Kostenplanung der primären Kostenstellen 138
3.4.8 Planungsabstimmung 143
3.4.9 Primärkostensätze 144
3.4.10 Umwertung und Simulation 146

3.5 Planung in SAP R/3 153
3.5.1 Vorbereitung 153
3.5.2 Mengenbeziehungen 154
3.5.3 Abschreibungen 161
3.5.4 Primäre Kostenarten 165
3.5.5 Ressourcenplanung 168
3.5.6 Planabstimmung 174
3.5.7 Tarifermittlung 178
3.5.8 Planungshilfen 181

3.6 Zusammenfassung 188

4 Innenaufträge 191

4.1 Betriebswirtschaftliche Grundlagen 191
4.1.1 Definition Innenaufträge 191
4.1.2 Istbelastung auf Innenaufträge 194

4.2 Grundeinstellungen im SAP-System 196
4.2.1 Betriebswirtschaftliche Aspekte von Auftragsarten und -gruppen 196
4.2.2 Auftragsarten in SAP R/3 201
4.2.3 Nummernkreis 203

		4.2.4	Feldauswahl	207
		4.2.5	Auftragslayout	213
		4.2.6	Musterauftrag/Referenzauftrag	216
		4.2.7	Statusverwaltung	221
		4.2.8	Aufträge löschen	222
	4.3	Abwicklung, Planung und Abrechnung der Innenaufträge		223
		4.3.1	Einzelaufträge	223
		4.3.2	Daueraufträge	226
		4.3.3	Abgrenzungsaufträge	227
	4.4	Statistische Aufträge		229
		4.4.1	Grundeinstellungen	229
		4.4.2	Istbuchungen	231
		4.4.3	Auftragsberichte	233
	4.5	Echte Innenaufträge		236
		4.5.1	Grundeinstellungen	236
		4.5.2	Planung	238
		4.5.3	Istbuchungen	248
	4.6	Anlagen im Bau		249
	4.7	Abgrenzungen		261
		4.7.1	Abgrenzung per Plan = Ist	261
		4.7.2	Abgrenzung per Soll = Ist	278
		4.7.3	Abgrenzung per Zuschlag	286
	4.8	Zusammenfassung		295

5 Projekte 299

5.1	Betriebswirtschaftliche Grundlagen		299
	5.1.1	Definition Projekte	299
	5.1.2	Projekt-Controlling	300
	5.1.3	Zusammenfassung	305
5.2	Stammdaten in SAP R/3		305
5.3	Planung im Projektsystem		310
5.4	Istbuchung		312
5.5	Zusammenfassung		321

6 Monatliche Abrechnung 325

6.1	Betriebswirtschaftliche Grundlagen	325
6.2	Ermittlung der Istleistungsartenmengen	327
6.3	Sollkostenrechnung	329
6.4	Bereitstellung der Istkosten	334
6.5	Innenauftragsabrechnung	336
6.6	Soll-Istkosten-Vergleich	337

6.7	Istkostennachweis	343
6.8	Abweichungen im Gemeinkostenbereich	345
	6.8.1 Überblick	345
	6.8.2 Abweichungsarten	345
	6.8.3 Abweichungsverrechnung	348
6.9	Kostenanalysen und Kostendurchsprachen	352
	6.9.1 Systemanlauf	353
	6.9.2 Kostendurchsprachen	353

7 Prozesse — 359

7.1	Betriebswirtschaftliche Grundlagen	359
7.2	Grundeinstellungen	370
7.3	Belastung und Verrechnung	373
7.4	Zusammenfassung	381

8 Ergebnisrechnung und Profit-Center-Rechnung — 385

8.1	Ergebnis- und Marktsegmentrechnung	385
	8.1.1 Überblick	385
	8.1.2 Grundeinstellungen	387
	8.1.3 Indirekte Leistungsverrechnung im Plan	389
	8.1.4 Indirekte Leistungsverrechnung im Ist	398
	8.1.5 Umlage der Abweichungen	402
	8.1.6 Zusammenfassung	404
8.2	Profit-Center-Rechnung	405
	8.2.1 Überblick	405
	8.2.2 Grundeinstellungen	408
	8.2.3 Plandatenübernahme	413
	8.2.4 Reporting	414
	8.2.5 Zusammenfassung	417

9 SAP BW und SAP SEM-BPS — 421

9.1	SAP Business Information Warehouse (BW)	421
	9.1.1 Einführung	421
	9.1.2 Der Business Explorer Analyzer (BEx)	423
	9.1.3 Queries pflegen	429
9.2	Strategic Enterprise Management – Business Planning and Simulation (SAP SEM-BPS)1	432
	9.2.1 Planungsgebiet	433
	9.2.2 Planungsebene	435
	9.2.3 Manuelle Planung	437

	9.2.4	Planung ausführen	440
	9.2.5	Planung im Web	441
9.3		Zusammenfassung	442

A SAP-Komponenten 445

B Glossar 449

C Die Autoren 452

Index 453

Vorwort

Ich kenne SAP im Prinzip seit den Anfangszeiten dieser Software. Es waren in der praktischen Anwendung erst die R/2-Module, dann R/3 mit all seinen neueren Ausprägungen, die mich über die Jahrzehnte in verschiedenen Branchen begleitet haben. Was mich von Beginn an faszinierte, war die Integration, die so umfassend in keinem anderen Software-System gegeben war und ist.

Im Innerbetrieblichen Rechnungswesen heißt dies, dass man schnittstellenfrei z.B. auf die Systeme der Finanzbuchhaltung, Materialwirtschaft, der Produktionsplanung und -steuerung und der Vertriebsabwicklung/Fakturierung zugreifen kann, umgekehrt aber auch die Daten des Innerbetrieblichen Rechnungswesens für andere Anwendungen bereithält. In diesem Zusammenhang sehe ich auch die Berücksichtigung der Controlling-Anforderungen, die heute über den Umfang der Kosten- und Ergebnisrechnung weit hinausgehen.

Ein wichtiger Teilaspekt dabei sind die Gemeinkosten, die zwar nicht mehr die Bedeutung wie vor Jahrzehnten haben, trotzdem aber nach wie vor eine wesentliche Zielrichtung der Controlling-Aktivitäten sind.

Hierzu zählt auch die Entwicklung der Prozesskostenrechnung für eine verursachungsgerechte Kostenzuordnung der indirekten Leistungsbereiche oder der Konzernkostenrechnung mit Verrechnungspreisen ungleich Kosten und den Konsolidierungs-Anforderungen, beides Aspekte, die im Zeitalter der Internationalisierung und Globalisierung immer wichtiger werden.

Gut an diesem Buch, das Sie soeben aufgeschlagen haben, finde ich insbesondere, dass Software-Lösungen vermittelt werden, die auf betriebswirtschaftlichen Anforderungen und Ansätzen basieren, so dass auch für den Nicht-Controller oder Anfänger die Zusammenhänge leichter verständlich werden.

In diesem Sinne wünsche ich Ihnen, dass Sie beim erstmaligen Lesen dieses Buches zusätzliche Erkenntnisse gewinnen bzw. bei späterem gezielten Nachschlagen die Beantwortung Ihrer offenen Fragen erhalten.

Thomas Rövekamp
Mitglied des Vorstands
BHS tabletop AG
Selb, im Oktober 2004

Kapitel 1

Bestandsaufnahme

1 Grundlagen

»Controller is everyone«. In modernen Unternehmen ist das betriebswirtschaftliche Know-how nicht auf die Bereiche Buchhaltung und Controlling beschränkt. Bei allen Führungskräften sowie Kosten-/Ergebnisverantwortlichen gehören die Methoden und Werkzeuge zur Verrechnung und Analyse von Kosten zum täglichen Handwerkszeug.

1.1 Liebe Leserin, lieber Leser!

Wir freuen uns, Sie bei unserem Buch »Gemeinkosten-Controlling mit SAP« begrüßen zu dürfen. Wir, das sind Alfons Raps, selbstständiger Unternehmensberater, ehemals geschäftsführender Gesellschafter der Unternehmensberatung Plaut, und Uwe Brück, selbstständiger Unternehmensberater, der sein »Handwerk« bei einem Anwender von SAP-Software, der Hochland AG, gelernt hat. Herr Raps hat als seitens der Plaut-Gruppe verantwortlicher Betriebswirt die Entwicklung der Abrechnungs- und Controllingfunktionen in den SAP-Systemen RK (R/2) bzw. CO (R/3) maßgeblich beeinflusst. Von ihm stammen die betriebswirtschaftlichen Beiträge dieses Buches. Herr Brück hat bei Hochland als Mitarbeiter und bei diversen anderen Unternehmen als Berater Controllingkonzepte erstellt und mit SAP R/3, dem SAP Business Information Warehouse (BW) und der Planungssoftware SAP Strategic Enterprise Management (SEM-BPS) umgesetzt. Er beschreibt in diesem Buch, wie die Controllingstrategien mit SAP-Software umgesetzt werden, und dokumentiert Beispiele aus der Praxis.

Die Autoren

In meinem ersten Buch, »Praxishandbuch SAP-Controlling«, habe ich, Uwe Brück, ein produzierendes Unternehmen, die Bäckerei Becker, mit allen Facetten des Controllings mit SAP dargestellt. Dieses Buch umfasst sowohl Gemeinkosten- als auch Produktkosten- und Ergebniscontrolling. Dieser globale Ansatz bedingt, dass für einzelne Funktionen des Systems jeweils ausgewählte Ausprägungen dargestellt werden; auf die vollständige Beschreibung von alternativen Einstellungen und Abläufen musste dort verzichtet werden. Außerdem liegt dem »Praxishandbuch SAP-Controlling« ein durchgängiges betriebswirtschaftliches Beispiel aus der Fertigungsindustrie zugrunde; entsprechend eingeschränkt ist die Aussagekraft dieses Werkes für Unternehmen aus anderen Branchen, z.B. Dienstleistung oder Handel.

Praxishandbuch SAP-Controlling

Gemeinkosten-Controlling mit SAP

Im hier vorliegenden Buch,»Gemeinkosten-Controlling mit SAP«, geben wir den Fokus auf eine einzelne Branche auf. Denn Gemeinkosten-Controlling findet in jedem Unternehmen statt, ob in der Fertigungsindustrie, dem Handel oder bei einem Dienstleister. Mit diesem Buch sind jetzt alle Unternehmen angesprochen, die Software aus dem Hause SAP im Einsatz haben oder haben werden. Für die einzelnen Funktionen innerhalb der Gemeinkostenrechnung werden unterschiedliche betriebswirtschaftliche Beispiele mit unterschiedlichen Ausprägungen im SAP-System vorgestellt. Herzlichen Dank an dieser Stelle an die Hochland AG, die die SAP-Systeme für die Beispiele in diesem Buch zur Verfügung gestellt hat. Allerdings soll jetzt, wie auch schon im ersten Buch, kritisch hinter die Kulissen des Controllings und anderer Bereiche im Unternehmen geblickt werden. Alle Aussagen spiegeln unsere persönliche Meinung und unsere Erfahrung aus 40 bzw. 15 Jahren Industrietätigkeit und Unternehmensberatung wider. Hier und da fließen wieder unterhaltsame Passagen in den Text ein. Die Illustrationen von Peter Butschkow entlocken Ihnen, wie wir hoffen, auch dieses Mal das eine oder andere Schmunzeln.

Kontakt

Über jede Anregung und Kritik freuen wir uns, nur so kann dieses Buch in einer weiteren Auflage besser werden. Die aktuellen Kontaktmöglichkeiten finden Sie im Internet unter *www.uwebrueck.de*.

Wer sind Sie?

Controller und EDV-Mitarbeiter

Sie sind in Ihrem Unternehmen Mitarbeiter oder Leiter eines Projektes zur Einführung oder zur Weiterentwicklung des Controllings mit SAP. Sie sind entweder in der EDV-Abteilung tätig, und Begriffe wie »relationales Datenbankmodell« oder »Variable vom Typ Integer« sind Ihnen aus der täglichen Praxis geläufig. Oder Sie sind Mitarbeiter aus einer betriebswirtschaftlichen Abteilung (Controlling, Buchhaltung, Rechnungswesen) und wissen ganz selbstverständlich, was der Unterschied ist zwischen »Vollkosten- und Teilkostenrechnung« oder zwischen »Aufwand und Kosten«. Für Sie beide, EDV-Spezialisten und Betriebswirte, schreiben wir dieses Buch. Sie beide lernen einiges aus dem Bereich des anderen und vielleicht auch das eine oder andere SAP-Spezifische aus Ihrem eigenen Umfeld. Da Sie als Softwarespezialist vielleicht zum ersten Mal mit betriebswirtschaftlichen Fragestellungen konfrontiert sind oder als Betriebswirt vielleicht erstmals mit einem integrierten EDV-System zu tun haben, werden wir für beide Bereiche Grundlagen vermitteln. Vorkenntnisse sind nicht erforderlich. Sollten wir Sie in manchen Passagen mit Details langweilen, in denen Sie schon Experte sind, blättern Sie einfach weiter, und denken

Sie an Ihre Kollegen, denen vielleicht gerade jetzt neue, entscheidende Kenntnisse vermittelt werden.

Als Student der Betriebswirtschaft oder der Wirtschaftsinformatik streben Sie vielleicht eine Tätigkeit in einem internationalen Konzern an. In diesen Unternehmen, immer häufiger allerdings auch im Mittelstand, werden Sie mit großer Wahrscheinlichkeit Software aus dem Hause SAP im Einsatz finden. Einsatz von SAP-Software, das heißt fast immer Einsatz der SAP-Buchhaltung und, fast ebenso oft, Einsatz der SAP-Kostenrechnung. Zusätzlich zu den Grundkenntnissen, die Ihnen in den Vorlesungen Controlling und Kostenrechnung vermittelt werden, erhalten Sie hier einen Einblick in die Praxis.

Studierende

Als Leiter eines Seminars oder einer Vorlesung an einer Hochschule oder bei einem Schulungsunternehmen suchen Sie nach griffigen Beispielen zur Umsetzung des Gemeinkosten-Controllings in der Praxis. Vielleicht suchen Sie auch nach Ergänzungen Ihres Schulungsprogramms. Hier können Sie fündig werden.

Lehrende

Sie sind als Manager verantwortlich für die Kosten Ihrer Kostenstellen und wollen endlich verstehen, warum Sie immer mit Kosten belastet werden, die Sie nicht beeinflussen können. Sie sind Mitarbeiter des Vertriebes, der Produktion oder des Einkaufs und wollten immer schon einmal wissen, was der Unterschied ist zwischen Umlage und Leistungsverrechnung bei der Kostenverrechnung von Kostenstelle zu Kostenstelle. Sie wollen Ihr Wissen erweitern und endlich Klarheit bekommen, wie die Begriffe »Kostenstelle«, »Innenauftrag«, »Prozesskostenrechnung«, »Business Information Warehouse« und andere zu verstehen sind. Sie alle halten das richtige Buch in der Hand.

Andere Wissbegierige

Ihnen allen wünschen wir viel Spaß beim Lesen und Erfolg bei der Konzeption Ihres Controllings sowie bei der Umsetzung dieser Konzepte mit Software von SAP.

1.2 Betriebswirtschaft »for Beginners«

Zum Verständnis für die Nicht-Betriebswirte unter unseren Lesern erlauben Sie uns eine kleine Einführung in die doppelte Buchführung, wie sie von jeder Finanzbuchhaltung durchgeführt wird. Als Buchhaltungsexperte verzeihen Sie uns bitte die sehr vereinfachte Darstellung.

Als Beispiel soll die kleine, mittelständische Bäckerei Becker dienen. Die Firma wird als GmbH geführt. Wie jedes andere Unternehmen auch ist die Bäckerei Becker auf eine funktionierende Buchhaltung angewiesen.

Beispiel Bäckerei Becker

Anfangsbilanz Am Beginn jeder buchhalterischen Tätigkeit steht eine Bestandsaufnahme. So ermittelt unser Herr Becker folgende Vermögenswerte zu Beginn des ersten Jahres seiner Tätigkeit. Die Bestandskonten sind durch Anführungsstriche gekennzeichnet:

- Kombifahrzeug: 20 000 € → »Pkw«
- Rührer, Backofen und andere Maschinen: 20 000 € → »Maschinen«
- Rohstoffe (Mehl, Zucker usw.): 10 000 € → »Rohstoffe«
- Guthaben Girokonto: 5 000 € → »Bank«

Außerdem muss bei der Bestandsaufnahme berücksichtigt werden, mit welchen Schulden das Unternehmen belastet ist:

- Bankkredit, Zins 8 % pro Jahr mit 5 % anfänglicher Tilgung: 30 000 €

Als Ergebnis der Bestandsaufnahme entsteht eine erste Bilanz zum 1.1.2004 (siehe Tabelle 1.1). Die Vermögenswerte werden auf der linken Seite als *Aktiva* dargestellt, die rechte Seite zeigt Schulden und Eigenkapital und heißt *Passiva*. Buchhalter sagen statt Aktiva auch Mittelverwendung und statt Passiva Mittelherkunft. Jeder Eintrag der Tabelle stellt ein eigenes Bilanzkonto dar. »Pkw«, »Maschinen«, »Rohstoffe« und »Bank« sind die Kategorien, in denen der Unternehmenswert gebunden ist; sie heißen *Aktivkonten*. Die Konten »Eigenkapital« und »Darlehen« geben an, wie der Unternehmenswert finanziert ist. Diese Konten nennt man *Passivkonten*. Die Summe der Aktiva muss immer exakt mit der Summe der Passiva übereinstimmen. Diese Summe, hier 55 000 €, wird *Bilanzsumme* genannt.

Eigenkapital In diesem Beispiel ergibt sich das Eigenkapital aus der Differenz von Bilanzsumme und Bankdarlehen mit 25 000 €. Das Eigenkapital repräsentiert den Eigenbeitrag unseres Existenzgründers und stellt den buchhalterischen Unternehmenswert dar.

Aktiva		Passiva	
Pkw	20 000 €	Eigenkapital	25 000 €
Maschinen	20 000 €	Darlehen Bank	30 000 €
Rohstoffe	10 000 €		
Bank	5 000 €		
Summe	55 000 €	Summe	55 000 €

Tabelle 1.1 Bilanz zum 1.1.2004

Alle Einnahmen und Ausgaben, die während des Jahres anfallen, werden in der Finanzbuchhaltung festgehalten und in einer monatlichen *Gewinn- und Verlustrechnung*, kurz GuV, dargestellt.

Gewinn- und Verlustrechnung (GuV)

Unser Jungunternehmer backt im ersten Geschäftsjahr Kuchen im Wert von 40 000 €. Drei Viertel der Produktion werden im gleichen Jahr verkauft. Der Saldo aus Bestandserhöhung durch Produktion (+ 40 000 €) und Bestandsverringerung durch Verkauf (− 30 000 €) ergibt sich also zu 10 000 €. Dieser Saldo wird als Bestandsveränderung in der GuV ausgewiesen.

Bestandsveränderung

Für die verkauften Produkte erzielt das Unternehmen einen Erlös von 60 000 €. Die Summe aus Erlösen und Bestandsveränderungen nennt der Buchhalter *Gesamtleistung*.

Erlös und Gesamtleistung

Im Laufe des Jahres entsteht Aufwand in der Bäckerei. Die Aufwandskonten der Buchhaltung sind im Folgenden in Anführungsstrichen angegeben:

Aufwand

- Verbrauch von Rohstoffen: 12 000 € → »Materialaufwand«
- Gehalt für Unternehmer: 30 000 € → »Personalaufwand«
- Lohn für Aushilfe: 10 000 € → »Personalaufwand«
- Abschreibung für Pkw und Maschinen, 4 Jahre linear: 2 × 5 000 € → »Abschreibungen«
- Energie und Sonstiges: 2 000 € → »Energie und Sonstiges«
- Zinsen für Bankdarlehen: 2 400 € → »Zinsaufwand«

Aus den Erlösen, Bestandsveränderungen und Aufwänden entsteht die Gewinn- und Verlustrechnung für das Jahr 2004 (siehe Tabelle 1.2). Das Ergebnis oder auch der Gewinn dieses Jahres wird hier mit 3 600 € ausgewiesen.

GuV

GuV 1–12/2004	
Erlöse	+ 60 000 €
Bestandsveränderungen	+ 10 000 €
Gesamtleistung	+ 70 000 €
Materialaufwand	− 12 000 €
Personalaufwand	− 40 000 €
Abschreibungen	− 10 000 €

Tabelle 1.2 Gewinn- und Verlustrechnung

GuV 1–12/2004	
Energie und Sonstiges	– 2 000 €
Zinsaufwand	– 2 400 €
Gewinn	+ 3 600 €

Tabelle 1.2 Gewinn- und Verlustrechnung (Forts.)

Doppelte Buchführung

Es ist ein Grundsatz der doppelten Buchführung, dass jede Buchung zweimal ausgeführt wird. Die Buchung in der GuV wird gleichzeitig auf einem entsprechenden Konto der Bilanz ausgewiesen. »Was soll das?«, werden Sie fragen. »Wenn ich Geld ausgegeben habe und das einmal sauber aufschreibe, muss das doch reichen!« Nein, das reicht in der doppelten Buchführung nicht. Dafür gibt es drei Gründe:

1. **Ein historischer Grund**

   Die doppelte Buchführung wurde im Mittelalter von italienischen Kaufleuten erfunden. Damals gab es noch keine Computer; alle Aufzeichnungen und Berechnungen mussten von Hand vorgenommen werden. Wenn jeder Vorgang unter verschiedenen Aspekten zweimal gebucht wurde, konnten die Berechnungen in den beiden Aufzeichnungen abgestimmt werden. Nur so konnte man Fehler finden. Heute gibt es Computer, und die machen keine Fehler beim Rechnen. Trotzdem ist die doppelte Buchführung bis heute internationaler Standard. Also wird es noch andere Gründe geben.

2. **Ein praktischer Grund**

   Wenn Sie jeden Vorgang gleichzeitig in der GuV und in der Bilanz buchen, dann wissen Sie zu jeder Zeit, über welche Ressourcen Sie verfügen (Bilanz) und welchen Weg Sie bereits bewältigt haben (GuV). Vergleichen könnte man das vielleicht mit einem Auto: Wenn Sie von München nach Hamburg fahren, fühlen Sie sich nur dann wohl, wenn Sie zuverlässig zu jedem Zeitpunkt den Stand Ihrer Tankfüllung kennen (Bilanz) und wissen, wie weit Sie schon gefahren sind (GuV). Natürlich kommen Sie auch ans Ziel, wenn Sie nur einen Kilometerzähler hätten und alle 200 km anhalten würden, um mit einer Sonde zu prüfen, wie viel Benzin noch im Tank ist. Das entspricht einer Buchhaltung, die laufend Aufwand und Ertrag bucht und einmal am Ende des Jahres eine Bestandsaufnahme macht. Moderne Autos verfügen allerdings über einen Kilometerzähler und eine Tankanzeige, die gleichzeitig und zeitnah die richtigen Werte liefern. Und genauso ist es bei einer modernen Buchhaltung auch. Bilanz und GuV werden gleichzeitig fortgeschrieben.

3. **Der wahre Grund**
   Die doppelte Buchführung mit Buchung und Gegenbuchung ist, wie sie ist. Punkt.

Betrachten wir die Gegenbuchungen im Einzelnen:

Gegenbuchungen in der Bilanz

- Durch die Lieferung von Waren gewähren wir den Kunden einen Kredit, bis die Rechnung bezahlt ist. Der »Erlös« aus der GuV erzeugt in der Bilanz einen offenen Posten für »Forderungen aus Lieferungen und Leistungen«, kurz »Ford. aLuL«.
- Für die produzierten Waren werden »Bestandsveränderungen« in der GuV gebucht. Gleichzeitig erhöht sich der Wert des Bestandskontos »Fertigprodukte« in der Bilanz. Die Lieferung an Kunden reduziert den Wert der Fertigprodukte in der Bilanz und wird – wie die Produktion – gleichzeitig in der GuV als Bestandsveränderung gebucht.
- Der »Materialaufwand« (GuV) verringert den Bestand des Kontos »Rohstoffe« (Bilanz).
- Die »Abschreibungen« (GuV) verringern die Werte der Sachanlagenkonten »Pkw« und »Maschinen« (beide Bilanz).
- »Energie und Sonstiges«, »Zins« und »Personalaufwand« (alle GuV) werden gegen das Konto »Bank« (Bilanz) gebucht

Nicht alle betriebswirtschaftlichen Vorgänge sind in der GuV sichtbar. Folgende Vorgänge werden beispielsweise mit jeweils zwei Bilanzkonten gebucht, ohne Beteiligung der GuV:

Bilanzbuchungen

- Das Unternehmen tilgt 5 % des Darlehens, also 1 500 €. Die Tilgung wird innerhalb der Bilanz auf den Konten »Bank« (Aktiva) und »Darlehen« (Passiva) gebucht. Beide Konten weisen jetzt einen niedrigeren Saldo aus.
- Außerdem hat der Betrieb für 10 000 € Rohmaterial eingekauft. Dadurch entsteht eine Schuld dem Lieferanten gegenüber in gleicher Höhe. Die entsprechende Buchung betrifft das Aktivkonto »Rohstoffe« sowie das Passivkonto »Verbindlichkeiten aus Lieferungen und Leistungen« (kurz »Verb. aLuL«).
- Ein Teil der Rechnungen an Kunden wird durch Zahlung ausgeglichen. Im Beispiel gehen 50 000 € im Jahr 2003 auf dem Bankkonto ein. Dadurch verringert sich der Wert des Kontos »Forderungen aus Lieferungen und Leistungen« und erhöht sich mit gleichem Betrag das Bankguthaben. Am Ende des Jahres bleiben unbezahlte Rechnungen an Kunden mit einem Betrag von 10 000 € auf dem Konto »Ford. aLuL« stehen.

- Zuletzt wird die Hälfte des angelieferten Rohmaterials bezahlt. Die Schuld im Konto »Verbindlichkeiten aus Lieferungen und Leistungen« verringert sich um 5 000 €. Entsprechend verringert sich das Guthaben auf dem Konto »Bank«.

Schlussbilanz Aus der Anfangsbilanz, den Buchungen der GuV und den Buchungen innerhalb der Bilanz, ergibt sich die Schlussbilanz zum 31.12.2004 (siehe Tabelle 1.3).

Aktiva		Passiva	
Pkw	15 000 €	Eigenkapital	35 600 €
Maschinen	15 000 €	Verb. aLuL	5 000 €
Fertigprodukte	10 000 €	Darlehen Bank	28 500 €
Rohstoffe	15 000 €		
Ford. aLuL	10 000 €		
Bank	4 100 €		
Summe	69 100 €	Summe	69 100 €

Tabelle 1.3 Bilanz zum 31.12.2004

Bankkonto Die einzelnen Buchungen auf dem Konto »Bank« sind zusammengefasst in Tabelle 1.4 zu sehen.

Bankguthaben	
Anfangsbestand am 1.1.2004	+ 5 000 €
Energie und Sonstiges	− 2 000 €
Lohn und Gehalt	− 40 000 €
Zins für Darlehen	− 2 400 €
Tilgungen für Darlehen	− 1 500 €
Zahlungseingang von Kunden	+ 50 000 €
Zahlungsausgang an Lieferanten	− 5 000 €
Endbestand am 31.12.2004	+ 4 100 €

Tabelle 1.4 Buchungen auf dem Konto »Bank«

Die Veränderung des Eigenkapitals von 25 000 € auf 35 600 €, also eine Steigerung um 10 600 €, stimmt exakt mit dem Ergebnis überein, das die GuV ausweist. Das ist kein Zufall. Ein ordentlicher Buchhalter bildet das

Eigenkapital nicht als Saldo von Bilanzsumme und Verbindlichkeiten ab, wie bei der Anfangsbilanz angedeutet. Stattdessen bucht der Buchhalter den Gewinn auf dem so genannten *Schlussbilanzkonto* der GuV gegen die Position »Eigenkapital« in der Bilanz.

Für den Kleinunternehmer im angeführten Beispiel reicht die zeitnahe Erstellung einer GuV und einer Bilanz für die Steuerung seines Betriebes sicherlich aus. Bei einer Betriebsgröße von fünfzig, hundert oder gar Tausenden von Mitarbeitern, mit verschiedenen Produktlinien und verschiedenen Kundengruppen werden detailliertere Analysen notwendig. Dazu reicht die Buchhaltung nicht aus, denn sie kann die folgenden Fragen nicht beantworten:

Betriebswirtschaftliche Steuerung durch das Controlling

1. Wie kann ich die Kosten einzelnen Bereichen und Produkten im Unternehmen zuordnen, d.h., welche Kosten entstehen pro Artikel und Kunde?
2. Wie kann ich Erlöse, Kosten und Gewinn meinen Kunden und Kundengruppen und meinen Produkten und Produktgruppen zuordnen, d.h., welchen Gewinn erwirtschafte ich mit welchem Artikel und welchem Kunden?
3. Und ganz wichtig: Wie kann ich planen, welche Erlöse, welche Kosten und welche Gewinne eintreffen werden – möglichst solange ich noch reagieren kann?

Diese Fragen beantwortet das Controlling in seinen verschiedenen komplexen Teilgebieten. Die Kosten der einzelnen Kostenstellen und Bereiche des Unternehmens werden mit der *Gemeinkostenrechnung* ermittelt. Die Gemeinkosten sind die Kosten, die nicht direkt bestimmten Produkten oder Ergebnisobjekten, also Kunden, Ländern, Marken usw., zugeordnet werden können. Die Analyse der Kosten für die Produkte im Plan und im Ist erfolgt in der *Produktkostenrechnung*. Für die Gliederung des Gewinns nach so genannten Ergebnisobjekten, d.h. Kunden, Kundengruppen, Ländern, Produkten, Produktgruppen, Marken, dient die *Ergebnisrechnung*.

Gemeinkosten-, Produktkosten- und Ergebnisrechnung

Wie sieht die GuV bei einem echten Unternehmen aus? Mit dem Blick auf reale Gewinn- und Verlustrechnungen möchten wir Ihnen ein Gefühl dafür vermitteln, was mit dem Begriff Gemeinkosten gemeint ist. Werfen wir einen Blick auf die GuV von drei großen deutschen Unternehmen: Metro, BMW und Deutsche Bank. Damit beleuchten wir drei ganz unterschiedliche Branchen mit unterschiedlichen Strukturen in den Kosten: Handel, Industrie und Finanzdienstleistung. Sie werden sehen, welche

GuV im wahren Leben

Beispiel Metro Als erstes Beispiel betrachten wir die GuV der Metro AG (siehe Tabelle 1.5).

Umsatzerlöse	51 526
Einstandskosten der verkauften Waren	– 40 126
Sonstige betriebliche Erträge	1 532
Vertriebskosten	– 10 377
Allgemeine Verwaltungskosten	– 1 013
Sonstige betriebliche Aufwendungen	– 115
Aufwendungen Gesamt	– 50 099
Betriebliches Ergebnis	1 427

Tabelle 1.5 Metro, GuV 2002, alle Angaben in Mio. €

Einstandskosten Sie sind sicher nicht überrascht, dass der größte Kostenblock bei Metro mit 40 126 Mio. € auf »Einstandskosten der verkauften Waren« entfällt. Diese Kosten repräsentieren 80 % des Gesamtaufwandes und sind ein typisches Beispiel dafür, was Gemeinkosten NICHT sind. Die Einstandskosten für verkaufte Waren sind das Gegenteil von Gemeinkosten, nämlich *Einzelkosten*. Sie können den verkauften Waren exakt zugeordnet werden; die Verantwortlichkeit im Unternehmen liegt unzweifelhaft beim Einkauf. Eine Verrechnung und Analyse der Kosten mit den Werkzeugen des Gemeinkosten-Controllings erübrigt sich. Die Zuordnung bzw. das Controlling dieser Kosten erfolgt mit Kalkulation und Ergebnisrechnung.

Hinter der Position »Sonstige betriebliche Erträge« verbergen sich unter anderem Mieteinnahmen, Werbeleistungen, Dienstleistungen bzw. Kostenerstattungen, Kontor-Vertriebslinienvergütungen und Erträge aus Bauleistungen. Die größten Positionen bei »Sonstige betriebliche Aufwendungen« sind Aufwendungen für Bauleistungen und Verluste aus Abgängen des Anlagevermögens. Bei den Mieteinnahmen sowie den Erträgen und Aufwendungen für Bauleistungen handelt es sich um Positionen, die nicht dem eigentlichen Betriebszweck der Metro zuzuordnen sind – Metro ist kein Bau-, sondern ein Handelskonzern. Wir finden hier ebenfalls keine Gemeinkosten. Die Erträge aus Werbeleistungen, Dienstleistungen und Vergütungen haben ihren Ursprung bei den Lieferanten der verkauften Waren. Die Konsumgüterindustrie unterstützt mit diesen

Zahlungen den Verkauf ihrer Waren. Bei diesen Leistungen handelt es sich offensichtlich nicht um Kosten (also auch nicht um Gemeinkosten). Stattdessen würden bei einer detaillierten Zuordnung dieser Beträge zu verkauften Produkten die Einstandskosten der verkauften Waren reduziert.

Die Vertriebskosten mit 10 377 Mio. € und die allgemeinen Verwaltungskosten mit 1 013 Mio. € repräsentieren die Gemeinkosten der Metro AG. In der Buchhaltung sind für diese Kosten Analysen nach Sachkonten möglich, also nach Begriffen wie Aufwand für Personal, Abschreibungen, Büromaterial etc.

Vertriebs- und Verwaltungskosten

Zusätzlich zu diesen Informationen fordern die Controller jedoch detailliertere Auswertungen zu den Gemeinkosten. Im Gemeinkostencontrolling werden die verantwortlichen Stellen und Projekte im Unternehmen identifiziert und bei der Buchung mit erfasst. Leistungen, die eine Kostenstelle innerhalb des Unternehmens für andere Bereiche erbringt, werden dargestellt. Nach diversen Verrechnungen, eventuell unter Einbeziehung der Prozesskosten, kann der Controller vorschlagen, wie die Kosten für Vertrieb und Verwaltung den verkauften Produkten oder Vertriebsschienen zuzuordnen sind.

Die Vertriebs- und Verwaltungskosten repräsentieren »nur« 20 % der gesamten Aufwendungen (19 % Vertriebs-, 1 % Verwaltungskosten). Lohnt sich der zusätzliche Aufwand, der im Gemeinkosten-Controlling betrieben wird? Wir glauben: Ja! Die Beschaffungsmärkte werden für die Einzelhändler zunehmend transparenter. Besonders in Deutschland sind einzelne Artikel und Marken innerhalb einer Produktgruppe fast beliebig austauschbar. Eine Differenzierung auf der Seite des Einkaufs ist kaum möglich. Umso wichtiger ist im Handel die wirksame Steuerung der Gemeinkosten. Nur so kann der entscheidende Zehntel-Prozentpunkt in der Umsatzrendite gegenüber der Konkurrenz erwirtschaftet werden.

Als nächstes Beispiel betrachten wir ein führendes Industrieunternehmen, die BMW AG (siehe Tabelle 1.6).

Beispiel BMW

Umsatzerlöse	35 315
Herstellungskosten der zur Erzielung der Umsatzerlöse erbrachten Leistungen	– 32 058
Vertriebskosten	– 2 365
Allgemeine Verwaltungskosten	– 558

Tabelle 1.6 BMW, GuV 2002, alle Angaben in Mio. €

Sonstige betriebliche Erträge und Aufwendungen	51
Aufwendungen Gesamt	– 34 930
Betriebliches Ergebnis	385

Tabelle 1.6 BMW, GuV 2002, alle Angaben in Mio. € (Forts.)

Herstellungskosten

Statt »Einstandskosten der verkauften Waren«, wie bei Metro, lautet die zweite Position in der GuV von BMW »Herstellungskosten der zur Erzielung der Umsatzerlöse erbrachten Leistungen«. Diese Position repräsentiert 92 % der gesamten Aufwendungen und ist damit für BMW noch bedeutender als die vergleichbare Zeile »Einstandskosten« bei Metro. Was verbirgt sich hinter »Herstellungskosten«? BMW kauft Komponenten von Automobilzulieferern. Aus diesen Komponenten und Teilen aus der eigenen Fertigung werden Kraftfahrzeuge hergestellt. In den Herstellungskosten sind die Kosten für die zugekauften Teile, die Kosten der eigenen Fertigung und die der Endmontage zusammengefasst.

Die Kosten für die zugekauften Teile sind, wie die eingekauften Waren bei Metro, keine Gemeinkosten, sondern Einzelkosten. Aus Stücklisten und Verwendungsnachweisen kann BMW genau ableiten, welches Teil in welchem Fahrzeug verbaut wurde. Die Einstandskosten sind ebenfalls bekannt und können so exakt den einzelnen Produkten zugeordnet werden.

Fertigung

Für die eigene Fertigung und die Endmontage fallen Gemeinkosten an, z. B. für Personal, Abschreibungen, Energie, Instandhaltung der Maschinen etc. Die Kosten der Fertigung lassen sich, anders als die Kosten des Vertriebes und der Verwaltung, sehr genau den hergestellten Produkten zuordnen. Deshalb wird hier der Begriff »unechte« Gemeinkosten benutzt. Auch unechte Gemeinkosten sind Gemeinkosten; dementsprechend werden wir uns in diesem Buch auch mit den Kosten der Fertigung beschäftigen.

Die Struktur der weiteren Positionen »Vertriebskosten«, »Allgemeine Verwaltungskosten« und »Sonstige betriebliche Erträge und Aufwendungen« kennen Sie bereits aus dem vorigen Abschnitt.

Beispiel Deutsche Bank

Als drittes und letztes Beispiel beleuchten wir einen Finanzdienstleister, die Deutsche Bank AG.

Hier finden wir wahres Dorado für den Gemeinkosten-Controller. Die »Zinsunabhängigen Aufwendungen« in Höhe von 20 907 Mio. € repräsentieren zu 100 % Gemeinkosten. In diesem Unternehmen werden keine Waren hergestellt oder verkauft. Dem »Produkt« Finanzdienstleistung können die anfallenden Kosten nur auf Umwegen zugeordnet werden, eben mit einer funktionierenden Gemeinkostenrechnung bzw. der Prozesskostenrechnung.

Zinserträge	35 781
Zinsaufwendungen	– 28 595
Risikovorsorge im Kreditgeschäft	– 2 091
Zinsunabhängige Erträge	19 361
Erträge Gesamt	24 456
Personalaufwand	– 11 358
Mieten und Unterhaltskosten für Gebäude	– 1 291
Betriebs- und Geschäftsausstattung	– 230
EDV-Aufwendungen	– 2 188
Aufwendungen für Beratungsleistungen	– 761
Kommunikation und Datenadministration	– 792
Aufwendungen im Versicherungsgeschäft	– 759
Sonstige Aufwendungen	– 2 883
Abschreibungen auf Goodwill	– 62
Restrukturierungsaufwand	– 583
Zinsunabhängige Aufwendungen	20 907
Ergebnis vor Steuern	3 549

Tabelle 1.7 Deutsche Bank, GuV 2002, alle Angaben in Mio. €

Gemeinkosten sind das Gegenteil von *Einzelkosten*. Einzelkosten lassen sich den Produkten oder Dienstleistungen eines Unternehmens direkt zuordnen, die Gemeinkosten dagegen nicht. *Zusammenfassung*

Gemeinkosten sind Kosten der Verwaltung und des Vertriebes. Der Anteil dieser Gemeinkosten an den gesamten Kosten eines Unternehmens schwankt von Branche zu Branche erheblich. Anteile von 100 % bei Dienstleistern und 20 % bei Händlern sind typische Werte.

Bei Fertigungsunternehmen kommen zu den Gemeinkosten der Verwaltung und des Vertriebes die der Fertigung hinzu. Bei den Gemeinkosten der Fertigung unterscheiden wir die *echten Gemeinkosten*, z. B. für die Abschreibung von Maschinen und Gebäuden und die *unechten Gemeinkosten*, z. B. für Personal und Energie in der Produktion. Die unechten Gemeinkosten lassen sich durch Stundenaufschreibungen und Energieverbrauchsmessungen den Produkten fast so genau zuordnen wie die Einzelkosten.

Beschaffungs- und Absatzmärkte werden immer transparenter. Die Differenzierung der Unternehmen durch Reduzierung der Produktionskosten wird mit der Austauschbarkeit der Technik immer schwieriger. In allen Branchen gewinnt deshalb die wirksame Steuerung der Gemeinkosten immer mehr an Bedeutung.

1.3 Internes Rechnungswesen und Controlling

Internes Rechnungswesen und Controlling sind nicht synonym zu sehen; sie sind aber im Rahmen eines umfassenden Planungs-, Abrechnungs- und Steuerungssystems eng miteinander verknüpft.

1.3.1 Internes Rechnungswesen

Istkosten und Istleistungen

Das *Interne Rechnungswesen* beschäftigt sich primär mit der Abrechnung der *Istkosten* und *Istleistungen*. Abrechnung heißt aber nicht, dass nur diese verarbeitet und aufgezeigt werden. Die Abrechnung läuft bereits seit Jahrzehnten so ab, dass den *Istdaten* (Mengen und Werten) entsprechende *Plan-* bzw. *Solldaten* gegenübergestellt und die Abweichungen, getrennt nach Abweichungsarten, ausgewiesen werden. Dabei ist der Begriff der Sollwerte noch erläuterungsbedürftig:

Die Planwerte werden, was die Monatswerte anbelangt, üblicherweise als Jahreszwölftel, ggf. unter Berücksichtigung von Saisonkurven, festgelegt.

Selbst wenn man saisonale Einflüsse berücksichtigt – dazu zählt beispielsweise für die variablen Kostenstellen-Kosten auch die zwischen 18 und 23 Arbeitstagen pro Monat schwankende Anzahl der Arbeitstage –, kann zum Planungszeitpunkt, Monate vor dem tatsächlichen Abrechnungszeitraum, keine definitive Aussage über die wirklich zu erwartende Istleistung gemacht werden. Deswegen werden die differenzierten Planwerte im Rahmen der monatlichen Abrechnung entsprechend der effektiven Istleistung der Abrechnungsperiode zu Sollmengen und Sollkosten umgerechnet und dann den Istdaten gegenübergestellt. Dafür zwei praktische Beispiele aus der Kostenstellen- und Kostenträgerrechnung:

Beispiel 1: Kostenstellenrechnung

Fertigungsstelle 1	Planbeschäftigung:	100 Std.
	Istbeschäftigung:	120 Std.
Kostenart: Hilfsstoffe, Material 1, variabel geplant		
Plan	100 Std. × 5 kg/Std.	= 500 kg
Soll	120 Std. × 5 kg/Std.	= 600 kg

Beispiel 2: Kostenträgerrechnung

Fertigungsauftrag X	Plan:	1 000 Stück
	Ist:	900 Stück
Plan AVOR[1] 10 KST 1	1 000 St. × 0,1 Std./Stück	= 100 Std.
Soll AVOR 10 KST 1	900 St. × 0,1 Std./Stück	= 90 Std.

Für beide Beispiele gilt: Der Plan wird an die aktuelle Istsituation angepasst. In Beispiel 1 wird bei den Hilfsstoffen der Plan von 500 kg auf ein Soll von 600 kg angehoben. In Beispiel 2 hingegen wird beim Fertigungsauftrag der Planzeitverbrauch von 100 auf einen Sollwert von 90 Stunden gesenkt.

Damit wird mit Hilfe des Software-Systems aus dem Plan ein an die aktuelle Situation angepasstes und damit korrektes Soll ermittelt, dem die effektiven Verbräuche gegenübergestellt werden können. In der Kostenstellenrechnung bedeutet dies, dass als Monatssollwert nicht das Plan-Jahreszwölftel, sondern ein der tatsächlichen Istbeschäftigung entsprechendes Soll vorgegeben wird. Analog werden in den übrigen Teilbereichen des Internen Rechnungswesens der Istleistung entsprechende Sollwerte ermittelt.

Diese Zusammenhänge mit der Differenzierung nach Plan, Soll und Ist sind für die drei Hauptkomplexe des Internen Rechnungswesens schematisch dargestellt (siehe Abbildung 1.1). Dieses Schema gilt, was die Kostenstellenrechnung anbelangt, für Industrie-, Handels- und Dienstleistungsunternehmen gleichermaßen.

---

[1] AVOR: Arbeitsvorgang

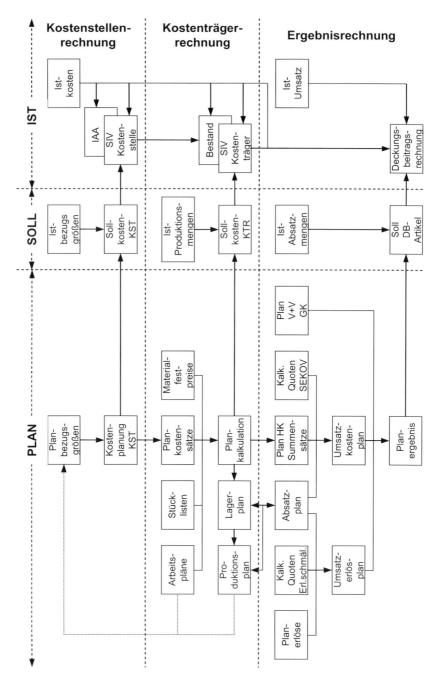

Abbildung 1.1 Datenfluss einer am Controlling orientierten Kosten- und Leistungsrechnung im Industriebetrieb

In Abbildung 1.1 tauchen im Block Kostenstellenrechnung unter »Ist« die Kürzel »IAA« für Innen- oder Werksauftragsabrechnung sowie SIV für Soll-Ist-Vergleich auf. »KTR« steht im Block Kostenträgerrechnung für diesen Langtext. Beim Block Ergebnisrechnung steht die Abkürzung »SEKOV« für Sondereinzelkosten des Vertriebes.

1.3.2 Definition Controlling

Für das Controlling gibt es in der betriebswirtschaftlichen Literatur keine einheitliche, allgemein gültige Definition. Einig ist man sich aber über zwei Anforderungen:

Ziele des Controllings

- Zum einen muss es ein alle Prozesse, Funktionen und Teilbereiche eines Unternehmens umfassendes Zielsetzungs-, Planungs-, Kontroll- und Steuerungssystem sein.
- Zum anderen muss es alle Bereiche und Hierarchieebenen mit für das Management relevanten Konzepten, Methoden, Instrumenten und Informationen unterstützen.

Diese Zielsetzungen des Controllings sind unabhängig vom Branchen- und Produktionstyp über alle Unternehmen hinweg gleich. Selbstverständlich gilt es, von Unternehmen zu Unternehmen unterschiedliche, firmenindividuelle Anforderungen zu realisieren. Die grundsätzliche Weichenstellung ist aber überall die gleiche.

Die SAP-Systeme können dabei nur das Werkzeug sein, das aber sowohl die an das Interne Rechnungswesen zu stellenden Anforderungen als auch alle Controllingfunktionen mit der Software abzudecken hat. Viele potenzielle Anwender glauben, dass das Modul CO – CO steht als Kürzel für Controlling – automatisch auch alle Controllingerfordernisse erfüllt. Die Software stellt aber nur die notwendigen Werkzeuge bereit, die vom Anwender entsprechend seiner spezifischen Ansprüche zu interpretieren und inhaltlich zu füllen sind. Selbst wenn SAP CO produktiv eingesetzt wird, sind damit nicht automatisch die Voraussetzungen für ein aussagefähiges Controlling gegeben. Die betriebswirtschaftlichen Ansätze und Systeme müssen von jedem Anwender selbst aufgebaut und in das CO eingebracht werden.

Die Software SAP CO

Controlling erfordert differenzierte, nach Verantwortlichkeiten getrennte Plandaten. Controlling setzt außerdem voraus, dass allgemeine Leistungsmaßstäbe definiert werden. Eine solche Messlatte können nicht die Istwerte der Vergangenheit sein, die womöglich bei anderen Absatz-/Umsatzdaten, einer anderen Beschäftigung und unter anderen Vorausset-

Voraussetzungen für das Controlling

zungen entstanden sind. Als Maßstab können nur geplante, über alle Teilbereiche eines Unternehmens abgestimmte Mengen und Werte zugrunde gelegt werden. Planung ist das Ergebnis quantifizierter Ergebnisziele für alle Teilbereiche und Funktionen eines Unternehmens, und zwar differenziert – was sehr wichtig ist – nach Verantwortlichkeiten.

Überwacht werden diese Plandaten, indem ihnen ständig (laufend und/oder periodisch) die entsprechenden Istdaten gegenübergestellt werden.

Abweichungen zwischen Plan, Soll und Ist

Aufgrund der Abweichungen dieser Istdaten von den Plan-/Sollmengen und -werten sind adäquate Gegensteuerungsmaßnahmen in die Wege zu leiten. Da für die Abweichungen unterschiedliche Verantwortlichkeiten bestehen, sind sie nach Preis- und den verschiedenen Mengenabweichungen zu differenzieren. Die Preisabweichungen entstehen – außer im Vertrieb – in vorgelagerten Arbeitsgebieten, können also vom Leistungsempfänger nicht oder nur bedingt direkt beeinflusst werden. Die Mengenabweichungen hingegen haben, insbesondere in der Kostenträger- und Ergebnisrechnung, doch vom Produktionsverantwortlichen zu beeinflussende, unterschiedliche Ursachen. Deshalb sind sie in diesen Arbeitsgebieten nach ihrer Art – in der Kostenträgerrechnung beispielsweise nach Losgrößen-, Verfahrens- und tatsächlichen Mengenabweichungen – zu differenzieren und zu verfolgen.

Die SAP-Systeme genügen der Forderung, in allen Teilbereichen des Internen Rechnungswesens diese Abweichungen, getrennt nach Ursachen, zu ermitteln und auszuweisen. Dabei besteht die Möglichkeit, in Grafik-Auswertungen die Abweichungen größer festgelegter Werte und/oder Prozentsätze optisch aufzuzeigen und damit erforderlichen Handlungsbedarf zu signalisieren (z. B. mit Ampelfunktionen). Ob man diese Abweichungen im Verhältnis der Planwerte in nachgelagerte Arbeitsgebiete, also z. B. von der Kostenstellen- in die Kostenträger- und Ergebnisrechnung, weiterverrechnet, ist anwenderindividuell festzulegen.

Serienfertigung versus Einzelfertigung

Grundsätzlich gilt, dass Abweichungen nur dort beeinflusst werden können, wo sie tatsächlich anfallen. In der Praxis der industriellen Serienfertigung muss im Controlling diesen Abweichungen im Einzelnen nachgegangen werden. Sie müssen auch ein wichtiger Bestandteil des Reportings sein. Dann aber übernimmt man sie pauschal nach Abweichungsarten in die Bereichs- und Gesamtergebnisrechnungen.

Anders muss beim Einzelfertiger (Anlagenbau etc.) vorgegangen werden. Dort müssen die Istkosten – selbstverständlich getrennt nach Soll und Abweichungen – dem einzelnen Auftrag bzw. Projekt und Kunden zugeordnet werden. Ein Vergleich des Nettoerlöses mit den entsprechenden Standardkosten, also ohne anteilige Abweichungen, könnte verheerende Folgen haben.

An sich sollte sich dieses Kapitel mehr mit grundsätzlichen Ausführungen zum Controlling beschäftigen. Aber die Abweichungen, untergliedert nach Abweichungsarten, sind – wenn man das Ist gegen entsprechende Plan-/Solldaten laufen lässt – ein wesentliches Steuerungskriterium des Controllings. Deshalb wurde im Rahmen des Kapitels *Grundlagen* auf dieses Thema etwas ausführlicher eingegangen, auch wenn die Abweichungen mehr die Kostenträger- und Ergebnisrechnung als die Gemeinkostenseite betreffen.

Eine weitere wesentliche Voraussetzung für die Durchführung des Controllings ist die Unterteilung der Kosten in *variable*[2] und *fixe* Bestandteile. Dies betrifft insbesondere die Gemeinkosten der Kostenstellenrechnung, die für den Fertigungsbereich via Kostensatz auf die Kostenträger übernommen werden. Die Einzelkosten wie Fertigungsmaterial oder Sondereinzelkosten des Vertriebs sind als voll variabel einzustufen, so dass hier eine Unterteilung nicht notwendig ist.

Differenzierung der Kosten in variable und fixe Bestandteile

Warum ist diese Auflösung der Plankosten in ihre variablen und fixen Bestandteile so wichtig? Diese Differenzierung ist deshalb so zentral, weil sie alle Teilgebiete des Innerbetrieblichen Rechnungswesens betrifft.

1. Will man einen *Soll-Istkosten-Vergleich* in der Kostenstellenrechnung erstellen – d.h., den Istkosten an die Istbeschäftigung der Abrechnungsperiode angepasste Planwerte gegenüberstellen – so sind zwei Maßnahmen erforderlich. Die Plankosten sind zum einen in variable und fixe Anteile zu unterteilen und zum anderen sind die variablen Plankosten an die Istbeschäftigung anzupassen, um auf diese Weise der Istleistung entsprechende Sollkosten als Leistungsmaßstab zu gewinnen. (Die fixen Kosten werden innerhalb einer bestimmten Bandbreite davon nicht tangiert).

2. In der *Produktkostenrechnung* (Kalkulation) können verursachungsgerecht nur die variablen Kosten (Grenzkosten) dem Produkt zugerechnet werden.

---

[2] Bei leistungsabhängigen Kosten spricht die SAP von »variablen« Kosten während in der betriebswirtschaftlichen Literatur überwiegend der Ausdruck »proportional« verwendet wird. Von einem Experten wurde dazu bemerkt, dass im Prinzip auch die fixen Kosten variabel sind. Trotzdem werden wir, der SAP folgend, künftig den Ausdruck »variabel« benutzen.

Internes Rechnungswesen und Controlling

3. In der *Vertriebsergebnisrechnung* sollen Deckungsbeiträge ausgewiesen werden. Als Deckungsbeitrag bezeichnet man die Spanne zwischen Nettoerlös und den Grenzkosten.

4. Schließlich ist noch eine Reihe von Sonderrechnungen anzuführen, wie etwa die Entscheidung *Eigen- oder Fremdfertigung*, die *Verfahrenswahl bei alternativen Fertigungsmöglichkeiten* und ähnliche Entscheidungsrechnungen. Bei diesen Sonderrechnungen sind die relevanten, d.h., die variablen Kosten zugrunde zu legen.

5. In den letzten Jahren haben dank der Software-Voraussetzungen auch über mehrere Jahre reichende *Forecast-/Simulationsrechnungen* an Bedeutung gewonnen, die, was die Gemeinkosten anbelangt, auch die Trennung in variable und fixe Kostenbestandteile voraussetzen.

Fazit ist, dass bei allen fundierten Rechnungen und Entscheidungen, die auf dem Innerbetrieblichen Rechnungswesen basieren, die Kenntnis der variablen Kosten unerlässlich ist. Da diese Unterteilung in variable und fixe Kostenbestandteile im Rahmen der Kostenplanung der Kostenstellen vorzunehmen ist, wird darauf im Detail in Abschnitt 3.4 eingegangen.

Controlling gestern und heute

Die Entwicklung des Controllings in den letzten Jahren ist in den folgenden Übersichten dargestellt:

Controlling in der Vergangenheit

- vorwiegend retrospektiv (Betrachtung im Nachhinein)
- zu sehr auf Teilbereiche, vor allem auf das Innerbetriebliche Rechnungswesen, konzentriert
- häufig nur periodisch (monatlich) durchgeführt
- zu wenig im Bewusstsein der Manager
- partiell, nicht alle Controllingkriterien umfassend
- funktional, nicht prozessorientiert

Controlling heute und künftig

- sämtliche Prozesse, Funktionen und Teilbereiche des Unternehmens umfassend
- nicht nur monetäre, sondern auch mengenmäßige und prozessbegleitende Aspekte betrachtend

- ▶ integraler Bestandteil der Prozesse
- ▶ Forward-(in die Zukunft gerichtetes)Controlling des Managers

In beiden Übersichten taucht der Begriff »Prozess« auf, in der ersten Übersicht als »nicht prozessorientiert«, sondern rein funktional; in der zweiten wird das Controlling »in die Prozesse integriert«. Generell, aber insbesondere beim prozessbezogenen Controlling, sind Controllingkriterien für Menge, Ressource, Preis/Kosten, Zeit und Qualität zu bestimmen (siehe Abbildung 1.2).

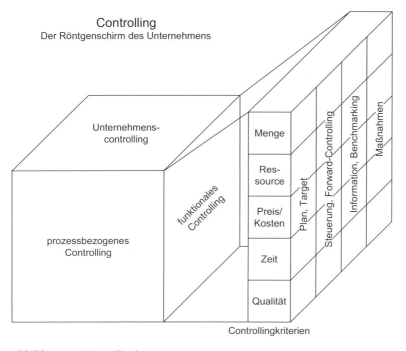

Abbildung 1.2 Controllingkriterien

Für den Prozess »Abwicklung Lageraufträge« ist das Controllingkriterium Qualität mit repräsentativen Beispielen für die einzelnen Teilprozesse angeführt (siehe Abbildung 1.3). Ein wesentlicher Vorteil des in die Prozessabwicklung integrierten Controllings ist, dass bereits zum Zeitpunkt der Entscheidung spezifische Controllingaspekte zum Tragen kommen und nicht erst, wenn der Prozess abgewickelt ist.

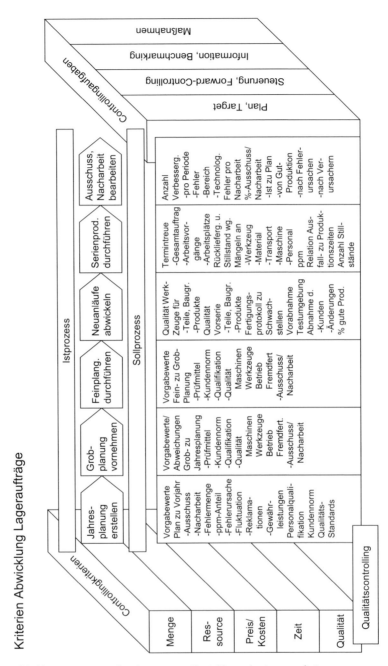

Abbildung 1.3 Controllingkriterien – Abwicklung der Lageraufträge

Diese Integration des Controllings in die Prozesse hat unter anderem den Vorteil, dass mögliche Risiken und Mehrkosten frühzeitig erkannt werden, indem Eskalationsszenarien mit spezifischen Grenzwerten festgelegt werden, die bei Unter-/Überschreitung zum Stopp des normalen Prozessablaufes führen (siehe Abbildung 1.4).

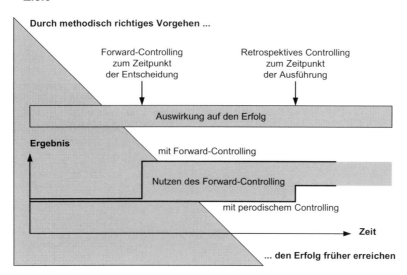

Abbildung 1.4 Prozesscontrolling – Ziele

Auf diese Weise kann gegebenenfalls noch rechtzeitig gegengesteuert bzw. dem Prozess-Owner grünes Licht signalisiert werden.

Dazu das folgende praktische Beispiel, wie mit prozessorientiertem Controlling bereits bei der Entscheidung, einen Auftrag anzunehmen oder nicht, Einfluss auf das spätere Ergebnis genommen wird (siehe Abbildung 1.5 und Tabelle 1.8).

Im einem Unternehmen mit zwei Werken geht eine Anfrage über 20 000 Stück eines bestimmten Artikels ein, die aber im Werk 1 mangels freier Kapazitäten nicht mehr bewältigt werden kann. Werk 2 kann diesen Auftrag erfüllen, noch dazu, weil ein günstigeres Verfahren mit niedrigeren Herstellkosten angewandt werden kann. Allerdings sind zusätzliche Qualitätssicherungs- und Betriebsmittelkosten in Höhe von 20 000 € erforderlich. Auch die Ausschusskosten sind höher anzusetzen als bei einer Fertigung in Werk 1.

Beispiel Auftragsannahme

Die Entscheidung kann auf Grund der festgelegten Grenzwerte nicht vom zuständigen Sachbearbeiter getroffen werden. Der Prozess-Owner entschließt sich aber nach Abstimmung mit der Produktionsleitung in Werk 2, den Auftrag anzunehmen (siehe Abbildung 1.5).

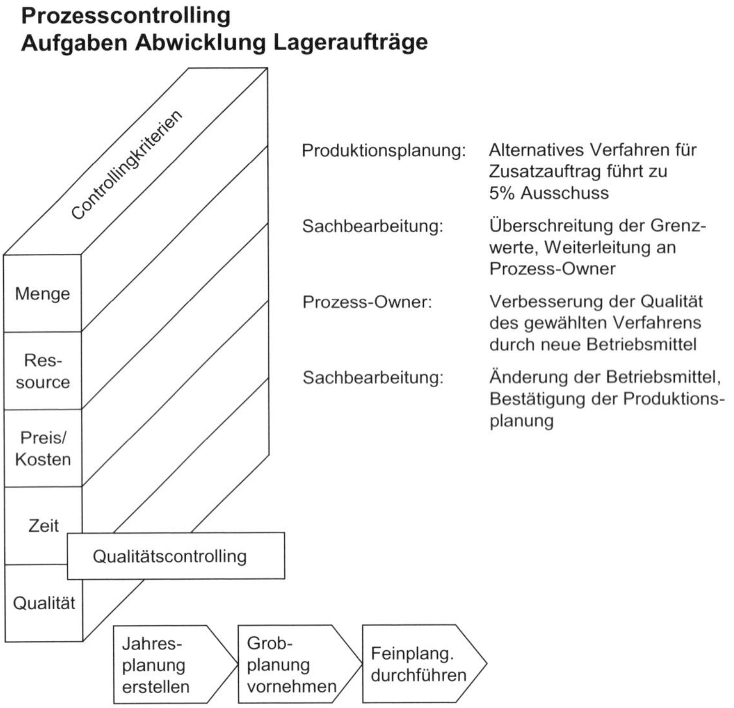

Prozesscontrolling
Aufgaben Abwicklung Lageraufträge

Produktionsplanung: Alternatives Verfahren für Zusatzauftrag führt zu 5% Ausschuss

Sachbearbeitung: Überschreitung der Grenzwerte, Weiterleitung an Prozess-Owner

Prozess-Owner: Verbesserung der Qualität des gewählten Verfahrens durch neue Betriebsmittel

Sachbearbeitung: Änderung der Betriebsmittel, Bestätigung der Produktionsplanung

Controllingkriterien: Menge, Ressource, Preis/Kosten, Zeit, Qualität

Qualitätscontrolling

Jahresplanung erstellen → Grobplanung vornehmen → Feinplang. durchführen

Abbildung 1.5 Aufgaben bei der Abwicklung der Lageraufträge

Die Ergebnissituation bei möglicher Annahme des Auftrages im Werk 2 ist in Tabelle 1.8 dargestellt: Werk 1 hätte zwar einen Deckungsbeitrag von 50 000 € erzielt, kann aber den Auftrag nicht annehmen. In Werk 2 beträgt der Deckungsbeitrag wegen der zusätzlichen Kosten nur 40 000 €, der aber als Zusatznutzen zu sehen ist, weil Werk 1 den Auftrag hätte ablehnen müssen.

Ergebnisbeurteilung	Werk 1	Werk 2
Stückzahl	20 000	20 000
Herstellkosten pro Stück	5,00	4,50
Erlös	150 000	150 000
Herstellkosten Produktion	100 000	900 000
QS – Zusatzkosten BM		20 000
Kosten gesamt	100 000	110 000
Deckungsbeitrag	50 000	40 000

Tabelle 1.8 Ergebnisbeurteilung

1.3.3 Position des Controllers

Bei der prozessorientierten Abwicklung des Controllings wird besonders deutlich, wie weit die Verantwortlichkeit an den Prozess-Owner und seine Mitarbeiter übergegangen ist. Controlling wird heute so gesehen, dass jeder innerhalb seiner Zuständigkeiten Controller ist. Dies verdeutlicht das folgende Beispiel.

Controller is everyone

Bei der Führung einer hochkarätigen deutschen Wirtschaftsdelegation durch den Betrieb eines japanischen Automobilherstellers wurde an den Vorstand des japanischen Unternehmens unter anderem die Frage gestellt, wie viele Controller das Unternehmen beschäftigen würde. Die deutsche Delegation erwartete eine dreistellige Zahl, aber die Antwort war eine niedrige zweistellige Zahl. Der Japaner beobachtete das Mienenspiel der Deutschen und antwortete dann mit einem süffisanten Lächeln: »Controller is everyone«.

Wir sind im deutschsprachigen Raum gerade dabei, den Verantwortlichen klar zu machen, dass zur Wahrnehmung ihrer Managementfunktionen auch die aktive Verantwortlichkeit für alle Controllingaufgaben gehört.

Als Gegenbeispiel zum Besuch der deutschen Delegation in Japan folgendes, gar nicht so altes Erlebnis in einem deutschen Unternehmen. Bei einem Betriebsrundgang kam von einem der Teilnehmer die Frage an den Produktionsleiter, wofür er verantwortlich zeichne. Er nannte eine Reihe richtiger Aufgabenstellungen wie Qualität, Personal, Auslastung der Anlagen/Maschinen, Höhe Ausschuss/Nacharbeit etc. Auf die Frage, warum er die Kosten nicht genannt hätte, kam die Antwort, dass dafür nicht er, sondern das Controlling zuständig wäre. Also ist er vom Sollzustand der Verantwortlichkeit, auch für Kosten und Controlling, meilenweit entfernt.

Wenn man jeden Verantwortlichen als obersten Controller seines Aufgaben- und Zuständigkeitsbereichs sieht, erhebt sich die Frage, wozu dann noch eine eigene Organisationseinheit Controlling notwendig ist. Die Aufgabenbereiche des nach wie vor erforderlichen Controllings sind:

Aufgaben der Organisationseinheit Controlling

Service
▶ betriebswirtschaftliche, unternehmenseinheitliche Auslegung der Systeme
▶ inhaltliche Definition der Informationsbausteine

- Unterstützung aller Managementebenen bei Interpretation und Analysen
- Sicherstellung eines bereichsübergreifenden, unternehmenszentralen Berichtswesens

Überwachung
- Überprüfung der Wahrnehmung der Controllingaktivitäten durch die dezentralen Unternehmensbereiche
- Beobachtung der Abweichungen und ggf. Mithilfe bei der Abweichungsanalyse und -beeinflussung

Ergebnisverbesserung (innovativ)
- Vorschläge zur Beseitigung von Unwirtschaftlichkeiten
- Mithilfe bei Rationalisierungsmaßnahmen; Investitions- und Wirtschaftlichkeitsrechnungen
- Kunden-, Markt-, Kapazitätsanalysen etc.

Zum Thema Aufgaben und Verantwortlichkeiten des Controllers stellen wir Ihnen hier ein von der IGC (International Group of Controlling) unter Federführung des Herrn Dr. Deyhle verabschiedetes Controller-Leitbild vor.

Controller-Leitbild

- Controller leisten begleitenden betriebswirtschaftlichen Service für das Management zur zielorientierten Planung und Steuerung.
- Controller sorgen für Ergebnis-, Finanz, Prozess- und Strategietransparenz und tragen somit zu höherer Wirtschaftlichkeit bei.
- Controller koordinieren Teilziele und Teilpläne ganzheitlich und organisieren unternehmensübergreifendes, zukunftsorientiertes Berichtswesen.
- Controller moderieren den Controllingprozess so, dass jeder Entscheidungsträger zielorientiert handeln kann.
- Controller sichern die dazu erforderliche Daten- und Informationsversorgung.
- Controller gestalten und pflegen Controllingsysteme.
- Controller sind interne betriebswirtschaftliche Berater aller Entscheidungsträger und wirken als Navigator zur Zielerreichung.

Eine immer wieder gestellte Frage betrifft die Differenzierung in operatives und strategisches Controlling. Nach allgemeiner und auch unserer Auffassung lassen sich die wesentlichen Aufgabenstellungen wie folgt abgrenzen:

Operatives und strategisches Controlling

Operatives Controlling

- Ziel: Gewinnerzielung und -maximierung
- deckungsbeitragsorientierte Steuerung
- mit primär unternehmensinternen Daten
- auf Basis von »harten« Zahlen
- aufgrund messbarer, betriebswirtschaftlicher Tatbestände
- betriebswirtschaftliches Handeln als Regelkreis
- Instrumente:
  - Zielformulierung
  - Plan-Ist- und Soll-Ist-Vergleiche

Strategisches Controlling

- Ziel: Absicherung der langfristigen Entwicklung des Unternehmens
- mit unternehmensinternen und -externen Daten
- Ursachen zukünftiger Erfolge und Misserfolge erkennen, bevor diese sich in Zahlen ausdrücken
- Auslegungung und Aufbau von Frühwarnsystemen
- auf Basis von »weichen« Zahlen
- Vorsteuergrößen
- Instrumente:
  - strategische Plan-Ist-Vergleiche
  - als Auslöser organisierter Lernprozesse

Die wesentlichen Unterschiede zwischen operativem und strategischem Controlling liegen in der generellen Zielsetzung und im zeitlichen Horizont begründet. Während das operative Controlling auf Fakten beruht und sich primär über das laufende und das nächste Geschäftsjahr erstreckt, sieht das strategische Controlling sein Hauptziel in der Absicherung der langfristigen Entwicklung und bezieht verstärkt externe Daten mit ein. Diese Aufgabenabgrenzung entspricht im Wesentlichen der Differenzierung zwischen operativem und strategischem Management.

Zusammenfassung Controlling

Zusammenfassend ist festzuhalten, dass die Software SAP R/3 alle Funktionen des Internen Rechnungswesens abdeckt, gleichzeitig aber auch die Voraussetzungen bietet, ein aussagefähiges Controlling aufzubauen. Immer ist dabei aber zu bedenken, dass SAP nur das – sicherlich hervorragende – Werkzeug sein kann; die Detailausprägung und die Inhalte sind firmenindividuell vom Anwender selbst festzulegen.

Außerdem darf nicht vergessen werden, dass Mengen, Preise und Kosten nicht die ausschließlichen Controllingkriterien sind. Sicherlich sind sie im Gemeinkostenbereich der wichtigste Faktor, während in den übrigen Teilbereichen – insbesondere wenn prozessorientiert gesteuert – andere Controllingkriterien, wie z. B. Ressourcenverbrauch, Termine und Qualität, eine mindestens ebenso wichtige Position einnehmen.

1.4 Strukturen im SAP-System

1.4.1 Softwarelösungen

In diesem Buch werden wir uns mit betriebswirtschaftlichen Grundlagen des Controllings und der technische Umsetzung im SAP-System beschäftigen. Die drei Softwarelösungen von SAP, die wir hier beleuchten, sind:

- SAP R/3 Enterprise
- SAP Business Information Warehouse (SAP BW)
- SAP Strategic Enterprise Management – Business Planning and Simulation (SAP SEM-BPS)

SAP R/3 Enterprise

Bei der Lösung SAP R/3 Enterprise handelt es sich um ein klassisches ERP-System. »ERP« steht für Enterprise Resource Planning. ERP-Systeme haben – anders als der Name vermuten lässt – nicht nur mit Planung zu tun. Eine wesentliche Aufgabe von Software dieses Typs ist die Erfassung von Istdaten an allen denkbaren Stellen in einem Unternehmen. Ein integriertes ERP-System wie R/3 wird z. B. in der Buchhaltung, im Personalwesen, im Einkauf, bei der Lagerverwaltung, im Vertrieb und in der Produktion eingesetzt. Dieses System wird von Sachbearbeitern aller Abteilungen benutzt. Sie erfassen Bestellungen, Wareneingänge, Warenbewegungen innerhalb des Unternehmens, Warenverbräuche, Rückmeldungen aus der Produktion, Arbeitszeiten von Mitarbeitern. Sie erstellen Lohn- und Gehaltsabrechnungen, Buchhaltungsbelege, Rechnungen an

Kunden usw. SAP R/3 Enterprise wird von vielen Personen im Unternehmen benutzt, die jeweils kleine Datenmengen sehr schnell an der richtigen Stelle im EDV-System speichern wollen.

Bei dem SAP Business Information Warehouse (SAP BW) steht nicht die Erfassung von Daten im Vordergrund, sondern deren Auswertung, das Reporting. Daten werden aus ERP-Systemen kopiert und in neuen Datenstrukturen in SAP BW abgelegt. Diese Datenstrukturen sind für die schnelle Auswertung von großen Datenmengen optimiert. Die SAP bietet mit BW moderne, flexible Analysewerkzeuge und die Möglichkeit, Anwendungen für die Internettechnologie zu erstellen. Dieses System wird vielfach von Managern benutzt, die keinen Zugriff auf das zugrunde liegende ERP-System haben.

SAP BW

Gerade im Controlling werden Daten aus unterschiedlichen Fachbereichen ausgewertet. Außerdem ist die Arbeit des Controllers weniger von der Datenerfassung geprägt als von der Analyse, der Interpretation und der Präsentation dieser Informationen. Deshalb sind oft die Controller die treibenden Kräfte im Unternehmen bei der Einführung eines Business Information Warehouses.

Bei SAP BW handelt es sich, wie gesagt, um ein reines Reporting-System. Controller wollen allerdings nicht nur in die Vergangenheit blicken und Daten analysieren, die im abgelaufenen Monat oder im vergangenen Jahr entstanden sind. Controller wollen auch planen und damit – wie böse Zungen behaupten – die Unwissenheit durch den Irrtum ersetzen. Zur Erfassung von Plandaten in den Datenstrukturen des BW-Systems bietet SAP die Lösung Strategic Enterprise Management – Business Planning and Simulation (SAP SEM-BPS). Damit können Planungen und Simulationen auf verdichteten Strukturen und für einen längeren Zeitraum in die Zukunft gerichtet durchgeführt werden. Ein längerer Zeitraum kann in SEM-BPS fünf, zehn oder gar zwanzig Jahre in die Zukunft reichen. Verdichtete Struktur heißt, dass z.B. für Kundengruppen statt Einzelkunden oder für Produktgruppen statt Artikel Absatz, Umsatz oder Kosten geplant werden. Ein wesentlicher Vorteil ist auch die Möglichkeit, einmal erfasste Daten beliebig hochzurechnen und zu simulieren.

SAP SEM-BPS

1.4.2 Module in SAP R/3

Von den Lösungen R/3, BW und SEM-BPS hat für das Gemeinkosten-Controlling das R/3-System die größte Bedeutung. Betrachten wir R/3 Enterprise genauer. SAP hat die Software R/3 in einzelne Module gegliedert, die jeweils die speziellen Anforderungen der einzelnen Bereiche im

Strukturen im SAP-System

Unternehmen abdecken. Die wichtigsten Module aus der Sicht des Controllings sind:

Module in SAP R/3

- **SD (Sales and Distribution) – Vertrieb**
  Das Modul SD wird genutzt für die Verwaltung von Kundenbestellungen und Angeboten, für die Abwicklung von Kundenaufträgen, Lieferungen und für die Erstellung von Rechnungen (Fakturen genannt).

- **MM (Material Management) – Materialwirtschaft**
  Im Modul MM sind das Bestellwesen und die Einkaufsabwicklung zu finden. Außerdem ist die Lagerverwaltung für Rohstoffe, Halbfertig- und Fertigerzeugnisse der Materialwirtschaft zugeordnet.

- **PP (Production Planning) – Produktionsplanung und -steuerung**
  In den Stücklisten des Moduls PP wird festgehalten und verwaltet, welche Rohstoffe, Zukaufteile und Halbfabrikate für die Produktion welcher Fertigerzeugnisse eingesetzt werden. In Arbeitsplänen ist hinterlegt, welcher Zeitbedarf für welche Ressourcen bei der Produktion zu berücksichtigen ist. Auf der Basis dieser Stamm- und Plandaten werden Produktionspläne erstellt, Kalkulationen gerechnet und Fertigungsaufträge abgewickelt.

- **HR (Human Resources) – Personalwirtschaft**
  Im Modul HR werden Personaleinsatzzeiten erfasst, die Abrechnungen für Lohn und Gehalt erzeugt und die Personalorganisation und -entwicklung verwaltet.

- **FI (Financials) – Finanzwesen**
  Die wichtigsten Aufgaben des Moduls FI kennen Sie bereits: Hier werden durch die Erfassung von vielen Einzelbelegen Bilanzen sowie Gewinn- und Verlustrechnungen generiert.

- **CO – Controlling**
  Auch die Aufgaben des *Controllings* (Modul CO) haben wir bereits beschrieben: Die summarische Darstellung der GuV in der Finanzbuchhaltung wird hier differenzierter nach allen möglichen Sortierkriterien betrachtet. Außerdem werden alle betriebswirtschaftlichen Faktoren des Unternehmens nicht nur im Ist abgerechnet, sondern bereits in der Planung bearbeitet. Zur Steuerung des Unternehmens werden die Daten in Soll-Ist-Vergleichen aufbereitet.

Englische Abkürzungen wurden vom deutschen Softwarehaus SAP wegen der internationalen Ausrichtung des Unternehmens gewählt, zumal der nichtdeutschsprachige Absatzmarkt bei weitem überwiegt.

Die Module werden weiter in Komponenten gegliedert. Die drei wichtigsten Komponenten des Controllings wollen wir im Folgenden kurz vorstellen. Sie entsprechen den Bereichen des Controllings, die wir in Abschnitt 1.3.2 bereits kennen gelernt haben.

CO-Komponenten in SAP R/3

- **CO-OM (Overhead Management) – Gemeinkostenrechnung**
  Die *Gemeinkostenrechnung* beschäftigt sich mit der Planung und Abrechnung von Kostenstellen, Innenaufträgen (Gemeinkostenaufträgen) und Projekten. Diese Komponente ist das zentrale Thema dieses Buches.

- **CO-PC (Product Costing) – Produktkostenrechnung**
  Das Thema der *Produktkostenrechnung* steckt im Namen – es geht um die Dinge, die ein Unternehmen produziert und verkauft. Die Kosten der Kostenstellen beeinflussen die Kosten der Produkte. Diese Verbindung werden wir Ihnen verdeutlichen.

- **CO-PA (Profitability Analysis) – Ergebnis- und Marktsegmentrechnung (kurz: Ergebnisrechnung)**
  Die *Ergebnis- und Marktsegmentrechnung* verknüpft Erlöse aus dem Vertrieb mit Kosten aus der Gemeinkosten- und Produktkostenrechnung.

Die drei Komponenten des Controllings stehen in enger Beziehung zueinander. Ohne die Gemeinkostenrechnung ist keine Produktkostenrechnung möglich. Die Ergebnisrechnung ist auf Daten aus der Gemeinkosten- und der Produktkostenrechnung angewiesen. Außerdem besteht eine enge Verbindung von jeder einzelnen Komponente des Controllings zu einem oder zwei anderen Modulen (siehe Abbildung 1.6).

Beziehungen zwischen Modulen und Komponenten

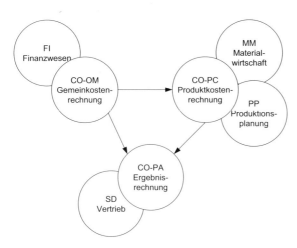

Abbildung 1.6 Komponenten des Controllings in Verbindung mit anderen Modulen

Strukturen im SAP-System

Die Gemeinkostenrechnung übernimmt viele Buchungen aus dem Finanzwesen (selbstverständlich können Daten aus der Finanzbuchhaltung, im Folgenden auch, entsprechend des Moduls in SAP R/3, *FI* genannt, auch direkt in die Produktkosten- bzw. Ergebnisrechnung übernommen werden). Rechnungen an Kunden werden vom Vertrieb erzeugt und direkt in die Ergebnisrechnung übergeben; die Produktkostenrechnung ist bei der Kalkulation auf Materialstämme aus der Materialwirtschaft sowie auf Stücklisten und Arbeitspläne aus der Produktion angewiesen, im Ist nutzt die Produktkostenrechnung Fertigungsaufträge und detaillierte Rückmeldungen.

1.4.3 Organisationsstrukturen

Fragen zur Struktur von Unternehmen werden im System SAP R/3 mit Organisationseinheiten beantwortet. Für das Gemeinkosten-Controlling sind zwei zentrale Organisationseinheiten wichtig:

▶ Buchungskreis
▶ Kostenrechnungskreis

Buchungskreis — Der *Buchungskreis* in SAP steht für eine rechtlich selbstständige Einheit. Jede juristisch selbstständige Unternehmenseinheit (GmbH, AG, KG oder Personengesellschaft) muss in SAP als eigener Buchungskreis abgebildet werden. Dabei ist es unerheblich, ob die einzelne Firma nur als Mantel existiert oder tatsächlich operativ tätig ist. Umgekehrt darf kein Buchungskreis angelegt werden, wenn für das Management nur interne Bilanzen für einen Teilbereich eines Unternehmens erstellt werden sollen. Derartige Anforderungen müssen im Einzelfall geprüft werden und können möglicherweise durch Geschäftsbereiche der Buchhaltung oder Profit Center des Controllings abgedeckt werden.

Kostenrechnungskreis — Der *Kostenrechnungskreis* ist die Organisationseinheit, in der die Controller ihr Wesen und Unwesen treiben. Alle Aktivitäten der Gemeinkosten- und der Produktkostenrechnung beziehen sich auf einen Kostenrechnungskreis. Er ist dem Buchungskreis übergeordnet. Für Standorte, an denen eine operative Gesellschaft, gemeinsam mit einer oder mehreren »Briefkastenfirmen«, eingetragen ist, wird oftmals ein einziger Kostenrechnungskreis gebildet, der alle Firmen umfasst. Ansonsten gilt: Jeder Buchungskreis ist es wert, einen eigenen Kostenrechnungskreis zu bekommen.

Diverse andere Organisationseinheiten wie z.B. Werk, Lagerort und Vertriebsbereich werden in den Modulen Materialwirtschaft und Vertrieb angelegt und verwaltet. Sie spielen für das Gemeinkosten-Controlling keine grundsätzliche Rolle.

1.5 Zusammenfassung

Sie wissen jetzt, wie die Buchhaltung im Prinzip funktioniert und was mit Bilanz und GuV gemeint ist. Sie kennen die Inhalte und die Aufgaben der Buchhaltung und können diese von den Inhalten und Aufgaben des Controllings abgrenzen.

Gemeinkosten fallen in jedem Unternehmen und in jeder Branche an. Der Anteil der Gemeinkosten an den Gesamtkosten unterscheidet sich von Branche zu Branche erheblich, dennoch ist die wirksame Steuerung der Gemeinkosten für jedes Unternehmen von erheblicher Bedeutung.

Die Grundbegriffe des Internen Rechnungswesens und des Controllings sind Ihnen vertraut. Sie kennen die Begriffe Plan-, Soll- und Istkosten, Prozesskostenrechnung und Forward Controlling sowie die wesentlichen Unterschiede zwischen operativem und strategischem Controlling.

Sie kennen die drei Softwarelösungen SAP R/3, SAP BW und SAP SEM-BPS. Sie wissen, welche Aufgaben die R/3-Module Buchhaltung (FI), Vertrieb (SD), Materialwirtschaft (MM), Produktion (PP) und Controlling (CO) haben. Innerhalb des Moduls CO werden die Aufgaben auf die Komponenten Ergebnisrechnung (CO-PA), Produktkostenrechnung (CO-PC) und Gemeinkostenrechnung (CO-OM) verteilt. Als wichtige Organisationseinheiten haben Sie Buchungskreis und Kostenrechnungskreis kennen gelernt.

Kapitel 2

Erst einmal jeder auf seinen Platz!

2 Kostenarten

Die Buchhaltung arbeitet mit ihrem Kontenrahmen und Kontenplan. Im Hintergrund stehen dabei immer Bilanz und GuV-Rechnung. Aufgabe der Kostenarten ist es, die Konten unter Controllingaspekten weiter aufzuteilen (oder auch zusammenzufassen) und alle innerbetrieblichen Verrechnungen abzubilden.

2.1 Betriebswirtschaftliche Grundlagen

Kostenarten bezeichnen die Art des Kostenanfalls. Für den externen (primären) Aufwand sind sie weitgehend identisch mit den Konten der Finanzbuchhaltung. Dazu kommen, auch durch das SAP-System bedingt, zusätzliche, für das Externe Rechnungswesen nicht relevante Kostenarten für die Weiterverrechnung der Sekundärstellen und für die Weiterbelastung der primären Kostenstellen auf die Kostenträger bzw. in die Ergebnisrechnung (die *Kostenstellen* werden in Kapitel 3 im Detail behandelt).

2.1.1 Kostenartenrechnung

Die *Kostenartenrechnung* ist deswegen als eigenständige Aufgabe zu sehen, weil sie sich über alle Kosten im Unternehmen erstreckt. Über die *Kostenstellenrechnung* werden nur die so genannten *Gemeinkosten* abgerechnet, die im Gegensatz zu den *Einzelkosten* nicht direkt einem Kostenträger oder Ergebnisobjekt zugeordnet werden können. In Industrieunternehmen sieht das so aus: Einzelkosten wie das Fertigungsmaterial oder Zukaufteile, aber auch die Sondereinzelkosten der Fertigung wie Sonderbetriebsmittel oder Lizenzen können unmittelbar einem Kostenträger bzw. die Sondereinzelkosten des Vertriebs (Provisionen, Ausgangsfrachten etc.) einem Ergebnisobjekt zugerechnet werden. Hingegen müssen die Gemeinkosten via Kostensatz (Fertigungsstellen), per Zuschlag oder in Form einer stufenweisen Deckungsrechnung (Verwaltungs- und Vertriebsstellenkosten) oder mit Hilfe der Prozesskostenrechnung (Materialbereitstellung etc.) weiterbelastet werden.

Kostenartenrechnung

Als Beispiel für die nicht direkte Zuordenbarkeit der Gemeinkosten seien die Instandhaltungskosten einer Fertigungsanlage genannt. Diese können normalerweise nicht direkt auf das Produkt verrechnet werden, weil über diese Kostenstelle eine Vielzahl von Fertigungsaufträgen unterschiedlicher Erzeugnisse abgewickelt wird und außerdem zwischen dieser Reparatur und den in der jeweiligen Periode gefertigten Produkten kein unmittelbarer Zusammenhang besteht.

Jede Istkosten-Buchung muss, um eine korrekte Zuordnung der Kosten vornehmen zu können, nicht nur die Kostenart, sondern auch eine zusätzliche Belastungskontierung enthalten. Das heißt, für den Umfang der Gemeinkosten die zu belastende Kostenstelle oder einen Innenauftrag, für die Einzelkosten den Kostenträgerbegriff, z. B. den Fertigungsauftrag, oder ein Bezugsobjekt der Ergebnisrechnung.

Zielsetzungen Kostenartenrechnung

Die Zielsetzungen der *Kostenartenrechnung* sind:

aus Abrechnungsgründen

▶ die Zuordnung der Buchungssätze zu den jeweiligen Kontierungsbegriffen der Kostenstellen-, Innenauftrags-, Kostenträger- oder Ergebnisrechnung

▶ die Abstimmbarkeit mit dem Externen Rechnungswesen

▶ keine gemischten Kostenarten aus Primäraufwand und Sekundärverrechnung (z. B. bei der Instandhaltung für Fremdrechnungen und Eigenleistungen)

aus Controllingsicht

▶ eine genügend transparente, aber nicht zu differenzierte Auffächerung des Kostenvolumens

▶ bei Materialien vom Lager, für die ein Festpreis fixiert ist, die Aufteilung des Einstandswertes in Festwert und Preisdifferenz (wobei die Kostenart nicht zu kontieren ist, sondern über die Materialnummer maschinell generiert wird). Alle Preisdifferenzen, nicht nur die der lagerhaltigen Materialien, sondern z. B. auch die Tarifabweichungen bei Lohn und Gehalt, werden entsprechend der firmenindividuellen Festlegung entweder ausgebucht oder anteilig zum Festwert prozentual auf die Belastungskontierung übernommen.

Die Zielsetzungen der *Kostenstellenrechnung* sind auf der anderen Seite:

▶ **aus Sicht der Abrechnung** die Kostensammlung der *Gemeinkosten* nach Kostenstellen und Kostenarten sowie deren Bereitstellung für die nachgelagerten Arbeitsgebiete

▶ **unter Controllingaspekten** primär die Schaffung der Voraussetzungen für das *Gemeinkosten-Controlling*

Nicht alle Kostenstellen können aber direkt und unmittelbar auf Erzeugnisse und Ergebnisobjekte verrechnet werden. Beispiele dieser so genannten sekundären Kostenstellen sind die Betriebshandwerker, der innerbetriebliche Transport, die Energie-, Sozial- und Leitungsstellen (was nicht ausschließt, dass in einigen Branchen, z. B. in der chemischen Industrie, gewisse Energiestellen wie primäre Stellen zu sehen sind und mit produktspezifischen Verbrauchsmengen im Arbeitsplan bzw. der Stückliste stehen).

2.1.2 Differenzierung primär und sekundär

Ganz allgemein ist sowohl bei den Kostenarten als auch bei den Kostenstellen zwischen sekundär und primär zu unterscheiden.

Die *sekundären Kostenstellen* werden mit Hilfe *sekundärer Kostenarten* auf andere *sekundäre* und die *primären Kostenstellen* verrechnet. Letztendlich landen – auch unter Berücksichtigung gegenseitiger Verrechnungen von Sekundär- zu Sekundärstelle und von Interdependenzen – alle Kosten auf den primären Stellen und belasten von dort via Kosten- oder Verrechnungssatz die Produkte bzw. Ergebnisobjekte.

Diese Abhängigkeiten gehen aus der vereinfachten Abbildung der Zusammenhänge von sekundären und primären Kostenarten und Kostenstellen hervor (siehe Abbildung 2.1).

Beispiel Zusammenhänge Kostenarten- und Kostenstellenrechnung

Kostenarten	Kostenstellen	Sekundär-Kostenstellen			Primär-Kostenstellen			Gesamt
		Handw.	Energie	Σ	Fertig.	V+V	Σ	
primäre Kostenarten	Personalkosten	2 000	-	2 000	10 000	5 000	15 000	17 000
	Sachkosten	500	2 500	3 000	5 000	5 000	10 000	13 000
	Σ primäre Kosten	2 500	2 500	5 000	15 000	10 000	25 000	30 000
sekundäre Kostenarten	verr. Handwerkerkosten	-	500	500	1 500	500	2 000	2 500
	verr. Energiekosten	-	-	-	2 500	500	3 000	3 000
	Σ sekund. Kosten	-	500	500	4 000	1 000	5 000	5 500
Gesamtkosten		2 500	3 000	5 500	19 000	11 000	30 000	35 500

Abbildung 2.1 Sekundäre und primäre Kostenstellen und Kostenarten

Zu den Zahlen konkret: Der Primäraufwand, beispielhaft nur in Form von Personal- und Sachkosten, beträgt 30 000 €, die sich auf sekundäre (5 000 €) und primäre Stellen (25 000 €) verteilen.

Die sekundären Kostenstellen »Handwerker« und »Energie« werden intern weiterverrechnet, wobei in unserem Beispiel die Handwerkerstelle auch Leistungen für die Energiestelle erbringt. In Summe entlastet sich die Handwerkerstelle unter der Kostenart »Verrechnete Handwerkerkosten« mit 500 € auf die Sekundärstelle »Energie«; 2 000 € gehen auf Primärstellen. Das Volumen bei »Energie« erhöht sich dadurch von 2 500 auf 3 000 €, die unter der sekundären Kostenart »Verrechnete Energiekosten« weiterbelastet werden. Die Gesamtsumme über alle Kostenarten und Kostenstellen beträgt 35 500 € – von denen auf den primären Stellen 30 000 € gelandet sind, ein Betrag, der genau der Summe der primären Kostenarten entspricht. Die restlichen 5 500 € stellen Doppelverrechnungen dar, blähen das Gesamtvolumen zwar auf 35 500 € auf, lassen sich aber jederzeit, auch maschinell, als Doppelverrechnungen erkennen.

Da es in der Praxis nicht nur zu Doppel-, sondern auch zu Drei- und Vierfachverrechnungen kommt, kann die Gesamtsumme über alle Kostenstellen und Kostenarten hinweg einen Wert ergeben, der unter Umständen doppelt so hoch wie der Primäraufwand ausfällt (zumal heute, mit zunehmender Automatisierung, immer mehr Aufwand bei sekundären Kostenstellen anfällt).

> **Beispiel 1: Doppelverrechnung**
> Bei einem namhaften Unternehmen – das Ganze liegt mehr als 30 Jahre zurück – waren Controlling und der IT-Bereich stolz darauf, nach vielen Wirrungen und mit entsprechender zeitlicher Verzögerung den mit großem Aufwand im Hause konzipierten und programmierten ersten Kostenstellen-Soll-Ist-Vergleich (SIV) der Unternehmensleitung vorlegen zu können. Der kaufmännische Vorstand warf nur einen kurzen Blick auf den Unternehmens-SIV und wies die Unterlagen mit dem Argument, dass alles falsch wäre, zurück. Seine Aussage war, dass der SIV, der ja nur die Gemeinkosten umfassen sollte, nicht stimmen könnte, weil »die Summe höher als der Umsatz dieser ersten Periode wäre«. Ihm mit wenigen Worten klar zu machen, dass hier Doppel- und Mehrfachverrechnungen enthalten wären, war nicht möglich.

Mit der heute verfügbaren Standardsoftware wäre dies kein Problem gewesen, weil man dort die Doppelverrechnungen im Prinzip per »Knopfdruck« eliminieren kann.

Eliminierung von Doppelverrechnungen

Wir haben die Kostenart als Identifikationsbegriff für die Art des Kostenanfalls und, für den Umfang der primären Kostenarten, als weitgehend übereinstimmend mit dem Konto des Externen Rechnungswesens kennen gelernt.

2.1.3 Externes und Internes Rechnungswesen

In älteren Software-Systemen gab es vielfach jeweils einen eigenen Konten- und Kostenartenstamm mit den Zielrichtungen *Externes* bzw. *Internes Rechnungswesen*. Heute sind beide für den Umfang der primären Kosten, von speziellen, aber klar definierten Abweichungen abgesehen, identisch. Die Besonderheiten des Internen Rechnungswesens werden im Folgenden ausführlich beschrieben.

Solche Kriterien können sowohl im Internen als auch im Externen Rechnungswesen begründet sein. So würde im Externen Rechnungswesen im Zweifel ein Konto »Lohn«, allenfalls je ein Konto »Fertigungs- und Hilfslohn«, genügen. Im Internen Rechnungswesen und Controlling möchte man aber den Fertigungslohn differenziert nach »Fertigungslohn Akkord«, »Fertigungslohn Akkorddurchschnitt«, »Fertigungszeitlohn« usw. bzw. die Hilfslöhne nach »Hilfslohn Aufsichtspersonal/Vorarbeiter«, »Transport«, »Reinigung« usw. oder die Zusatzlöhne nach Wartezeiten aufgrund unterschiedlicher Ursachen etc. sehen. Selbstverständlich ließen sich derartige Aussagen auch aus speziellen Lohnauswertungen gewinnen. Nachteilig dabei wäre aber, dass man dies nicht direkt aus dem Kostenstellen-Soll-Ist-Vergleich ersehen könnte, sondern Zusatzauswertungen aus der Lohnabrechnung heranziehen müsste.

Löhne und Gehälter

Grundsätzlich ist diese Kostenartendifferenzierung beim Lohn insofern unproblematisch, als die Kostenart maschinell aus der Lohnart abgeleitet werden kann. Außerdem ist es bei den heutigen DV-Ressourcen und der maschinellen Buchung uninteressant, wie viele Lohnkostenarten gebildet werden. Priorität hat in diesem Fall die Aussagefähigkeit des Controllings.

Darüber hinaus gibt es in der Finanzbuchhaltung (Fibu) einige wenige Konten, die aufgrund anderer Definition und Zielsetzung mit den Ansätzen des Internen Rechnungswesens nicht übereinstimmen. Dies trifft aber nur für ganz bestimmte Verrechnungsmodalitäten zu, die eindeutig festliegen und deren Abstimmung in praxi bei einer Überleitung vom Externen zum Internen Rechnungswesen keine Probleme bereitet. Beispiele hierfür sind bilanzielle versus kalkulatorische Abschreibungen sowie die Verzinsung von Anlage- und Umlaufvermögen.

Überleitung Internes/Externes Rechnungswesen

Eine weitere Besonderheit können in der Fibu als Jahreswerte gebuchte Aufwendungen im Gegensatz zur periodischen, abgegrenzten Verrechnung in der Kostenrechnung sein (z.B. für Steuern und Versicherungen, spezielle Beiträge etc.), wobei aber heute, nachdem auch im Externen Rechnungswesen Wert auf Monatsergebnisse gelegt wird, solche Zahlungen größeren Umfangs auch in der Fibu abgegrenzt verrechnet werden.

Beispiel Instandhaltung

Im Internen Rechnungswesen würde man z. B. die Instandhaltung nicht unbedingt mit getrennten Kostenarten nach Gebäuden, Maschinen/maschinellen Anlagen, Betriebs- und Geschäftsausstattung etc. abbilden wollen. Dies geht weitgehend aus der Belastungskostenstelle oder dem Text des verrechneten Innenauftrages hervor, so dass die Differenzierung nach unterschiedlichen Primärkostenarten aus Sicht des Internen Rechnungswesens nicht zwingend erforderlich wäre.

Beispiel Belegschaftsnebenkosten

Ein anderes Beispiel unterschiedlicher Ansätze im Externen und Internen Rechnungswesen sind häufig die Belegschaftsnebenkosten. Üblicherweise geht man in der Kostenrechnung den Weg, dass man die Belegschaftsnebenkosten auf Lohn und Gehalt – darunter sind alle gesetzlichen und freiwilligen Sozialleistungen, vom Urlaub- und Feiertagsentgelt über die gesetzlichen und tarifvertraglichen Sozialaufwendungen bis hin zu freiwilligen Sozialleistungen zu verstehen – mit einem Prozentsatz, bezogen auf das Anwesenheitsentgelt, berücksichtigt. Das heißt, dass in Monaten mit höherem Urlaubs- oder Feiertagsanteil nicht die in diesen Perioden gegenüber dem durchschnittlichen Monat erheblich höheren Soziallöhne und Sozialaufwendungen verrechnet werden, sondern nur ein als Jahresmittel errechneter Prozentwert, bezogen auf die Anwesenheitsentgelte. Wenn also z. B. im Juli oder August nur eine Woche gearbeitet wird, aber drei Wochen Betriebsurlaub anfallen, somit die Betriebsleistung und auch die Anwesenheitslöhne nur bei etwa 25 % eines normalen Monats liegen, dann kommen auch nur anteilig über den Prozentsatz 25 % der Belegschaftsnebenkosten zum Ansatz. Der Abgleich Istanfall zu kalkulatorischer Verrechnung erfolgt über Abgrenzungsaufträge »kalkulatorische Belegschaftsnebenkosten Lohn bzw. Gehalt« (siehe Abschnitte 4.2 und 4.3).

2.1.4 Preis- und Mengenabweichungen

Preis- und Mengenabweichungen als Steuerungskriterium

Wie bereits im Kapitel 1.3 ausführlich erläutert, sollen die Abweichungen als wesentliches Steuerungskriterium des operativen Controllings in allen Teilgebieten des Internen Rechnungswesens unter den Aspekten Beeinflussbarkeit und Verantwortlichkeit nach Preis- und Mengenabweichungen differenziert werden.

Die *Preisabweichung* ist im Gemeinkosten-Controlling der Kosten-Bestandteil, der vom Kostenstellen-Leiter nicht unmittelbar oder nur bedingt beeinflusst werden kann. Deshalb bietet das CO die Möglichkeit, Preisabweichungen abzuspalten und getrennt weiter zu verrechnen. Die Eliminierung der Preisabweichungen geschieht im GK-Bereich für die nicht lagerhaltigen Materialien, für die Personalkosten etc.

Preis-abweichungen

- nach Herkunftskontierungen
- nach Kostenarten

Bei den lagerhaltigen Materialien, unabhängig davon, ob im Gemeinkosten- oder Kostenträgerbereich, wird die Preisabweichung dort, wo ein Festpreis für ein Material hinterlegt ist, pro Materialnummer vom System im Modul MM ermittelt und, falls im CO so vorgesehen, anteilig zum Standardwert weiter belastet.

Dagegen fallen die Mengenabweichungen in die Zuständigkeit des jeweiligen Teilgebiets- bzw. Prozessverantwortlichen (siehe Abschnitt 1.3.2).

Mengen-abweichungen

Wenn bei den Personalkosten die Löhne mit der Herkunftskontierung (Ressource) Lohngruppe geplant sind (siehe SAP-Masken zur Ressourcenplanung in Abschnitt 3.5.5), wird – über alle Kostenstellen hinweg – die Aufspaltung vorgenommen.

In unserem Beispiel ist die Planung der Lohnkosten differenziert nach Lohngruppen vorgenommen. Laut Tarifvertrag ist der Wert in dieser Lohngruppe von 10,00 € auf 10,30 € gestiegen.

Beispiel Preis- und Mengen-abweichung

PLAN:	Kostenstelle	»421 NC-Drehmaschinen«
	Planbezugsgröße	1 000 Vorgabestunden (VST)
	Kostenart	»4101 Fertigungslohn«
	Plankosten, var.	LG3: 1 000 VSTD à € 10,00/Std. = € 10 000
SOLL:	Istbeschäftigung	1 200 Vorgabestunden

Beschäftigungsgrad
(1 200 VST:1 000 VST) × 100 = 120 %

	Sollkosten F-Lohn	€ 10 000 × 1,2 = € 12 000
IST:	Istkosten	1 250 VST, LG3 à € 10,30 = € 12 875
	Abweichung	12 875 – 12 000 = € 875

Diese Abweichung umfasst Mengen- und Preisabweichung (MA bzw. PA), die nach folgenden Rechenformeln aufgelöst wird:

MA = (Istmenge − Sollmenge) × Planansatz
= (1 250 − 1 200) × € 10,00 = € 500

PA = Istmenge × (Istwert−Planwert)
= 1 250 × (10,30 − 10,00) = € 375

Diese differenzierte Ermittlung setzt voraus, dass die Planung detailliert durchgeführt wurde. In lohnintensiven Branchen ist das sicherlich sinnvoll, zumal in den letzten Jahren die Lohnerhöhungen meist unterschiedlich für die einzelnen Lohngruppen ausgefallen sind (so war die prozentuale Erhöhung in den niedrigeren Lohngruppen stets höher als in den oberen Lohngruppen). Außerdem kann bei einer maschinellen Umwertung im Rahmen der jährlichen Planungsüberholungen oder bei What-if-Rechnungen auf diese differenzierten Ansätze zurückgegriffen werden.

Die Planung der Personalkosten wird meist so vorgenommen, dass für das erste Halbjahr zu erwartende generelle Tarifänderungen bereit anteilig in den Planwerten berücksichtigt werden. Wenn z.B. zum 1. April (Geschäftsjahr Januar bis Dezember) eine Lohnerhöhung von 4 % erwartet wird, dann wird sie mit

(4 % × 9 Monate) / 12 Monate = 3 %

in die Planwerte einbezogen, um in Kalkulation und Ergebnisrechnung mit dem durchschnittlichen Jahresmittelwert berücksichtigt zu sein. Im Ist wird dann in den ersten 3 Monaten mit einer negativen Tarifabweichung von 3 % im Hundert = 2,91 %, in den Monaten April bis Dezember mit einer positiven Abweichung von 0,99 % gerechnet.

Ressourcen-planung In unserem vereinfachten Beispiel wird vor der Umwertung von 12,00 €/Std. für die Lohngruppe 3 und 10,00 €/Std. für die Lohngruppe 2 ausgegangen (siehe Abbildung 2.2). Die Lohnerhöhung ergibt die neuen Lohnwerte von 12,30 €/Std. für die Lohngruppe 3 (= +2,6 %) bzw. 10,50 €/Std. für die Lohngruppe 2 (= +5,0 %) (siehe Abbildung 2.3).

Kostenarten \ Kostenstellen	Hand-werker	Energie	Summe sek.KSt.	Fertigung	Gesamt
Lohn-Stunden	500			2.000	
Lohn LG 3 (12,-)	6.000		6.000		6.000
Lohn LG 2 (10,-)				20.000	20.000
Sachkosten	4.000	15.000	19.000	30.000	49.000
Summe primäre Kosten	**10.000**	**15.000**	**25.000**	**50.000**	**75.000**
Verrechnete Handw.kosten		2.000	2.000	8.000	10.000
Verrechnete Energiekosten				17.000	17.000
Summe sekundäre Kosten		**2.000**	**2.000**	**25.000**	**27.000**
Gesamtkosten	**10.000**	**17.000**	**27.000**	**75.000**	**102.000**

Abbildung 2.2 Ressourcenplan vor Umwertung

Durch die Umwertung ändern sich auch die Werte der beiden Sekundärstellen: bei den Handwerkern durch die Lohnerhöhung für die Handwerker; der Kostensatz steigt von 20,00 €/Std. (10 000 €/500 Std.) auf 20,30 €/Std. (10 150 €/500 Std.) was einer Erhöhung von 1,5 % entspricht. Die Energiekosten steigen, obwohl der Fremdbezugspreis (Sachkosten) unverändert bleibt, um 0,73 %. Ursache für die höheren Kosten der Energiestelle sind die verrechneten Handwerkerstunden, die sich durch die Lohnerhöhung verteuert haben.

Kostenarten \ Kostenstellen	Handwerker	Energie	Summe sek.KSt.	Fertigung	Gesamt
Lohn-Stunden	500			2.000	
Lohn LG 3 (12,30 = +2,6%)	6.150		6.150		6.150
Lohn LG 2 (10,50 = +5,0%)				21.000	21.000
Sachkosten	4.000	15.000	19.000	30.000	49.000
Summe primäre Kosten	10.150	15.000	25.150	51.000	76.150
Verrechnete Handw.kosten		2.030	2.030	8.120	10.150
Verrechnete Energiekosten				17.030	17.030
Summe sekundäre Kosten		2.030	2.030	25.150	27.180
Gesamtkosten	10.150	17.030	27.180	76.150	103.330

Abbildung 2.3 Ressourcenplanung nach Umwertung

Das einfache Beispiel zeigt, dass sich die Verrechnungssätze durch die Lohnerhöhung verändern können, auch wenn auf einer Stelle, wie der Energiestelle, überhaupt kein Lohn anfällt. Wäre die Planung nicht so detailliert nach Lohngruppen mit Menge und Preis/Einheit erstellt, könnte die Abspaltung der Preisabweichungen nur mit einem mittleren Prozentsatz je Kostenart vorgenommen werden, also mit einem Mittelwert über alle Lohngruppen hinweg.

Die differenzierte Planung hätte ferner den Vorteil, dass bei einer Queraddition solcher Herkunftsbegriffe über einen Bereich, ein Werk oder das gesamte Unternehmen der Bedarf an Mitarbeitern dieser Lohngruppe oder analog sonstiger Herkunftsbegriffe ermittelt und umgerechnet werden könnte.

Diese detaillierte Lösung kann analog bei Materialien vom Lager eingesetzt werden, wenn A-Materialien mit der Herkunftsmaterialnummer und dem Festpreis pro Einheit geplant sind. Sie gilt für Primär- und Sekundärstellen gleichermaßen, mit der Konsequenz, dass sich analog die Werte und damit auch die Kostensätze der Sekundärstellen ändern.

2.1.5 Zusammenfassung

Anforderungen an die Kostenartendifferenzierung

Zusammengefasst nochmals die Anforderungen an die Kostenartendifferenzierung:

- ausreichende Transparenz, insbesondere unter den Aspekten der Kostenkontrolle
- keine gemischten Kostenarten für Primär- und Sekundäraufwand (auch systemtechnisch ist es im CO nicht möglich, unter einer Kostenart Primäraufwand und Sekundäraufwand für innerbetriebliche Leistungen zu verquicken)
- soweit möglich Identität von Aufwandskonten des Externen mit den Kostenarten des Internen Rechnungswesens

Kostenarten sind abrechnungstechnisch Kopien von Sachkonten aus der Finanzbuchhaltung (primäre Kostenarten) oder »Rucksäcke« zum Transport von Kosten zwischen Controllingobjekten (sekundäre Kostenarten), d.h. Kostenstellen, Aufträgen, Ergebnisobjekten etc.

Kostenartentypen

Die Kostenarten lassen sich abrechnungstechnisch in folgende vier Gruppen untergliedern:

- primäre originäre Kosten
- primäre kalkulatorische Kosten
- direkt verrechnete Sekundärkosten
- indirekt verrechnete Sekundärkosten

Im Folgenden werden wir diese vier Gruppen detailliert beschreiben.

2.2 Primäre originäre Kostenarten

Vorgelagerte Quellen für primäre Kosten

Die *primären originären Kosten* werden aus vorgelagerten Arbeitsgebieten wie der Materialabrechnung für über Lager abgerechnete Materialien, aus der Lohn- und Gehaltsabrechnung für die Personalkosten sowie der Kreditorenbuchhaltung für Fremdlieferungen und -leistungen übernommen. Diese Übernahme erfolgt bei der integrierten Software R/3 schnittstellenfrei aus den Modulen MM, HR oder FI; falls die Datenübernahme aus einem Nicht-SAP-System erfolgt, müssen Schnittstellenprogramme, die auch alle Plausibilitätsprüfungen vorzunehmen haben, zwischengeschaltet werden.

Übernahme der Gemeinkosten

Dabei werden die Gemeinkosten je nach Belastungskontierung entweder direkt in die Kostenstellenrechnung oder in die vorgelagerte Innenauftragsabrechnung übergeleitet. Zu den primären originären Kosten zählen auch vom Externen Rechnungswesen übernommene Abgrenzungsbuchungen, z.B. für ins Gewicht fallende Steuern, Versicherungen, Beiträge etc.

Die Soziallöhne, Sozialversicherungsbeiträge etc. werden aus der Personalabrechnung auf entsprechende Innenaufträge (GK-Aufträge) übernommen. Die Berücksichtigung in der monatlichen Kostenstellenrechnung erfolgt unabhängig von Istanfall mit Hilfe kalkulatorischer Belegschaftsnebenkosten-Zuschläge.

Die dafür vorzusehenden Abgrenzungsaufträge, auf denen die Gegenüberstellung der zum Teil in unregelmäßigen Zeitintervallen oder nur einmal jährlich anfallenden Istkosten mit der in der Kostenstellenrechnung vorgenommenen kalkulatorischen Verrechnung erfolgt, ähneln den T-Konten der Finanzbuchhaltung. Auf der Sollseite werden die effektiv anfallenden Kosten gesammelt, denen auf der Habenseite die kalkulatorisch verrechneten Zuschläge gegenübergestellt werden.

Die wichtigste Datenquelle für die Kostenrechnung ist in jedem Unternehmen und in jeder Softwarelösung die Finanzbuchhaltung. In der Finanzbuchhaltung, in SAP im Modul FI, werden Eingangsrechnungen von Lieferanten gebucht. In diesen Buchungen werden steuerliche Belange und Anforderungen im Hinblick auf Jahresabschlüsse genauso berücksichtigt wie die internen Vorgaben des Controllings. Die erste Entscheidung des Controllings in diesem Sinne betrifft die Frage, ob eine Buchung überhaupt in die Kostenrechnung einfließen soll oder nicht. Viele Vorgänge im Unternehmen betreffen zwar die Finanzbuchhaltung, nicht jedoch das Interne Rechnungswesen. Beispiele dafür sind:

Datenquelle Finanzbuchhaltung

▶ Wareneingang von Rohmaterial auf Lager
▶ Banküberweisung von fälligen Rechnungen
▶ Aufnahme eines Darlehens

Diese Buchungen, die nur Bilanzkonten betreffen, werden nicht in die Kostenrechnung übergeben. Aber auch manche Vorgänge auf GuV-Konten, z.B. Zahlung von Darlehenszinsen oder betriebsfremder Aufwand in Form von Spenden, werden nicht im Internen Rechnungswesen dargestellt.

Technisch wird die grundsätzliche Entscheidung für die Übernahme von Buchungen in die Kostenrechnung durch die Anlage von primären Kostenarten getroffen. Wenn für ein Sachkonto eine primäre Kostenart definiert ist, werden alle Fibu-Buchungen zeitgleich auch in das CO übernommen. Wenn die primäre Kostenart nicht existiert, besteht keine

Möglichkeit, die Daten des Sachkontos im Internen Rechnungswesen sichtbar zu machen oder weiter zu verarbeiten.

Sachkonto in der Buchhaltung

Als Einstieg in die Demonstration des SAP-Systems und als Praxisbeispiel zum Thema Kostenarten zeigen wir Ihnen nun einen FI-Beleg in einem produktiven R/3-System.

Vor der ersten Buchung in der Finanzbuchhaltung müssen Sachkonten als Stammdaten eingerichtet sein. Zur Darstellung dieser Stammdaten nutzen wir die Transaktion FS00, im Menü: **Rechnungswesen · Finanzwesen · Hauptbuch · Stammdaten · Einzelbearbeitung · Zentral** (siehe Abbildung 2.4).

Das Sachkonto 40 5103 »Stromkosten« ist hier im Buchungskreis 1000 »Bäckerei Becker« angelegt. Wichtige Information auf dieser Seite ist der Schalter bei **Erfolgskonto**. Erfolgskonto heißt nicht anderes als GuV-Konto. Nur Konten mit dieser Eigenschaft können im Internen Rechnungswesen als primäre Kostenart angelegt werden. Buchhaltungskonten, die in der Bilanz geführt werden, bekommen auf dieser Seite den Eintrag **Bestandskonto**.

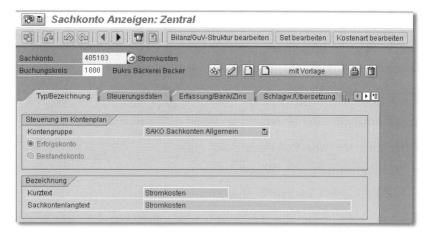

Abbildung 2.4 Sachkonto »Stromkosten« – Stammdaten der Buchhaltung

Einzelposten in der Buchhaltung

Buchhaltung und Kostenrechnung/Controlling werden in allen größeren Unternehmen von unterschiedlichen Personen wahrgenommen. Der Controller wird FI-Buchungen normalerweise nicht selbst durchführen. Allerdings sollten die Controller, die mit SAP R/3 arbeiten, Grundkenntnisse aller Module haben, aus denen ihre Daten stammen. Diese Grundkenntnisse sollten ausreichen, um die wichtigsten Einstellungen bei den Stammdaten interpretieren und um gebuchte Belege finden und überprüfen zu können. Die Grundkenntnisse zum Finden und Überprüfen von FI-Buchungen vermitteln wir Ihnen hier. Benutzen Sie die Transaktion FBL3N, im Menü: **Rechnungswesen · Finanzwesen · Hauptbuch · Konto · Posten anzeigen/ändern** (siehe Abbildung 2.5). Für das Konto »Stromkosten« werden alle Belege gesucht, die zum 30.11.2003 angelegt wurden.

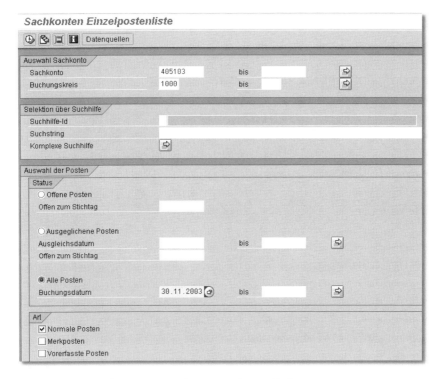

Abbildung 2.5 Selektion von Einzelposten in der Buchhaltung

Das System findet drei Belege (siehe Abbildung 2.6). Die Beträge auf dieser Maske und den folgenden Screenshots haben wir unkenntlich gemacht.

Liste der FI-Einzelposten

Der Doppelklick auf den ersten gefundenen Beleg mit der Nummer 1900014858 führt zu Position 002 der zugrunde liegenden Buchung (siehe Abbildung 2.7). Zu sehen ist hier der GuV-Teil der Buchung. Nur für die Buchhalter ist wichtig, dass hier eine Sollbuchung dargestellt ist. Der Controller interessiert sich auf diesem Bild eher für den Eintrag im Feld **Kostenstelle**. Daran erkennt er, wo er diesen Beleg in der Kostenrechnung wieder findet.

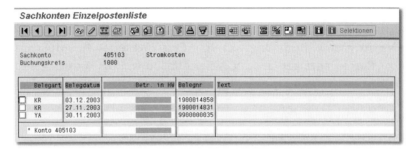

Abbildung 2.6 Liste der Einzelposten

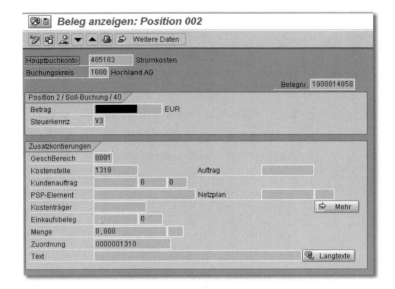

Abbildung 2.7 Buchhaltungsbeleg – Detail

 Die Schaltfläche **Belegübersicht** zeigt alle Positionen (siehe Abbildung 2.8). Außer dem oben dargestellten GuV-Konto »Stromkosten« wurde in der Bilanz ein offener Posten beim Lieferanten Vorarlberger Kraftwerke gebucht. Die Vorsteuer wird separat ausgewiesen und nicht in die Kostenrechnung übergeben.

Wenn, wie in diesem Beispiel, die optische Archivierung von Belegen eingerichtet ist, kann von hier auf den eingescannten Originalbeleg verzweigt werden. Nutzen Sie hierfür im Menü **Umfeld · Weitere Zuordnungen · Objektverknüpfungen** (siehe Abbildung 2.9).

Mit dem Doppelklick auf **FI Eingangsrechnung** wird die Originalrechnung am Bildschirm angezeigt (siehe Abbildung 2.10).

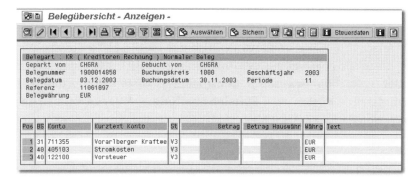

Abbildung 2.8 Buchhaltungsbeleg – Übersicht

Abbildung 2.9 Liste der archivierten Belege zum FI-Einzelposten

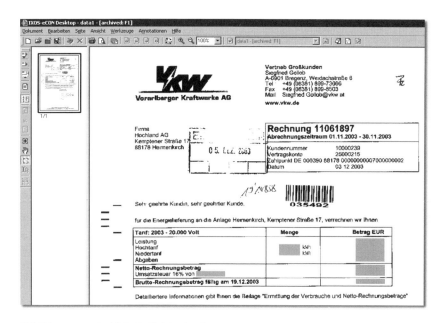

Abbildung 2.10 Archivierte Originalrechnung

Primäre Kostenart Von den drei betroffenen Konten, Kreditor »Vorarlberger Kraftwerke«, »Stromkosten« und »Vorsteuer«, ist nur das zweite für die Kostenrechnung relevant. Entsprechend wurde auch nur für dieses Konto eine primäre Kostenart angelegt mit den Transaktionen KA01, KA02 und KA03, im Menü: **Rechnungswesen · Controlling · Kostenartenrechnung · Stammdaten · Kostenart · Einzelbearbeitung · Anlegen primär/Ändern/Anzeigen** (siehe Abbildung 2.11).

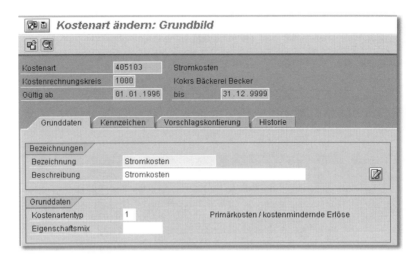

Abbildung 2.11 Kostenart »Stromkosten« im Controlling

Bezeichnung/ Beschreibung Grundsätzlich sind die Autoren dieses Buches von der Software SAP R/3, insbesondere vom Modul Controlling, überzeugt. Dennoch möchten wir Ihnen einige Ärgernisse bei der Verwaltung von Bezeichnungen der Konten/Kostenarten an dieser Stelle nicht vorenthalten. Mit dem ersten Anlegen der primären Kostenart wird die Bezeichnung, hier »Stromkosten«, kopiert, also zusätzlich im System abgelegt. Der **Kurztext** aus dem FI-Sachkonto wird in die **Bezeichnung** der primären Kostenart kopiert. Der **Sachkontenlangtext** landet bei der Kostenart im Feld **Beschreibung**. Für **Kurztext/Bezeichnung** funktioniert dieses Kopieren, beide Felder sind 20 Zeichen lang. Bei der Übertragung des Sachkontenlangtextes (60 Zeichen lang) in die Beschreibung der Kostenart (40 Zeichen lang) werden allerdings die letzten 20 Zeichen abgeschnitten. Bei komplizierten Sachverhalten stehen allerdings die wichtigen Informationen oft genau in den 20 abgeschnittenen Zeichen des Sachkontenlangtextes.

Das Kopieren der Informationen hat zur Folge, dass die Controlling-Stammdaten von Änderungen in der Quelle abgeschnitten werden.

Wenn in der Buchhaltung Kurztext oder Langtext des Kontos geändert werden, berührt das bereits bestehende primäre Kostenarten nicht. Manches Missverständnis zwischen Buchhaltern und Controllern wurde durch diesen Mangel schon ausgelöst. Eine Funktion zum nachträglichen Synchronisieren der Bezeichnungen bietet das SAP-System nicht.

Noch aufwändiger wird die Synchronisation der Bezeichnungen von Sachkonten und primären Kostenarten im internationalen Umfeld. Der beschriebene Kopiervorgang wird nämlich nur für die Sprache durchgeführt, in der der Benutzer gerade angemeldet ist. Im folgenden Beispiel wird dies deutlich.

Mehrere Sprachen

Ein Unternehmen hat sich auf Englisch als Konzernsprache festgelegt. Nach umfangreichen Diskussionen sind auch die französischen Kollegen bereit, ihre landesspezifischen Konten in der Buchhaltung zusätzlich in Englisch zu pflegen. Sie nutzen hierfür die Registerkarte **Schlagwort/Übersetzung** in der bereits erwähnten Transaktion FS00. Beim Anlegen der primären Kostenart wird der französische Kollege sicher mit der Sprache FR am System angemeldet sein. Das System kopiert nur die Bezeichnung der Anmeldesprache (hier französisch »Achats-électricité«) aus dem Sachkonto in die Stammdaten der primären Kostenart.

Abbildung 2.12 Übersetzung von FI-Konten

Die Kurz- und Langtexte der anderen Sprachen (hier Deutsch und Englisch) müssen in der Kostenart manuell nachgetragen werden. Zum manuellen Nachtragen der Kostenartenbezeichnung sucht unser französischer Kollege eine Funktion zum Übersetzen, wie sie beim Sachkonto angeboten wird – er sucht vergeblich. Zum Nachtragen von Bezeichnung und Beschreibung der Kostenarten muss sich der Benutzer mit der jeweiligen Sprache am System anmelden, d.h. zum Pflegen der englischen Texte mit EN und danach zum Pflegen der deutschen Texte mit DE. Wie

Anmeldesprache Englisch

bereits erwähnt, werden die Bezeichnungen für Sachkonto und Kostenart getrennt gespeichert – Änderungen auf einer Seite bleiben ohne Auswirkungen auf der anderen. In einem internationalen Umfeld mit jeweils mehreren hundert landesspezifischen Benennungen in jeweils zwei oder mehr Sprachen führt allein die Synchronisation dieser Texte zu erheblichem Aufwand.

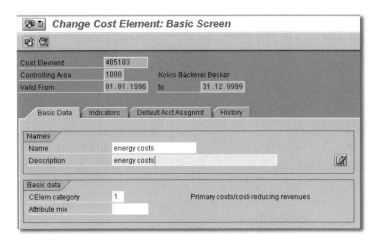

Abbildung 2.13 Übersetzung der Kostenart ins Englische

Zeitabhängige Eigenschaften

Nach der Darstellung dieser für ein ausgereiftes, integriertes Softwarepaket unbefriedigenden Lösung wieder zu einer Anforderung, die angemessen umgesetzt wurde. Die Eigenschaften einer Kostenart sollen geändert werden. Das kommt dann vor, wenn z. B. bei der Buchung der Stromkosten die Menge der verbrauchten Kilowattstunden gleich miterfasst werden soll. Die entsprechende Eigenschaft der Kostenart **Menge führen** kann innerhalb eines Geschäftsjahres nicht geändert werden. Damit verhindert das System inkonsistente Daten, die dann auftreten würden, wenn Teile der Belege mit Mengen und andere ohne gespeichert wären. Also sieht die Software vor, die Eigenschaft **Menge führen** zum Jahreswechsel zu ändern. Für die Erfassung von Feldänderungen mit Gültigkeitszeitraum nutzen Sie aus der Pflegetransaktion der Kostenart heraus das Menü: **Bearbeiten · Betrachtungszeitraum** (siehe Abbildung 2.14).

Die Eigenschaft **Menge führen** gilt nicht für die gesamte »Lebenszeit« der Kostenart (1.1.1996 bis 31.12.9999), sondern erst ab dem 1.1.2005 (siehe Abbildung 2.15).

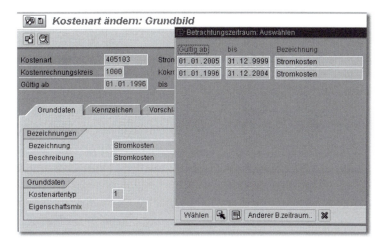

Abbildung 2.14 Betrachtungszeitraum wählen

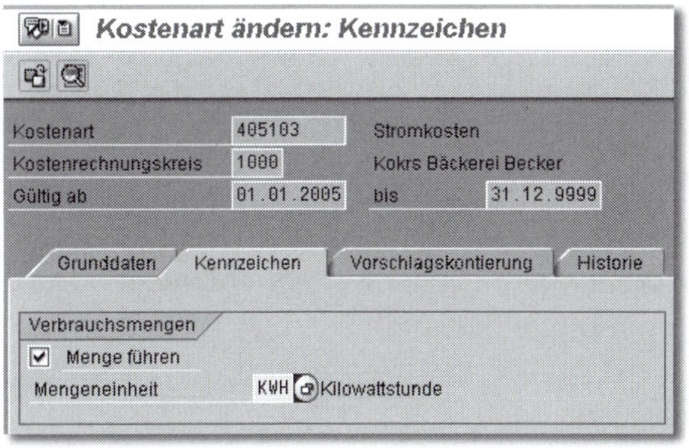

Abbildung 2.15 Menge führen

2.3 Primäre kalkulatorische Kosten

Die *primären kalkulatorischen Kosten* haben zwei unterschiedliche Zielrichtungen. Zum einen sind es, vereinfacht ausgedrückt, »Anstatt«-Kosten, wenn im Internen Rechnungswesen, unabhängig vom Istaufwand des Externen Rechnungswesens, kalkulatorische Kosten zum Ansatz gelangen. Dazu zählen insbesondere die kalkulatorischen Kapitalkosten, wenn im Internen Rechnungswesen unabhängig von den Ansätzen des Externen Rechnungswesens lineare, den leistungs- und zeitabhängigen Verschleiß eines Anlagegutes berücksichtigende *kalkulatorische Abschreibungen* (meist ausgehend vom Wiederbeschaffungswert und von betriebswirtschaftlichen Nutzungsdauern) gerechnet werden sollen. Zum anderen sind vom Istaufwand losgelöste *kalkulatorische Zinsen* auf Anlage- und Umlaufvermögen zu berücksichtigen. Auf die kalkulato-

Kalkulatorische Abschreibungen und kalkulatorische Zinsen

rischen Abschreibungen und Zinsen wird bei den Ausführungen zur Kostenplanung in Abschnitt 3.4.4, nochmals im Detail eingegangen.

Aus Sicht des Controllings/Innerbetrieblichen Rechnungswesens sind Abschreibungen, also der jährliche Wertverlust von Maschinen, Fahrzeugen, Gebäuden etc., nichts anderes als Kosten – direkt vergleichbar mit den Stromkosten, die im vorigen Abschnitt als Beispiel dienten. Dennoch lohnt eine genauere Betrachtung der Abschreibungen, weil sie nicht manuell in FI erfasst werden, sondern automatisch in der Anlagenbuchhaltung (Modul FI-AA – *Asset Accounting*) ermittelt und von dort in das Controlling (CO) übertragen werden. Entsprechend der Forderung: »die Controller, die mit SAP R/3 arbeiten, sollten in allen Modulen, aus denen sie Daten bekommen, Grundkenntnisse haben«, geben wir im Folgenden einen kurzen Einblick in die Anlagenbuchhaltung.

2.3.1 Anlagen und Abschreibungen

Beim Kauf eines Wirtschaftsgutes, das über mehrere Jahre genutzt wird, erscheint nicht der gesamte Kaufpreis in der GuV des Jahres der Anschaffung als Aufwand. Stattdessen werden über die Zeit der Nutzung Teilbeträge als *Abschreibung für Abnutzung* – kurz AfA – gebucht. Die AfA repräsentiert, aufgrund der vom Fiskus festgelegten Nutzungsdauern, den Wertverlust für jedes einzelne Jahr. Dabei werden entweder lineare oder degressive Berechnungsmethoden genutzt.

Lineare AfA

> **Beispiel 2: Produktionsmaschine**
> Angeschafft wird eine Produktionsmaschine für 100 000 €. Die Abschreibungsdauer beträgt zehn Jahre. Die Maschine »verliert« also jedes Jahr einen Wert von 10 000 €. Der Restbuchwert am Anfang des zweiten Jahres der Nutzung beträgt 90 000 €, am Anfang des dritten Jahres 80 000 € usw. Die Abschreibung von 10 000 € wird in jedem Jahr als Aufwand in der Finanzbuchhaltung dargestellt. Nach zehn Jahren ist die Maschine vollständig abgeschrieben, der Restbuchwert ist null, es entstehen keine weiteren Aufwandsbuchungen.

Degressive AfA

> **Beispiel 3: Pkw**
> Angeschafft wird ein Betriebs-Pkw für 30 000 €. Entsprechend dem hohen Wertverlust zu Beginn der Nutzungsdauer entscheidet sich das Unternehmen, hier die degressive Methode der Abschreibung zu nutzen. Abgeschrieben werden in jedem Jahr 20 %, im ersten Jahr also 6 000 €.

> Im zweiten Jahr werden wieder 20 % abgeschrieben, jetzt allerdings vom Restbuchwert 24 000 €, also nur noch 4 800 €. In jedem Jahr verringert sich so der Abschreibungsbetrag. Dieses Verfahren allein würde nie zu einer vollständigen Abschreibung einer Anlage führen. Deshalb wird die degressive Abschreibung zu einem geeigneten Zeitpunkt durch die lineare Abschreibung ersetzt. In diesem Beispiel wäre bei einer Nutzungsdauer des Fahrzeugs von sechs Jahren die lineare Abschreibung 16,7 % des Anschaffungswertes pro Jahr, also 5 000 €. ==Bereits im zweiten Jahr der Nutzung übersteigt die lineare Abschreibung (5 000 €) die degressive Abschreibung (4 800 €), demnach ist dies der geeignete Zeitpunkt zum Wechsel.== Im zweiten bis fünften Jahr werden also jeweils 5 000 € als AfA verbucht. Zu Beginn des sechsten Jahres sind noch 4 000 € als Restbuchwert für den Pkw in der Anlagenbuchhaltung verzeichnet. Dieser verbleibende Betrag wird dann in diesem Jahr als Abschreibung in der GuV dargestellt.

Die Abschreibungen in den Beispielen Produktionsmaschine und Pkw spiegeln Abschreibungsverfahren wider, wie sie bei einem deutschen Unternehmen gemäß Handelsrecht (HGB) angewandt werden. Die so generierten Wertverluste und Restbuchwerte werden in die GuV bzw. Bilanz des Buchhaltungsabschlusses überführt. Controller sind in vielen Unternehmen der Meinung, dass die so errechneten Abschreibungen nicht den betriebswirtschaftlichen Anforderungen entsprechen. Abschreibungen beeinflussen die Produktkosten, die wiederum Grundlage für Verkaufsangebote sind.

Steuer- und Handelsrecht versus interne Abschreibung

Die kalkulatorischen Abschreibungen des Internen Rechnungswesens unterscheiden sich von der buchhalterischen AfA in folgenden Punkten:

- Nutzungsdauer
- Abschreibung unter null
- Abschreibung vom indizierten Anschaffungswert

In der Buchhaltung wird für eine Anlagenklasse eine einheitliche *Nutzungsdauer* unterstellt. Die tatsächliche Nutzungsdauer einzelner Maschinen kann sowohl kürzer als auch länger sein, was die jährlichen Abschreibungen natürlich maßgeblich beeinflusst.

Nutzungsdauer

Die betriebswirtschaftlich anzusetzenden Abschreibungszeiten, die für die kostenstellenbezogenen Abschreibungen linear festgesetzt werden und Sonderabschreibungen außer Acht lassen, entsprechen eher der vom Statistischen Bundesamt fixierten Gruppierung, wobei aber auch dort eine allgemeine, wenn auch differenziertere und besser zutreffende Klassifizierung vorgenommen ist. Im Einzelfall sind aber auch diese Werte aufgrund der heutigen immensen technologischen Entwicklung durch anlagenindividuelle Ansätze zu ersetzen. Zu bedenken ist ferner, dass Anlagen, unabhängig von der technischen/wirtschaftlichen Nutzbarkeit, nur für eine bestimmte, durch die Produktlebenszeit vorgegebene Nutzungsdauer eingesetzt werden. So werden z. B. Pressen in der Automobilfertigung nur für ein Produkt eines bestimmten Typs, etwa den linken vorderen Kotflügel einer Modellreihe, genutzt und beim nächsten Modellwechsel durch neue, auf die künftige Linie ausgerichtete Pressen ersetzt, obwohl sie technisch (allerdings mit entsprechenden Kosten und nicht unbedingt dem neuesten Technologiestand gemäß) auf das neue Modell umgerüstet werden könnten.

Abschreibung unter null

Aus Sicht des Controllings ist es wichtig zu sagen: »Auch wenn die Maschine schon 15 Jahre im Einsatz ist und schon nach zehn Jahren abgeschrieben war, müssen wir die Abschreibungen, die wir bei einer neuen Maschine hätten, in den Produktkosten berücksichtigen. Nur so stellen wir die Kontinuität in unseren Kalkulationen sicher. Mit der Nutzung der buchhalterischen Abschreibungen würden wir bei abgeschriebenen Maschinen zu billig anbieten und könnten dann bei der nächsten Neuinvestition und entsprechend hohen Abschreibungen die Kosten nicht mehr an den Markt weiter geben.«

Die buchhalterische Abschreibung dient im Prinzip der Verteilung – linear oder degressiv – des tatsächlichen Anschaffungswertes einschließlich der zu aktivierenden Eigenleistung über die vom Fiskus festgelegten Nutzungsjahre. Ausgangspunkt ist immer, auch wenn die Abschreibung über viele Jahre läuft, der effektive Anschaffungswert.

Wiederbeschaffungswert für kalkulatorische Abschreibung

Demgegenüber geht die kalkulatorische Abschreibung von einem auf das jeweilige Geschäftsjahr hochgerechneten, indizierten Anschaffungswert (= Wiederbeschaffungswert) aus. Insofern dient die kalkulatorische Abschreibung primär der Substanzerhaltung und der Sicherstellung, dass in die Produktkosten über alle Jahre der Nutzung hinweg eine aktualisierte Abschreibungsbelastung eingeht. Da die kalkulatorische Abschreibung über eigene Kostenarten abgewickelt wird und die finanzbuchhalterische Abschreibung als nicht kostenrechnungsrelevant deklariert wird, ist es kein Problem, die Differenz in der Abstimmung zwischen Externem und Internem Rechnungswesen zu berücksichtigen.

2.3.2 Kalkulatorische Zinsen

Die *kalkulatorischen Zinsen* stellen ein Äquivalent für das im Anlage- und Umlaufvermögen gebundene Kapital dar. Die Meinungen, ob bei der Verzinsung des Anlagevermögens die Zinsen nur auf das eingesetzte Fremdkapital oder das gesamte gebundene Eigen- und Fremdkapital berücksichtigt werden sollten, gehen auseinander. In praxi hat sich aber aus verschiedenen Gründen die Variante, Zinsen auf das gesamte betriebsnotwendige Kapital zu verrechnen, durchgesetzt. Durchgesetzt nicht dergestalt, dass die Anpassung an die Istzinsen über den Zinssatz vorgenommen wird, sondern so, dass ein üblicher Zinssatz für langfristig aufgenommenes Geld angesetzt wird, der z. B. auch den Investitionsrechnungen zugrunde gelegt wird.

Die Diskussion wurde in den letzten Jahren vor allem im Zusammenhang mit den Überlegungen zur wertorientierten Unternehmensführung (EVA) neu belebt. Unabhängig davon ist bei den kalkulatorischen Zinsen die Frage weniger das »Ob«, sondern mehr das »Wohin«, nämlich ob man die kalkulatorischen Zinsen auf die einzelnen Kostenstellen übernehmen oder in Summe gegen das Ergebnis der Unternehmensbereiche oder das Unternehmensgesamtergebnis rechnen sollte, für die solche Kennziffern ermittelt und kontrolliert werden. Dabei sollte man gedanklich zwischen den kalkulatorischen Zinsen auf das Anlage- und Umlaufvermögen unterscheiden.

Bei den *kalkulatorischen Zinsen auf Anlagevermögen* spricht für die Zuordnung zu den einzelnen Kostenstellen, dass damit dem Kostenstellenverantwortlichen die gesamten Kosten einschließlich der Kapitalbindung gezeigt werden (auch wenn er die Zinsen nicht beeinflussen kann) und dass diese Kapitalkosten damit auch im Gesamtkostensatz (Vollkostensatz) – nur dort, da die Zinsen auf das Anlagevermögen voll fix zu sehen sind (siehe die Ausführungen zur Kostenplanung in Abschnitt 3.4.4) – enthalten sind. Es spricht einiges dafür, dieses Gesamtkostenvolumen aufzuzeigen. Es ist auch kein Problem, trotz dieser Zuordnung die Kosten für Auswertungen der wertorientierten Unternehmensführung summarisch zu separieren, da die kalkulatorischen Zinsen, ebenso wie die kalkulatorischen Abschreibungen, über eigene Kostenarten verrechnet werden. Dagegen spricht, dass die Zinsen nicht Bestandteil der bilanziellen Herstellungskosten und nicht entscheidungsrelevant sind und vom Kostenstellenverantwortlichen nicht beeinflusst werden können.

Kalkulatorische Zinsen auf Anlagevermögen

Als Basis der kalkulatorischen Zinsen auf das Anlagevermögen bieten sich der indizierte Anschaffungswert (Wiederbeschaffungswert) oder der Restwert der Anlagegüter an. Bei der Verzinsung der Wiederbeschaffungswerte geht man vom halben Wiederbeschaffungswert aus, um damit über die gesamte Nutzungsdauer des Anlagengutes eine gleichmäßige Zinsbelastung für die erzeugten Produkte zu erhalten.

Geht man dagegen vom Restwert aus, so nimmt die Zinsbelastung über die gesamte Nutzungsdauer kontinuierlich ab, mit der Konsequenz, dass der Gesamtkostensatz, was den Zinsanteil anbelangt, immer weiter bis auf null zurückgeht und im Ersatzbeschaffungsfall daraus ein erheblicher Anstieg des Gesamtkostensatzes und eine Verteuerung der betroffenen Produkte resultiert, während bei der Methode der Wiederbeschaffungswert-Zinsen der Zinsanteil über die gesamte Nutzungszeit, von der Teuerungsrate abgesehen, immer gleich bleibt.

Als Prozentsatz für die Verzinsung des Anlagevermögens wird der Zinssatz für langfristig disponiertes Geld zugrunde gelegt. Alternativ kommt der in den Investitionsrechnungen angesetzte Zinsfuß zur Anwendung.

Kalkulatorische Zinsen auf Umlaufvermögen

Kalkulatorische Zinsen auf Umlaufvermögen werden auf die monatlichen Durchschnittsbestände an Roh-, Hilfs- und Betriebsstoffen, Halb- und Fertigfabrikaten und Ersatzteilen, jeweils in Verbindung mit der Planbeschäftigung und Umschlagshäufigkeiten, sowie Debitoren gerechnet. Bei extrem langen Beschaffungszeiten sind gegebenenfalls Reservebestände zu berücksichtigen. Als Wertansätze werden bei Roh-, Hilfs- und Betriebsstoffen sowie Zukaufteilen die Planpreise, für die Ware in Arbeit, Halb- und Fertigfabrikate die Planherstellkosten gewählt.

Die kalkulatorischen Zinsen auf das Umlaufvermögen werden entweder den verantwortlichen Kostenstellen angelastet (Roh-, Hilfs- und Betriebsstoffe den jeweiligen Lagerkostenstellen, Ware in Arbeit und Halbfabrikate meist den Fertigungsleitungen, Fertigfabrikate dem Fertigwarenlager, Debitorenbestände den Verkaufsleitungen In- und Ausland) oder auf die Bereiche verteilt direkt in die Ergebnisrechnung übernommen.

Zu erwähnen ist noch, dass in vielen Unternehmen, z.B. der Automobilfertigung, durch die Just-in-time-Fertigung die Bestände erheblich zurückgegangen sind, indem die Thematik Bestandsführung weitgehend auf die Zulieferer abgeschoben wurde.

Als Prozentsatz für die Verzinsung des Umlaufvermögens wird meist ein Wert angesetzt, der wegen der kürzeren Bindungszeit um ein bis zwei Punkte über dem Zinssatz für das Anlagevermögen liegt.

Zur Abbildung der Abschreibungen und Zinsen im SAP-System ist Folgendes anzumerken: Die technischen Möglichkeiten zur parallelen Abbildung unterschiedlicher Abschreibungsverfahren für ein Anlagengut sind in der Anlagenbuchhaltung von SAP R/3 vorhanden. Unterschiedliche Abschreibungsdauern und -methoden werden in unterschiedlichen Bewertungsbereichen verwaltet.

2.3.3 Anlagen in SAP R/3

Werfen wir einen Blick auf den Anlagenstamm in SAP R/3. Nutzen Sie hierfür Transaktion AS03, im Menü **Rechnungswesen · Finanzwesen · Anlagen · Anlage · Anzeigen · Anlage** (siehe Abbildung 2.16). Zu sehen ist ein Backofen, den die Beispielfirma Bäckerei Becker zum 1.1.2004 angeschafft hat.

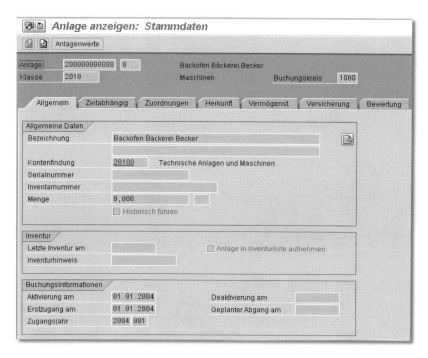

Abbildung 2.16 Stammdaten der Anlagenbuchhaltung

Der Button **Anlagenwerte** zeigt im Bewertungsbereich »Geplante Werte HL Kalkulatorische AfA« auf der Registerkarte **Planwerte** Werte für Anschaffung, Bestand und Abschreibung (siehe Abbildung 2.17).

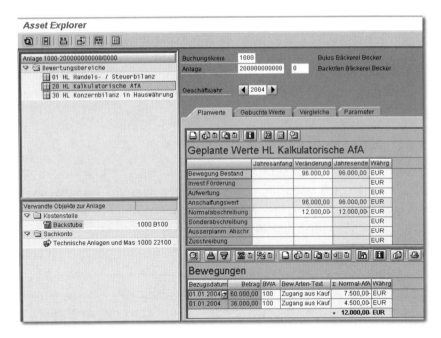

Abbildung 2.17 Kalkulatorische AfA

Bewertungs-
bereiche

Im Register **Vergleiche** sind Werte für »Handels- und Steuerbilanz« im Vergleich zur »Kalkulatorischen AfA« dargestellt (siehe Abbildung 2.18).

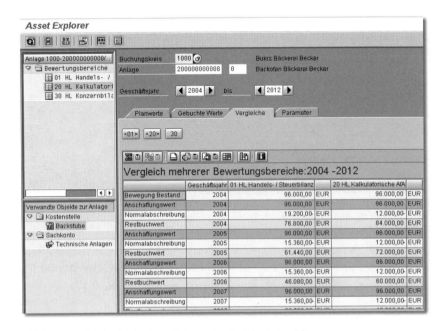

Abbildung 2.18 Vergleich steuerliche und kalkulatorische AfA

Im Bewertungsbereich »Kalkulatorische AfA« wird über acht Jahre linear abgeschrieben. So ergibt sich aus dem Anschaffungswert von 96 000 € die dargestellte Abschreibung von 12 000 € jährlich. Im Bewertungsbereich »Handels-/Steuerbilanz« wird eine sechsjährige Nutzungsdauer unterstellt und eine degressive/lineare Abschreibung genutzt. Im ersten Jahr der Nutzung werden 20 % abgeschrieben, also 19 200 €. Der Restbuchwert Ende 2004 in Höhe von 76 800 € wird dann linear über die verbleibenden fünf Jahre abgeschrieben, das ergibt einen Betrag von 15 360 € pro Jahr.

Verbindung zum Controlling

Im Bereich **Verwandte Objekte zur Anlage** im linken unteren Bildschirmbereich erkennen Sie unter **Kostenstelle** den Eintrag »Backstube« (siehe Abbildung 2.18). Mit dieser Verknüpfung wird sichergestellt, dass die Abschreibungsbeträge des Bewertungsbereiches »Kalkulatorische AfA« an der richtigen Stelle im Controlling landen (siehe Abschnitt 3.4.4).

Abschreibungslauf

Nach der Betrachtung der Stammdaten werden wir jetzt Bewegungsdaten in der Anlagenbuchhaltung erzeugen. Wir nutzen dazu die Transaktion AFAB, im Menü **Rechnungswesen • Finanzwesen • Anlagen • Periodische Arbeiten • Abschreibungslauf • Durchführen** (siehe Abbildung 2.19). Sie sehen das Protokoll für den Testlauf zur Abschreibung im Monat Februar 2004. »Bewertungsbereich 1« steht für »Handels-/Steuerbilanz«. Unter »Bewertungsbereich 20« sind die Daten für die kalkulatorische AfA dargestellt. Im Bewertungsbereich 20 ist in der Spalte **Kostenstelle** B100 für Backstube zu sehen. In der Spalte **Geplanter Betrag** steht die Abschreibung für das gesamte Jahr 2004. **Gebuchter Betrag** zeigt die Buchung des Monats Januar, die bereits durchgeführt wurde. **Zu buchen** steht für die Februarabschreibung, die in diesem Lauf gebucht wird. Ein Mausklick auf die Belegnummer 300000042 führt zu den Details der kalkulatorischen AfA (siehe Abbildung 2.20).

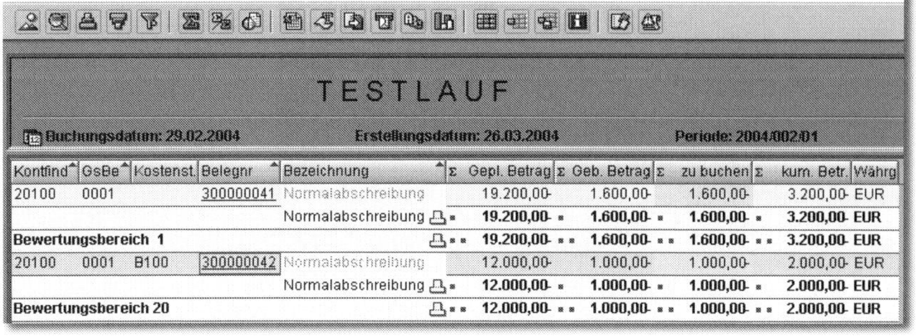
Buchen der Abschreibungen für Buchungskreis 1000

TESTLAUF

Buchungsdatum: 29.02.2004 Erstellungsdatum: 26.03.2004 Periode: 2004/002/01

Kontfind	GsBe	Kostenst.	Belegnr	Bezeichnung	Σ	Gepl. Betrag	Σ	Geb. Betrag	Σ	zu buchen	Σ	kum. Betr.	Währg
20100	0001		300000041	Normalabschreibung		19.200,00-		1.600,00-		1.600,00-		3.200,00-	EUR
				Normalabschreibung	•	19.200,00-	•	1.600,00-	•	1.600,00-	•	3.200,00-	EUR
Bewertungsbereich 1					••	19.200,00-	••	1.600,00-	••	1.600,00-	••	3.200,00-	EUR
20100	0001	B100	300000042	Normalabschreibung		12.000,00-		1.000,00-		1.000,00-		2.000,00-	EUR
				Normalabschreibung	•	12.000,00-	•	1.000,00-	•	1.000,00-	•	2.000,00-	EUR
Bewertungsbereich 20					••	12.000,00-	••	1.000,00-	••	1.000,00-	••	2.000,00-	EUR

Abbildung 2.19 Protokoll zum Abschreibungslauf

Der Abschreibungslauf generiert im Bewertungsbereich 20, »kalkulatorische AfA«, einen Beleg mit zwei Positionen. Für das Hauptbuchkonto (= Sachkonto) 490011 **Kalk.AfA Sachanlagen** ist im System eine Kostenart angelegt. So wird diese Buchung an das Controlling übergeben. Buchhaltung funktioniert immer, wie Sie wissen, mit Buchung und Gegenbuchung. Also wird zusätzlich zum Konto 490011 noch das Konto 259011 **Verr.kalk AfA Sachanlagen** angesprochen.

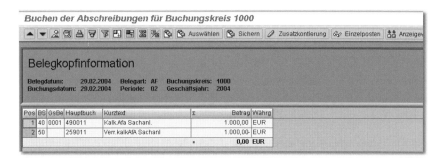

Abbildung 2.20 Beleg aus Abschreibungslauf

Kalkulatorische Zinsen

Kalkulatorische Zinsen für das in den Anlagen gebundene Kapital können durch die Anlagenbuchhaltung ermittelt und ausgewiesen werden. Dazu ändern wir den Abschreibungsschlüssel der Anlage in den Stammdaten mit Transaktion AS01, im Menü **Rechnungswesen · Finanzwesen · Anlagen · Anlage · Ändern · Anlage** (siehe Abbildung 2.21). Der Schlüssel des Bewertungsbereiches 20, Kalkulation, wird von LINB auf LINC umgestellt.

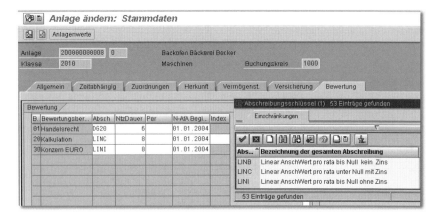

Abbildung 2.21 Abschreibungsschlüssel ändern

Der Abschreibungslauf generiert jetzt für den Bewertungsbereich 20 zusätzlich zu den 12 000 € Normalabschreibungen noch Zinsen in Höhe von 4 800 € (siehe Abbildung 2.22).

Kontfind	GsBe	Kostenst	Belegnr	Bezeichnung	Gepl. Betrag	Geb. Betrag	zu buchen	kum. Betr.	Währg
20100	0001		300000041	Normalabschreibung	19.200,00	1.600,00	1.600,00	3.200,00	EUR
				Normalabschreibung	19.200,00	1.600,00	1.600,00	3.200,00	EUR
Bewertungsbereich 1					19.200,00	1.600,00	1.600,00	3.200,00	EUR
20100	0001	B100	300000042	Normalabschreibung	12.000,00	1.000,00	1.000,00	2.000,00	EUR
				Normalabschreibung	12.000,00	1.000,00	1.000,00	2.000,00	EUR
20100	0001	B100	300000042	Zinsen	4.800,00	0,00	800,00	800,00	EUR
				Zinsen	4.800,00	0,00	800,00	800,00	EUR
Bewertungsbereich 20					7.200,00	1.000,00	200,00	1.200,00	EUR

Abbildung 2.22 Abschreibungslauf mit kalkulatorischen Zinsen

2.3.4 Sonstige primäre kalkulatorische Kostenarten

Die zweite Gruppe der primären kalkulatorischen Kosten umfasst die abgegrenzte Verrechnung aperiodisch anfallender Gemeinkosten.

Abgrenzung aperiodisch anfallender Kosten

Hierzu zählen vor allem besondere, wertmäßig ins Gewicht fallende, nicht artikelbezogene, sondern kostenstellengebundene Sonderbetriebsmittel oder auch nicht aktivierungspflichtige Großreparaturen, die in größeren zeitlichen Abständen anfallen (wie etwa die alle 1,5 bis zwei Jahre anstehende Ausmauerungsreparatur der Brennöfen in der keramischen Industrie).

Die Verrechnungstechnik ist bei beiden Gruppen der Kategorie primäre kalkulatorische Kosten die gleiche: Die entsprechenden Planpositionen werden im monatlichen Kostenstellen-Soll-Ist-Vergleich Soll = Ist abgerechnet, d.h., die an die Istbeschäftigung der Periode angepassten Sollkosten werden in gleicher Höhe (unabhängig vom tatsächlichen Istkosten-Anfall) als Istkosten übernommen.

Die auf diese Weise kalkulatorisch verrechneten Beträge werden monatlich den entsprechenden, mit der Planung angelegten Innenaufträgen, Gruppe Abgrenzungsaufträge, gutgeschrieben, denen belastungsseitig bei Anfall die effektiven Istkosten gegenübergestellt werden.

Durch dieses Procedere werden im monatlichen Istkostensatz die entsprechenden Sollkosten berücksichtigt; der nur über einen längeren Zeitraum aussagefähige Vergleich der an die Istbeschäftigung angepassten Abgrenzungswerte mit den effektiven Istkosten wird in die Auftragsabrechnung ausgelagert (siehe die Ausführungen zu den Abgrenzungsaufträgen in Abschnitt 4.3.3).

2.4 Sekundäre Kostenarten

Direkt und indirekt verrechnete Sekundärkosten

Wir haben in Abschnitt 2.1 bei den allgemeinen betriebswirtschaftlichen Ausführungen zu den Kostenarten am Ende des Kapitels eine abrechnungstechnische Gliederung der Kostenarten in vier Gruppen vorgenommen. Die für die Gruppen 3 (*direkt verrechnete Sekundärkosten*) und 4 (*indirekt verrechnete Sekundärkosten*) vorzusehenden Verrechnungskostenarten dienen einzig der Weiterbelastung der jeweiligen Sekundärstelle auf Primärstellen, andere Sekundärstellen, auf Innenaufträge und ggf. in die Ergebnisrechnung.

Diese Kostenarten können keine Istkosten aufnehmen; sie sind sogar systemmäßig für Plan- und Istkostenbelastungen gesperrt. Der Kostenanfall – Plan und Ist – kann nur unter den originären Primär- und Sekundärkostenarten erfasst werden.

Die Verrechnungskostenarten der Gruppen 3 und 4 sind an die Leistungsarten der ausführenden Kostenstellen gekoppelt. Maßgebend für die Zuordnung zu Gruppe 3 bzw. 4 ist die Erfassbarkeit der monatlichen Istbelastung, und zwar nicht nur in Summe für die ausführende Kostenstelle (»Sender«), sondern vor allem nach der effektiven Inanspruchnahme durch die verbrauchenden Kostenstellen (»Empfänger«).

Beispiele für direkt verrechnete Sekundärkosten

Damit kann für die direkt verrechneten Sekundärkosten eine (monatliche) Weiterbelastung der in Anspruch genommenen Mengen mal dem Kostensatz der abgebenden Kostenstelle vorgenommen werden. Beispiele sind:

▶ *Betriebshandwerkerstellen* (Schlosser, Elektriker, Bauhandwerker etc.), deren Stunden über Aufschreibungen oder Betriebsdatenerfassung nach Leistungsempfängern (zu belastende Kostenstellen oder Innenaufträge) festgehalten werden

▶ *Energiestellen*, wenn bei den verbrauchenden Kostenstellen über Subzähler effektiv die abgenommene Strommenge (kWh) bzw. der Gasverbrauch (m³) gemessen wird

▶ *Transportstellen* wie Fuhrpark Pkw und Lkw, wenn die gefahrenen km und die angefallenen Stunden der Fahrer und Beifahrer nach den einzelnen Belastungskontierungen im Ist erfasst werden

In Frage kommen alle Sekundärstellen, bei denen die Erfassbarkeit und die detaillierte Istmengen-Erfassung sichergestellt sind.

Das SAP CO definiert eine Kostenstelle bereits dann als sekundär, wenn im Plan auch nur eine Belastung zu Lasten einer anderen Kostenstelle vorliegt. Deshalb ist in einem solchen Fall im Rahmen der Planung vorzusehen, für diese Verrechnung eine eigene Leistungsart bei der ausführenden Kostenstelle festzulegen.

Zu den indirekt verrechneten Sekundärkosten gehören alle Sekundärstellen, für die keine direkt erfassbare Leistungsmessung, weder für den Sender noch für die Empfänger, möglich ist. Bestes Beispiel sind die betrieblichen Leitungsstellen (Betriebsleitung, Meistereien).

Beispiele für indirekt verrechnete Sekundärkosten

Zu dieser Gruppe 4 würden auch die Energiestellen zählen, wenn die Ist-Inanspruchnahme nicht nach den einzelnen Leistungsempfängern separat ermittelbar ist (wenn also keine Subzähler vorhanden sind). Denkbar sind gerade bei der Energie auch Mischkonfigurationen. Das heißt, dass also für einige wenige Hauptverbraucher Subzähler für die direkte Istverbrauchsmengen-Erfassung vorhanden sind, für alle anderen Verbraucher aber keine Istmengen festgehalten werden können. In diesem Fall müssen für die Energiestelle zwei Leistungsarten, für die direkt erfassbaren Leistungsempfänger einerseits und für alle übrigen Empfänger andererseits, festgelegt werden.

Diese Aufteilung in die Gruppen 3 und 4 muss firmenindividuell vorgenommen werden und unterscheidet sich sicherlich in der Serien-/Teilefertigung und in der Einzelfertigung. So wird z. B. die Arbeitsvorbereitung/Vorkalkulation in der Serien-/Teilefertigung der Gruppe 4 zuzuordnen sein, während in der Einzelfertigung wegen der direkten Leistungserfassung auf Innenaufträge bzw. Projekte die Gruppe 3 vorzusehen ist.

Aufteilung in indirekt und direkt verrechnete Sekundärkosten

In fast allen Kapiteln dieses Buches geht es um Verrechnung von Kosten. Für die Kostenverrechnung in SAP R/3 benötigen Sie sekundäre Kostenarten. Entsprechend häufig und detailliert werden wir später noch auf sekundäre Kostenarten zu sprechen kommen. Zur Abrundung dieses Kapitels so viel: Nutzen Sie für die Pflege der sekundären Kostenarten die Transaktionen KA06, KA02 und KA03, im Menü **Rechnungswesen · Controlling · Kostenartenrechnung · Stammdaten · Kostenart · Einzelbearbeitung · Anlegen sekundär/Ändern/Anzeigen** (siehe Abbildung 2.23 und Abbildung 2.24). Diese Beispiele beziehen sich wieder auf die Ihnen bekannte Bäckerei Becker.

Sekundäre Kostenarten in R/3

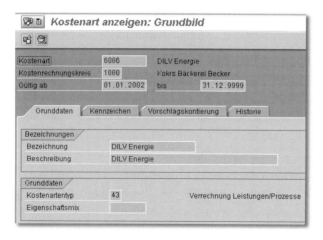

Abbildung 2.23 Sekundäre Kostenart für Leistungsverrechnung

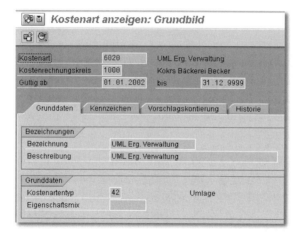

Abbildung 2.24 Sekundäre Kostenart für Umlage

Leistungsverrechnung und Umlage

Die soeben angezeigte Kostenart »6006 DILV Energie« wird genutzt für die Leistungsverrechnung von 150 € von der Kostenstelle »Energie« auf die Kostenstelle »Backofen«. Außerdem nutzen wir eine Kostenart »6020 Umlage Ergebnisrechnung Verwaltung« für die Verrechnung von 1 000 € von einer Kostenstelle in die Ergebnisrechnung. Dadurch ändert sich der oben schon einmal genutzte Kostenartenbericht. Aufgerufen wird dieser Bericht mit Transaktion S_ALR_87013602, im Menü **Rechnungswesen · Controlling · Kostenarten · Infosystem · Berichte zur Kosten-/Erlösartenrechnung · Übersicht · Nach Objektart · Kostenarten: Objektart in Spalten** (siehe Abbildung 2.25).

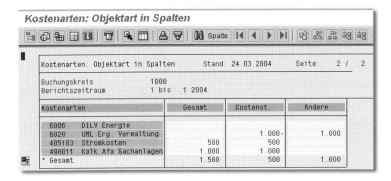

Abbildung 2.25 Kostenartenbericht mit sekundären Kostenarten

Die Leistungsverrechnung mit Kostenart 6006 wird sowohl in der Ent- als auch in der Belastung auf Kostenstellen durchgeführt. Die Ent- und Belastung wird in diesem Bericht zu null saldiert, was zu der Leerzeile für diese Kostenart führt. Anders bei der Umlage in die Ergebnisrechnung. Für die Kostenart 6020 wird die Entlastung auf der Kostenstelle mit negativem Vorzeichen dargestellt; die Belastung in der Ergebnisrechnung ist in der Spalte **Andere** mit positivem Vorzeichen zu sehen. Der Saldo in der Spalte **Gesamt** ist hier, wie auch bei der anderen sekundären Kostenart, null.

Auf die Unterschiede zwischen Umlagerechnung und der kalkulatorischen Leistungsverrechnung (über die so genannte Deckungsrechnung) sowie die Vor- und Nachteile dieser beiden Verfahren wird in Abschnitt 3.2.3 noch ausführlich eingegangen werden.

2.5 Weitere Kostenartentypen

In den vorigen Abschnitten haben sie die folgenden Kostenartentypen kennen gelernt:

- »1 Primärkosten/kostenmindernde Erlöse«
- »42 Umlage«
- »43 Verrechnung Leistungen/Prozesse«

Im weiteren Verlaufe dieses Buches werden Sie diese und verschiedene andere Kostenartentypen jeweils an konkreten Beispielen näher kennen lernen.

Die primären Kostenarten für Aufwand aus der Finanzbuchhaltung und für Abschreibungen sind im System mit dem Kostenartentyp 1, »Primärkosten/kostenmindernde Erlöse«, gekennzeichnet. Sie finden den Kostenartentyp in den Stammdaten der Kostenarten, Transaktionen

KA01, KA02 und KA03, im Menü **Rechnungswesen • Controlling • Kostenartenrechnung • Stammdaten • Kostenart • Einzelbearbeitung • Anlegen primär/Ändern/Anzeigen** (siehe Abbildung 2.26).

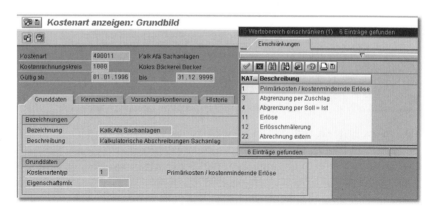

Abbildung 2.26 Auswahl zu Kostenartentypen

Die Kostenartentypen 3 und 4 sowie 22 für die Abgrenzung und die Abrechnung werden in Kapitel 4, *Innenaufträge*, behandelt.

Erlöse/Erlös-schmälerung
FI-Sachkonten für Erlöse oder Erlösschmälerungen werden dann als Kostenart vom Typ 11 bzw. 12 angelegt, wenn die entsprechenden Buchungen automatisch vom Modul Vertrieb (SD) in die Ergebnisrechnung (CO-PA) gebucht werden. Wenn Sie Erlöse und Erlösschmälerungen manuell auf Kostenstellen buchen, dann nutzen Sie für die entsprechenden Kostenarten bitte den Typ 1. Nur so stellen Sie sicher, dass die Erlöse als »echte« negative Kosten erscheinen und verrechnet werden können. Buchungen auf Kostenstellen mit Kostenartentyp 11 und 12 werden nur »statistisch« dargestellt; sie nehmen nicht an der Kostenstellenverrechnung teil.

2.6 Kostenartengruppen

In mittleren Unternehmen finden Sie meist eine zwei- bis dreistellige Anzahl an Kostenarten. Bei großen Unternehmen liegt diese Anzahl teilweise sogar im vierstelligen Bereich. Ob drei- oder vierstellig, die Daten so vieler Kostenarten kann niemand ohne eine zusätzliche Struktur verstehen oder analysieren. Die Kostenarten werden deshalb in mehreren Ebenen hierarchisch gegliedert.

Für die hierarchische Gliederung von Kostenarten legen Sie Kostenartengruppen an. Nutzen Sie hierfür die Transaktionen KAH1, KAH2, KAH3, im

Menü **Rechnungswesen · Controlling · Kostenartenrechnung · Stammdaten · Kostenartengruppe · Anlegen/Ändern/Anzeigen** (siehe Abbildung 2.27).

In Abbildung 2.27 sind die primären Kostenarten dargestellt, die in den Beispielen der nächsten Kapitel benutzt werden. Die hier dargestellten sieben Kostenarten in fünf Gruppen reichen für die Abbildung eines »echten« Unternehmens niemals aus. In der Praxis finden Sie Sachkontenrahmen der Buchhaltung mit einigen hundert, manchmal sogar einigen tausend Konten und entsprechend fast ebenso vielen primären Kostenarten.

Primäre Kostenarten

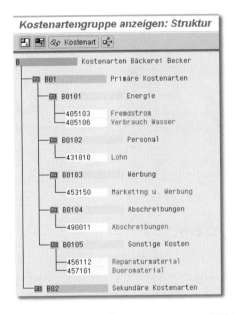

Abbildung 2.27 Kostenartengruppen – primäre Kostenarten

Mit dem Schließen des Zweiges B01 und dem Öffnen des Zweiges B02 werden die sekundären Kostenarten sichtbar (siehe Abbildung 2.28). Die hier aufgeführten Kostenarten werden ebenfalls in den Beispielen im Buch benutzt.

Sekundäre Kostenarten

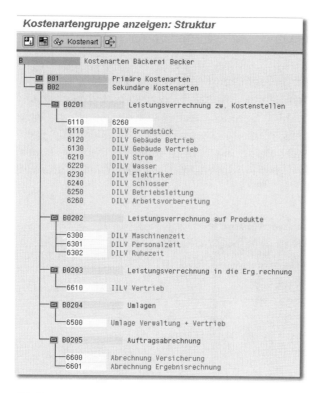

Abbildung 2.28 Kostenartengruppen – sekundäre Kostenarten

2.7 Kostenarten-Infosystem

Die Aussagekraft von Kostenartenberichten im Infosystem ist begrenzt. Was hier zu sehen ist, wissen die Kollegen in der Buchhaltung sowieso schon. Der Controller will eher wissen: »Wer hat die Kosten verursacht?« (Kostenstelle), »Wo kann ich die Kosten zuordnen?« (Kostenträger, Produkt) und »Wie wirken sich die Kosten auf das Ergebnis aus?« (Ergebnisobjekt, Kunde, Artikel). Antworten auf diese Fragen suchen wir im Kostenartenbericht vergeblich.

Abgleich von Buchhaltung und Kostenrechnung

Für die monatliche Abstimmung der GuV aus der Buchhaltung mit den Buchungen im Controlling wird ein Kostenartenbericht allerdings doch genutzt. So stellen Sie sicher, dass alle relevanten FI-Buchungen tatsächlich im Controlling angekommen sind. Nutzen Sie hierfür die Transaktion S_ALR_87013602, im Menü **Rechnungswesen · Controlling · Kostenarten · Infosystem · Berichte zur Kosten-/Erlösartenrechnung · Übersicht · Nach Objektart · Kostenarten: Objektart in Spalten** (siehe Abbildung 2.29 und Abbildung 2.30).

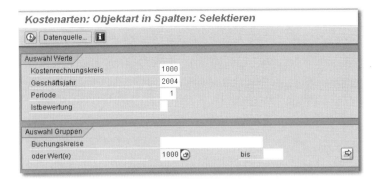

Abbildung 2.29 Kostenartenbericht – Einstieg

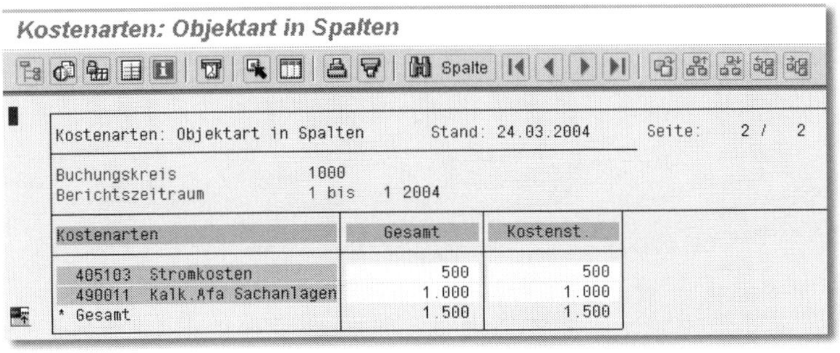

Abbildung 2.30 Kostenartenbericht mit primären Kostenarten

2.8 Zusammenfassung

Kostenarten sind eine wesentliche Voraussetzung für die Kostenrechnung und das Controlling. Aus externen Quellen (Finanzbuchhaltung, Anlagenbuchhaltung, Materialwirtschaft) werden Kosten mit primären originären Kostenarten oder primären kalkulatorischen Kostenarten in das Controlling übergeben.

Innerhalb des Controllings werden direkte und indirekte Verrechnungen von Kostenstellen an Kostenstellen, an Innenaufträge oder in die Ergebnisrechnung mit sekundären Kostenarten durchgeführt. Diese Verrechnungen sind ein wesentliches Thema der folgenden Kapitel.

Kapitel 3

»Kostenstelle!«

3 Kostenstellen

Während die Kostenart die Art des Kostenanfalls wiedergibt und für alle Kosten, egal ob Einzel- oder Gemeinkosten, gilt, hat die Kostenstelle nur für den Umfang der Gemeinkosten Bedeutung. Sie nimmt dort die Zuordnung zum Ort der Kostenentstehung vor. Die Kontierung muss also stets mit Kostenart und Kostenstelle oder Innenauftrag erfolgen.

3.1 Betriebswirtschaftliche Grundlagen

Die *Kostenstellenrechnung* stellt das Basissystem jeder Kosten- und Leistungsrechnung dar. Die generellen Anforderungen sind dabei für Industrie-, Dienstleistungs- und Handelsunternehmen gleich, unabhängig von Branche, Produktionstyp und Unternehmensgröße.

Über die Kostenstellenrechnung werden Gemeinkosten abgewickelt – im Gegensatz zu den Einzelkosten, die direkt auf Produkte (Kostenträgerrechnung) oder Ergebnisobjekte (Ergebnis-/Deckungsbeitragsrechnung) übernommen werden.

3.1.1 Zielsetzungen der Kostenstellenrechnung

Die Zielsetzungen der Kostenstellenrechnung sind:

aus Abrechnungsgründen

- Kostensammlung der Gemeinkosten nach Kostenstellen und Kostenarten
- als zwischengeschaltetes Instrumentarium für eine möglichst verursachungsgerechte und korrekte Kostenverrechnung der Gemeinkosten auf die Erzeugnisse bzw. Ergebnisobjekte
- Abgleich Kostenanfall mit dem Externen Rechnungswesen und systeminterne Abstimmung der Kostenstellen- und Innenauftragsabrechnung

aus Controllingsicht

- Schaffung der Voraussetzungen für das Gemeinkosten-Controlling
- Bereitstellung von Kosten- und Verrechnungssätzen für die Leistungsbewertung in der Kostenträger- und Ergebnisrechnung als Basis von Produktkosten- und Vertriebscontrolling
- Überwachung der Kosten- und Verrechnungssatz-Abweichungen

Definition Kostenstelle

Wir haben die Zielsetzungen der Kostenstellenrechnung kennen gelernt und sind bei den Ausführungen zu den Kostenarten in Abschnitt 2.1.2 bereits kurz auf den Unterschied zwischen primären und sekundären Kostenstellen eingegangen. Was ist nun eigentlich eine Kostenstelle? Ganz allgemein ist die Kostenstelle der Ort der Kostenentstehung für die Gemeinkosten.

Maßgebend für die Differenzierung des Unternehmens in Kostenstellen sind folgende Punkte:

- Jede Kostenstelle muss räumlich und kostenmäßig von anderen Kostenstellen abgegrenzt werden können.
- Es muss eine klare Verantwortlichkeit geben (wobei eine Person auch für mehrere Kostenstellen zuständig sein kann, nicht aber mehrere Personen für eine Kostenstelle).
- Die Istkosten müssen je Kostenstelle erfassbar sein (eine Bedingung, die sich einfacher liest, als sie sich in der Praxis verwirklichen lässt).

3.1.2 Sekundäre und primäre Kostenstellen

Untergliederung in sekundäre und primäre Kostenstellen

Sekundäre Kostenstellen sind nicht unmittelbar für Kostenträger oder Ergebnisobjekte tätig, sondern erbringen ihre Leistung für andere Kostenstellen; hierzu zählen z. B. die Leitungs- oder Sozialstellen.

Primäre Kostenstellen werden via Kalkulation oder Prozesskostenrechnung auf die Produkte verrechnet (Fertigungs-, Materialstellen etc.) oder über Zuschläge oder eine *stufenweise Kostendeckungsrechnung* in die Ergebnisrechnung übernommen (Verwaltungs- und Vertriebsstellen).

Die Kostenstellen-Nummerierung und -Gruppierung ist im Zuge der heutigen Softwaremöglichkeiten sekundär, da parallel verschlüsselt die organisatorische und kostenmäßige Zuordnung zu Kostenstellen-Verdichtungsgruppen erfolgt. Sollte der Kostenstellenplan neu aufgebaut werden, so ist z. B. im Industriebereich folgende Gruppierung denkbar:

Sekundäre Kostenstellen
- Leitungsstellen (Betriebsleitungen, Arbeitsvorbereitung etc.)
- Raumstellen
- Energiestellen
- Transportstellen
- Sozialstellen

- Betriebshandwerker
- Fertigungshilfsstellen

Primäre Kostenstellen
- Forschung und Entwicklung
- Materialstellen (Einkauf, Materialprüfung, RHB-Lager)
- Fertigungsstellen
- Verwaltungsstellen
- Vertriebsstellen
- Neutrale Stellen

Wichtig bei der Kostenstellen-Differenzierung ist u. a. die Zuordenbarkeit der Istkosten. Aus diesem Grund werden im Bereich der Fertigung so genannte *Bereichskostenstellen* für die allgemeinen, für den gesamten Bereich anfallenden, aber nicht detailliert zuordenbaren Kosten gebildet. Wenn ein Verantwortlicher für einen Bereich mit mehreren Kostenstellen zuständig ist, wird man seine eigenen Kosten, das Gehalt, die allgemeinen Bürokosten etc., im Ist nicht den einzelnen Kostenstellen zuordnen können. Dies gilt analog für allgemeine Hilfs- und Betriebsstoffe, die für den gesamten Bereich zur Verfügung stehen. Diese Bereichskostenstellen werden als sekundäre Stellen nach im Einzelnen festzulegenden, zum Teil sogar kostenartenweise fixierten Schlüsseln auf die nachgelagerten primären Stellen verrechnet. Sie sind damit kostenmäßig in den Kostensätzen dieser Stellen enthalten.

Bereichskostenstellen

Das gleiche Prinzip kann für die Verrechnung von Löhnen (z. B. der bereichsweise organisierten Fertigungslöhner) angewandt werden: Wird z. B. Fertigungspersonal innerhalb eines Bereiches wechselnd, je nach Bedarf, bei unterschiedlichen Kostenstellen eingesetzt, so lässt sich dies am besten so lösen, dass man für diesen Fall einen eigenen *Arbeitsplatz* und eine eigene *Lohnverrechnungsstelle* vorsieht. Diese wird über den Arbeitsplan als eigene Arbeitsfolge parallel zu den Maschinenkosten den Erzeugnissen zugerechnet.

Lohnverrechnungsstellen

Bei den Fertigungsstellen eines Industrieunternehmens kommen weitere Anforderungen hinzu:

Zusätzliche Anforderungen an Fertigungsstellen der Industrie

- In einer Kostenstelle müssen alle dort zusammengefassten Maschinen oder Maschinengruppen in etwa den gleichen Kostensatz je Leistungsarteneinheit (z. B. Maschinenstunde) haben.

- Die unterschiedlichen Maschinen(-gruppen) müssen nicht nur einen annähernd gleichen Kostensatz, sondern auch eine in etwa gleiche Kostenstruktur haben. Das heißt, dass nicht zwei Maschinengruppen, die eine lohn-, die andere anlagenkostenintensiv, zusammengefasst werden dürfen. Zwar wäre der Kostensatz stimmig, nicht aber die Sollkosten-Vorgabe, je nachdem, welche der beiden Maschinengruppen mehr oder weniger ausgelastet ist.

Verbindung PPS-System mit SAP CO

Bei der Verwendung integrierter SAP-Software besteht eine weitere Besonderheit: Für das PPS-System (Modul PP) ist die Kostenstellennummer kein Identifikations- und Kontierungsbegriff. Maßgebend ist dort einzig und allein die *Maschinen- oder Arbeitsplatzgruppe*, die im *Arbeitsplan* je Arbeitsvorgang/Arbeitsfolge enthalten ist. Aus der Arbeitsplatznummer wird dann für Kalkulation und Kostenträgerrechnung der übergeordnete Begriff der Kostenstelle zugespielt. Das heißt, dass in einer Kostenstelle/Leistungsart mehrere Maschinengruppen zusammengefasst sein können, nicht aber eine Maschinengruppe in mehrere Kostenstellen einlaufen kann. Sollten also gleiche Maschinen an einem zweiten Standort im Unternehmen stehen und einem anderen Kostenstellenverantwortlichen zugeordnet sein, so ist dafür ein eigener Arbeitsplatz zu vergeben.

Die Bedeutung des Arbeitsplatzes für das PPS-System ist leicht verständlich. So können z. B. mehrere hinsichtlich des Werts, der Ausstattung und der technischen Leistung prinzipiell gleichartige Anlagen eines Herstellers für die Fertigungsplanung und -steuerung – etwa aus Gründen der Fertigungstoleranzen – unterschiedlich zu behandeln sein, obwohl sie in Kostenstruktur und Kostensatz identisch sind.

Zugeordnet zu den Arbeitsplätzen oder Maschinengruppen sind jeweils eine oder mehrere *Leistungsarten*. Diese werden wir im nächsten Abschnitt genauer vorstellen.

3.1.3 Leistungsarten

Beschäftigungs-/leistungsabhängige Kosten

Die *Leistungsart* (in der Betriebswirtschaft besser als *Bezugsgröße* bekannt; der Terminus *Leistungsart* wird von der SAP verwendet) ist als Leistungsmaßstab diejenige Maßgrößeneinheit, zu der sich die *beschäftigungs-/leistungsabhängigen Kosten* einer Kostenstelle proportional verhalten. Für leistungs- oder beschäftigungsabhängig werden synonym die Begriffe proportional oder variabel benutzt (die SAP hat sich für den Ausdruck *variabel* entschieden). Über die Leistungsarten müssen sich die beschäftigungsabhängigen Kostenanteile einer Kostenstelle maschinell an die aktuelle Istbeschäftigung der Abrechnungsperiode anpassen lassen. Diese Möglichkeit zur Anpassung der Kosten ist die Basis für den Soll-Istkosten-Vergleich. Welche Rolle die Leistungsart spielt, zeigt das folgende Beispiel.

> **Beispiel 1: Stromkosten**
> Für eine Stromkostenstelle ist die Leistungsart Kilowattstunde (kWh) gebildet worden. Wenn die Leistung dieser Kostenstelle im Plan mit 100 000 kWh angenommen wurde und ein leistungsabhängiger Arbeitspreis von 0,10 €/kWh geplant ist, ergibt sich für die leistungsabhängigen Kosten im Plan:
>
> Planleistung * leistungsabh. Preis = leistungsabh. Kosten
>
> 100 000 kWh * 0,10 €/kWh = 10 000 €

> Bei einer Istleistung der Stromstelle von 120 000 kWh statt der geplanten 100 000 kWh können wir annehmen, dass die leistungsabhängigen Kosten entsprechend höher ausfallen, sie müssen angepasst werden. Diese angepassten Kosten nennen wir *Sollkosten*.
>
> Istleistung * leistungsabh. Preis = leistungsabh. Sollkosten
>
> 120 000 kWh * 0,10 €/kWh = 12 000 €

Sollkosten

Die Bezugsgröße als Maßgröße der Kostenverursachung – wie Kilger[1] die Bezugsgrößenart nennt – ist maßgebend für korrekte Sollkostenvorgaben in der Kostenstellenrechnung und für korrekte (vor allem Grenz-) Kostensätze in der Kalkulation und Kostenträgerrechnung.

3.1.4 Leistungsarten in der Produktion

In Abschnitt 3.1.3 hatten wir für die Leistungsarten gefordert, dass sie die Basis für die individuelle Anpassung der leistungsabhängigen Kosten gemäß Istleistung bilden. Wenn Sie Arbeitspläne in produzierenden Unternehmen für die Kalkulation und Kostenträgerrechnung nutzen, ist außerdem sicherzustellen, dass diese Leistungsarten auch Bestandteil der einzelnen Arbeitsvorgänge des Arbeitsplanes und damit des PPS-Systems sind. Selbst wenn andere Leistungsarten als richtig erscheinen würden, muss gewährleistet sein, dass die Leistungsmengen auch pro Artikel ermittelbar sind. Dies sollen die folgenden Beispiele illustrieren.

Arbeitsplan, Arbeitsvorgang und Arbeitsplatz

Verknüpfung zum PPS-System

---

[1] W. Kilger: Flexible Plankostenrechnung und Deckungsbeitragsrechnung. 1988, S. 324

Nicht als Leistungsart in Frage kommt der Fertigungslohn, da dieser üblicherweise als Steuerungskriterium nicht im Arbeitsplan enthalten ist und weil vor allem kein direkter Zusammenhang zwischen dem Fertigungslohn und den übrigen variablen Kosten einer Kostenstelle besteht. Dies illustriert Beispiel 2.

> **Beispiel 2: Fertigungslohn als Leistungsart**
> Wenn der Fertigungslohn in einer Kostenstelle/Leistungsart planmäßig bei 15 €/Std. liegt und die übrigen Kosten 45 €/Std. betragen, so würde dies einen Fertigungsgemeinkostenzuschlag (FGK-Zuschlag) von 300 % bzw. einen Plankostensatz von 60 € ergeben. Wenn aber im Ist ein Mitarbeiter einer höheren Lohngruppe mit 17 €/Std. eingesetzt würde, kämen über den FGK-Zuschlag anteilig 51 € Maschinenkosten hinzu. Die Maschinenkosten pro Stunde sind aber sicher die gleichen, unabhängig davon, ob die ausführende Person der Lohngruppe X oder Y angehört. Hinzu kommt, dass im Zuge der heutigen Mechanisierung und Automatisierung der Produktion in vielen Fertigungsstellen überhaupt kein Fertigungslohn mehr anfällt.

Leistungsarten in der Prozess-/Fließfertigung

In der Großserien- und Prozessfertigung werden oftmals Leistungsarten wie Tonnen, Kubikmeter, Stück u. Ä. genutzt. Wenn in einer Kostenstelle nur ein Produkt gefertigt werden kann (wie es häufig in der Automobilindustrie geschieht), kann selbstverständlich als Leistungsart die Stückzahl gewählt werden, die auch alle PPS-Anforderungen abdeckt.

Zeit-Mengeneinheiten als Leistungsarten

Unabhängig vom Produktionstyp sind die wichtigsten Leistungsarten in den industriellen Fertigungsbereichen die Zeitbezugsgrößen (z.B. Fertigungs-, Vorgabe-, Rüst- und Maschinen-/Anlagestunden). Entscheidend ist, dass die Mengeneinheiten (Tonnen, Kubikmeter, Stück) oder Zeitangaben (Stunde, Minute) gleich lautend sowohl als Leistungsarten für die Kostenstellenrechnung – zur Anpassung der beschäftigungsabhängigen (variablen) Plankosten an die monatliche Istbeschäftigung – und die Kalkulation als auch als Leistungsarten im PPS-System genutzt werden. Zeit-Leistungsarten werden meist auch in der Prozesskostenrechnung zugrunde gelegt.

Mehrere Leistungsarten für eine Kostenstelle

Eine einzige Leistungsart reicht allerdings bei vielen Fertigungsstellen nicht aus. Dies zeigt das folgende Beispiel 3.

> **Beispiel 3: Pressenführer und Helfer**
> Wenn in Abhängigkeit von Gewicht, Abmessungen oder der Bearbeitungszeit an einer großen Presse neben dem Pressenführer artikelabhängig ein bis drei Helfer eingesetzt werden müssen, dann sind zwei getrennte Leistungsarten für die Maschinen- und die Personenzeit vorzusehen. Eine einzige Leistungsart (man würde wahrscheinlich die Maschinenzeit wählen) würde nur dann genügen, wenn stets, d.h. bei allen Artikeln, ein konstantes Bedienungsverhältnis zutreffen würde.

Die Berücksichtigung unterschiedlicher Personen- und Maschinenzeiten ist in SAP R/3 kein Problem, da je Arbeitsplatz bis zu sechs Vorgabewertschlüssel zur Verfügung stehen. Der Vorgabewertschlüssel ist im Modul PP die Verknüpfung zur Leistungsart des Controllings. Sollte im Beispiel 3 für das Rüsten an den Pressen eine separate Zeit zu vergeben und ein unterschiedlicher Kostensatz zu berücksichtigen sein, so ist dafür ein zusätzlicher Vorgabewertschlüssel im Arbeitsplatz zu definieren. *Vorgabewertschlüssel*

Unterschiedliche Leistungsarten sind auch erforderlich, wenn in Abhängigkeit von zu bearbeitendem Material oder von Produkteigenschaften abweichende Kostenstrukturen und Kostensätze zu berücksichtigen sind. Dies verdeutlicht Beispiel 4. *Differenzierung von Leistungsarten aufgrund unterschiedlicher Kostenstrukturen*

> **Beispiel 4: Unterschiedliche Kostenstrukturen**
> Differenzierende Leistungsarten sind anzulegen, wenn etwa in einer mechanischen Fertigung an der gleichen Maschine sowohl Wolfram- als auch Molybdän-Artikel – beide mit unterschiedlichen Werkzeugkosten – zu bearbeiten sind oder wenn bei Schleifmaschinen in Abhängigkeit von der Materialart der Produkte entweder normale Korund- oder Diascheiben erforderlich werden.
>
> In einem Glühofen wird je nach Produkt sowohl bei 800 als auch bei 1 200 Grad C geglüht. Zusätzlich wird in dem gleichen Ofen auch gehärtet; das Füllen bzw. Entleeren des Ofens erfolgt wiederum mit differierenden Personenzeiten. Diese unterschiedlichen Kostenansätze müssen mit eigenen Leistungsarten bedient werden.

Beim Neuaufbau der Controllingsysteme müssen solche grundsätzlichen Überlegungen zu den Leistungsarten und ihrer kostenrechnerischen Berücksichtigung angestellt und mit den PPS-Aktivitäten abgestimmt werden. Wenn die Arbeitsplätze bereits angelegt und die Arbeitspläne *Neuaufbau des Controllings in Abstimmung mit PPS-Aktivitäten* schon vorhanden sind, müssen entsprechende Korrekturen in den PPS-Stamm- und -Plandaten vorgenommen werden.

Im Idealfall sollten Sie bereits vor dem Neuaufbau überlegen, wie Sie beide Anforderungsprofile berücksichtigen können. Im schlechtesten Falle müssen Sie die Stamm- und Plandaten der PPS-Seite korrigieren. Aber der Abgleich ist zwingend erforderlich, um neben der generellen Abstimmung eine aussagefähige Kostenstellenrechnung, exakte Kalkulationen und damit auch eine korrekte Deckungsbeitragsrechnung im CO zu erhalten.

3.2 Kostenstellentypen und ihre Verrechnung

Für die primären und sekundären Kostenstellen gelten in den einzelnen Branchen und Unternehmenstypen unterschiedliche Verrechnungsmöglichkeiten und -regeln, die in den nächsten Abschnitten behandelt werden.

3.2.1 Verrechnung der primären Kostenstellen

In Abschnitt 3.1.2 wurden die primären Kostenstellen als diejenigen Stellen definiert, die unmittelbar auf Produkte, Ergebnisobjekte und Projekte verrechnen. In der Industrie sind folgende Verrechnungsmodi primärer Kostenstellen zu unterscheiden, auf die wir gleich näher eingehen werden:

- Fertigungsstellen
- Forschungs- und Entwicklungsstellen
- Material-, Verwaltungs-, und Vertriebsstellen

Fertigung — Die Verrechnung der *Fertigungsstellen* erfolgt mit Hilfe der Kalkulation bzw. Kostenträgerrechnung, indem die für die einzelnen Arbeitsvorgänge vorgesehenen Verbrauchsmengen, im Wesentlichen die Fertigungszeiten, mit den Kostensätzen der ausführenden Kostenstellen/Leistungsarten bewertet werden. Eventuelle Probleme ergeben sich allenfalls daraus, dass der Controllingbereich zusätzliche, im Arbeitsplan bisher nicht berücksichtigte Kostenabhängigkeiten feststellt, die für die Terminierung und Kapazitätsplanung nicht relevant sind, wohl aber für das Innerbetriebliche Rechnungswesen.

Forschung und Entwicklung — Die *Forschungs- und Entwicklungsstellen* (F&E) werden meist über Stundenerfassung auf Projekte oder Entwicklungsaufträge verrechnet und in der Kalkulation über Zuschläge bzw. Quoten berücksichtigt. In der

Kostenstellenrechnung sind für diese Stellen meist Stunden als Leistungsart angelegt, gegebenenfalls weiter unterteilt nach Kategorien vom leitenden Mitarbeiter bis zur Hilfskraft.

Die *Material-, Verwaltungs- und Vertriebsstellen* des Industrieunternehmens werden in der Vorkalkulation mit Zuschlägen auf entsprechende Basismengen bzw. -werte oder Quoten verrechnet. In der Planungs- und der monatlichen Ergebnisrechnung geschieht dies für die Materialstellen auch via differenzierter Zuschläge, während die Verwaltungs- und Vertriebsstellen besser über eine stufenweise Kostendeckungsrechnung abgewickelt werden.

Material-, Verwaltungs-, Vertriebsstellen

Für diese Bereiche oder für Teile dieser Bereiche kommt ferner die Prozesskostenrechnung in Frage (siehe Kapitel 7, *Prozesse*). Die von den einzelnen Kostenstellen erbrachten Leistungen werden den relevanten Prozessen zugeordnet, z. B. der Materialbereitstellung oder der Kundenauftragsabwicklung.

Diese Verrechnungsmöglichkeiten primärer Stellen gelten analog für *Handels- und Dienstleistungsunternehmen*. Dort werden allerdings zur Zuordnung zu Kostenträgern oder Ergebnisobjekten als Basis weniger die Arbeitspläne, sondern insbesondere Vorgangspläne mit anschließender Prozesskalkulation und eine stufenweise Kostendeckungsrechnung in der Ergebnisrechnung verwendet.

Handel und Dienstleistung

Generell gilt, dass die Kostenstellenrechnung – im Gegensatz zur Kostenträgerrechnung – keine prinzipiellen Unterschiede nach Unternehmenstypen oder Branchen kennt. Selbstverständlich sind die Inhalte und Verrechnungsmöglichkeiten bei einem Industrieunternehmen anders als bei einem Dienstleistungs- oder Handelsbetrieb. Die Berücksichtigung von Verantwortlichkeiten, räumlicher und organisatorischer Aspekte, der Istkosten-Erfassbarkeit etc. sind aber identisch gültig.

3.2.2 Verrechnung der sekundären Kostenstellen

Sie erinnern sich: *Sekundäre Kostenstellen* sind – im Gegensatz zu den Primärstellen – nicht für Produkte oder Ergebnisobjekte, sondern in erster Linie für andere Kostenstellen tätig. Sekundär bezieht sich auf die grundsätzliche Leistungserbringung, was aber nicht ausschließt, dass im Einzelfall auch Leistungen für Kostenträger (Fertigungsaufträge) oder Ergebnisobjekte erbracht werden.

Direkte und indirekte Leistungsverrechnung

Bei den Sekundärstellen sind zu unterscheiden:

- Kostenstellen mit direkter Leistungsverrechnung (Plan- bzw. Istmenge mal Kostensatz)
- Kostenstellen mit indirekter (kalkulatorischer) Verrechnung

Zu den *direkt verrechnenden Stellen* gehören all jene, die im Ist aufgrund effektiver Leistungserfassung nach Belastungsobjekten weiter verrechnen. Bestes Beispiel sind die Betriebshandwerker, die sich im Ist über die konkret festgehaltenen Stunden nach Belastungskontierungen (Kostenstellen, Innenaufträge etc.) entlasten.

Bei den *indirekt verrechnenden Kostenstellen* besteht diese Möglichkeit, die Empfänger mit der Istleistung der Periode zu belasten, nicht. Als praktisches Beispiel sei die Weiterverrechnung einer betrieblichen Leitungsstelle genannt. Hier kann nur im Rahmen der Kostenplanung durch Gespräche mit den Kostenstellenverantwortlichen der abgebenden und zu belastenden Kostenstellen die Plan-Inanspruchnahme ermittelt, abgestimmt und festgelegt werden. Beide Varianten – direkte und indirekte Verrechnung – sind für eine leistende Kostenstelle auch parallel denkbar.

> **Beispiel 5: Energieverbrauch**
> Der Energieverbrauch eines Werkes, z.B. an Strom oder Gas, ist vielfach so geregelt, dass für einige wenige Großverbraucher über Subzähler die monatlich verbrauchten Istmengen ermittelt werden, während aus Kostengründen für den Großteil der Kostenstellen diese Ist-Verbrauchsmengenmessungen nicht möglich sind. Dann wird man, was im Modul CO von SAP R/3 machbar ist, für eine abgebende Kostenstelle/Leistungsart mittels zweier Leistungsarten eine Mischung aus direkter und kalkulatorischer Verrechnung vorsehen.

3.2.3 Umlage versus Leistungsverrechnung

SAP CO bietet generell zwei Verrechnungsmöglichkeiten:

- **Leistungsverrechnung**
  Hier rechnet man Plan- bzw. Istmenge mal Kostensatz (direkte Leistungsverrechnung) oder geht von einer planmäßigen, über die Sollkostenrechnung angepassten Verrechnung, unterteilt in variable und fixe Kosten, aus (indirekte Leistungsverrechnung).

▶ **Umlage**
In der Weiterbelastung per Umlage werden keine Leistungsarten als Verrechnungsschlüssel genutzt, sondern so genannte statistische Kennzahlen oder freie Schlüssel, die in der Verrechnungsregel, dem Umlagezyklus, erfasst werden.

Die sonstigen Primärstellen z.B. des Verwaltungs- und Vertriebsbereiches unterscheiden sich insofern von den Sekundärstellen, als es sich um »End«-Kostenstellen handelt, die getrennt nach Plan und Abweichungen in die Ergebnisrechnung übernommen werden. Diese Verrechnung könnte theoretisch auch per Umlage vorgenommen werden.

Anders ist die Ausgangslage bei den Sekundärstellen, die in einen Kreislauf gegenseitiger Verrechnungen eingebunden sind. Während es sich bei den in Frage kommenden Primärstellen meist um reine Fixkostenstellen handelt, ist bei der Verrechnung der Sekundärstellen zu beachten, dass es hier überwiegend um Kostenstellen mit variablen und fixen Anteilen geht. Kommen wir auf Beispiel 1 (Stromkosten) zurück: So ist beispielsweise auf der Strom-Kostenstelle der Fremdbezug an Strom entsprechend des Vertrages mit dem E-Werk preislich in einen fix zu planenden Anteil Leistungspreis (aufgrund gemessener Spitzenverbräuche zu bestimmten Zeiten der Vergangenheit) und einen variabel zu planenden Arbeitspreis für den effektiven Stromverbrauch in kWh pro Periode zu untergliedern. Der variable Anteil der abgebenden Stelle kann auf der empfangenden Stelle unter Umständen auch fix sein (z.B. der Beleuchtungsstrom auf den Raumstellen).

Aus diesen Gründen schlagen wir, zumindest für die Sekundärstellen, vor, die Umlage durch eine direkte bzw. indirekte Leistungsverrechnung zu ersetzen, die sowohl die Funktionen der Umlage abdeckt als auch die getrennte Durchrechnung variabler und fixer Kostenanteile (getrennt nach Plan und Abweichung) über beliebig viele Stufen ermöglicht. Zwei Gründe sprechen generell für die Leistungsverrechnung:

Leistungsverrechnung für die Sekundärstellen statt Umlage

▶ Nur mit der Leistungsverrechnung können variable Kostenbestandteile (auch über mehrere Stufen) variabel weiter verrechnet werden. Die Umlage dagegen stellt auf der empfangenden Kostenstelle alle Kosten als fix dar.

▶ Zwischen der Umlage-Kostenstelle und Kostenstellen der Leistungsverrechnung ist keine in einem Durchlauf stattfindende Iteration möglich.

3.3 Stammdaten in SAP R/3

Datenstrukturen in EDV-Systemen

In EDV-Systemen werden grundsätzlich drei verschiedene Datenstrukturen unterschieden:

- Customizing
- Stammdaten
- Bewegungsdaten

Customizing heißt Anpassung des Systems an Ihre speziellen Anforderungen. Beim Customizing werden während der Einführung von Modulen oder Komponenten Steuerungsparameter z. B. für den Kostenrechnungskreis gesetzt, die meist über die gesamte Nutzungszeit des Systems unverändert bleiben. Das Customizing obliegt dem Modulverantwortlichen, der in vielen Unternehmen der EDV zugeordnet ist und nicht der Fachabteilung, hier dem Controlling.

Nach der Vorbereitung des Systems durch das Customizing beginnt die Pflege der *Stammdaten* in den Fachabteilungen, also etwa der Buchhaltung und dem Controlling. Kostenarten und Kostenstellen, aber auch Artikel und Kunden sind typische Stammdaten, die vom Unternehmen vorgegeben werden.

Die letzte Datenstruktur in einem laufenden EDV-System sind die *Bewegungsdaten*. Beispielsweise Materialbewegungen, Buchungen in der Buchhaltung oder Plandaten im Controlling werden als Dokumente in den Bewegungsdaten abgelegt. Bewegungsdaten beziehen sich immer auf einen Zeitpunkt (Tag) oder Zeitraum (Monat). Dabei werden Werte (Beträge oder Mengen) in Bezug auf Stammdaten gespeichert.

Wir gehen nun davon aus, dass wir ein funktionsfähiges SAP-System zur Verfügung haben. Die wesentlichen Customizing-Einstellungen, insbesondere zum Kostenrechnungskreis, sind abgeschlossen. Wir beginnen unser Systembeispiel mit der Erfassung von Stammdaten, den Kostenstellen.

3.3.1 Kostenstellen

Jetzt blicken wir ins SAP-System. Wir wollen mit Kostenstellen arbeiten, also benötigen wir Stammdaten für Kostenstellen. Nutzen Sie hierfür die Transaktionen KS01, KS02 und KS03, im Menü **Rechnungswesen · Controlling · Kostenstellen · Stammdaten · Kostenstelle · Anlegen/Ändern/Anzeigen** (siehe Abbildung 3.1).

Sie sehen auf dem entsprechenden Register die **Grunddaten** der Kostenstelle »210 Strom«. Mit dem Eintrag im Feld **Art der Kostenstelle** legen Sie später fest, welche Leistungsarten für diese Kostenstelle zugelassen sind (siehe Abschnitt 3.3.3). In **Hierarchiebereich** definieren Sie für die Kostenstelle eine Position in der Kostenstellengruppe, die als Standardhierarchie festgelegt wurde (siehe auch Abbildung 3.3). Die Auswahl eines **Buchungskreises** ist nur dann erforderlich, wenn für den **Kostenrechnungskreis** (hier 1000) mehrere Buchungskreise zugelassen sind. Der **Geschäftsbereich** ist ein Ordnungskriterium der Buchhaltung und wird hier nicht näher behandelt. Auf das Profit Center werden wir in Kapitel 8, *Ergebnisrechnung und Profit-Center-Rechnung* eingehen.

Grunddaten der Kostenstelle

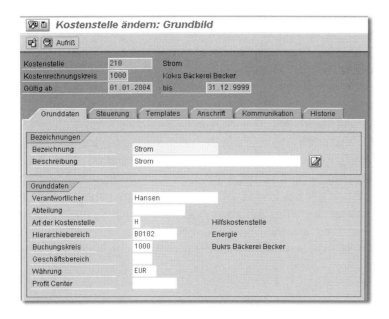

Abbildung 3.1 Stammdaten der Kostenstelle – Grunddaten

Im Feld **Währung** (siehe Abbildung 3.1) legen Sie die Objektwährung der Kostenstelle fest. Innerhalb der Gemeinkostenrechnung speichert SAP R/3 jeden Wert unter unterschiedlichen Währungstypen dreimal.

Exkurs Währungen

- in der Kostenrechnungskreiswährung
- in der Objektwährung
- in der Transaktionswährung

Die *Kostenrechnungskreiswährung* der Bäckerei Becker in unserem Beispiel ist Euro (EUR). Wir haben für die Kostenstelle »210 Strom« als *Objektwährung* Euro gewählt. Die Beispiele in diesem Buch werden ebenfalls in

Euro erfasst, womit die *Transaktionswährung* sich nicht von den beiden erstgenannten unterscheidet. Auf den ersten Blick scheint das System mit den drei Währungstypen erhebliche Ressourcen an Rechenzeit und Speicherplatz zu verschwenden – und das ohne erkennbaren Nutzen.

Internationales Umfeld

Um den Nutzen der unterschiedlichen Währungstypen zu erkennen, bitten wir Sie, uns gedanklich in ein international ausgerichtetes Unternehmen zu folgen. Die Bäckerei Becker expandiert in den Osten Europas und errichtet eine Produktionsstätte in Moskau. Für diese Produktionsstätte wird in Russland ein Unternehmen gegründet, die »Becker Russland ooo«. Zur Abbildung dieses Unternehmens wird in SAP ein neuer Buchungskreis mit der Währung Rubel (RUB) eingerichtet. Wir gehen davon aus, dass vor Ort in Moskau ein eigenes operatives Controlling installiert wird, so dass wir dem neuen Buchungskreis auch einen neuen Kostenrechnungskreis spendieren. Als Währung des russischen Kostenrechnungskreises wählen wir ebenfalls Rubel, um die Abstimmung der Buchungskreis- mit den Kostenrechnungskreisdaten zu ermöglichen. Die Zentrale in Deutschland möchte alle Daten des Konzerns in einer einheitlichen Währung darstellen, nämlich Euro, also wählen wir als Objektwährung für alle Kostenstellen EUR. Nehmen wir weiter an, dass unser russisches Werk einige Rohwaren nicht im eigenen Land beschafft, sondern international zukauft. Verträge für solche Lieferbeziehungen werden in Moskau oft auf der Basis von US-Dollar (USD) abgeschlossen. Im Rahmen einer solchen Lieferung beziehen unsere russischen Kollegen Waren im Wert von 1 200 USD. Mit Umrechnungskursen von 1 EUR = 1,20 USD und 1 EUR = 35 RUB ergeben sich für die drei Währungen die folgenden Beträge:

- Kostenrechnungskreiswährung: 35 000 RUB
- Objektwährung: 1 000 EUR
- Transaktionswährung: 1 200 USD

Alle drei Beträge werden im System gespeichert und stehen für spätere Auswertungen zur Verfügung. Im eben skizzierten Umfeld macht das durchaus Sinn. Trotzdem beschränken wir uns in diesem Buch auf eine Währung: Euro. Die Beispiele werden auch so kompliziert genug.

Registerkarte Steuerung

Auf der zweiten Registerkarte, **Steuerung**, haben Sie die Möglichkeit, die Kostenstelle für bestimmte Vorgänge zu sperren (siehe Abbildung 3.2). Hier sind Buchungen mit Primär- und Sekundärkosten in Plan und Ist erlaubt. Erlösbuchungen sind nicht zugelassen.

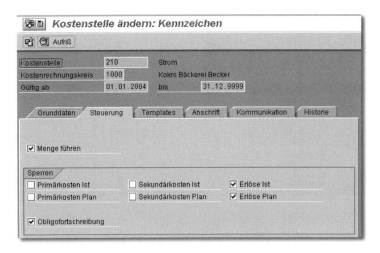

Abbildung 3.2 Stammdaten der Kostenstelle – Steuerung

Zur Strukturierung der Kostenstellen in Ihrem Unternehmen können Sie beliebig viele Kostenstellengruppen anlegen. Durch die Zusammenfassung von Gruppen zu Übergruppen entstehen Hierarchien. Kostenstellengruppen und Hierarchien haben keine Auswirkungen auf die Speicherung von Daten oder auf Verrechnungen. Sie werden ausschließlich beim Auswerten von Kostenstellendaten benutzt. Mit Kostenstellengruppen und -hierarchien bilden Sie Summen in Kostenstellenberichten.

Kostenstellengruppen

Aber Vorsicht: In vielen Unternehmen entsteht hier ein Wildwuchs. Viele Gruppen, die nur für eine einmalige Auswertung angelegt sind, bleiben ewig im System stehen. Wir empfehlen, die Struktur der Kostenstellengruppen zentral vorzugeben und Alternativen nur in dokumentierten Ausnahmefällen zuzulassen.

Sie pflegen Kostenstellengruppen mit den Transaktionen KSH1, KSH2 und KSH3, im Menü **Rechnungswesen · Controlling · Kostenstellen · Stammdaten · Kostenstellengruppe · Anlegen/Ändern/Anzeigen** (siehe Abbildung 3.3 und Abbildung 3.4). Wie Sie sehen, sind die Kostenstellen den Gruppen zugeordnet (und nicht umgekehrt die Gruppen den Kostenstellen). Nur so ist es technisch möglich, dass eine Kostenstellen in beliebig vielen Gruppen und Hierarchien dargestellt wird.

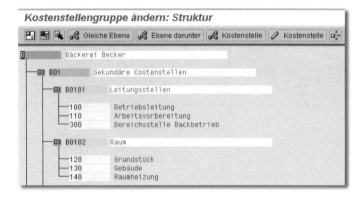

Abbildung 3.3 Kostenstellengruppen in SAP R/3

Sekundäre Kostenstellen

Leitungsstellen

    100 Betriebsleitung
    110 Arbeitsvorbereitung
    300 Bereichsstelle
         Backbetrieb

Raum

    120 Grundstück
    130 Gebäude
    140 Raumheizung

Energie

    150 Strom
    160 Wasser

Transport

    180 Innerbetr. Transport

Sozial

    190 Sozialdienst, allg.

Handwerker

    220 Elektriker
    230 Schlosser

Ausgliederungsstellen

999 Ausgliederungsstelle
    Betriebshandwerker

Primäre Kostenstellen

Backbetrieb

    310 Backstube
    320 Ruheraum
    330 Backofen

Sonstige Fertigungsstellen

    370 Glasieren
    380 Vorverpacken

Material

    410 Einkauf
    420 Rohmateriallager

Verwaltung

    500 Geschäftsleitung
    520 Finanzbuchhaltung
    520 Int. Rechnungsw./
         Controlling
    540 Personal

Vertrieb

    600 Vertriebsleitung
    620 Vertrieb Inland
    630 Vertrieb Ausland
    640 Marketing
    650 Endverpackung
         und Versand
    660 Fertigwarenlager

Abbildung 3.4 Kostenstellenverzeichnis der Bäckerei Becker

Der aufmerksame Leser ruft jetzt: »Moment einmal, oben haben wir doch in den Stammdaten der Kostenstelle einen Hierarchiebereich angegeben. Also eine Zuordnung der Kostenstelle zu einer Gruppe erfasst.« Richtig, Sie haben mich erwischt. In jedem Kostenrechnungskreis wird nämlich eine Hierarchie als Standardhierarchie festgelegt. Jede Kostenstelle *muss* einem Ast in dieser Standardhierarchie zugeordnet sein, *kann* darüber hinaus in beliebig vielen anderen Gruppen und Hierarchien auftauchen. Ansonsten unterscheidet sich die Standardhierarchie nicht von den anderen Hierarchien.

Standardhierarchie

3.3.2 Sekundäre Kostenarten

Kostenarten und damit auch sekundäre Kostenarten hatten wir bereits im vorigen Kapitel besprochen. Sie erinnern sich? Die sekundären Kostenarten sind die »Rucksäcke« für den Transport von Kosten zwischen Controllingobjekten. Kostenstellen wiederum sind die zentralen Controllingobjekte der Gemeinkostenrechnung.

Wir wollen in diesem Kapitel Kosten zwischen Kostenstellen verrechnen, also benötigen wir sekundäre Kostenarten. Nutzen Sie hierfür die Transaktionen KA06, KA02, KA03, im Menü **Rechnungswesen · Controlling · Kostenstellen · Stammdaten · Kostenart · Einzelbearbeitung · Anlegen sekundär/Ändern/Anzeigen** (siehe Abbildung 3.5).

Sekundäre Kostenarten definieren

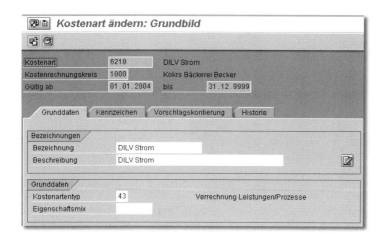

Abbildung 3.5 Sekundäre Kostenart – Grundbild

Auf dem Bild **Grunddaten** pflegen Sie die Bezeichnung und die Beschreibung der Kostenart. DILV steht für Direkte Interne Leistungsverrechnung. Außerdem wählen Sie den **Kostenartentyp**. Für die Verrechnung von

Kosten zwischen Kostenstellen stehen Ihnen zwei Verfahren zur Verfügung, die mit unterschiedlichen Kostenartentypen bedient werden:

- »42: Umlagen«
- »43: Verrechnung der Leistungen/Prozesse«

Wir empfehlen die Leistungsverrechnung, deshalb sind alle sekundären Kostenarten, die in diesem Buch für die Kostenverrechnung zwischen Kostenstellen definiert sind, mit dem Typ 43 angelegt.

Kennzeichen: Menge

Das Grundprinzip der Leistungsverrechnung (siehe Abschnitt 3.5.2) ist die parallele Abbildung von Mengen- und Wertbeziehungen. Wir wollen nicht einfach nur 100 000 € von einer Kostenstelle auf die andere verrechnen, sondern ein Mengengerüst als Verursacher zugrunde legen. Z.B. wird bei der Nutzung von Strom die Anzahl der Kilowattstunden (kWh) als Verrechnungsschlüssel genutzt. Für die Verrechnung der Kosten von Betriebshandwerkern ist die geleistete Stundenzahl eine geeignete Mengenbasis. Die Mengeneinheiten werden später mit so genannten Tarifen bewertet (€ pro kWh bzw. € pro Stunde). Die verrechnete Menge multipliziert mit dem Tarif ergibt dann den Wert, der auf der Senderkostenstelle ent- und auf den Empfängerkostenstellen belastet wird. Lange Rede, kurzer Sinn: Der sekundären Kostenart wird eine Mengeneinheit mitgegeben (siehe Abbildung 3.6).

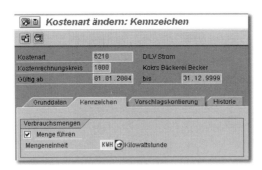

Abbildung 3.6 Sekundäre Kostenart – Kennzeichen

Kostenarten: Übersicht

Zur Anzeige der Kostenarten, die in einem System definiert sind, bietet sich folgende Transaktion an: KA23, im Menü **Rechnungswesen · Controlling · Kostenstellen · Stammdaten · Kostenart · Sammelbearbeitung · Anzeigen** (siehe Abbildung 3.7).

Sie sehen alle sekundären Kostenarten, die für die Bäckerei Becker zur Verrechnung von Kosten zwischen Kostenstellen und von Kostenstellen auf Produkte angelegt sind (siehe Abbildung 3.8).

Abbildung 3.7 Kostenarten Sammelbearbeitung – Einstieg

![Kostenarten anzeigen: Grundbild]

Kostenart	Bezeichnung	KArtentyp	KT	Eig.-Mix	Menge	ME	Kostenstelle	Auftrag
6110	DILV Grundstück	43			X	M2		
6120	DILV Gebäude Betrieb	43			X	M2		
6130	DILV Gebäude Vertr.	43			X	M2		
6210	DILV Strom	43			X	KWH		
6220	DILV Wasser	43			X	M3		
6230	DILV Elektriker	43			X	STD		
6240	DILV Schlosser	43			X	STD		
6250	DILV Betriebsleitung	43			X	LE		
6260	DILV Arbeitsvorb.	43			X	LE		
6300	DILV Maschinenzeit	43			X	STD		
6301	DILV Personalzeit	43			X	STD		
6302	DILV Ruhezeit	43			X	STD		
6400	GMKZ Einkauf / Lager	41						
6500	Umlage Verw.+Vertr.	42						

Abbildung 3.8 Kostenarten Sammelbearbeitung – Liste

3.3.3 Leistungsarten

Wir haben Kostenstellen und sekundäre Kostenarten zum Transport von Kosten angelegt. Der sekundären Kostenart »DILV Strom« im Beispiel wurde als Mengeneinheit bereits »kWh« mitgegeben. Für die Leistungsverrechnung in SAP R/3 benötigen wir noch ein weiteres Konstrukt: die *Leistungsart* (siehe Abschnitt 3.1.3).

Nutzen Sie hierfür die Transaktionen KL01, KL02, KL03, im Menü **Rechnungswesen · Controlling · Kostenstellen · Stammdaten · Leistungsart · Einzelbearbeitung · Anlegen/Ändern/Anzeigen** (siehe Abbildung 3.9).

Warum reicht die Definition der sekundären Kostenart »6210 DILV Strom« für die Leistungsverrechnung nicht aus? Wozu brauchen wir zusätzlich noch die Leistungsart »L210 Strom«? Weil es im SAP-Standard so eingerichtet ist!

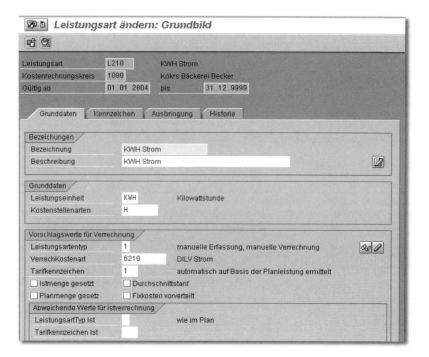

Abbildung 3.9 Leistungsart

In Einführungsprojekten erklären wir das folgendermaßen: Die Mengenbeziehung wird mit der Leistungsart erfasst, der verrechnete Wert wird in der sekundären Kostenart gespeichert. Das ist zwar keine technisch oder betriebswirtschaftlich zwingende Erklärung, aus didaktischen Gründen allerdings eine erlaubte Vereinfachung.

Leistungsarten: Übersicht

Wie bei den sekundären Kostenarten ist für die Leistungsarten ein Übersichtsbild abrufbar mit Transaktion KA13, im Menü **Rechnungswesen · Controlling · Kostenstellen · Stammdaten · Leistungsart · Sammelbearbeitung · Anzeigen** (siehe Abbildung 3.10).

Dargestellt sind die Leistungsarten der Bäckerei Becker (siehe Abbildung 3.11).

Die Leistungsarten sind als Stammdaten im System angelegt. In den vorigen Abschnitten hatten wir uns bereits um die Stammdaten der Kostenstellen und der sekundären Kostenarten gekümmert. Jetzt beginnen wir mit der eigentlichen Planung.

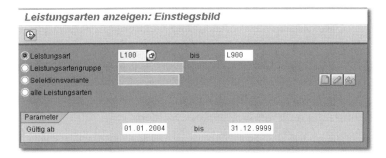

Abbildung 3.10 Leistungsart Sammelbearbeitung – Einstieg

Abbildung 3.11 Leistungsart Sammelbearbeitung – Liste

3.4 Betriebswirtschaftliche Grundlagen der Kostenstellen-Planung

3.4.1 Zielsetzungen der Kostenplanung

Elementare Grundlage aller Controlling-Aktivitäten für den Gemeinkostenbereich stellt das Vorhandensein einer detaillierten Kostenplanung je Kostenstelle/Leistungsart mit einer Untergliederung in variable und fixe Kostenbestandteile dar. Nur mit Hilfe dieser nach Kostenstellen und Kostenarten durchzuführenden Auflösung in variable und fixe Kosten und einer monatlichen Anpassung der Plankosten an die jeweilige Istleistung der Kostenstelle ist es möglich, den Istkosten einen adäquaten Leistungsmaßstab gegenüberzustellen.

Als Maßstab der Kostenkontrolle können weder Vergleichswerte der Vergangenheit (z. B. Kosten des Vormonats) noch Durchschnittswerte (die ja auch aus Istkosten der Vergangenheit abgeleitet wären) verwendet werden. Hinzu kommt, dass in diesen Vergleichswerten Kostenremanenzen und Unwirtschaftlichkeiten enthalten sein können. Womöglich sind sie unter völlig anderen Voraussetzungen entstanden. z. B. bei einer anderen Istbeschäftigung oder anderen Produktionsabläufen.

Analytische Kostenplanung

Maßstabscharakter können nur geplante Kosten haben, die aufgrund analytischer Kostenüberlegungen und -untersuchungen, losgelöst vom Ist der Vergangenheit, festgelegt worden sind. Ziel einer solchen Planung muss es sein, den betrieblich notwendigen Verbrauch an Personal, Gütern und Dienstleistungen je Kostenstelle/Leistungsart, differenziert nach Kostenarten oder Kostenartengruppen, zu bestimmen.

Kostenstellenverantwortliche einbeziehen

Besonders wichtig ist, dass in diese Überlegungen und Arbeiten von Anfang an die Kostenstellenverantwortlichen einbezogen werden. Dies ist aus Akzeptanzgründen, aber auch weil diese Personen ihre Kostenstellen am besten kennen und beurteilen können, zwingend erforderlich.

Unwirtschaftlichkeiten

Im Rahmen einer solchen analytischen Kostenplanung, die verbunden ist mit einer systematischen Durchforstung von Ablauf- und Strukturorganisation des jeweiligen Bereiches, werden meist auch Unwirtschaftlichkeiten erkannt, für die noch während der Planungsarbeiten Beseitigungsvorschläge erarbeitet werden.

Planungsüberholungen

Die hier genannten grundsätzlichen Ziele sind natürlich vor allem für eine detaillierte, differenzierte Erstplanung von Bedeutung. Planungsüberholungen in den Folgejahren sind, sofern keine größeren strukturellen Veränderungen zu berücksichtigen sind, einfacher, weniger aufwändig und auch in kürzerer Zeit zu bewerkstelligen. Die Parameter können unverändert beibehalten werden, die Mitarbeiter sind bereits geschult und mit der Materie vertraut. Außerdem steht eine Vielzahl maschineller Planungshilfen zur Verfügung.

Vergleich Kostenplanung und Budgetierung

Zum Schluss dieses allgemeinen Kapitels sei noch kurz auf den Unterschied zwischen Kostenplanung und Budget hingewiesen. Budgetierung heißt, vereinfacht ausgedrückt, möglichst genau die zu erwartenden Istkosten des nächsten Geschäftsjahres festzuhalten. Das heißt, dass Unwirtschaftlichkeiten, die, obwohl erkannt, kurzfristig nicht zu beseitigen sind, generell oder zumindest für die Zeit bis zu ihrer Abstellung im Budget berücksichtigt sind. In der analytischen Kostenplanung würden diese Unwirtschaftlichkeiten nicht geplant werden. Auf diese Weise sind

Abweichungen zwischen dem Soll-Ist-Vergleich des Controllings und dem Budget-Ist-Vergleich vorprogrammiert.

Es gibt aber etliche Unternehmen, die das Budget als wesentliches Kriterium des zu erwartenden Gemeinkosten-Volumens parallel zur Kostenplanung im System hinterlegt haben und monatlich neben dem auf der Kostenplanung basierenden Soll-Istkosten-Vergleich einen Budget-Ist-Vergleich erstellen. Dieser ist aber als eigentliches Controllinginstrument nicht zu gebrauchen, da er nur die Istkosten in Relation zum Budget wiedergibt.

Soll-Istkosten-Vergleich

3.4.2 Planbeschäftigung

Voraussetzung für die Durchführung der Kostenplanung für das nächste Geschäftsjahr ist die Festlegung der Planbeschäftigung für alle Kostenstellen, primär und sekundär.

Festlegung der Planbeschäftigung

Planbeschäftigung der Primärstellen

Die Planbeschäftigung der primären Stellen ist vor allem für die Vollkostenbetrachtung wichtig, da der Fixkostensatz nur bei dieser Planbeschäftigung korrekt ist (siehe Abschnitt 6.7). Für die variablen Kostensätze ist dies uninteressant, da der Kostensatz innerhalb einer bestimmten Bandbreite gleich bleiben sollte.

Es liest sich so einfach, wenn gesagt wird, dass sich die Planbeschäftigung der Fertigungsstellen abgeleitet aus dem Absatzplan einschließlich der Berücksichtigung des Lagerplanes ergibt, indem diese Mengen mit den Fertigungsdaten des Arbeitsplanes aufgelöst werden.

Dies war zumindest früher ein riesiges Unterfangen. Niemand im Unternehmen lässt sich so ungern festlegen wie der Vertrieb. Auch das Argument, dass es primär um die Ableitung der Planleistungsarten und -mengen ginge, konnte und kann den Vertrieb nicht überzeugen. Etwa nach dem Motto: »Je genauer man plant, umso härter trifft einen der Zufall.«

Planbeschäftigung Serien-/Prozessfertigung

Es gibt aber dabei auch ein sachliches Problem: Die Absatzplanung erfolgt nicht generell auf Artikelebene. Wenn z. B. ein Unternehmen eine hohe 5- oder gar 6-stellige Zahl verkaufsfähiger Produkte hat, ist dies dem Vertrieb einfach nicht zumutbar. Man behilft sich in der Praxis vielfach so, dass man alle neu hinzukommenden Artikel, für die vor dem Start der Produktion detaillierte Absatzprognosen erstellt werden und für die es zum Zeitpunkt der Planung bereits Arbeitspläne geben muss, detailliert plant. Bei den übrigen Artikeln wird entweder auf repräsentative, alle ausführenden Kostenstellen/Leistungsarten umfassende Dummy-Artikel ausgewichen oder aber die Ist-Ergebnisrechnung, z. B. des letzten Jahres oder Halbjahres, auf den PC heruntergeladen und dort über pauschale Korrekturfaktoren pro Artikel(-gruppe) die Absatz-/Umsatzplanung variiert. Dieser modifizierte Plan wird nicht nur als Ausgangspunkt für die neue Absatz-/Umsatzplanung, sondern auch als Basis für die Ermittlung der neuen Planbeschäftigung aufgrund der zugrunde liegenden Arbeitspläne genommen. Zusätzlich bleibt immer noch die Möglichkeit, aufgrund der Vorjahreswerte und der Prognosen die Planleistungsartenmengen festzulegen. Diese Auflösung kann so nur in der Serien-/Fließfertigung funktionieren, wo detaillierte Arbeitspläne, zumindest auf Gruppenebene, vorliegen.

Planbeschäftigung Einzel-/Projektfertigung

In der Einzel-/Projektfertigung kann dieses Verfahren nur für den Teil des Absatzes Anwendung finden, für den bereits konkrete Aufträge vorliegen. Der Rest muss aufgrund von Angeboten, Anfragen und Erfahrungswerten extrapoliert werden.

Eine detaillierte Auflösung bereitet auch insofern Schwierigkeiten, als für viele Teile, Baugruppen und vor allem Endprodukte zu diesem Zeitpunkt gar keine Arbeitspläne vorliegen. Die Planleistungsartenmengen werden deshalb mit Blick auf die konkret vorliegenden Aufträge meist »zu Fuß« festgelegt.

Zu den ermittelten neuen Planleistungsartenmengen müssen in allen Industrieunternehmen noch die Zeiten für Ausschussbearbeitung, Nacharbeit, Versuchsaufträge etc., die sich nicht aus der retrograden Auflösung ergeben, hinzugezählt werden.

Weitere Primärstellen

Planbeschäftigung F&E-, Material-, Verwaltungs- und Vertriebsstellen

Es gibt weitere primäre Stellen, für die es ebenfalls die Planbeschäftigung festzulegen gilt, und zwar ohne Zugriffsmöglichkeit auf Arbeitspläne. Beispiel für solche Stellen sind die Forschungs- und Entwicklungsstellen sowie die Bereiche Material, Verwaltung und Vertrieb.

Für die F&E-Stellen werden als Leistungsart meist die Stunden zugrunde gelegt, unterteilt nach Mitarbeiterkategorien. Diese Stunden ergeben sich aus der Anzahl der für die geplanten Aktivitäten erforderlichen Mitarbeiter in den einzelnen Kategorien.

Bei den Material-, Verwaltungs- und Vertriebsstellen werden für den Umfang der Stellen mit sich wiederholenden Tätigkeiten (z. B. die Materialbereitstellung oder die Kundenauftragsabwicklung) »Standard«-Stunden angesetzt. »Standard« deswegen, weil sich dahinter, ähnlich wie bei den Arbeitsplänen in der Fertigung, Tätigkeitskataloge mit Bearbeitungszeiten für die einzelnen Vorgänge eines Teil- oder Hauptprozesses verbergen, die aber nicht im Ist erfasst, sondern über die Anzahl der Vorgänge mal den Standardzeiten gewonnen werden.

Bei bestimmten Fertigungsstellen ist die Situation ähnlich, z. B. in der optischen Industrie, wo es unwirtschaftlich wäre, die tatsächlich gebrauchte Istzeit zu erfassen. Dort, wo wir bei den Material-, Verwaltungs- und Vertriebsstellen Prozessstrukturen und damit Prozesskalkulationen nicht vorfinden, wählt man als Leistungsart häufig »100 %« oder »100 Verrechnungseinheiten« (VE). Dies ist insofern unproblematisch, weil es sich überwiegend um reine Fixkostenstellen handelt, die per Zuschlag oder im Rahmen einer stufenweisen Kostendeckungsrechnung verrechnet werden, bei denen also der Planbeschäftigung keine besondere Bedeutung zukommt.

Planbeschäftigung der Sekundärstellen

Die Planbeschäftigung bei den *direkt verrechneten Sekundärstellen* (z. B. Handwerkerstellen) ist kein grundsätzliches Problem. Kritisch dabei ist aber, dass die Planleistungsartenmenge der abgebenden Kostenstelle/Leistungsart (»Sender«-Kostenstelle) mit den verrechneten Mengeneinheiten (auf den »Empfänger«-Stellen) übereinstimmen muss. Häufig finden sich aber hier, gerade bei einer analytischen Erstplanung, große Differenzen.

Direkt verrechnete Sekundärstellen

Bei den Handwerkern beispielsweise besteht häufig zwischen den Vorstellungen der abgebenden Stelle und der Inanspruchnahme durch die Leistungsempfänger eine Differenz, die im Rahmen der Abstimmung (siehe Abschnitt 3.4.6) dazu führen kann, dass bei intensiverem Nachhaken die Anzahl Handwerker verringert werden kann.

Bei den *indirekt verrechneten Sekundärstellen*, z. B. einer betrieblichen Leistungsstelle, für die die Leistungsabnahme beim Empfänger im Ist nicht quantifizierbar ist, wird als Leistungsart meist »Euro-Deckung« gewählt. Die Leistungsartenmenge ist die Summe variabler Kosten der abgebenden Stelle, die sich über eine sekundäre kalkulatorische Kostenart aufgrund detaillierter Überlegungen im Rahmen der Kostenplanung auf die leistungsabnehmenden Kostenstellen verrechnet.

Indirekt verrechnete Sekundärstellen

Im Rahmen der monatlichen Abrechnung wird auf diese Gruppe der indirekten sekundären Kostenstellen näher eingegangen (siehe Abschnitt 6.3).

3.4.3 Planpreise

Controlling setzt voraus, dass, soweit möglich, Plan-/Soll- und Istmengen mit dem gleichen Preis pro Einheit bewertet werden. Nur so ist es möglich, Mengen- und Preisabweichungen getrennt zu halten. Wir haben in den Abschnitten 1.3.2 und 2.1 bereits deutlich darauf hingewiesen, dass in allen Teilgebieten des Innerbetrieblichen Rechnungswesens aus Controllinggründen eine strikte Trennung von Preis- und Mengenabweichungen vorgenommen werden sollte. Für die Kostenstellenrechnung heißt dies, dass dort, wo Mengen geplant werden können, dies auch getan werden sollte.

Dies sollte für die Personalkosten, die Materialien vom Lager und alle innerbetrieblichen Verrechnungen gelten. Bei den Materialien vom Lager, auch wenn sie nicht explizit geplant sind, geschieht dies automatisch, wenn für sie ein Standardpreis fixiert ist. Der Istmaterialpreis kann getrennt nach Standardwert und Preisabweichung aufgelöst werden. Bei den innerbetrieblichen Leistungsverrechnungen, egal ob direkt oder kalkulatorisch verrechnet, wird dies ebenso gehandhabt.

Bei den Personalkosten können, wenn die Planung wie in unserem Beispiel nach Ressourcen – Lohn- bzw. Gehaltsgruppen – erfolgt ist, ebenso die Preisabweichungen nach Herkunftskontierungen differenziert abgespalten und getrennt dargestellt werden.

Die Mengenplanung nach Materialnummern bzw. Lohn- und Gehaltsgruppen hat (siehe Abschnitt 3.4.7) darüber hinaus den Vorteil, dass bei den jährlichen Planungsüberholungen, die neben der Bearbeitung struktureller Änderungen vor allem eine Kostenanpassung auf den aktuellen Wertstand bedeuten, automatisch die Umrechnung auf aktuelle Preise pro Einheit einschließlich aller Folgeänderungen (wie etwa geänderte Kostensätze für die sekundären Stellen unter Berücksichtigung aller Interdependenzen) vorgenommen wird.

Aus unserer Sicht sollte man für eine Erstplanung, aber auch bei einer Planungsüberholung, überlegen, ob man den etwas höheren Aufwand für eine differenziertere Ressourcenplanung nicht auf sich nimmt, um dafür dann eine genauere Abspaltung der Preisabweichungen zu erhalten und insbesondere die Planung gezielter umrechnen zu können (siehe Abschnitt 3.4.10).

3.4.4 Durchführung der Kostenplanung

Die Grundpfeiler der Kostenplanung haben Sie bereits kennen gelernt:

- Kostenartenplan
- Kostenstellenplan
- Leistungsartenplan
- Planbeschäftigung
- Planpreise

Voraussetzungen Kostenplanung

Weitere elementare Kriterien betreffen den Zeitrahmen bzw. die Art der Kostenplanung:

- Fristigkeit der Planung
- Erst- oder Wiederholplanung

Bei der *Fristigkeit* geht man normalerweise von der Gültigkeit für das nächste Geschäftsjahr aus. Dieser Zeitraum liegt auch der Ermittlung der Planbeschäftigung für unsere Kostenstellen zugrunde. Er entspricht dem üblichen Planungshorizont Manche Unternehmen erstellen zwar parallel eine rollierende Mittelfristplanung, die aber primär für Vorschaurechnungen gilt und jährlich an die aktuelle Situation angepasst wird. Die Fristigkeit von einem Jahr ist in der praktischen Handhabung für die variablen Kosten weniger von Belang als für die fixen Kosten.

Fristigkeit Kostenplanung

Zu unterscheiden ist schließlich, ob es sich um die *Erst- oder eine Wiederholplanung* handelt. Bei der Erstplanung sind viele grundsätzliche Festlegungen zu treffen, während die Wiederholplanung, von strukturellen Änderungen abgesehen, in erster Linie aus einer Anpassung an die neue Planbeschäftigung und die neuen Planpreise besteht. Beides sind Aktivitäten, für die spezielle Planungshilfen zur Verfügung stehen, so dass sich die Planer voll auf die strukturellen Änderungen konzentrieren können.

Erst- oder Wiederholplanung

Zwei Punkte sollten gerade bei einer Erstplanung besonders beachtet werden. Zum einen ist von Anfang an der Betriebsrat zu informieren, und zwar generell, nicht nur wenn die Planung mit möglichen Einsparungen verbunden ist. Zum anderen sind die Kostenstellenverantwortlichen von Anfang an einzubinden, so dass diese die Kostenverantwortung übernehmen. Es empfiehlt sich, bei einer Erstplanung die Kostenstellenverantwortlichen in einer allgemeinen Startveranstaltung im Beisein des Betriebsrates von der Geschäftsleitung und dem Controlling über den Sinn und die Bedeutung dieser Kostenplanung zu informieren.

Information Betriebsrat und Einbeziehung Kostenstellenverantwortliche

Im Verlauf der folgenden Abschnitte möchten wir Ihnen die einzelnen Planungsschritte etwas detaillierter vorstellen.

Organisatorische Vorarbeiten

Wichtige generelle Voraussetzung ist die Erstellung eines Zeit-, Termin- und Maßnahmenplans.

Planungs-formulare Ein Vorschlag, der zumindest überlegt und diskutiert werden sollte, ist die Idee, zumindest die Erstplanung in speziellen Planungsformularen festzuhalten. Dazu gehören insbesondere auch Aufzeichnungen über den Umfang der Kostenstelle, die Abgrenzung zu anderen Stellen, über das Planpersonal und dessen Aufteilung auf verschiedene Lohnkostenarten (die so auch im Ist kontiert werden müssen), die Ermittlung der Plan- und Istleistungsartenmenge, spezielle Planungshinweise u. Ä. m.

Eine solche Vorgehensweise hat den Vorteil, dass ein anderer Mitarbeiter sich später in die Planung hineinfinden kann, dass man auch nach Jahren noch weiß, was sich der Erstplaner gedacht und was er mit dem Kostenstellenleiter festgelegt hat (der gemeinsam mit den Planern auch die Planung unterschreiben sollte). Papier geht – im Gegensatz zu in der DV festgehaltenen Texten – üblicherweise nicht verloren.

Planungs-vorarbeiten Nun zu den eigentlichen Planungsvorarbeiten. Dazu gehören die Festlegung der betrieblichen Arbeitszeit für ersetzte und nicht ersetzte Arbeitsplätze, die Ermittlung prozentualer Zuschläge für die Lohn- und Gehaltsnebenkosten, bezogen auf die Kosten der Anwesenheitszeiten, Lohn- und Gehaltslisten, ein Anlagenverzeichnis nach Kostenstellen mit Anschaffungsjahr und -wert, indiziertem Anschaffungs- bzw. Wiederbeschaffungs-Wert sowie der kalkulatorischen Abschreibung, variabel und fix, den kalkulatorischen Zinsen auf das Anlagevermögen, eine Raumverteilung nach Kostenstellen usw.

Empfehlenswert ist es ferner, bei Erstplanungen die Energieanschlusswerte vorzubereiten, evtl. vorhandene Wartungspläne für Maschinen und Anlagen sowie spezielle Vereinbarungen über Arbeitsschutzkleidung etc. bereitzustellen. In größeren Unternehmen ist es darüber hinaus sinnvoll, zentral – um Vielfachkontakte mit ein und demselben Ansprechpartner zu vermeiden und um zu verhindern, dass Positionen übersehen oder doppelt geplant werden – einen Verteiler der verschiedenen Gemeinkosten (Steuern, Versicherungen, Abgaben, Beiträge etc.) anzufertigen. Ratsam ist, eine Aufstellung des zu verzinsenden Umlaufvermögens (Bestände Roh-, Hilfs- und Betriebsstoffe, Ware in Arbeit, Halb-

und Fertigfabrikate, Debitoren etc.) vorzubereiten. Zu den Vorarbeiten gehört ferner, zumindest in größeren Unternehmen mit mehreren beteiligten Personen, die Erstellung einer Planungsrichtlinie, um für die Planung eine »einheitliche Handschrift« sicherzustellen, sowie eine Schulung der betroffenen Personen im Umgang mit dem SAP R/3-System.

Die Beachtung einer bestimmten Reihenfolge bei der Planung, insbesondere was die Verbindung zu den Sekundärstellen und deren Verknüpfung untereinander angeht, ist nicht erforderlich. Früher war dies ein wichtiges Thema, weil man für die Planung der Primärstellen verbindliche Kostensätze der Sekundärstellen benötigte; heute kann die Planung beliebig oft iteriert werden.

Reihenfolge Kostenplanung

Planungstechnik

Die Planung selbst erfolgt bezüglich der Planungstechnik sinnvollerweise nach ABC-Kriterien, d.h., man versucht, innerhalb einer Kostenstelle/Leistungsart bei einigen wenigen A-Kostenarten (die im Schnitt ca. 70 bis 80% des gesamten Kostenvolumens ausmachen) rechnerisch oder mittels Messung die Planwerte zu bestimmen.

ABC-Kriterien

Rechnerisch ermitteln lassen sich z.B. Energieverbrauchsmengen, bestimmte Hilfs- und Betriebsstoffmengen und zum Teil auch Transportleistungen und der Personalbedarf. Messen kann man Energieverbräuche und natürlich Leistungs- und Ausbeutemengen.

Scheiden diese beiden Möglichkeiten aus, muss man auf Schätzen und Vergleichen zurückgreifen. Häufig werden solche Erstplanungen mit Unterstützung durch Externe durchgeführt, die hier ihren besonderen Erfahrungsschatz, z.B. bei der Planung der Werkzeug- oder der Reparatur-/Instandhaltungskosten, insbesondere auch bei der Aufteilung in variable und fixe Kosten, einbringen können. Die Einschaltung externer Berater, in diesen Bereichen meist erfahrene Techniker, empfiehlt sich auch deswegen, weil dabei meist Unwirtschaftlichkeiten aufgedeckt werden, deren konkrete Lösungsansätze man einem Nicht-Firmenmitarbeiter doch eher abnimmt. In den administrativen Bereichen lässt sich mit den bislang im Vordergrund stehenden Planungstechniken Rechnen und Messen, aber auch mit Schätzen relativ wenig anfangen. Hier wird man neben externer Erfahrung auf Methoden wie Funktionsablaufstudien zurückgreifen müssen.

Planung einzelner Kostenartengruppen

Lassen Sie uns nun auf die Planung einzelner Kostenartengruppen bzw. Kostenarten eingehen. Beispielhaft werden wir Ihnen die folgenden Gruppen näher vorstellen:

- Lohnkosten
- Gehaltskosten
- Kalkulatorische Belegschaftsnebenkosten
- Hilfs- und Betriebsstoffe
- Instandhaltung
- Verschiedene Gemeinkosten
- Kalkulatorische Abschreibungen
- Kalkulatorische Zinsen

Lohn In vielen Industriebranchen ist trotz in den letzten Jahren vorgenommener Rationalisierungsinvestitionen der Lohnanteil noch immer sehr hoch. Klassisch ist die Untergliederung in die Gruppen Fertigungs- und Hilfslohn mit jeweils mehreren Kostenarten sowie in Zulagen/Zuschläge.

Selbstverständlich werden personenbezogen nicht nur die Iststunden des Monats zur Überprüfung der Gesamtjahresstunden festgehalten, sondern separat auch, meist mit der Bezahlung nicht im laufenden, sondern im Folgemonat, die Mehrarbeits-, Sonn- und Feiertagszuschläge sowie Schicht-, Erschwerniszulagen etc. abgerechnet.

Wichtig aus Sicht des Controllings ist, dass nicht nur der Lohn in Summe pro Kostenstelle, sondern differenziert nach Fertigungs-, Zusatz-, Hilfslohn und Zulagen/Zuschlägen ausgewiesen wird. Im Ist wird er jeweils noch weiter untergliedert nach Fertigungslohn im Akkord, Akkorddurchschnitts- oder Zeitlohn, bzw. die Zusatzlöhne nach Ursachen (Maschinenstillstand etc.), die Hilfslöhne nach Reinigungs-, Transport- oder Kontrollarbeiten usw.

Es genügt nicht, den Anwesenheitslohn der Kostenstelle in Summe zu sehen, der Lohn muss vielmehr für das Gemeinkosten-Controlling im Ist nach Lohnkostenarten differenziert gezeigt werden. Wenn wir den Lohn untergliedert nach den Ressourcen der Lohngruppe geplant haben, muss der Ist-Lohnsatz diese Kennung Lohngruppe enthalten, um so lohngruppenspezifische Preisabweichungen ermitteln zu können. Dies gilt für Zusatz- und Hilfslöhne gleichermaßen.

Analog ist die Handhabung beim Gehalt, wenn die Planung nach Gehaltsgruppen vorgenommen wird. Beim Gehalt werden vielfach nicht die tatsächlichen Gehälter auf den Kostenstellen ausgewiesen. In den meisten Unternehmen sind die tatsächlichen Gehälter nicht offiziell bekannt. Um eine solche Offenlegung zu umgehen, wird häufig mit einem Durchschnittsgehalt pro Gehaltsgruppe oder auch dem Tarifgehalt gearbeitet, seltener mit einem Durchschnittsgehalt für das gesamte Unternehmen. Die monatliche Differenz wird auf eine übergeordnete, allgemeine Stelle (Bereichsstelle) genommen oder der Kostenstelle Gehaltsbüro zugeordnet.

Gehalt

Wir haben in den Abschnitten zu Lohn und Gehalt nur vom Anwesenheitsentgelt gesprochen und die Personalnebenkosten ausgeklammert. Die gängige Praxis ist die, dass man die Soziallöhne und -gehälter sowie alle gesetzlichen und freiwilligen Sozialaufwendungen nicht mit dem Istaufwand auf die Kostenstellen übernimmt. Abgesehen von Kontierungsschwierigkeiten ist dies primär ein betriebswirtschaftliches Problem:

Kalkulatorische Belegschaftsnebenkosten

Die Soziallöhne fallen schwergewichtig in den Monaten an, in denen die Betriebsleistung aufgrund des Betriebsurlaubes oder vieler Feiertage niedrig ist. Dies würde bedeuten, dass nicht nur riesige Abweichungen gegenüber den Sollkosten entstünden, sondern auch die Istkostensätze völlig aus dem Rahmen fallen würden.

In der Praxis ermittelt man im Rahmen der jährlichen Planung für die Personalnebenkosten Zuschläge und bringt dann kalkulatorisch diese Prozentsätze, bezogen auf Soll- und Ist-Anwesenheitslöhne bzw. -gehälter, in Ansatz. Wenn also z.B. in einem Sommermonat drei von vier Wochen auf den Betriebsurlaub entfallen, folglich also die Anwesenheitslöhne nur etwa ¼ betragen, aber auch die Betriebsleistung nur bei etwa ¼ des Durchschnittsmonats liegt, dann würde über den kalkulatorischen Zuschlag auch entsprechend weniger Sozialaufwand verrechnet werden.

Zur Überwachung der Zuschläge schaltet man die Innenauftragsabrechnung mit je einem Auftrag für Lohn bzw. Gehalt sowie einem dritten Auftrag für lohn- und gehaltsbezogene Aufwendungen aus der Gruppe der Abgrenzungsaufträge zwischen, die im Prinzip einem T-Konto gleichen: Auf der Sollseite werden die laufenden Ist-Sozialaufwendungen summiert, denen auf der Habenseite die kalkulatorische Verrechnung der Periode gegenübergestellt wird. Zum Jahresende sollten die Kosten auf beiden Seiten in etwa gleicher Höhe ausgewiesen sein. Die Differenz könnte (wenn absehbar) mit höheren Ist-Zuschlägen in den letzten Monaten oder in einem »13. BAB« berücksichtigt bzw. wie andere

Abgrenzungsdifferenzen direkt in die Betriebsergebnisrechnung übernommen werden.

Sollte sich im Laufe des Jahres der Sozialaufwand gravierend ändern, beispielsweise durch eine generelle Verringerung der Anzahl Urlaubstage, wird man, ähnlich wie dies bei generellen unterjährigen Lohn- oder Gehaltserhöhungen geschieht, maschinell die Differenz als Preis-/Tarifabweichung, quasi »unterm Strich«, ausweisen.

Die kalkulatorischen Sozialkostenzuschläge in der Kostenplanung bzw. der monatlichen Abrechnung sind nicht von einer betriebswirtschaftlichen Abteilung explizit zu errechnen; sie werden maschinell durch Definition der Basiskostenarten, auf die die Zuschläge zu rechnen sind, und separat gespeicherte Prozentsätze ermittelt.

Hilfs- und Betriebsstoffe

Die Kategorie Hilfs- und Betriebsstoffe umfasst alle Gemeinkostenmaterialien, die nicht via Stückliste als Einzelmaterial direkt dem einzelnen Erzeugnis zugeordnet werden bzw. die, selbst wenn sie aus dispositiven Gründen in der Stückliste aufgeführt sind, wegen Geringfügigkeit (bezogen auf den zu fertigenden Artikel) als Gemeinkosten auf die Kostenstellen übernommen werden und im Kostensatz anteilig enthalten sind.

Gerade die Hilfsstoffe sind größtenteils branchenspezifisch. Die Hilfs- und Betriebsstoffe werden zum Teil über Lager geführt und über Bestand abgerechnet, teilweise aber auch unmittelbar disponiert, bezogen und deshalb Eingang = Verbrauch gebucht. Sie eignen sich gut für die Ressourcenplanung (siehe Abschnitt 3.5.5), mit dem Vorteil, sowohl bei Alternativrechnungen als auch bei Planungsumrechnungen oder Simulationen gezielte und vor allem korrekte Veränderungen vornehmen zu können.

Instandhaltung

Zu den Instandhaltungskosten zählen Materialien vom eigenen Lager, Fremdmaterialien, Eigen- und Fremdleistungen. In größeren Unternehmen erfolgt die Planung in dieser Differenzierung nach Instandhaltungsmaterialien vom Lager, Fremdmaterialien, Fremdleistungen und Eigenleistungen. Die Eigenleistungen sind in jedem Fall getrennt nach ausführenden Stellen (Schlosser, Elektriker etc.) zu planen, weil im Rahmen der Planungsabstimmung die geplanten Stunden (bei den »Empfängern«) mit der Stundensumme der ausführenden Kostenstelle/Leistungsart (»Sender«) abzugleichen sind.

In den monatlichen Kostenstellenauswertungen fasst man die Instandhaltungskosten meist in einer Zeile zusammen, um »Zeilenverschieber« auszuschalten (man kann aber jederzeit die dahinter liegende Kostenart sehen).

Darüber hinaus empfiehlt es sich, bei Bedarf eine eigene Kostenart »kalkulatorische Instandhaltungskosten« vorzusehen. Hierunter sind die Reparaturleistungen zu planen, die sich nicht innerhalb eines Geschäftsjahres wiederholen. Fällt eine solche Reparatur im Ist alle drei Jahre an, kann dies in der Planung korrekt berücksichtigt werden, indem man die voraussichtlichen Kosten durch die Anzahl Monate dividiert und das Ergebnis als Planwert pro Monat festschreibt.

Kalkulatorische Instandhaltungskosten

Das Problem sind die Istkosten. Unterstellt, die Reparatur kommt erst im dritten Jahr, so hätte man zwei Jahre lang negative (Gewinn-)Abweichungen. Im dritten Jahr würden als »geballte Ladung« die Istkosten ankommen und zu einem gewaltigen Kostenmehrverbrauch führen. Die Abweichungen in Summe und die Istkostensätze wären in all den Jahren und Monaten nicht aussagefähig.

Deshalb rechnet man diese Planpositionen in der monatlichen Abrechnung Soll = Ist ab, so dass sowohl die Abweichungen als auch die Istkostensätze unberührt bleiben. Die kalkulatorisch verrechneten Kosten werden einem Abgrenzungsauftrag für diese Kostenstelle und Kostenart gutgeschrieben, dem bei Anfall die effektiven Istkosten belastet werden. Im Prinzip hat man damit die eigentliche Abrechnung in die Innenauftragsabrechnung verlagert. In der Kostenstellenrechnung selbst gibt es keine Abweichungen und keine Auswirkung auf den Istkostensatz. Die gleiche Vorgehensweise wählt man übrigens bei entsprechend hohen Kosten für kostenstellenbezogene Betriebsmittel und Messwerkzeuge.

Bei den Erläuterungen zu den Planungsvorarbeiten zu Beginn dieses Abschnitts wurde bereits vorgeschlagen, zumindest in größeren Unternehmungen mit mehreren beteiligten Planern zentral einen Verteiler für einen Teil der »Verschiedenen Gemeinkosten« zu erstellen. Dies gilt für die Kostenartengruppen Steuern, Versicherungen, Beiträge/Gebühren, Mieten und Pachten.

Verschiedene Gemeinkosten

Für die übrigen Kostenartengruppen der Verschiedenen Gemeinkosten sind die Planwerte vom Kostenplaner mit den jeweiligen Kostenstellenverantwortlichen festzulegen, z.B. für die Reise-, Bewirtungs- und Repräsentationskosten. Für einzelne Kostenarten, z.B. Schulungen und Seminarbesuche, gibt es in manchen Firmen spezielle Kontierungsanweisungen.

Beim Büromaterial besteht vielfach die Regelung, dass das gesamte allgemeine Büromaterial auf eine allgemeine Verwaltungsstelle übernommen wird und nur spezielles Büromaterial, Drucksachen, Vertriebsprospekte, Preislisten u. Ä. auf die veranlassende Kostenstelle verrechnet werden.

Zu erwähnen ist auch, dass nicht alle Verschiedenen Gemeinkosten auf Kostenstellen ausgewiesen werden. So werden gezielte Werbemaßnahmen, Messebesuche etc. vielfach auf Innenaufträgen geplant und erfasst, z.B. für bestimmte Produktgruppen und/oder Länder, und von dort dem richtigen Adressaten in der Ergebnisrechnung zugerechnet. Gerade in der Einzel-/Projektfertigung werden Reise-, Bewirtungs-, aber auch Prüf- und Abnahmekosten direkt Projekten oder Aufträgen zugerechnet.

Kalkulatorische Abschreibungen

Abschreibungen vom Wiederbeschaffungswert

Während die finanzbuchhalterische Abschreibung im Prinzip eine Verteilung der Anschaffungskosten über eine vom Gesetzgeber vorgegebene Anzahl von Nutzungsjahren bedeutet, hat die kalkulatorische Abschreibung eines Anlagegutes zum Ziel, primär eine Art kostenmäßige Rückstellung für den Ersatzbeschaffungsfall zu schaffen. Deswegen basiert die kalkulatorische Abschreibung in der Regel nicht auf dem tatsächlichen, sondern einem indizierten Anschaffungswert, dem so genannten Wiederbeschaffungswert. Außerdem geht sie im Gegensatz zur finanzbuchhalterischen Abschreibung nicht von einer fiskalisch festgelegten, sondern der erwarteten betriebswirtschaftlichen Nutzungsdauer aus. Die kalkulatorische Abschreibung gliedert sich an sich in einen variablen und einen fixen Anteil (siehe Abschnitt 3.4.5).

Abschreibungen Externes und Internes Rechnungswesen

Das hier geschilderte Verfahren stellt die betriebswirtschaftlich korrekte Berücksichtigung kalkulatorischer Abschreibungen dar. Nur – man muss es ganz klar aussprechen – wird dies heute nicht mehr generell so praktiziert. Im Rahmen der Annäherung von Externem und Internem Rechnungswesen werden vielfach buchhalterische und kalkulatorische Ab-schreibung gleichgesetzt, indem auch für das Interne Rechnungswesen die Abschreibungen des Externen Rechnungswesens übernommen werden.

An sich wäre es bei unterschiedlichen Wertansätzen kein Problem, in einer Überleitung Externes – Internes Rechnungswesen die Differenz zwischen beiden Abschreibungsarten zu berücksichtigen. Das Problem liegt jedoch tiefer, weil in der Kalkulation und der Ergebnisrechnung des Innerbetrieblichen Rechnungswesens andere Wertansätze enthalten wären, als sie sich aus dem Externen Rechnungswesen ergeben würden. Diese Differenz möchte man zugunsten des im Außenverhältnis maßgebenden Externen Rechnungswesens vermeiden.

Ein weiteres Problem in diesem Zusammenhang stellt die Unterteilung in variable und fixe Bestandteile dar. Viele Unternehmen sehen heute die kalkulatorischen Abschreibungen als generell fix an und ignorieren damit, dass für den Gebrauchsverschleiß auch variable Anteile anzusetzen wären.

Variable und fixe Abschreibungsanteile

> **Beispiel 6: Abschreibung von Autos**
> Als Beispiel dafür, wie in vielen Fällen, das Auto: Zwei Personen kaufen sich zum gleichen Zeitpunkt zwei völlig identische Fahrzeuge. Der eine fährt im Laufe des nächsten Jahres 15 000 km, der andere 75 000 km. Die 75 000 km wurden überwiegend auf Langstrecken gefahren, während die 15 000 km in erster Linie aus Kurzstreckenfahrten zum Arbeitsplatz resultierten. Erfahrungsgemäß ergeben sich für beide Fahrzeuge beim Wiederverkauf nach diesem Jahr unterschiedliche Erlöse, eindeutig auf den Gebrauchsverschleiß zurückzuführen. Diese Komponente variabler Abschreibungen geht verloren, wenn man – wie dies vielfach geschieht – die Abschreibungen voll fix ansetzt.

Es ist sicherlich richtig, dass bei den heute allgemein zu beobachtenden kürzeren Nutzungszeiten der variable Anteil zurückgeht. Trotzdem ist es nicht richtig, wenn man generell die Abschreibungen nur als Fixkosten ausweist, ganz abgesehen davon, dass damit in dem für Kalkulation und Ergebnisrechnung maßgebenden Grenzkostensatz überhaupt keine Abschreibung enthalten wäre.

Bleibt abschließend nur noch zu erwähnen, dass das entsprechende SAP-Modul (FI-AA), unabhängig von der betriebswirtschaftlichen Auslegung, alle Varianten – gesonderte Berücksichtigung finanzbuchhalterische und kalkulatorische Abschreibung, unterschiedliche Nutzungsdauern, Abschreibung vom Anschaffungs- oder von einem indizierten Anschaffungswert, Aufteilung variabel/fix – abzudecken vermag.

SAP FI-AA

Kalkulatorische Zinsen

Bei der Planung der kalkulatorischen Zinsen ist prinzipiell zwischen der Verzinsung Anlage- und Umlaufvermögen zu unterscheiden. Im Innerbetrieblichen Rechnungswesen gibt es drei Varianten, Zinsen zu verrechnen, wobei aus unserer Sicht der dritten der Vorzug zu geben ist:

Verzinsung Anlage- und Umlaufvermögen

- Zinsen sind nicht als Kosten zu berücksichtigen.
- Zinsen kommen nur in Höhe der Fremdkapitalzinsen zum Ansatz.
- Zinsen werden unabhängig von effektiv zu bezahlenden Zinsen auf das gesamte betriebsnotwendige Kapital gerechnet.

Kalkulatorische Zinsen auf Anlagevermögen

Dabei geht man bei den kalkulatorischen Zinsen für das Anlagevermögen von den indizierten Anschaffungswerten (Wiederbeschaffungswerten) der Anlagegüter aus, und zwar vom halben Wert, um über die gesamte Nutzungszeit eines Anlagegutes eine gleich bleibende Zinsbelastung zu erhalten, und verzinst diesen Wert mit dem üblichen Zinssatz für langfristige Kredite. Die Zinsbelastung verändert sich von Jahr zu Jahr, von Anlagenzu- und -abgängen abgesehen, nur entsprechend der Veränderungen der Preisindizes für die Errechnung des aktuellen Wiederbeschaffungswertes je Anlagegut.

Generell ist zu den kalkulatorischen Zinsen auf das Anlagevermögen anzumerken, dass sie in vielen Unternehmen heute nicht mehr nach Kostenstellen in die Kostenrechnung übernommen werden, sondern direkt in die Ergebnisrechnung des jeweiligen Werkes, Profit Centers oder Unternehmensbereiches einfließen.

Kalkulatorische Zinsen auf Umlaufvermögen

Die kalkulatorischen Zinsen für das Umlaufvermögen gehen von den monatlichen Durchschnittsbeständen an Roh-, Hilfs- und Betriebsstoffen, Halb- und Fertigfabrikaten, ggf. an Ersatzteilen sowie dem Debitorenbestand aus. Der Zinssatz ist höher als beim Anlagevermögen, da hier zum Teil wirklich kurzfristig disponiert werden muss. Die Umlaufzinsen werden angelastet:

- für die Roh-, Hilfs- und Betriebsstoffe den Lager-Kostenstellen, speziell den Rohmateriallagern
- für die Halbfabrikate den zuständigen Betriebsleitungsstellen
- für die Fertigfabrikate dem Fertigwarenlager
- für die Debitoren den Vertriebsleitungen In- und Ausland

Bei den Erläuterungen zur Kostendifferenzierung nach variablen und fixen Kostenbestandteilen in Abschnitt 3.4.5 und zur Planung einzelner Kostenstellen in Abschnitt 3.4.6 wird nochmals auf relevante Kostenarten eingegangen.

3.4.5 Kostenauflösung

Der eigentlichen Kostenplanung vorangegangen sind die Bestimmung der Kostenstellen und Leistungsarten sowie die Festlegung der Planbeschäftigung für jede einzelne Kostenstelle und Leistungsart. Die Aufteilung in variable und fixe Kostenbestandteile kann nur je Kostenstelle/Leistungsart und in Kenntnis der anzusetzenden Planbeschäftigung vorgenommen werden.

Die früher für den Gemeinkostenbereich zum Teil angewandte Methode, eine Kostenart als generell variabel oder fix einzustufen, ist heute längst als falsch abgehakt. Es gibt nur ganz wenige Kostenarten, die eindeutig als variabel oder fix einzustufen sind. Voll variabel ist der Stückakkord zu sehen, voll fix die Verzinsung des Anlagevermögens. Die meisten Kostenarten haben je nach Kostenstelle/Leistungsart unterschiedliche variable/fixe Anteile. Insofern ist auch die früher gelegentlich praktizierte Variatorenrechnung, eine Kostenart nach einem festgelegten Prozentsatz aufzugliedern, nicht haltbar.

Eine Auflösung statistischer, rechnerischer Art aufgrund von Vergangenheitswerten ist nicht zielführend, weil diese womöglich bei einer ganz anderen Beschäftigung entstanden sind oder weil Unwirtschaftlichkeiten und Kostenremanenzen enthalten sein können. Für die Bestimmung der Fixkostenansätze werden in der Praxis im Wesentlichen drei Vorgehensweisen unterschieden, die wir im Folgenden kurz vorstellen:

▶ Modell der Betriebsbereitschaft
▶ Modell der Intervallplanung
▶ Modell der Nutzungsdauerverhältnisse

Modell der Betriebsbereitschaft heißt, dass man überlegt, welche Kosten im Zustand der Betriebsbereitschaft, also unmittelbar vor dem Anlauf der Fertigung oder einer Funktion, anfallen würden. Das Modell der Betriebsbereitschaft wird man bei Energieverbräuchen oder bei Hilfslöhnen, beispielsweise für das Aufsichtspersonal, anwenden.

Modell der Betriebsbereitschaft

Beim *Modell der Intervallplanung* ermittelt man die Kosten einer bestimmten Kostenart in einer Kostenstelle/Leistungsart für unterschiedliche Beschäftigungssituationen, also beispielsweise neben der Planbeschäftigung für eine mögliche Beschäftigung von 80 und 120 %. Verbindet man in einer Grafik die Kosten dieser Kostenart für diese drei Beschäftigungsalternativen und zieht die Linie bis zur Ordinate durch, so erhält man mit diesem Schnittpunkt den Anteil der fixen Kosten.

Modell der Intervallplanung

Diese Zusammenhänge, die sinngemäß, nur eben ohne die beiden fiktiven Planbeschäftigungssituationen, auch für das Modell der Betriebsbereitschaft gelten, sind in der nachfolgenden Grafik festgehalten (siehe Abbildung 3.12). In der Praxis hat man hier gelegentlich nicht nur drei Beschäftigungssituationen wie in unserem Beispiel, sondern gerade bei der Energie eine Vielzahl von Messpunkten. Die bereinigte Gerade bis zur Ordinate ergibt dann den Fixkostenanteil.

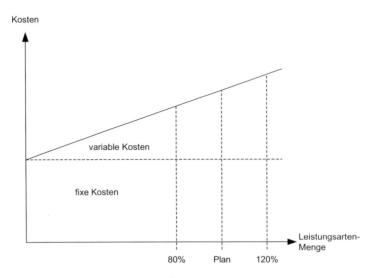

Abbildung 3.12 Bestimmung der fixen Kosten

Das Modell der Intervallplanung wendet man vor allem bei Energiekostenarten, aber auch bei Hilfslöhnen, Transportleistungen und Instandhaltungsarbeiten an.

Modell des Nutzungsdauerverhältnisses

Die dritte Möglichkeit ist das *Modell des Nutzungsdauerverhältnisses*, das insbesondere für die Ermittlung der Proportional- und Fixkostenanteile bei der kalkulatorischen Abschreibung Anwendung findet.

> **Beispiel 7: Gebrauchs- und Zeitverschleiß**
> Unterstellt, dass der indizierte Anschaffungswert bei 120 000 € liegt, der Gebrauchsverschleiß mit 7,5 Jahren und der Zeitverschleiß mit zehn Jahren angesetzt wird, so ergeben sich folgende kalkulatorische Abschreibungswerte:
>
> Abschreibung Gebrauchsverschleiß (AfaG)=
> 120 000 €/90 Monate = 1 333 €/Monat;

> Fixe Abschreibung Zeitverschleiß (AfaZ)=
> 120 000 €/120 Monate = 1 000 €/Monat;
>
> Variable Abschreibung = AfaG – AfaZ =
> 1 333 €/Monat – 1 000 €/Monat = 333 €/Monat.
>
> Die Abschreibungszeiten für die variable Abschreibung beziehen sich auf eine einschichtige Auslastung. Wenn im Plan für das nächste Geschäftsjahr in dieser Kostenstelle/Leistungsart eineinhalbschichtig gearbeitet wurde, erhöht sich die variable Abschreibung um diesen »Schichtfaktor«, würde also in unserem Beispiel 500 €/Monat betragen. Die fixe Abschreibung, die den Zeitverschleiß (Korrosion, technische/wirtschaftliche Alterung) abdeckt, bleibt davon unberührt.

3.4.6 Kostenplanung der sekundären Kostenstellen

Grundsätzlich ist die logische Reihenfolge, erst die Sekundärstellen mit all ihren gegenseitigen Verrechnungen und dann erst die Primärstellen in Kenntnis der Kostensätze der Sekundärstellen zu planen, heute kein Thema mehr. Zum einen ist die Kostenplanung im SAP-Modul CO in erster Linie eine Mengenplanung (mit nachgelagerter Bewertung), zum anderen stellt die Bewertung dank der heutigen Softwaremöglichkeiten der Preisiteration mit mehrmaligem Durch- und Umrechnen der gesamten Planung kein Problem mehr dar. Trotzdem wollen wir bei unserer Erörterung der Kostenplanung zunächst Beispiele für die Planung sekundärer Stellen bringen, zuvor aber ein grundsätzliches Problem bezüglich der Verrechnung der Fixkosten sekundärer Stellen ansprechen.

Prinzipiell sind bei allen Gruppen – außer den Raumstellen – auf den abgebenden Stellen sowohl variable als auch fixe Kostenanteile vorzusehen. Die Weiterbelastung erfolgt zunächst – in einem ersten Schritt – nur mit den variablen Kosten, nicht zu Gesamtkosten, um auf diese Weise zu verhindern, dass fixe Kosten einer abgebenden Stelle auf den empfangenden Stellen plötzlich zu variablen Kosten werden. Aus diesem Grunde werden im ersten Schritt nur die variablen Kosten verrechnet. Selbstverständlich müssen, um die Sekundärstellen zur Gänze zu entlasten, auch die fixen Kosten weiterbelastet werden. Dies geschieht aber in einem separaten Arbeitsschritt. Dafür sind im CO technisch zwei Varianten vorgesehen. Beide Varianten sind möglich, wobei wir betriebswirtschaftlich die Fixkosten-Vorverteilung präferieren.

Verrechnung der Fixkosten sekundärer Kostenstellen

- ▶ Fixkosten-Vorverteilung
- ▶ Parallele Verrechnung der fixen Kosten

Fixkosten-Vorverteilung

In der *Fixkosten-Vorverteilung* werden die fixen Kosten der »Sender«-Kostenstelle im Rahmen der Planung verteilt, bei den Empfängern in dieser Höhe als Fixkosten unter der gleichen Kostenart wie die verrechneten variablen Kosten festgeschrieben und so auch in der monatlichen Abrechnung ausgewiesen. Die Vorteile dieses Verfahrens sind, dass sich bei der »Sender«-Stelle in der monatlichen Abrechnung keine Über- oder Unterdeckung ergibt, also keine so genannte Beschäftigungsabweichung entsteht. Der zweite Vorteil ist, dass die Fixkosten beim Empfänger immer in Höhe der Planverteilung anfallen, eine Größe, auf die sich Kostenstellenverantwortlicher und Planer im Rahmen der Kostenplanung geeinigt haben.

Parallele Verrechnung der fixen Kosten

In der parallelen Verrechnung wird die Sekundärstelle technisch genauso wie eine Primärstelle weiterverrechnet. Dies bedeutet, dass es hier wie bei einer Primärstelle Beschäftigungsabweichungen gibt, wenn die Istbeschäftigung größer oder kleiner 100 % ist. Die Fixkosten folgen bei dieser Variante praktisch im »Huckepack« zu den variablen Kosten (im Prinzip mit Menge × Fixkostensatz).

Bei beiden Lösungen ist gewährleistet, dass die abgebende Stelle variable und fixe Kostenanteile haben kann, was bei den Sekundärstellen meist auch der Fall ist, und dass fixe Kosten des Senders beim Empfänger nicht zu variablen Kosten werden können. Zu bemerken ist noch, dass variable Kosten der abgebenden Stelle auf den empfangenden Stellen auch fix gesetzt werden können.

Nun zu der Einzelbetrachtung der Kostenplanung sekundärer Kostenstellen. Dazu sollen zunächst die Sekundärstellen mit direkten, im zweiten Teil die Stellen mit indirekten Leistungsarten behandelt werden.

Raumstellen

Bei den *Raumstellen* ist eine Untergliederung in eigene Kostenstellen für Fabrik- und Bürogebäude, ggf. noch mit eigenen Kostenstellen oder Leistungsarten für die Grundstücke, für Raumheizung und für Klimatisierung, vorzusehen.

Bei der Bäckerei Becker wurden die drei Kostenstellen »100 Grundstücke«, »130 Gebäude« und »140 Raumheizung«, mit den vier Leistungsarten m² Grund, m² Betriebsräume, m² Verwaltungsräume und m² beheizt, gebildet.

Die Kostenstelle Grundstücke umfasst alle Kosten, die unmittelbar mit den Grundstücken zusammenhängen, von der Verzinsung des Grundstückswertes (Abschreibungen fallen ja für Grundstücke nicht an), über die Grundsteuer bis zur Bewachung durch eigenes Personal oder eine Wach- und Schließgesellschaft.

Eine Untergliederung nach Kostenstellen in Fabrik- und Bürogebäude wurde nicht vorgenommen, da Produktions- und Büroräume überwiegend in einem Gebäude untergebracht sind und sich die Kosten im Ist nicht eindeutig auseinander halten lassen. Deshalb ist eine einzige Gebäudekostenstelle, aber mit zwei Leistungsarten, vorgesehen. Diese getrennten Leistungsarten sind gerechtfertigt, weil die Büroräume von den Baukosten her (Abschreibungen, Zinsen), aber auch wegen der Instandhaltung und der Raumreinigung höhere Kosten verursachen. Seitens der Planung ist die Differenzierung nach den beiden Leistungsarten kein Problem. Im Ist werden bei größerem Kostenanfall Innenaufträge (Einzelaufträge oder Daueraufträge für immer wiederkehrende Leistungen) zwischengeschaltet, so dass der Instandhaltungsaufwand auch differenziert aufgezeigt werden kann.

Für die Heizung ist eine eigene Kostenstelle vorgesehen. Bei den Istkosten sind bei einigen Kostenarten Abgrenzungen erforderlich. Speziell bei der Raumheizung enthält der Plan pro Monat ein Jahreszwölftel, während die Istkosten schwergewichtig nur in den Wintermonaten anfallen. Der gesamte Beleuchtungsstrom für die Gebäude – außer der Außenbeleuchtung, die auf der Kostenstelle Grundstücke ausgewiesen wird – geht aus Vereinfachungsgründen nicht auf die Endkostenstellen, sondern in Summe auf die Gebäudekostenstelle und ist dort anteilig in den Quadratmeterpreisen enthalten.

Die Kosten der Raumstellen werden als Kosten der Betriebsbereitschaft eingestuft und deshalb voll fix gesetzt. Die Verrechnung der Raumstellen erfolgt mit Preisen pro Quadratmeter, seltener, z.B. bei der Raumheizung oder Klimatisierung auch mit Werten je Kubikmeter.

Energiestellen

Als *Energiestellen* sind generell die Kostenstellen Strom, Wasser, Gas, Dampf, Warmwasser und Pressluft zu nennen. Fallweise kommen Kostenstellen für spezielle Energiearten, z.B. Kälte, hinzu.

Bei der Bäckerei Becker sind die Kostenstellen »150 Strom« und »160 Wasser« vorzusehen. In beiden Fällen handelt es sich ausschließlich um Fremdbezug. Für die beiden Energiestellen wurden direkte Leistungsarten festgelegt, kWh beim Strom, m³ beim Wasser. Der Strom wird zu 80 % für die Backöfen benötigt, für die auch ein eigener Subzähler zwischengeschaltet ist. Die restlichen 20 % gehen für Maschinen- und Beleuchtungsstrom auf den Rest der Kostenstellen, ohne dass hierfür Subzähler installiert sind. Der Wasserverbrauch dient bei der Bäckerei Becker überwiegend für soziale Zwecke (Waschen, Duschen, Toiletten) und geht deshalb zu etwa 90 % auf die Kostenstelle Sozialdienst allgemein.

In den meisten Unternehmen setzt sich die Stromrechnung aus einer Grundpreiskomponente und dem Arbeitspreis zusammen. Diesen Grundpreis würde man als Kosten der Leistungsbereitschaft in der Kostenplanung fix setzen. Der Arbeitspreis wird auf der Stromkostenstelle variabel gesetzt, wobei der weiterverrechnete Wert auf der Verbraucherkostenstelle auch fix gesetzt werden kann.

Bei der Planung des Stromverbrauchs auf den verbrauchenden Kostenstellen wird man vielfach von den installierten kW-Werten der jeweiligen Aggregate ausgehen müssen. Dabei ist aber zu berücksichtigen, dass es sich hierbei um Maximalwerte handelt, die allenfalls in der Anlaufphase und bei Spitzenbelastung erreicht werden. Der Durchschnittsverbrauch dürfte bei etwa 50–70 % liegen, wobei für diesen Wirkungsgrad als Richtwert Erfahrungswerte für die wichtigsten Anlagetypen vorliegen. Sind keine Subzähler installiert, empfiehlt es sich, für die Großverbraucher ganz gezielt für einen bestimmten Zeitraum die Istverbräuche zu messen.

Außerdem ist zu berücksichtigen, dass die Plan-Leistungsartenmengen bei den Empfängern häufig auf Vorgabestunden lauten. Um die effektive Laufzeit zu erhalten, müssen diese Leistungsartenmengen durch den durchschnittlichen Zeitgrad der jeweiligen Kostenstelle/Leistungsart dividiert werden.

Beim Fremdwasser setzen sich die Kosten aus einem – im Vergleich zum Strom geringfügigen – Grundpreis, der fix gesetzt wird, und dem Preis für Wasser und Abwasser zusammen.

Wichtig bei der Energie ist, dass, insbesondere bei Fremdbezug, die Planmenge auf der abgebenden Stelle genau gemessen werden kann, die dann mit den von den Planern auf den empfangenden Kostenstellen vorgesehenen Mengen abzustimmen ist. Hält sich die Differenz in vertretbarem Rahmen, wird man einzelne Verbrauchsmengen kritisch überprüfen und gezielt ändern, den Rest eventuell prozentual anpassen.

Häufig ergeben sich aber gerade bei Erstplanungen größere Differenzen, die trotz Nachprüfung bestehen bleiben. Hier lässt sich die Differenz oft nur durch temporäres Abschalten oder Absperren von Teilnetzen oder von einzelnen Abnehmern näherungsweise ermitteln.

> **Beispiel 8: Wasserverbrauch**
> Bei einem Unternehmen verblieb trotz langwieriger, exakter Nachprüfung eine große Differenz zwischen dem Fremdbezug und den auf den Abnehmerstellen geplanten Mengen. Man hat dann in einer Wochenendaktion sukzessive einzelne Verbräuche überprüft, wobei am Wochenende der Großteil der angeschlossenen Verbraucher nicht arbeitete. Die Differenz blieb bestehen, bis man schließlich feststellte, dass die Leitung eines Teilbereiches defekt war und das Wasser im Freien einfach versickerte. Es handelte sich um mehr als 1 000 m³ pro Monat. Nach Reparatur des Leitungsschadens war die Differenz weg.

Die Differenzen bei Fremdbezug von Strom, Wasser oder Gas lassen sich exakt feststellen, weil der Energiebezug über geeichte Messgeräte erfasst wird und keine Lagerhaltung zwischen Zugang und Verbrauch stattfindet. Kritischer wird es mit den Differenzen bei Energiearten wie der Pressluft, wo die erzeugten Mengen ebenso wie die Mengen bei den Verbrauchern nur rechnerisch ermittelt werden können.

Die Planung der Energiestellen ist an sich für einen Techniker selbst bei Energiearten wie Wärme oder Kälte ein lohnenswertes Betätigungsfeld und gerade bei Erstplanungen auch eine Quelle möglicher Einsparungspotenziale.

Betriebshandwerker

Unter die Kostenstellengruppe *Betriebshandwerker* fallen die Stellen für die Schlosser, Elektriker, Schreiner, Maler und Bauhandwerker einschließlich zugehöriger Hilfsarbeiter. Hinzu kommen vielfach spezielle Kostenstellen für den Vorrichtungs-, Modell-, Formen- oder Werkzeugbau.

In der Bäckerei Becker sind zwei Kostenstellen für die Betriebshandwerker vorgesehen: »220 Elektriker« und »230 Schlosser«. In beiden Kostenstellen ist jeweils eine Leistungsart, nämlich Handwerkerstunden, angelegt. Die Trennung in mehrere Kostenstellen ist abhängig von der Verantwortlichkeit, weniger von der Anzahl zugehöriger Mitarbeiter.

Als Leistungsart werden die Handwerkerstunden zugrunde gelegt, teilweise unterteilt nach Handwerkern und Helfern oder differenziert nach Handarbeits- und Maschinenstunden (z. B. im Werkzeugbau). In manchen Branchen, die in der Fertigung an sechs Tagen in der Woche 24 Stunden arbeiten, können Instandhaltungsarbeiten, insbesondere die vorbeugende Instandhaltung, nur am Wochenende oder an Feiertagen gemacht werden. Aufgrund der Nacht-, Sonn- und Feiertagszuschläge kommen hier erheblich höhere Lohnsätze zum Tragen, die den Kostensatz der speziell dafür gebildeten eigenen Leistungsart um ca. 20–40 % verteuern.

Eigene Leistungsarten sind in einigen Unternehmen auch für Fremdarbeiter vorgesehen, die genauso Stunden auf zu belastende Kostenstellen oder Innenaufträge erfassen wie die eigenen Handwerker. Der Unterschied besteht nicht in der Belastungskontierung, sondern ist lediglich darin begründet, dass statt Lohn, Lohnzuschlägen und kalkulatorischen Belegschaftsnebenkosten anfallseitig eine Fremdrechnung erscheint.

Auf die Handwerkerstellen werden neben den Personalkosten nur die Werkzeuge, allgemeine Hilfs- und Betriebsstoffe, Arbeitskleidung sowie für die Arbeit benötigte Kleinmaterialien kontiert. Die eigentlichen Instandhaltungsmaterialien werden direkt auf die zu belastenden Kostenstellen oder Innenaufträge übernommen. Ein Problem, das bei der Abstimmung der Handwerkerstunden zwischen abgebenden und belasteten Kostenstellen auftritt, ist die oft große Lücke zwischen diesen beiden Stundensummen.

Ein sachlicher Grund dafür ist, dass die für Aufträge vorzusehenden Stunden selten in der Planung explizit festgehalten sind, obwohl dies vom System her für die kostenstellenrelevanten Aufträge möglich wäre. Aufträge können aber auch Invest- oder gar Kundenaufträge sein, die auf keinen Fall in der Gemeinkostenplanung ausgewiesen werden. Dieses Ungleichgewicht zwischen Sender und Belastungskontierungen würde auch dazu führen, dass es Probleme bei der Abstimmung der Fixkosten geben würde, weil nur ein Teil der Stunden vom System erkannt würde. Unser Vorschlag geht dahin, auf einer Ausgliederungsstelle diese Stundendifferenz zu planen und damit auch eine korrekte Abstimmung und Fixkostenverteilung herbeizuführen.

Der zweite Grund für die Stundendifferenz liegt darin, dass häufig die Stunden der Handwerkerstelle nicht mit den bei den Empfängern erforderlichen Stunden übereinstimmen. Hier sind im Zweifel nicht unerhebliche Einsparungsmöglichkeiten vorhanden.

In der Bäckerei Becker ist dafür die Kostenstelle »999 Ausgliederungsstelle Betriebshandwerker« angelegt. Neben den Sekundärstellen mit direkten Leistungsarten sind weitere Kostenstellengruppen mit indirekter Leistungsartenverrechnung vorzusehen.

Transportstellen

Eine dieser Gruppen sind die *Transportstellen*. Hierzu zählen die eigentlichen Fuhrparkstellen Pkw und Lkw sowie die Kostenstellen des innerbetrieblichen Transports (z. B. Gabelstapler). Als Leistungsarten werden für die Fahrzeuge Pkw- und Lkw-km sowie Fahrer- und Beifahrerstunden gewählt.

Damit werden diese Kostenstellen mit direkten Leistungsarten abgerechnet. Mit der direkten Leistungsart »Transportarbeiterstunden« würde auch die Transport- oder Hofarbeiterkolonne weiterverrechnet. Transportstellen mit indirekten Leistungsarten sind meist Gabelstapler und E-Karren, die nur in Ausnahmefällen über Stunden oder Anzahl Fahrten verrechnet werden.

Bei der Bäckerei Becker existiert nur die Kostenstelle »180 Innerbetrieblicher Transport« mit der Leistungsart »Euro-Deckung« (siehe Abschnitt 6.2). Die Fahrzeuge selbst sind einzelnen Kostenstellen fest zugeordnet.

Eine weitere Möglichkeit der Verrechnung einzelner Transportstellen, beispielsweise des innerbetrieblichen Transportes, wäre die direkte Berücksichtigung in Prozesskalkulationen, etwa für die Materialbereitstellung, die Fertigungsunterstützung oder die Kundenauftragsabwicklung. Dann würde diese Kostenstelle nicht über eine indirekte Leistungsart abgerechnet werden, sondern – im Prinzip wie eine Fertigungsstelle über die Leistungsartenmenge in der einzelnen Arbeitsfolge – direkt, beispielsweise über die Leistungsart »Standardstunden« dem einzelnen Teilprozess zugeordnet werden.

Die indirekten Leistungsarten werden bei der Planung der jeweiligen Kostenstelle kostenmäßig in variable und fixe Kostenbestandteile aufgelöst. Verteilt unter der sekundären Kostenart »Kalkulatorische Transportkosten« würden zunächst nur die variablen Kosten. Die Fixkosten würden nach unserem Vorschlag separat über die Fixkosten-Vorverteilung unter der gleichen sekundären Kostenart verrechnet werden.

Sozialstellen

Zu der Gruppe der Sozialstellen gehören z.B. die Sozialräume (Aufenthaltsräume etc.), Küche und Kantine, der Sanitätsdienst (einschl. Werksarzt) und die Kostenstelle »Betriebsrat«. Für die Verrechnung in Frage kommen alternativ direkte oder indirekte Leistungsarten wie etwa »Anzahl Essen«, »Anzahl Mitarbeiter« bzw. »Euro-Deckung« oder »100 %«. Auf den Sozialstellen können auch Erlöse ausgewiesen werden, so dass beispielsweise die Kostenstelle Werksküche den Aufwand saldiert gegen die Essens-Erlöse zeigt.

Für die Bäckerei Becker ist eine einzige Sozialkostenstelle, »190 Sozialdienst allgemein«, vorgesehen.

Betriebliche Leitungsstellen

Als letzter Teilbereich sind noch die betrieblichen Leitungsstellen zu nennen: Hierzu zählen die Betriebsleitung(en), die Bereichsstellen/Meistereien, aber auch die Arbeitsvorbereitung, die Zeitstudienabteilung etc.

Für diese Kostenstellen kommen im Wesentlichen nur indirekte Leistungsarten in Frage. Dies gilt für die industrielle Serienproduktion sowie für Dienstleistungs- und Handelsunternehmen, es sei denn, Teilbereiche wie etwa die Arbeitsvorbereitung werden über Prozesse verrechnet. In der Einzelfertigung dagegen werden für die Vorkalkulation, Projektierung, Arbeitsvorbereitung etc. direkte Leistungsarten, meist Stunden, ggf. unterteilt nach Mitarbeiterkategorien, festgelegt, über die die Istleistungen erfasst und auf Projekte bzw. Aufträge verrechnet werden.

Die betrieblichen Leitungsstellen werden den nachgelagerten Fertigungsstellen über die Leistungsarten »Euro-Deckung« oder »100 %« belastet.

Hier ist es wichtig, da es meist auch um größere Kostensummen geht, bei der Aufschlüsselung detaillierte Überlegungen, zum Teil differenziert nach Kostenarten oder Personen, anzustellen. Auf derartigen Stellen werden beispielsweise in einer mechanischen Fertigung Einsteller erfasst und abgerechnet, die nur für ganz bestimmte Kostenstellen tätig sind. Ähnliches gilt für Vorarbeiter, Reinigungs-, Kontroll- oder Transportpersonal. Der Planer muss bei der Aufteilung auf die nachgelagerten Stellen detaillierte Überlegungen anstellen und diese mit den Kostenstellenverantwortlichen diskutieren und abstimmen. Dies ist ein Punkt, wo man bei späteren Planungsüberholungen alte Schlüssel in Frage stellen muss.

Ebenso sind Überlegungen zur Verteilung der meist nicht geringen Fixkosten dieser Kostenstellen anzustellen. Wenn die für die variablen Kosten festgelegten Schlüssel für die Fixkosten nicht gelten können, sind unter Umständen eigene Leistungsarten für die Fixkosten mit getrennten Verteilerschlüsseln festzulegen.

Bei der Bäckerei Becker sind die Kostenstellen »100 Betriebsleitung« und »110 Arbeitsvorbereitung« »300 Bereichsstelle Backbetrieb« als betriebliche Leistungsstellen vorgesehen.

Wir haben uns in diesen Abschnitt mit der Kostenplanung der sekundären Kostenstellen beschäftigt und dabei sowohl über Stellen mit direkten als auch über solche mit indirekten Leistungsarten gesprochen. Wir sind dabei auch auf die Verrechnung der Fixkosten dieser Stellen eingegangen. Mit wenigen Ausnahmen (z. B. Raumstellen) findet die Verrechnung im ersten Schritt nur mit variablen Werten statt. Damit wird gewährleistet, dass Fixkosten der abgebenden Stelle auf einer empfangenden Stelle nicht plötzlich zu variablen Kosten werden.

Zusammenfassung Kostenplanung Sekundärstellen

Wir haben bei der separaten Verrechnung der Fixkosten zwei Verfahren kennen gelernt:

▶ Fixkosten-Vorverteilung
▶ Verrechnung der Menge mal Kostensatz, fix

Die von uns favorisierte Methode ist die so genannte *Fixkosten-Vorverteilung*. Die in der Fixkosten-Vorverteilung ermittelten Anteile werden entsprechend der Planinanspruchnahme festgeschrieben und Monat für Monat in dieser Höhe bei den Empfängern ausgewiesen. Das heißt, dass bei der abgebenden Kostenstelle keine Fixkostenüber- oder -unterdeckung, also keine Beschäftigungsabweichung, entsteht und bei der empfangenden Stelle keine Verbrauchsabweichung aus diesem Titel.

Die Alternative ist die *Verrechnung Menge mal Kostensatz, fix*, allerdings nur für Sekundärstellen mit direkten Leistungsarten und einer Erfassung der monatlichen Istleistungen nach Belastungskontierungen. Sie würde der Verrechnung der primären Stellen entsprechen, mit Beschäftigungsabweichungen auf den abgebenden und Verbrauchsabweichungen bei den empfangenden Kostenstellen.

Im Beispiel Bäckerei Becker wurden als Sekundärstellen mit direkten Leistungsarten die Raum-, Energie- und Betriebshandwerker-Stellen eingerichtet, während die (innerbetrieblichen) Transport-, Sozial- und betrieblichen Leitungsstellen mit indirekten Leistungsarten angelegt wurden. Selbstverständlich ist dies nur beispielhaft zu sehen. Mit den aufgeführten Beispielen und den allgemeinen Ausführungen zur Verrechnung der Sekundärstellen müssten auch in Ihrem Unternehmen entsprechende Zuordnungen festgelegt werden können.

3.4.7 Kostenplanung der primären Kostenstellen

In Abschnitt 3.2 haben wir bereits die generelle Zuordnung getroffen und all jene Stellen als primär eingestuft, die unmittelbar auf Produkte, Ergebnisobjekte oder Projekte verrechnen.

Fertigungsstellen in der Industrie

Lassen Sie uns mit den Fertigungsstellen beginnen, als jenen Kostenstellen, die unmittelbar der Bearbeitung der zu produzierenden Halb- und Fertigfabrikate dienen.

Nachdem man davon ausgehen kann, dass sich alle Fertigungsstellen und ihre Leistungsarten in den Arbeitsplänen wieder finden, bekommt man über die Auflösung des Arbeitsplanes unter Berücksichtigung der Bestandsveränderungen von Halb- und Fertigfabrikaten die Planbeschäftigung der einzelnen Kostenstellen/Leistungsarten, die um die Bearbeitungszeit für Ausschuss und Nacharbeit, sowie (sofern die Fertigung involviert ist) für Versuchs- und Entwicklungsaufträge zu ergänzen sind.

Probleme bei der Planung ergeben sich im Prinzip nicht, wohl aber unter Umständen in der Fließ-/Kleinserienfertigung bei der Ermittlung der Ist-Leistungsmengen, weil die Leistungsmengen der ausführenden Kostenstelle/Leistungsart für die einzelnen Fertigungsaufträge unter Umständen gar nicht oder nicht mit vertretbarem Aufwand erfassbar sind. Wir werden darauf in Abschnitt 6.2 unter dem Stichwort *retrograde Ist-Leistungsarten-Ermittlung* noch näher eingehen.

Für die Bäckerei Becker sind die Kostenstellen »310 Backstube«, »320 Ruheraum« sowie »370 Glasieren« und »380 Vorverpacken« vorgesehen.

Forschungs- und Entwicklungsstellen (F&E-Stellen)

Zu den Forschungs- und Entwicklungs-Stellen gehören alle Kostenstellen, die sich im Unternehmen mit Grundlagenforschung und -entwicklung sowie mit Aktivitäten Richtung Neu- und Weiterentwicklung von Produkten und Fertigungsverfahren beschäftigen. Besonders ausgeprägt sind diese Stellen in der Einzel- und Projektfertigung.

Die Kostenstellen sind häufig in mehrere Leistungsarten untergliedert, um einerseits unterschiedliche Verrechnungssätze nach Mitarbeiter-Kategorien zu berücksichtigen und um andererseits spezifische Kostensätze für Versuchseinrichtungen, Prüffelder etc. ansetzen zu können. Jeder Mitarbeiter dieser Bereiche erfasst unter seiner ausführenden Kostenstelle/Leistungsart sämtliche Stunden, auch die nicht direkt verrechenbaren.

Die Verrechnung der Entwicklungskosten bereitet oft große Schwierigkeiten: Wie soll beispielsweise die Grundlagenforschung verrechnet werden? Soll die Weiterbelastung direkt in die Ergebnisrechnung erfolgen oder sollen in Form eines Zuschlages bestehende Produkte bedacht werden? Was geschieht mit derzeit abgewickelten Entwicklungsprojekten, wobei bis zur tatsächlichen Produktion noch Jahre vergehen können? Unternehmen der Pharmaindustrie z. B. investieren mehrstellige Millionenbeträge in die Genforschung, obwohl zu dieser Zeit nicht abzusehen ist, ob derartige Produkte überhaupt einmal produziert und verkauft werden dürfen.

Die Erfassung und exakte Kostenermittlung für Entwicklungsvorhaben bereitet keine grundsätzlichen Schwierigkeiten. Schwierigkeiten entstehen bei der Verrechnung dieser Kosten. Das gilt insbesondere dann, wenn es sich um Grundlagenforschung handelt, bzw. wenn es sich um Projekte handelt, die nie zur Serienreife gelangen oder wenn vom Zeitpunkt der Entwicklung bis zur Produktion Jahre vergehen. Zwar können wir bestimmen, was ein bestimmtes Entwicklungsprojekt gekostet hat – nicht gelöst ist allerdings die Weiterverrechnung auf Kostenträger.

Die erste Frage dabei ist, ob es einen kausalen Zusammenhang zur bestehenden Produktpalette gibt. In diesem Fall kann eine direkte Verrechnung über Zuschläge, bezogen auf die Herstellkosten der jeweiligen Produktgruppe, gelegentliche auch als Quote (€ je Kalkulationseinheit), vorgenommen werden. Bei der Zuschlagsrechnung ist zu berücksichtigen, dass die Untergliederung in variable und fixe Kosten auf den ausführenden Kostenstellen unter dem Aspekt der Abhängigkeit von der gewählten Leistungsart, meist »Entwicklungsstunden«, erfolgt ist. Deshalb hat man die Gehälter und die anteiligen Personalnebenkosten überwiegend variabel geplant. Für die Kostenträger-/Ergebnisrechnung ist aber zu bedenken, dass es sich um keine entscheidungsrelevanten Kosten handelt.

Die zweite Möglichkeit, die genutzt wird, wenn die Entwicklungskosten den bestehenden Produkten nicht zugeordnet werden können, besteht darin, die Kosten direkt in die Ergebnisrechnung abzurechnen. Dabei wird nicht auf die einzelnen Produkte verrechnet, sondern auf Produktgruppen, Profit Center oder das Gesamtergebnis.

Für die Bäckerei Becker existiert bei der derzeitigen Betriebsgröße kein eigener F&E-Bereich.

Materialstellen

Zu den Materialstellen zählen Einkauf/Beschaffung, Wareneingang einschließlich Wareneingangsprüfung, die Lager für Roh-, Hilfs- und Betriebsstoffe sowie Zukaufteile, die Materialverwaltung und die Materialausgabe. Auch hier gibt es zwei Verrechnungsmöglichkeiten:

- Zuschlagsverrechnung
- Prozesskostenrechnung

Die Leistungsarten für diese Kostenstellen sind davon abhängig, ob sie über Materialzuschläge oder die Prozesskostenrechnung (siehe Kapitel 7, *Prozesse*) verrechnet werden. Wir gehen hier zunächst von der Zuschlagsverrechnung aus. Trotzdem werden der Kostenplanung von Anfang an leistungsbezogene direkte Leistungsarten zugrunde gelegt. Diese direkten Leistungsarten lauten auf »Standardstunden«. Sie erinnern sich, dass wir die Stunden-Leistungsarten, bei denen die Leistung im Ist nicht detailliert nach Belastungskontierungen erfasst werden kann, sondern retrograd über die Ausbringung ermittelt werden muss, mit dem Vorspann »Standard« versehen hatten.

Die Überlegungen, sich bei einem Teil der Materialstellen für die Verrechnung der Prozesskostenrechnung zu bedienen, haben in den letzten Jahren mit ständig zunehmenden Logistikkosten an Bedeutung gewonnen. Werden in einem Unternehmen unterschiedliche Materialien eingesetzt, die im Preis pro Einheit um ein Mehrfaches voneinander abweichen, dann kann bei Zuschlagsverrechnung auf keinen Fall mit einem einheitlichen Materialgemeinkostenzuschlag (MGK-Zuschlag) gerechnet werden. Auch die Manipulationskosten beim Wareneingang und bei der Wareneingangsprüfung können zu einer Vielzahl von MGK-Zuschlägen führen. Wenn in Ihrem Unternehmen die Verrechnung mit prozentualen Zuschlägen erfolgt, sollte in jedem Fall geprüft werden, wie viele unterschiedliche MGK-Zuschläge anzusetzen sind.

Für die Bäckerei Becker sind zwei Materialstellen, »410 Einkauf« und »420 Rohmateriallager«, vorgesehen. Davon soll der Einkauf mit Hilfe der Prozesskostenrechnung weiterverrechnet werden, während das Rohmateriallager per Zuschlag weiterbelastet wird.

Verwaltungsstellen

Zu den Kostenstellen des Verwaltungsbereiches zählen die der kaufmännischen Leitung unterstellten Abteilungen bzw. Bereiche. Dies sind – neben der kaufmännischen Geschäftsführung selbst – die Funktionseinheiten Externes/Internes Rechnungswesen, Controlling, Personalwesen, EDV/Organisation sowie die allgemeine Verwaltung.

Direkte Leistungsarten sind eher die Ausnahme und zwar deshalb, weil der Erfassungsaufwand unangemessen hoch wäre und weil vor allem keine direkte Beziehung zu den Erzeugnissen besteht. Hinzu kommt, dass es sich fast ausschließlich, um fixe Kosten handelt.

Wenn man davon absieht, dass man in einer Angebotskalkulation auch einen Verwaltungskostenzuschlag berücksichtigen muss, spielen die Leistungsarten der Verwaltungsstellen sowieso nur eine untergeordnete Rolle. In der Planung und der Ist-Abrechnung werden die Verwaltungskosten in der stufenweisen Kostendeckungsrechnung berücksichtigt, und dabei häufig nur gegen Sparten-/Profit Center- oder das Gesamtergebnis verrechnet.

Die großen Kostenblöcke in den Verwaltungsbereichen der Unternehmen sind der Personalaufwand, die Verschiedenen Gemeinkosten und die Kosten des IT-Bereiches. Beim Personalaufwand ließe sich der Plan-Personalbedarf der kaufmännischen Stellen allenfalls über einen Funktionsanalyse ermitteln. Die Verschiedenen Gemeinkosten (Steuern, Versicherungen etc.) sind vielfach analytisch nicht planbar, außerdem voll fix zu sehen. Bei den IT-Kosten sind zum Teil direkte Leistungsarten möglich (z.B. CPU-Minuten etc.). Die Kosten für diese Leistungsartenmengen sind auf der abgebenden Stelle noch überwiegend variabel zu planen, auf den empfangenden Stellen aber zum Teil auch fix.

Für die Bäckerei Becker sind folgende Verwaltungsstellen vorgesehen:

▶ »500 Geschäftsleitung«
▶ »520 Finanzbuchhaltung«
▶ »530 Internes Rechnungswesen/Controlling«
▶ »540 Personal«

Vertriebsstellen

Über die Vertriebskostenstellen sollten nur die allgemeinen Vertriebsgemeinkosten abgerechnet werden. Spezielle Vertriebskosten, insbesondere Werbe-/Marketingkosten, sollten über differenzierte Innenaufträge erfasst und von dort in die Vertriebsgemeinkostenzuschläge (für die Angebotskalkulation) oder in die stufenweise Kostendeckungsrechnung (für die Ergebnisrechnung) übernommen werden. Die Vertriebsgemeinkostenzuschläge sind nach Ländern/Regionen und parallel nach Erzeugnisgruppen, eventuell noch nach weiteren Kriterien wie z. B. Groß- oder Einzelhandel, zu verteilen.

Die Sondereinzelkosten des Vertriebes wie Ausgangsfrachten, Provisionen etc. werden nicht über Kostenstellen, sondern direkt oder kalkulatorisch in der Ergebnisrechnung verrechnet. Die Leistungsarten sind, ähnlich wie bei den Materialstellen, davon abhängig, ob die Weiterrechnung mit Gemeinkostenzuschlägen oder auf Basis der Prozesskostenrechnung erfolgt.

Konventionell abgerechnet werden sicher die Vertriebsleitung, meist auch die Kostenstellen des Werbe-/Marketingbereiches, so dass dafür die Leistungsart 100 % vorgeschlagen wird (zumal dort fast ausschließlich Fixkosten anfallen). Für die Kostenstellen, die für die Prozesse der Kundenauftragsabwicklung in Frage kommen, sollte man als Leistungsart »Standard«-Stunden vorsehen, wobei die Abrechnung bis zur Einführung der Prozesskostenrechnung mit 100 % erfolgen kann.

Bei der Zuordnung der einzelnen Kostenstellen zu den Erzeugnisgruppen ist für jede einzelne Vertriebsstelle zu überlegen, ob der Aufwand für alle Erzeugnisgruppen gleich zu sehen ist. Eventuell muss bei der Aufteilung einer Kostenstelle auf Erzeugnisgruppen mit Indizes gearbeitet werden, um beispielsweise Ersatzteile anders zu gewichten als die eigentlichen Erzeugnisse.

Die wichtigsten Kostenpositionen sind auf den Vertriebsstellen die Personalkosten, Reise- und Bewirtungskosten sowie die kalkulatorischen Zinsen auf das Umlaufvermögen (Verzinsung der Fertigwarenbestände) sowie die differenzierten Werbe- und Marketingkosten aus der Innenauftragsabrechnung.

Für die Bäckerei Becker sind folgende Kostenstellen und Leistungsarten vorgesehen: »640 Marketing – 100 %«, »650 Endverpackung und Versand – Standardstunden«, »660 Fertigwarenlager – Standardstunden«, »600 Vertriebsleitung – 100%«, »620 Vertrieb Inland – Standardstunden«, »630 Vertrieb Ausland – Standardstunden«.

3.4.8 Planungsabstimmung

Nach Abschluss der Kostenplanung muss zwingend die Abstimmung der Planwerte durchgeführt werden. Zielsetzungen dieser Aktivitäten sind

Abstimmung der Kostenplanung

- die Abstimmung der Kosten der Sekundärstellen mit ihrer Verrechnung
- die Eliminierung der Doppelverrechnungen
- das Aufzeigen des Gesamtvolumens der Gemeinkosten
- die Überprüfung der Kostenauflösung in variable und fixe Kosten
- die Kontrolle der Plankostensätze

Bei den *Sekundärstellen* gilt es, das Gleichgewicht zwischen abgebender Kostenstelle/Leistungsart (Sender) und den belasteten Kostenstellen/Leistungsarten (Empfängern) herzustellen. Stimmen die Mengen nicht überein, gibt es z. B. Probleme bei der Fixkosten-Vorverteilung, weil zum Teil zu viele oder viel zu wenig Fixkosten verteilt werden. Problematisch ist es vor allem bei indirekt verrechneten Sekundärstellen, weil sich in der Istabrechnung automatisch nicht korrekte Ist-Leistungsartenmengen und damit ein falscher Beschäftigungsgrad ergeben würden. Kritisch wären auch maschinelle Simulationsrechnungen (siehe Abschnitt 3.4.9), wenn sich die Planung nicht im Gleichgewicht befindet. Deshalb die Empfehlung, bei den sekundären Stellen dieser Abstimmung zwischen Sender und Empfängern entsprechende Aufmerksamkeit zu widmen.

Abgleich Sekundärstellen

Die Kostenplanung enthält *Doppel- und Mehrfachverrechnungen*. So sind beispielsweise auf der Handwerkerstelle primäre Kostenarten geplant, aber auch sekundäre Kostenarten, deren Primäraufwand auf den Sender-Kostenstellen ausgewiesen ist. Im Rahmen der Abstimmung der Kostenplanung müssen diese Mehrfachverrechnungen eliminiert werden (was softwaremäßig heute maschinell gemacht werden kann).

Eliminierung Doppelverrechnungen

Nur wenn man diese Doppel- und Mehrfachverrechnungen ausklammert, was beispielsweise auch über separate Verdichtungsbereiche für die Sekundärstellen, allerdings nur in Summe, geschehen kann, erhält man die tatsächlichen Kosten. Diese Darstellung über eine separate Kostenstellenhierarchie hat aber den Vorteil, dass man dort sowohl die sekundären Stellen in der Untergliederung nach direkt und indirekt verrechneten Stellen als auch die primären Stellen in der Differenzierung nach Fertigungs- und Prozesskostenstellen und nach Kostenstellen, die in die stufenweise Deckungsrechnung der Ergebnisrechnung eingehen oder die auf Projekte verrechnen, sehen kann. Mit solchen Auswertungen über Verdichtungshierarchien, parallel zu Standardhierarchien, lassen sich konkrete Aussagen darüber machen, was planmäßig wie verrechnet wird.

Gesamtvolumen Kostenstellenkosten

Aus der Planabstimmung ist ferner das *Volumen der gesamten Plankosten*, detailliert nach Kostenartengruppen oder Kostenarten, ersichtlich. Wenn Kostenarten versehentlich überhaupt nicht oder in falscher Höhe geplant worden wären, könnte man dies aus derartigen Auswertungen (mit der Möglichkeit, Details in den einzelnen Kostenstellen nachzuprüfen) erkennen.

Aufteilung in variable und fixe Kosten

Aus der Abstimmung lässt sich ferner ersehen, was das Ergebnis der Aufteilung in *variable* und *fixe Kostenbestandteile* ist, ob erstens die Gesamtrelation stimmt und ob bei einzelnen Kostenarten an sich fixe Kosten variabel geplant wurden oder umgekehrt.

Plankostensätze

Der letzte Schritt dieser Abstimmung besteht darin, die Plankostensätze zu verifizieren, zu überprüfen in ihrer absoluten Höhe und in Relation zu ähnlich gelagerten, vergleichbaren Kostenstellen.

Es ist sehr wichtig, die Planabstimmung gewissenhaft durchzuführen und Vergleiche, wie sie hier angesprochen wurden, anzustellen. Nicht nur, dass falsche Kostenvorgaben für den monatlichen Soll-Istkosten-Vergleich entstehen könnten, sondern auch, weil nicht stimmende Kostensätze zu unkorrekten Kalkulationen und falschen Aussagen in der Ergebnisrechnung/Deckungsbeitragsrechnung führen würden.

Einsparungen

Zu den Abschlussarbeiten der Kostenplanung gehört neben der Abstimmung der Plandaten auch die Fixierung der Einsparungsvorschläge, die im Laufe der analytischen Kostenplanung erkannt wurden. Diese bei der gründlichen Durchleuchtung der Ablauf- und Aufbauorganisation im Rahmen der Kostenplanung des Unternehmens festgestellten Unwirtschaftlichkeiten führen in der Regel zu erheblichen Einsparungen, die die Kosten für die Durchführung der analytischen Kostenplanung innerhalb kürzester Zeit, meist in weniger als einem Jahr, amortisieren.

Die Hauptansatzpunkte dabei sind die Personalkosten und gelegentlich die Energiekosten. Wichtig ist, diese Einsparungen richtig zu »verkaufen«. Die einzelnen Einsparungsvorschläge (deren Realisierungsfristigkeiten genau zu planen sind) müssen den Entscheidungsgremien mit Wirtschaftlichkeitsrechnungen, erforderlichen Investitionen und Amortisationszeiten vorgelegt und vorgestellt werden.

3.4.9 Primärkostensätze

Ermittlung von Primärkostensätzen

Ziel der Primärkostenrechnung ist es, die primären Kostenarten oder Kostenartengruppen wie Fertigungslöhne, sonstige Personalkosten, Fremdenergie, kalkulatorische Abschreibungen etc. über alle Kostenstellen durchzurechnen, so dass der Kostensatz nur noch aus Anteilen primärer Kostenarten besteht. Der Kostensatz bleibt in Summe gleich, nur setzt er sich nach vollzogener Iteration nur noch aus primären Kostenelementen zusammen.

Die Kalkulation eines Industrie-Unternehmens läuft für den Umfang der Fertigungskosten so ab, dass die Leistungsartenmenge, beispielsweise die Fertigungszeit, die eine Kostenstelle für einen Arbeitsvorgang braucht, mit den Kostensätzen, variabel und fix, dieser Kostenstelle/Leistungsart bewertet wird.

Sie könnten jetzt fragen, was hat dies mit der Kostenstellenrechnung zu tun? Nun, es ist so, dass die Kostensätze im Rahmen der Kostenstellenrechnung ermittelt werden, indem die Kostensummen durch die Leistungsartenmenge dividiert werden. In diesen Kostensätzen sind aber sowohl primäre wie auch sekundäre Kostenarten zusammengefasst, wobei die sekundären Kostenarten steigende Tendenz haben. Die sekundären Kostenarten gehen über Menge mal Kostensatz ein. In diesem Kostensatz sind wie in dem auf diese Kostenstelle verrechneten Quadratmetersatz der Raumstellen primäre wie sekundäre Kostenarten enthalten.

> **Beispiel 9: Primärkostenschichtung**
> In einem großen Unternehmen der Kabelfertigung war die Anforderung der Konzernleitung an die Reorganisation des Internen Rechnungswesens – noch zu R/2-Zeiten –, dass man in der Ergebnisrechnung bei der Darstellung Nettoerlös minus Kosten diese in wichtige Kostenarten aufgelöst sehen wollte. Beim Fertigungsmaterial war dies kein Problem, weil man den Kupfer- oder Bleianteil über die Kostenart entsprechenden Kostenelementen zuordnen konnte. Die Schwierigkeit lag bei den Fertigungskosten, weil dafür die Auflösung der Kostensätze in ihre Primärkostenanteile Voraussetzung war. SAP bot damals ab dem Release 5.0 diese Möglichkeit. Damit war das K.O.-Kriterium aus dem Wege geräumt; die betriebswirtschaftliche Lösung konnte wie konzipiert umgesetzt werden. Auch im aktuellen Softwarestand SAP R/3 Enterprise (Version 4.70) ist die hier beschriebene Primärkostenrechnung umsetzbar. Die entsprechende Funktion lautet hier *Primärkostenschichtung*.

Diese Primärkostensätze, auch partielle Kostensätze genannt, zeigen auf einen Blick, wie – nach Auflösung der sekundären Kostenarten – die tatsächliche Kostenstruktur ist, wie hoch dann in der Kalkulation, durchgerechnet über alle Kalkulationsstufen, der Anteil Fertigungslohn, Primärenergie, Abschreibungen etc. tatsächlich ist.

3.4.10 Umwertung und Simulation

Generelle Planungshilfen

Im Laufe der bisherigen Ausführungen zur Kostenplanung wurde bereits mehrfach auf vom SAP-System zur Verfügung gestellte Planungshilfen hingewiesen. Die Wichtigsten davon waren:

- Mengenplanung
  Überall dort, wo Mengen explizit geplant werden, können die Kosten mit SAP CO ermittelt werden. Die Multiplikation der Mengen mit dem nur einmal aufzugebenden Preis je Ressource ergibt dann die Plankosten.

- Ressourcenplanung
  In der Kostenplanung werden die Vorgabe- bzw. Zeitlohnstunden mit der Lohngruppe als Ressource hinterlegt und die Plankosten je Planposition maschinell vom System ermittelt.

- Relativziffernplanung
  Hier wird für weniger wichtige Planpositionen, vom Kostenplaner ein Wert in Euro je Plan-Leistungsartenmenge der jeweiligen Kostenstelle/Leistungsart aufgegeben. Der entsprechende Planwert wird dann für diese Position vom System errechnet.

- Prozentuale Ermittlung
  Die prozentuale Ermittlung kann bezogen auf eine oder mehrere Basis-Kostenarten erfolgen.

Planwerte können auch aus anderen SAP-Modulen übernommen werden, etwa die kalkulatorischen Abschreibungen und Zinsen aus FI-AA, seltener auch die gesamte Personalkostenplanung aus HR. Nun aber zu den Hauptthemen dieses Abschnitts, Umwertung und Simulation.

Umwertung

Die Umwertung dient dazu, die Kostenstellenplanung wertmäßig maschinell an einen gewünschten Planstand anzupassen. Umwertung heißt, dass für die primären Kostenarten neue Plansätze aufzugeben sind, entweder prozentual je Kostenart oder dort, wo die Planung nach Herkünften (Ressourcen) erfolgt ist, mit neuen Werten je Einheit des Herkunftsbegriffes. Sie kann im Rahmen der jährlichen Planungsüberholungen zur Anpassung der Planwerte an das neue Geschäftsjahr, genauso aber auch für Sonderrechnungen, basierend auf anderen Planwerten, eingesetzt werden (siehe Abbildung 3.13).

Sie erinnern sich an die Abb. 2.1 im Kap. 2.1, in der wir den Zusammenhang zwischen primären und sekundären Kostenstellen/Leistungsarten in Verbindung mit primären und sekundären Kostenarten erläutert haben. Umwertung heißt, dass nur für die primären Kostenarten neue Plansätze aufzugeben sind, entweder prozentual je Kostenart oder dort, wo die Planung nach Herkünften (Ressourcen) erfolgt ist, mit neuen Werten je Einheit des Herkunftsbegriffes. Alle Folgeänderungen übernimmt das System.

In unserem Beispiel (siehe Abbildung 3.13) sind diese Zusammenhänge vereinfacht dargestellt. Wir haben nur zwei Sekundärstellen, »Handwerker« und »Energie«, und eine Primärstelle, »Fertigung«, gewählt. Außerdem haben wir, damit die Zahlen einfacher verfolgt werden können, auf Interdependenzen zwischen der Handwerker- und der Energiestelle verzichtet: Es verrechnet nur die Handwerker- auf die Energiestelle, aber nicht umgekehrt. Außerdem ist die Aufteilung in variable und fixe Kosten unterblieben, da mit der Umwertung beide Werte gleichermaßen verändert werden.

Zahlenbeispiel Umwertung

Kostenstellengruppe			Sekundäre Kostenstellen		Primäre Kostenstellen	Gesamt
	Kostenstelle Leistungsart		Handwerker Handw.-Std.	Energie Prozent	Fertigung Fert.-Stunde	
	Leistungsartenmenge		200,0 Std.	100%	1.000 Std.	
Kostenarten						
Primäre Kostenarten	Lohn	alt neu	2.000 2.400		10.000 12.000	12.000 14.400
	Heizöl	alt neu		2.500 3.750		2.500 3.750
	Summe	alt neu	2.000 2.400	2.500 3.750	10.000 12.000	14.500 18.150
Sekundäre Kostenarten	verrechnete Handwerkerleistung	alt neu		500 600	1.500 1.800	2.000 2.400
	verrechnete Energiekosten	alt neu			3.000 4.350	3.000 4.350
	Summe	alt neu		500 600	4.500 6.150	5.000 6.750
Gesamtkosten		alt neu	2.000 2.400	3.000 4.350	14.500 18.150	19.500 24.900
Kostensätze		alt neu	10,00 12,00		14,50 18,15	

Abbildung 3.13 Zahlenbeispiel Umwertung

Wir sind in diesem Beispiel von folgenden Prämissen ausgegangen:

▶ Lohn: Die Planung erfolgt nach Ressourcen. Der Wert für die Ressource Lohngruppe 1 liegt bisher bei 10 € je Stunde, künftig bei 12 € je Stunde.

▶ Heizöl: Die Umwertung für die Kostenart Heizöl wird prozentual vorgenommen. Der Preis für den Fremdbezug von Heizöl verteuert sich von 0,50 auf 0,75 €/Liter.

Auf der Kostenstelle Handwerker wird der Lohn mit 200 Std./Monat, auf der Fertigungsstelle mit 1.000 Std. geplant (Ressource Lohngruppe 1 auf beiden Kostenstellen). Die Verrechnung der Sekundärstelle Handwerker erfolgt mit 50 Stunden (= 25 %) auf die Energiestelle, mit 150 Stunden (= 75 %) auf die Fertigung. Da aus Vereinfachungsgründen auf der Handwerkerstelle keine Gemeinkosten (auch keine Personalnebenkosten) geplant sind, entspricht der Kostensatz dem Lohnsatz.

Die Verrechnung der Energiestelle wird nur auf die Fertigungs-Kostenstelle vorgenommen. Der Verrechnungspreis für das Heizöl enthält neben der Primärenergie anteilige Handwerkerkosten, die sich aufgrund der Lohnerhöhung um 20 % verteuert haben.

Außerdem ist für alle Kostenarten und bei allen Kostenstellen keine Splittung in variable und fixe Kostenbestandteile durchgeführt, da diese Differenzierung für die Umwertung der primären Kostenarten nicht relevant ist. Wir werden diese Unterteilung jedoch für die Erläuterung der Simulation vorsehen müssen. Die geplanten Mengen bleiben bei der Umwertung unverändert (wobei unterstellt ist, so wie dies auch in der Praxis sein sollte, dass sich die Planung im Gleichgewicht befindet).

Die Ergebnisse der Umwertung sind also:

Umwertung: Ergebnisse

▶ Aufgegeben werden nur Wertansätze für die primären Kostenarten, die primäre wie sekundäre Kostenstellen betreffen können.

▶ Die neuen Wertansätze können Werte je Herkunftsbegriff (Ressource), aber auch Prozentsätze sein. Diese haben dann für die gesamte Kostenart über alle Kostenstellen Gültigkeit (ausgenommen Planansätze dieser Kostenart mit Ressource). Neue Wertansätze können für alle primären Kostenarten aufgegeben werden, also nicht nur für die primären originären Kostenarten, sondern auch für die primären kalkulatorischen Kostenarten.

▶ Umwertungs-Prozentsätze können jedoch nicht für sekundäre Kostenarten aufgegeben werden, weil sich der Verrechnungswert für eine sekundäre Kostenart bzw. Kostenstelle nur über die systeminterne Generierung ergeben kann.

▶ Durch die Umwertung ändern sich nicht nur die variablen und fixen Plankosten, sondern analog auch beide Plankostensätze.

▶ Die Relation variable zu fixen Kosten kann sich geringfügig verschieben, wenn die Veränderungen bei überwiegend variablen Kostenarten anders als bei solchen mit vor allem fixen Kostenanteilen ausfallen.

Durch die Umwertung werden nicht verändert:

- die Plan-Leistungsartenmengen, die als Menge fixiert sind
- die mengenmäßige Verteilung sekundärer Kostenstellen/Leistungsarten
- die Mengenplanung bei primären Kostenarten

Die Umwertung bewirkt zusammen mit der Simulation eine enorme Zeitersparnis bei den jährlichen Planungsüberholungen. Man kann davon ausgehen, dass bei derartigen Planungsänderungen etwa 25–35 % des Zeitaufwandes für echte strukturelle Änderungen anfallen, während ca. 65–75 % (ohne Einsatz von Umwertung und Simulation) auf die wertmäßige Umrechnung der Planpositionen einschließlich aller Folgeänderungen bei der Verrechnung der Sekundärstellen entfallen.

Planungsüberholung

> **Beispiel 10: Umwertung**
>
> Bei einem großen Unternehmen der Serienfertigung waren in den vielen dezentralen Fertigungsbetrieben in den 50er Jahren jeweils etwa 4 Personen in der »Betriebsabrechnung« des Werkes beschäftigt, deren Aufgabe unter anderem die damals noch rein manuell durchzuführenden Planungsüberholungen waren. Dieser Personalstand ging aus Kostengründen in den 60er Jahren erst auf drei, dann auf ein bis zwei Personen zurück. Die Folge war, dass irgendwann – es handelte sich um ein extrem lohnintensives und damit planungsaufwändiges Unternehmen – die jährlichen Planungsüberholungen mangels personeller Ressourcen nicht mehr durchführbar waren und damit die mit viel Aufwand und Akribie aufgebauten Kostenplanungen »einschliefen«.
>
> Im gleichen Unternehmen wurde dann Anfang der 70er Jahre Standard-Software eingeführt, verbunden mit einer gründlichen Neuplanung (dies weniger aus betriebswirtschaftlichen Gründen, sondern in erster Linie wegen des erhofften und dann auch realisierten Einsparungspotenzials). Ergebnis war, dass die jährlichen Planungsanpassungen, von den strukturellen Änderungen abgesehen, dank Umwertung und Simulation, nachdem man sich über die Parameter geeinigt hatte, jetzt voll maschinell und im Prinzip über Nacht abliefen.
>
> Die betriebswirtschaftlichen Abteilungen konnten sich also in den Planungsmonaten voll auf die strukturellen Änderungen konzentrieren, den Rest besorgte die Software.

Für die Umwertung gibt es eine Vielzahl von Anwendungsmöglichkeiten, die in den letzten Jahren durch den zunehmenden Einsatz der Mittelfristplanung und ähnlicher Aufgabenstellungen an Bedeutung gewonnen haben. Auch die SAP geht mit der Komponente SEM-BPS in diese Richtung, nur eben noch viel umfassender, tiefgreifender und in das Gesamtsystem integriert.

Simulation Mit der *Simulation* wird die Kostenanpassung an eine veränderte Planbeschäftigung vorgenommen, sei es die für das nächste Geschäftsjahr vorzusehende oder eine simulierte Planbeschäftigung.

Im Gegensatz zur Umwertung, bei der neue Wertansätze für die primären Kostenarten aufgegeben werden, die Planbeschäftigung aber unverändert beibehalten wird, geht es hier Input-seitig um eine geänderte Planbeschäftigung für die primären Stellen, aus der dann auch eine veränderte Planbeschäftigung der sekundären Stellen resultiert. Wertmäßig ändert sich durch die Simulation nichts an den Werten pro Einheit, sei es für die Werte je Ressourcen-Einheit oder bei den kostenartenweise festgelegten Werten je Leistungsartenmenge. Die Werte werden nur absolut auf die neue oder eine fiktive Planbeschäftigung umgerechnet.

Im Prinzip geschieht nichts anderes als in der monatlichen Sollkostenrechnung, mit der die variablen Plankosten je Kostenstelle/Leistungsart an die aktuelle Istbeschäftigung angepasst und die Fixkosten als beschäftigungsunabhängige Kosten unverändert beibehalten werden.

Aus der neuen Planbeschäftigung der primären Stellen ergibt sich auch eine veränderte Planbeschäftigung der Sekundärstellen, indem die auf den empfangenden Stellen variabel geplanten und an deren neue Planbeschäftigung angepassten Kosten gemeinsam mit den auf den empfangenden Stellen fix gesetzten Anteilen einen neuen »Bedarf« an Sekundärleistungen und damit, summiert über alle Empfänger, eine neue Planbeschäftigung für die jeweilige Sekundärstelle ergeben.

Simulation: Ergebnisse Als Ergebnisse der Simulation verändern sich:

▶ neben den neuen, von außen eingegebenen Plan-Leistungsartenmengen der primären Stellen

▶ die variablen Mengenansätze und damit die variablen Plankosten je Planposition

▶ die Verteiler, da über die neue Planbeschäftigung der leistungsempfangenden Kostenstellen/Leistungsarten auch neue Mengen und damit auch Kosten der Sekundärleistungen ermittelt werden

▶ die Fixkostenansätze der einzelnen Kostenstellen, da zwar die Fixkostensumme jeweils unverändert bleibt, sich aber auf eine andere, höhere oder niedrigere, Plan-Leistungsartenmenge verteilt

Einschränkend muss gesagt werden, dass diese Aussage nur bedingt gilt, nämlich für die originären Fixkosten der Stelle. Dagegen verändern sich die Fixkostenanteile der Sekundärverrechnung, da die verrechneten variablen Kostenanteile nach durchgeführter Simulation nicht mehr mit den alten Werten übereinstimmen. Folglich ergibt sich auch eine neue Verteilung der Fixkostenanteile der sekundären Stellen.

Durch die Simulation werden nicht verändert:

▶ die Bewertungsansätze der primären Kostenarten
▶ die variablen Kostensätze
▶ die originären Fixkosten der einzelnen Kostenstellen

Die Simulation ist in einem Übersichtsbild dargestellt (siehe Abbildung 3.14).

Die Simulation setzt in unserem Beispiel auf dem Wertstand der Ausgangsplanung vor der Umwertung auf. Im Gegensatz zur Umwertung verändert die Simulation nur die variablen Kostenanteile.

Bei der Simulation wird für die primären Stellen eine neue Planbeschäftigung aufgegeben. In unserem Beispiel wird die Planbeschäftigung der Fertigungsstelle von 1 000 auf 1 200 Fertigungsstunden korrigiert. Im ersten Schritt werden die variablen Kosten der Fertigungsstelle angepasst und als Folgeänderungen auch die Plan-Leistungsartenmengen und damit die variablen Kosten der Sekundärstellen umgerechnet. Dabei zeigt sich, dass sich die variablen Kostensätze weder auf der Primärstelle noch auf den beiden Sekundärstellen verändern, wohl aber die Fixkostensätze. Nachdem die Planbeschäftigung der Fertigungsstelle um 20 % gestiegen ist, ergibt sich nach durchgeführter Simulationsrechnung ein niedrigerer Fixkostenansatz für diese Stelle. Dies gilt ähnlich für die beiden Sekundärstellen, deren Planbeschäftigung ebenfalls gestiegen ist.

Problematischer kann sich die Situation bei den variabel verrechneten Sekundärleistungen darstellen. Die variabel geplanten Verrechnungen der Sekundärstelle würden auf den Empfängerstellen entsprechend angepasst. Wäre die Planbeschäftigung dieser Primärstellen generell höher als bisher geplant, bedeutete dies, dass auf der Senderstelle höhere variable Kosten vorgegeben werden. Der rechnerisch ermittelte Mehraufwand könnte z. B. mit der bestehenden Personalkapazität der Arbeitsvorberei-

Kostenstellengruppe			Sekundäre Kostenstellen				Primäre Kostenstellen		Gesamt	
	Kostenstelle Leistungsart		Handwerker Handw.-Std.		Energie Prozent		Fertigung Fert.-Stunde			
	LA-Menge Plan		200,0 Std.		100%		1.000 Std.			
	LA-Menge Simulation		223,3 Std. =111,65%		113,33%		1.200 Std. =120%			
Kostenarten			var.	fix	var.	fix	var.	fix	var.	fix
Primäre Kostenarten	Lohn	P	2.000				10.000		12.000	
		S	2.233				12.000		14.233	
	Heizöl	P			2.500				2.500	
		S			2.833				2.833	
	Summe	P	2.000		2.500		10.000		14.500	
		S	2.233		2.833		12.000		17.066	
Sekundäre Kostenarten	verrechnete Handwerkerleistung	P			250	250	1.000	500	1.250	750
		S			283	250	1.200	500	1.483	750
	verrechnete Energiekosten	P					2.000	1.000	2.000	1.000
		S					2.400	1.000	2.400	1.000
	Summe	P			250	250	3.000	1.500	3.250	1.750
		S			283	250	3.600	1.500	3.883	1.750
Gesamtkosten		P	2.000		2.750	250	13.000	1.500	17.750	1.750
		S	2.233		3.116	250	15.600	1.500	20.949	1.750
Kostensätze		P	10,00				13,00	1,50		
		S	10,00				13,00	1,25		

P = Plan
S = Simulation
LA = Leistungsart

Abbildung 3.14 Zahlenbeispiel Simulation

tung abzudecken sein. In diesem Falle müsste korrigierend in die Kostenplanung eingegriffen werden.

Fazit   Aus diesen Ausführungen zu Umwertung und Simulation wird klar, dass die Ergebnisse der Umwertung im Normalfall direkt übernommen werden können, während die Ergebnisse der Simulation als »Vorschlag« zu sehen sind, der kritisch zu überprüfen ist.

Eine allgemein gültige Aussage zur Reihenfolge von Umwertung und Simulation kann es nicht geben, weil die spezifischen Voraussetzungen in den Unternehmen doch sehr unterschiedlich sind. Eines kann aber ganz klar festgehalten werden, nämlich dass durch Umwertung und Simulation der Aufwand für Planungsüberholungen und Simulationsrechnungen erheblich verringert und die Zeitstrecke reduziert werden kann. Die strukturellen Änderungen sind in jedem Fall vom jeweiligen Controlling vorzunehmen. Alle Rechenoperationen werden von SAP CO übernommen oder zumindest erheblich unterstützt.

3.5 Planung in SAP R/3

3.5.1 Vorbereitung

Sind Sie, lieber Leser, ebenso gespannt wie wir, wann es jetzt endlich losgeht mit der Planung von Kostenstellen in R/3? Ein wenig müssen Sie sich leider noch gedulden. Am Anfang eines jeden neuen Planjahres müssen wir nämlich Einstellungen in einer *Planversion* vornehmen. Nutzen Sie hierfür die Transaktion S_ALR_87005830, im Menü **Rechnungswesen · Controlling · Planung · Laufende Einstellungen · Versionen pflegen** (siehe Abbildung 3.15). Wir nutzen die Planversion »0 Plan/Ist – Version«.

Planversion definieren

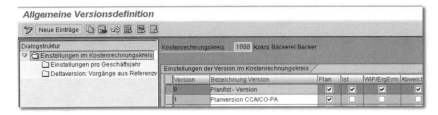

Abbildung 3.15 Planversion

Der Klick auf **Einstellungen pro Geschäftsjahr** zeigt Einträge für die Jahre 2002, 2003 und 2004 (siehe Abbildung 3.16). Die ausgewählte Planversion ist also früher schon einmal benutzt worden.

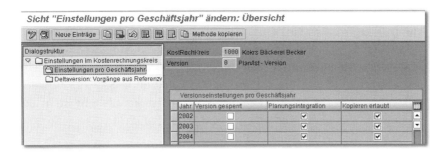

Abbildung 3.16 Definierte Jahre für Planversion 0

In den folgenden Beispielen werden Plandaten für das Jahr 2005 gezeigt. Wir kopieren die notwendigen Einstellungen aus dem Jahr 2004 mit dem Button **Kopieren als**. Es erscheint ein neuer Eintrag, in dem wir das Geschäftsjahr auf 2005 ändern und das Wertstellungsdatum für die Währungsumrechnung auf 1.1.2005 aktualisieren (siehe Abbildung 3.17).

Planung in SAP R/3 **153**

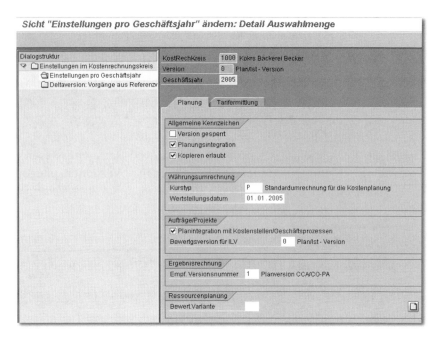

Abbildung 3.17 Details zur Planversion 0 im Jahr 2005

Mit dem Speichern dieses Bildes ist die Pflege der Planversion abgeschlossen.

3.5.2 Mengenbeziehungen

Planung von Mengen und Werten

Intuitiv beginnen die meisten Kostenrechner mit der Planung der Kosten und suchen dann mehr oder weniger geeignete Schlüssel, nach denen sie die Kosten verteilen können. Der betriebswirtschaftliche Ansatz der Leistungsverrechnung und die entsprechende Funktion in SAP R/3 funktioniert genau umgekehrt: Am Beginn der Kostenstellenplanung steht die Planung der Mengenbeziehungen. Erst danach planen Sie die Kosten, die für die zu leistenden Mengen anfallen werden.

Die Leistungsbeziehungen der Kostenstellen in der Bäckerei Becker sind in Abbildung 3.18 dargestellt. Da fast alle hier aufgeführten Kostenstellen Räume innerhalb des »Gebäude Betrieb« nutzen, finden Sie viele (genau acht) Pfeile von dieser Kostenstelle weg hin zu »Elektriker«, »Arbeitsvorbereitung« usw. Umgekehrt nutzt die Kostenstelle »Gebäude Betrieb« Leistungen unter anderem von »Elektriker« und »Schlosser«. In der Praxis entstehen solche zirkulären Leistungsbeziehungen noch in weit größerem Umfang, so genannte Interdependenzen, die uns später bei der Tarifermittlung wieder beschäftigen werden.

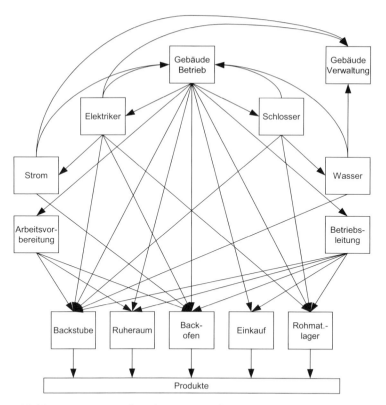

Abbildung 3.18 Mengenbeziehungen zwischen Kostenstellen

Die Kostenstellen »Arbeitsvorbereitung«, »Strom«, »Elektriker«, »Gebäude Betrieb«, »Gebäude Verwaltung«, »Schlosser«, »Wasser« und »Betriebsleitung« geben Leistungen an andere Kostenstellen ab. Entsprechend der betriebswirtschaftlichen Definition aus dem ersten Abschnitt dieses Kapitels sprechen wir hier von sekundären Kostenstellen. Die primären Kostenstellen »Backstube«, »Ruheraum« usw. bis »Rohmateriallager« geben ihre Leistungen nicht an andere Kostenstellen ab, sondern an Produkte. Weitere primäre Kostenstellen wie »Geschäftsleitung«, »Finanzbuchhaltung«, »Vertrieb« sind hier im Bild nicht dargestellt. Die dort geplanten Kosten werden in die Ergebnisrechnung übernommen.

Bei primären und sekundären Kostenarten haben Sie unterschiedliche Funktionen zum Anlegen im System SAP R/3 kennen gelernt. Bei den primären und sekundären Kostenstellen werden Sie entsprechend unterschiedliche Funktionen vergeblich suchen. Im System SAP R/3 tauchen nicht einmal die Begriffe primäre und sekundäre Kostenstelle auf. Es handelt sich um betriebswirtschaftliche Definitionen, die sich aus der Verwendung der Kostenstellen ergeben.

Verrechnungen zwischen Kostenstellen

Einstieg in die Planung

Zum Einstieg in die Planung müssen Sie zunächst ein Planerprofil wählen. Mit dem Planerprofil legen Sie fest, welche Bildschirmmasken Sie für die Planung verwenden wollen. Einige Planungsmasken aus dem SAP-Standard werden Sie in diesem und in den kommenden Abschnitten kennen lernen. Zur Einstellung des Planerprofils nutzen Sie Transaktion KP04, im Menü **Rechnungswesen · Controlling · Kostenstellen · Planung · Planerprofil setzen** (siehe Abbildung 3.19). Wir wählen **SAPALL**, mit diesem Planerprofil können (fast) alle Planungsaktivitäten durchgeführt werden.

Abbildung 3.19 Planerprofil setzen

Jetzt beginnt die Mengenplanung mit der Erfassung einer Leistungsabgabe. Nutzen Sie hierfür die Transaktion KP26, im Menü **Rechnungswesen · Controlling · Kostenstellen · Planung · Leistungserbringung/Tarife · Ändern** (siehe Abbildung 3.20).

Abbildung 3.20 Leistungsabgabe – Einstieg

Kostenrechnungskreis setzen

Alle Aktivitäten in der Gemeinkostenrechnung von SAP beziehen sich auf einen Kostenrechnungskreis. Die meisten Benutzer arbeiten tagtäglich mit ein und demselben Kostenrechnungskreis. Also macht es Sinn, diesen »Heimat«-Kreis als Vorzugswert im System zu hinterlegen. In SAP R/3 werden hierfür die so genannten *Benutzervariablen* genutzt. In den Benutzervariablen merkt sich das System einige Ihrer persönlichen Vorlieben. Den Eintrag ändern Sie mit der Funktion **Kostenrechnungskreis setzen**, die Sie z.B. aus der gezeigten Planungsmaske heraus erreichen über das Menü **Zusätze · Kostenrechnungskreis setzen** (siehe Abbildung 3.21).

Sie können den Kostenrechnungskreis hier ändern und mit dem Button **Als Benutzerparameter sichern** fest im System hinterlegen.

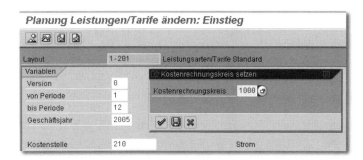

Abbildung 3.21 Kostenrechnungskreis setzen

Der **Kostenrechnungskreis** ist gesetzt. **Version**, **Periode**, **Geschäftsjahr** und **Kostenstelle** sind selektiert. Wir steigen in die Planung ein, indem wir den Button **Übersichtsbild** drücken (siehe Abbildung 3.22). Entsprechend der Periodenauswahl 1 bis 12 pflegen wir mit einem Eintrag in der Spalte **Planleistung** die gesamte Stromabgabe in Höhe von 400 000 kWh.

Übersichtsbild

Abbildung 3.22 Leistungsabgabe – Übersichtsbild

Planwerte werden in der Gemeinkostenrechnung immer in Perioden, d.h. Monaten gespeichert. Der Jahreswert von 450 000 kWh wird automatisch auf zwölf Monate mit jeweils 33 333 kWh verteilt. Die Werte der Einzelmonate sind im **Periodenbild** sichtbar. Statt der Planung des Jahres-

Periodenbild

wertes mit automatischer Verteilung auf die einzelnen Monate können Sie auch direkt in das Periodenbild einsteigen und die einzelnen Monate getrennt planen.

Planung Leistungen/Tarife ändern: Periodenbild

Version: 0
Geschäftsjahr: 2005
Kostenstelle: 210 — Strom
Leistungsart: L210 — KWH Strom

P..	Planleistung	Kapazität	EH	Tarif fix	Tarif var	Tar.EH	P.	P.	D.	VKostenart	T	Ä-Ziff	Dis
1	33.333,333		KWH			00001	1			6210	1	1	
2	33.333,334		KWH			00001	1			6210	1	1	
3	33.333,333		KWH			00001	1			6210	1	1	
4	33.333,333		KWH			00001	1			6210	1	1	
5	33.333,334		KWH			00001	1			6210	1	1	
6	33.333,333		KWH			00001	1			6210	1	1	
7	33.333,333		KWH			00001	1			6210	1	1	
8	33.333,334		KWH			00001	1			6210	1	1	
9	33.333,333		KWH			00001	1			6210	1	1	
10	33.333,333		KWH			00001	1			6210	1	1	
11	33.333,334		KWH			00001	1			6210	1	1	
12	33.333,333		KWH			00001	1			6210	1	1	
*Pe	400.000	0											

Abbildung 3.23 Leistungsabgabe – Periodenbild

Leistungsaufnahme

Jetzt haben wir im System hinterlegt, dass die Kostenstelle »Strom« 450 000 kWh als Leistung bereitstellt. Im nächsten Schritt definieren wir die Leistungsempfänger. Dabei wurde der Verbrauch des größten Abnehmers, des Backofens (Kostenstelle 330), über einen längeren Zeitraum mit paralleler Festhaltung der Laufzeit echt gemessen. Gerundet ergibt sich für die Planlaufzeit von einem Jahr ein Verbrauch von 360 000 kWh. Diese Menge wird dann mit einem durchschnittlichen Planpreis pro kWh bewertet. Durchschnittlich deswegen, weil der Planpreis einen Mischwert zwischen Tag- und Nachtstrom darstellt. Bei stromintensiven Aggregaten, wie etwa Elektroschmelzöfen in der Eisen- bzw. Stahlindustrie, wird sogar eine getrennte Verrechnung von Tag- und Nachtstrom vorgenommen.

Bei den übrigen Kostenstellen wird der durchschnittliche Monatsverbrauch rechnerisch über Nutzungszeit, Anschlusswert und den durchschnittlichen Lastgrad ermittelt. Geringfügige Verbräuche werden geschätzt. Auf den Gebäudekostenstellen ist auch der Beleuchtungsstrom für das gesamte Areal und die Produktions- bzw. Bürogebäude geplant.

Nutzen Sie für die Planung der Leistungsaufnahme die Transaktion KP26, im Menü **Rechnungswesen · Controlling · Kostenstellen · Planung · Kosten/Leistungsaufnahmen · Ändern** (siehe Abbildung 3.24).

Springen Sie mit dem Button **Nächstes Layout** zum Planungsbildschirm 1–102 Leistungsaufnahmen leistungsunabh./abh. Bei **Kostenstelle** bzw. **Leistungsart** wählen Sie die Empfänger der Leistungsverrechnung (hier »110 Grundstück« bis »650 Versand«), bei **Senderkostenstelle** bzw. **Senderleistungsart** nutzen wir die oben gezeigte Kostenstelle »210 Strom« mit der Leistungsart »L210 kWh Strom«.

Nächstes Layout

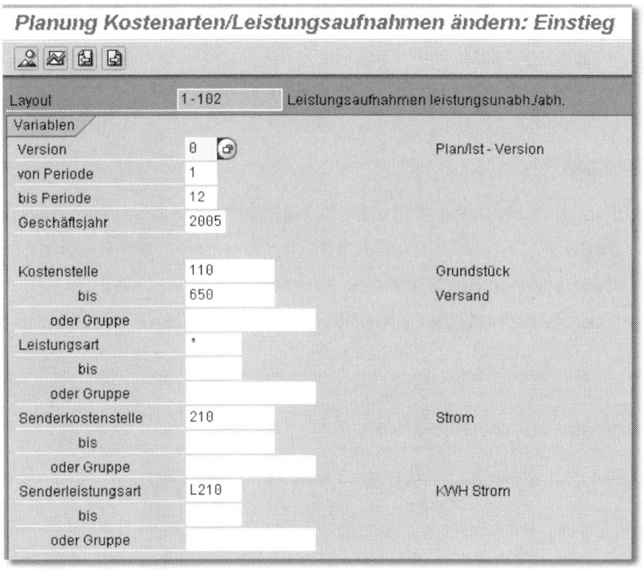

Abbildung 3.24 Leistungsaufnahme – Einstieg

Bei der Kostenstelle »Backofen« ist der Hauptverbrauch abhängig von der Backleistung, er ist also als variabel einzustufen (**Planverbrauch var.**). Fix ist in dieser Kostenstelle der Verbrauch für das Aufheizen bzw. Warmhalten zu setzen (**Planverbrauch fix**). Dies sind etwa 30 % des zu planenden Stromverbrauchs (siehe Abbildung 3.25).

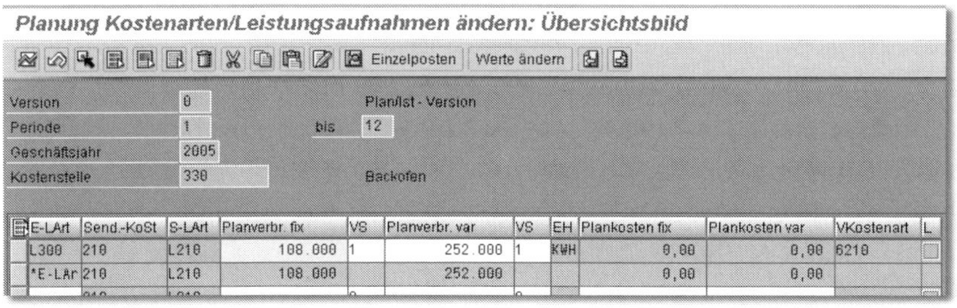

Fixe und variable Anteile beim Stromverbrauch

Abbildung 3.25 Leistungsaufnahme – Übersicht

Über die Differenzierung der Kostenanteile, in diesem Fall der Stromverbräuche in variable und fixe Anteile, mehr in den Ausführungen zur Kostenplanung (siehe Abschnitt 3.5.4).

Stromverbrauch auf den weiteren Kostenstellen

Der auf den Raumkostenstellen (Grundstück und Gebäude) zu planende Stromverbrauch betrifft einzig die Beleuchtung der Außenanlagen bzw. der Gebäude. Dieser Verbrauch ist unabhängig von der Beschäftigung der in den Gebäuden untergebrachten Kostenstellen. Deshalb werden diese Verbräuche voll fix gesetzt.

Die übrigen Stromverbräuche werden voll variabel geplant. Die dort an sich fix zu setzenden Mengen werden aus Vereinfachungsgründen ebenfalls als variabel angesetzt.

Bericht Leistungsarten

Eine Übersicht der geplanten Mengenbeziehungen erhalten Sie mit Transaktion S_ALR_87013630, im Menü **Rechnungswesen · Controlling · Kostenstellen · Infosystem · Berichte zur Kostenstellenrechnung · Planungsberichte · Leistungsarten: Empfänger Plan** (siehe Abbildung 3.26).

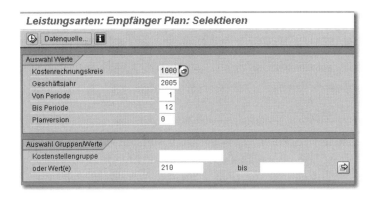

Abbildung 3.26 Leistungsarten Empfänger Plan – Einstieg

Disponierte Leistung versus Planleistung

Der Abruf von Leistungen durch die Empfänger erzeugt beim Sender *disponierte Leistungen*. Die Empfänger sind in unserem Beispiel im Block **Partnerobjekte** dargestellt (siehe Abbildung 3.27). Daraus ergibt sich eine disponierte Leistung für die Kostenstelle »210 Strom« von 450 000 kWh. Getrennt von der disponierten Leistung wird die **Planleistung** der Kostenstelle gespeichert. Die Planleistung hatten wir weiter oben manuell erfasst mit ebenfalls 400 000 kWh (siehe Abbildung 3.22).

Mit dem Vergleich von disponierten Leistungen (Planung bei den Empfängern) und Planleistungen (Planung auf der Senderkostenstelle) haben Sie als Controller eine weitere Gelegenheit, mit den Kostenstellenverantwortlichen zu diskutieren, um die Mengen abzustimmen. Wie in diesem Beispiel dargestellt werden die Planungen der leistenden Kostenstellen oft nicht mit den Planungen der Empfänger übereinstimmen. In der Kostenstellenrechnung von R/3 finden Sie eine Funktion zur Abstimmung dieser unterschiedlichen Planzahlen (siehe Abschnitt 3.5.6).

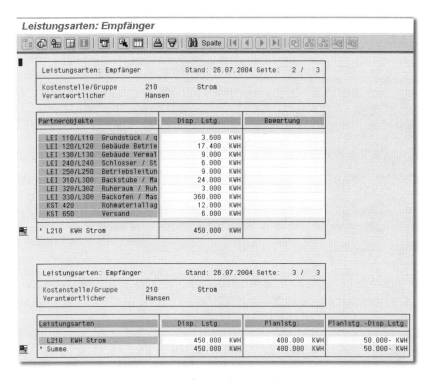

Abbildung 3.27 Leistungsarten Empfänger Plan – Bericht

3.5.3 Abschreibungen

Die Pflege von Anlagen mit den entsprechenden Regeln zur Ermittlung der Abschreibungen haben Sie bereits in Kapitel 2, *Kostenarten*, kennen gelernt. Das dort beschriebene Modul FI-AA – *Asset Accounting* (deutsch: Anlagenbuchhaltung) kann auch für die Planung hilfreich sein. Wir betrachten hier die Kostenstelle »210 Strom« mit einer einzigen Anlage, einer Trafostation, der ein Anschaffungswert von 96 000 € zugrunde liegt. Technische Anlagen und Maschinen werden in diesem Unternehmen auf acht Jahre linear abgeschrieben, was eine AfA von 12 000 € pro Jahr bzw. 1 000 € pro Monat ergibt.

Zur Übernahme von geplanten Abschreibungen aus der Anlagenbuchhaltung in die Kostenstellenrechnung nutzen Sie Transaktion

S_ALR_87099918, im Menü **Rechnungswesen · Controlling · Kostenstellenrechnung · Planung · Planungshilfen · Übernahmen · AfA/Zinsen AM** (siehe Abbildung 3.28).

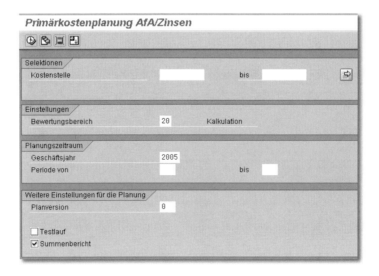

Abbildung 3.28 Übernahme von Abschreibungen – Einstieg

Geplante Abschreibungen
Die Abschreibungen werden für jeden Monat des Planjahres ermittelt und gespeichert (siehe Abbildung 3.29).

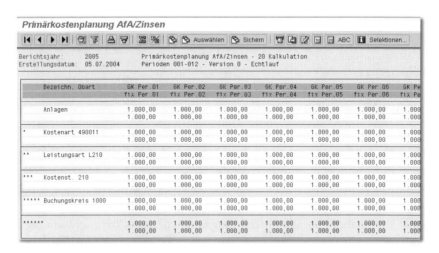

Abbildung 3.29 Übernahme von Abschreibungen – Protokoll

Kostenstellenbericht
Als Controller sind Sie von Berufs wegen misstrauisch. Also glauben Sie ohne Kontrolle sicher nicht, dass das Protokoll eines anderen Moduls

Werte anzeigt, die auch tatsächlich im Controlling ankommen. Zur Sicherheit nutzen wir deshalb einen Bericht aus der Kostenstellenrechnung mit Transaktion S_ALR_87013611, im Menü **Rechnungswesen · Controlling · Kostenstellenrechnung · Infosystem · Berichte zur Kostenstellenrechnung · Plan-/Ist-Vergleiche · Kostenstellen: Ist/Plan/Abweichung** (siehe Abbildung 3.30). Sie wählen **Kostenrechnungskreis**, **Geschäftsjahr**, **Periode von/bis** und die **Planversion**. Die einzige Kostenstelle, die uns im Moment interessiert, ist die Stromkostenstelle mit der Nummer 210. Diesen Wert tragen Sie im Feld **Kostenstellengruppe oder Wert(e)** ein. Wie Sie sehen, könnten Sie hier Kostenstellengruppen selektieren, um Daten hierarchisch zu gruppieren. Die Felder hinter **Kostenartengruppe oder Wert(e)** lassen Sie leer. Kein Eintrag bedeutet hier: Selektiere alles.

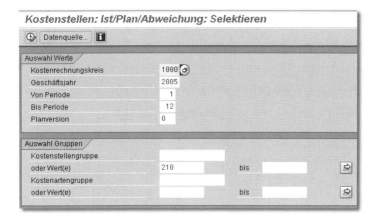

Abbildung 3.30 Bericht Kostenstellen – Einstieg

Mit dem Button **Ausführen** wird der Bericht gestartet (siehe Abbildung 3.31). Siehe da, die geplanten Abschreibungen aus der Anlagenbuchhaltung sind tatsächlich auf der Kostenstelle in der Spalte **Plankosten** angekommen.

Sie sehen hier einen Bericht zum Vergleich von Ist- und Plankosten. Zur Zeit der Planung des Jahres 2005 sind selbstverständlich noch keine Istkosten gebucht. Wie Sie sehen, wurde der Bericht am 5.7.2004 ausgeführt. Entsprechend sind die gesamten Plankosten zugleich Abweichungen. Diese Abweichung des Ist zum Plan ist in der Spalte **Abw (abs)** als absoluter Betrag und unter **Abw (%)** relativ dargestellt.

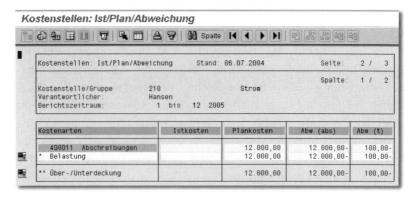

Abbildung 3.31 Plankosten für Abschreibungen

Abschreibungen in der Praxis

Zu schön, um wahr zu sein? Die Controller drücken auf einen Knopf und bekommen die Abschreibungen des folgenden Jahres auf ihre Kostenstellen gebucht? Technisch ist das, wie Sie gesehen haben, kein Problem. In der Praxis müssen allerdings einige organisatorische Voraussetzungen erfüllt sein:

- Die Anlagen müssen den richtigen Kostenstellen zugeordnet sein.
- Bestehende Anlagen müssen vollständig aktiviert sein.
- Geplante Investitionen müssen im Anlagenstamm hinterlegt werden.

Untersuchen wir diese Voraussetzungen im Einzelnen:

Verknüpfung von Anlagen und Kostenstellen

Die Anlagen müssen den richtigen Kostenstellen zugeordnet sein. Lachen Sie nicht! Diese Forderung erscheint selbstverständlich. Wenn Sie sich die Organisation in den meisten Unternehmen betrachten, wird klar, warum sie nicht immer erfüllt ist. Die Anlagenbuchhalter sind dem Finanzwesen zugeordnet. Dementsprechend interessieren sie sich für Bilanzen und GuVs, die das Unternehmen als Ganzes beleuchten. Die Zuordnung von Anlagen und Anlagenteilen zu Kostenstellen ist oft ein eher lästiger Service für die benachbarte Abteilung, das Controlling. Insbesondere die Teilung von einmal aktivierten Anlagen und der Umzug auf andere Kostenstellen werden erfahrungsgemäß gar nicht oder nur schleppend nachvollzogen.

Vollständige Aktivierung der Anlagen

Bestehende Anlagen müssen vollständig aktiviert sein. Diese Forderung ist auch beim besten Willen der Anlagenbuchhalter nicht erfüllbar. Probleme gibt es bei den so genannten »Anlagen im Bau«. Gebäude oder Maschinen, deren Bau zwar schon begonnen wurde, die aber noch nicht im Betrieb sind, werden in dieser Warteposition geführt. Die bisher angefallenen Kosten sind bereits als Anschaffungswert verfügbar. Die Zuordnung zur Anlagenklasse steht allerdings noch aus. Entsprechend können Abschreibungen, auch für den Plan, noch nicht gerechnet werden.

Geplante Investitionen müssen im Anlagenstamm hinterlegt sein. Aus den oben genannten organisatorischen Gründen denken die Anlagenbuchhalter eher vergangenheitsorientiert. Entsprechend hoch ist der Aufwand, die Kollegen davon zu überzeugen, Werte für eventuell im kommenden Jahr zu aktivierende Anlagen bereits in der Planungsphase im Herbst des laufenden Jahres im System zu erfassen. Über den Anlagenstamm hinaus bietet das System R/3 mit Innenaufträgen, dem Projektsystem und dem Investitionsmanagement Komponenten, mit denen zukünftige Investitionen geplant werden können.

Geplante Investitionen

Was schließen wir daraus? Die Übernahme von Abschreibungen im Plan ist eine technische Spielerei – in der Praxis unbrauchbar? Moment, jetzt schütten wir das Kind mit dem Bade aus. Sorgen Sie dafür, dass die erste Voraussetzung, »Zuordnung von Anlagen und Kostenstellen«, in Ihrem Unternehmen erfüllt ist. Diese Zuordnung brauchen Sie für korrekte Istbuchungen sowieso. Jetzt können Sie zumindest für die bestehenden und bereits aktivierten Anlagen die geplanten Abschreibungen vom System buchen lassen. Danach werden Sie meistens manuell nacharbeiten (wenn Controller manuell arbeiten, nutzen sie Excel, das ist ihre »Muttersprache«) oder eine der SAP-Komponenten Innenaufträge, Projektsystem oder Investitionsmanagement einsetzen. Sie untersuchen die Anlagen im Bau und besprechen mit der Technik die darüber hinaus geplanten Investitionen. Die so ermittelten Werte erfassen Sie dann zusätzlich zu den bereits maschinell gebuchten. Wie das geht, erfahren Sie im nächsten Abschnitt.

Nacharbeit im Controlling

3.5.4 Primäre Kostenarten

Zusätzlich zur Abschreibung, die wir automatisch für Kostenstelle »210 Strom« ermittelt haben, sollen die Kosten für Reparaturmaterial als fixe Kosten und der Fremdstrom vom Elektrizitätswerk als teilweise fix und teilweise variabel geplant werden.

Zur Erfassung von Plandaten nutzen Sie Transaktion KP06, im Menü **Rechnungswesen · Controlling · Kostenstellen · Planung · Kosten/Leistungsaufnahmen · Ändern** (siehe Abbildung 3.32).

Plandaten erfassen

Die Angaben zu **Version**, **Periode von/bis**, **Geschäftsjahr** und **Kostenstelle** kennen Sie bereits aus dem Bericht **Plan-/Ist-Vergleich** (siehe Abbildung 3.30). Wenn Sie statt einer einzelnen Kostenstelle hier eine Kostenstellengruppe wählen, dann werden Ihnen in der folgenden Planungsmaske alle einzelnen Kostenstellen der Gruppe zur Planung angeboten. Eine verdichtete Planung für mehrere Kostenstellen ist hier nicht möglich.

Bei **Kostenart** tragen Sie * ein. Das Zeichen * hat hier die gleiche Bedeutung wie das Leerzeichen beim Einstieg in den Bericht weiter oben, nämlich: »Selektiere alles.« Die Bedeutung der **Leistungsart** wurde bereits erklärt (siehe Abschnitt 3.5.1).

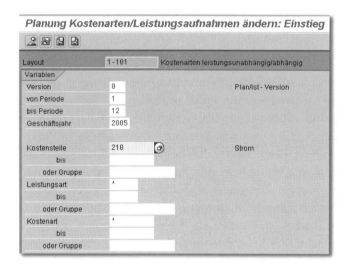

Abbildung 3.32 Kostenplanung auf Kostenstellen – Einstieg

Planung: Übersichtsbild

Im Einstieg der Planung drücken Sie bitte den Button **Übersichtsbild** (siehe Abbildung 3.33). Die geplanten Kosten von 12 000 € hinter der Kostenart 490011 kennen Sie bereits. Das sind die Abschreibungen, die uns die Anlagenbuchhaltung übergeben hat. Diesen Wert können Sie hier bei Bedarf ändern. In der ersten Zeile dieses Planungsbildschirms erkennen Sie die Kosten für den »Fremdstrom« unter der Kostenart 405103. Dabei haben wir 5 000 € aus fixem Anteil für den Leistungspreis und 40 000 € als Arbeitspreis für den tatsächlichen Stromverbrauch eingestellt. Zusätzlich sind 5 000 € für »Reparaturmaterial« mit der Kostenart 456112 geplant.

Planung: Periodenbild

In der Gemeinkostenrechnung von SAP R/3 werden Planwerte immer auf Perioden, d.h. Monate, verteilt. Die erfassten Jahreswerte speichert das System in zwölf Einzelwerten. Das Periodenbild erreichen Sie, indem Sie eine Zeile markieren, z.B. Kostenart 456112, und dann den Button **Periodenbild** drücken (siehe Abbildung 3.34).

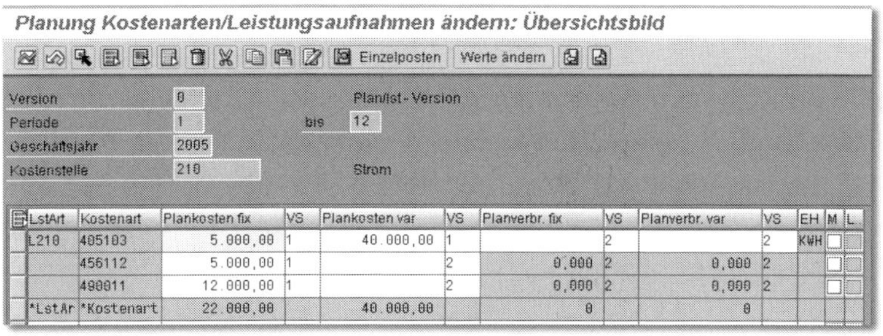

Abbildung 3.33 Fixe Kosten auf der Kostenstelle Strom

Die gleichmäßige Verteilung auf die einzelnen Monate entspricht dem, was wir erwartet hatten. Wenn Sie genau hinsehen, fällt allerdings auf, dass nicht in jeder Periode 416,666666 € gespeichert sind – Excel würde das so machen. Stattdessen gilt das SAP-Gesetz: »Der Cent ist nicht teilbar!« Währungsbeträge werden immer auf eine definierte Anzahl von Stellen gerundet, hier ganze Cent. Das System speichert in jedem einzelnen Monat 416,66 oder 416,67 €. Um in Summe auf den glatten Betrag von 5 000,00 € zu kommen, werden acht Mal 416,67 € und vier Mal 416,66 € berechnet und gleichmäßig auf die zwölf Monate des Jahres 2005 verteilt. In diesem Beispiel mag der Hinweis auf diese Rundungsdifferenzen kleinlich sein. Tatsächlich gilt das SAP-Gesetz: »Der Cent ist nicht teilbar!« für das gesamte System R/3. Vielleicht ist die eine oder andere Irritation in Ihrer betrieblichen Praxis mit diesem Phänomen erklärbar, und Sie erinnern sich dann an diesen Absatz.

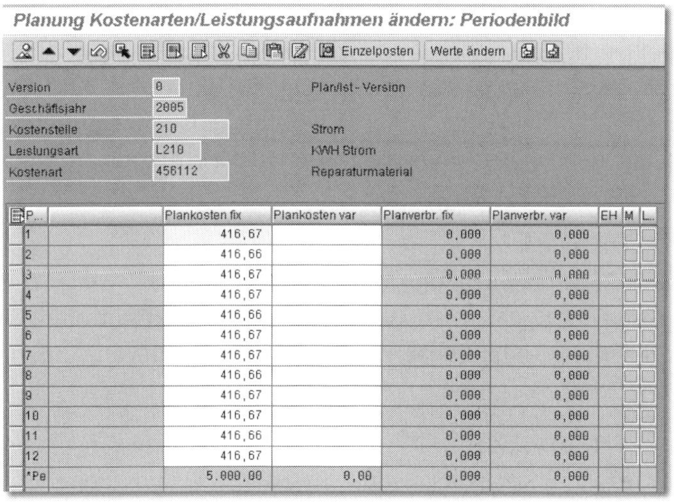

Periodenbild

Abbildung 3.34 Reparaturmaterial im Periodenbild

Planung in SAP R/3 **167**

Kostenstellen-bericht

Wir führen den oben bereits vorgestellten Kostenstellenbericht wieder aus mit Transaktion S_ALR_87013611, im Menü **Rechnungswesen · Controlling · Kostenstellenrechnung · Infosystem · Berichte zur Kostenstellenrechnung · Plan-/Ist-Vergleiche · Kostenstellen: Ist/Plan/Abweichung** (siehe Abbildung 3.35). Sie sehen jetzt Plankosten für drei Kostenarten, im Bericht, anders als im Planungslayout, mit Texten für die Kostenarten.

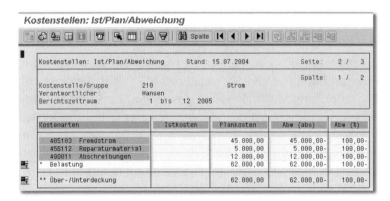

Abbildung 3.35 Plankosten – primäre Kostenarten

3.5.5 Ressourcenplanung

Bei den Planungen bisher haben wir Werte in Euro bearbeitet. Durchaus sinnvoll kann bei der Planung von Primärkosten in bestimmten Fällen die Bearbeitung von Mengen sein. Bei Lohn z. B. wollen wir nicht den absoluten Wert erfassen, sondern einen Preis pro Stunde und die Verbrauchsmengen für definierte Kostenstellen planen. Falls wir im Laufe der Planung den Preis ändern, wird diese Änderung nur an einer Stelle im System durchgeführt. Die Werte auf den verschiedenen Kostenstellen werden dann mit dem neuen Preis aktualisiert. Diese Art der Planung heißt im SAP-System *Ressourcenplanung*.

Ressource Stammdaten

Wie sollte es anders sein – wie immer bei der Arbeit mit SAP benötigen wir auch bei der Ressourcenplanung zunächst Stammdaten. Nutzen Sie hierfür Transaktion KPR2, im Menü **Rechnungswesen · Controlling · Kostenstellenrechnung · Stammdaten · Ressourcen · Anlegen/Ändern** (siehe Abbildung 3.36).

Für die Bäckerei Becker wurden vier Ressourcen definiert, zwei für Lohn und zwei für Gehalt. Betrachten wir die Ressource »Lohngruppe 01« genauer. Sie wird im System mit dem Schlüssel LG01 gespeichert. In der Spalte **Ressourceneinheit** finden Sie STD, die Abkürzung für Stunden.

Das ist die Mengeneinheit, die wir bei der Planung verwenden wollen. Ebenso wichtig ist die Kostenart, hier 431010.

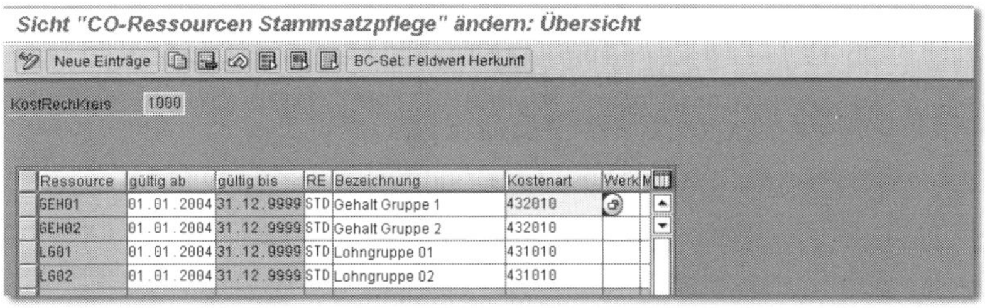

Abbildung 3.36 Ressource – Stammdaten anlegen

Für die Auswahl des Planerprofils kennen Sie bereits die Transaktion KP04, im Menü **Rechnungswesen · Controlling · Kostenstellen · Planung · Planerprofil setzen**. Für die Ressourcenplanung ist das oben benutzte Profil SAPALL ungeeignet. Nutzen Sie stattdessen das Profil SAPR&R das für die Ressourcen- und Rezeptplanung eingerichtet wurde (siehe Abbildung 3.37).

Planerprofil wählen

Abbildung 3.37 Planerprofil setzen

Was wir Ihnen jetzt zeigen möchten, ist ganz einfach: Als Lohnsatz für die Hilfslöhne in der Lohngruppe 1 wird für das Jahr 2005 10 €/Std. angenommen. In der Kostenstelle »210 Strom« wird eine Person dieser Lohngruppe mit zehn Stunden pro Monat eingesetzt. Sie erwarten maximal zwei schlichte Bildschirmmasken für die Erfassung der Dauer und des Preises. Die Stammdaten sind ja schon alle da – denken Sie. Die Ressourcenplanung in SAP R/3, Sie werden es gleich sehen, entspricht allerdings nicht wirklich dieser Erwartung.

Steigen wir ein in die Planung mit der bekannten Transaktion KP06, im Menü **Rechnungswesen · Controlling · Kostenstellen · Planung · Kosten/Leistungsaufnahmen · Ändern**. Bei der Planung von »diversen Fixkosten« fanden Sie hier das Layout 1–101 **Kostenarten leistungsunabhängig/abhängig** (siehe Abbildung 3.32), jetzt ist als Layout 1–1R1 **Ressourcenplanung** eingestellt (siehe Abbildung 3.38). Woran liegt das?

Plandaten für Ressourcen erfassen

Ja klar, am Planerprofil! Mit dem Planerprofil steuern Sie unter anderem, welches Layout hier in der Transaktion KP06 angeboten wird.

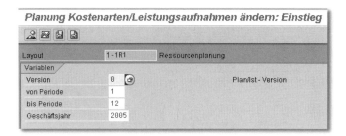

Abbildung 3.38 Planungslayout für Ressourcenplanung

Wir beginnen mit der Erfassung des Planpreises von 10,00 €/Std. für Lohngruppe 1. Die entsprechende Funktion erreichen Sie aus der Planungsmaske über das Menü **Zusätze · Ressourcenplanung · Preise pflegen** (siehe Abbildung 3.39).

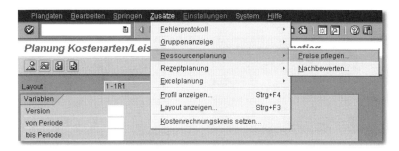

Abbildung 3.39 Ressourcenplanung – Preise pflegen

Konditionssätze Zugriffsfolge Arbeitsbereich

Sie steigen jetzt ein in die Auswahl »Pflege von Konditionssätzen« (siehe Abbildung 3.40).

Abbildung 3.40 Ressourcenplanung – Einstieg

Danach wählen Sie die Zugriffsfolge **Preis pro Kostenrechnungskreis** (siehe Abbildung 3.41).

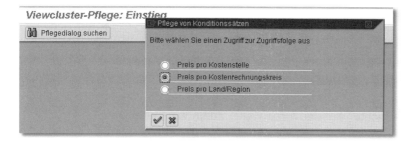

Abbildung 3.41 Ressourcenpreise – Zugriff wählen

Schließlich werden Sie aufgefordert, einen **Arbeitsbereich** festzulegen. Wählen Sie hier Ihren **Kostenrechnungskreis**, die **Version** und das **Geschäftsjahr** der Planung (siehe Abbildung 3.42).

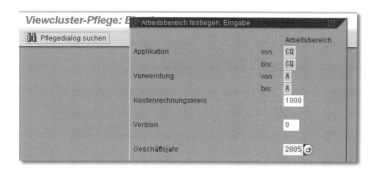

Abbildung 3.42 Ressourcenpreise – Arbeitsbereich festlegen

Und endlich, wir hatten die Hoffnung schon fast aufgegeben, erreichen wir einen Bildschirm, auf dem wir unsere Preise ablegen können (siehe Abbildung 3.43).

Preis planen

Abbildung 3.43 Ressourcen – Preis pflegen

Planung in SAP R/3   **171**

Menge planen Die Mengenplanung kann ja nur einfacher sein, und sie ist es auch. Nach dem Speichern des Ressourcenpreises landen Sie wieder auf dem Einstiegsbild der Planung mit dem Layout **Ressourcenplanung** (siehe Abbildung 3.44). Die Auswahlfelder kennen Sie fast alle bereits aus der Planung der primären Kosten in Abschnitt 3.5.4 (siehe oben Abbildung 3.32). Zusätzlich besteht hier die Möglichkeit, die Ressource zu wählen. Wir verzichten auf die Vorauswahl, indem wir * eintragen.

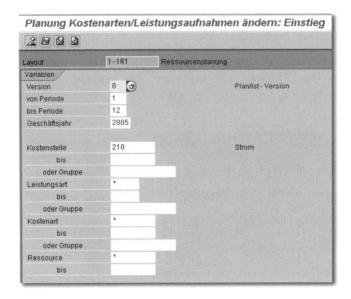

Abbildung 3.44 Ressourcenplanung – Einstieg

Im Übersichtsbild der Ressourcenplanung erfassen wir jetzt die Menge von 120 Std. zur Ressource LG01, das ist die Jahresmenge bei einem Verbrauch von zehn Stunden pro Monat (siehe Abbildung 3.45). Der Wert in der Spalte **Plankosten var.** von 1 200 € wird vom System errechnet. Das Feld in dieser Zeile ist grau hinterlegt, ein Hinweis auf den Schreibschutz.

Die Werte in den anderen drei Zeilen kennen wir schon. Das sind unsere Plandaten für »Fremdstrom«, »Abschreibungen« und »Reparaturmaterial«. Diese Kostenarten wurde ohne Ressource geplant, hier zu erkennen am Symbol # in der Spalte **Ressource**. Für diese Kostenarten sind die Spalten **Plankosten fix** und **Plankosten var.** nicht gesperrt, wir könnten hier Änderungen erfassen.

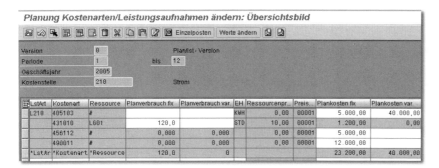

Abbildung 3.45 Ressourcenplanung – Mengenplanung

Wieder lohnt ein Blick auf den Kostenstellenbericht mit der bekannten Transaktion S_ALR_87013611, im Menü **Rechnungswesen • Controlling • Kostenstellenrechnung • Infosystem • Berichte zur Kostenstellenrechnung • Plan-/Ist-Vergleiche • Kostenstellen: Ist/Plan/Abweichung** (siehe Abbildung 3.46).

Kostenstellenbericht

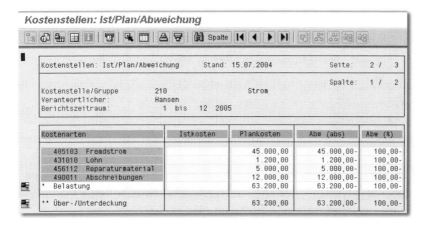

Abbildung 3.46 Plankosten mit Strom

Direkt in diesem Kostenstellenbericht sind die gespeicherten Mengeninformationen verfügbar. Nutzen Sie hierfür den Button **Seite rechts** (siehe Abbildung 3.47).

Mengen im Kostenstellenbericht

Die Ressourcenplanung und damit die gesamte Planung der primären Kostenarten ist abgeschlossen. Die Leistungsbeziehungen der Kostenstellen untereinander haben wir ebenfalls bereits als Mengenpläne für die Leistungsverrechnung im System hinterlegt. Wenn Sie die Mengenplanung der Kostenstelle Strom nochmals vor Ihrem geistigen Auge Revue passieren lassen, werden Sie sich an eine Mengendifferenz der

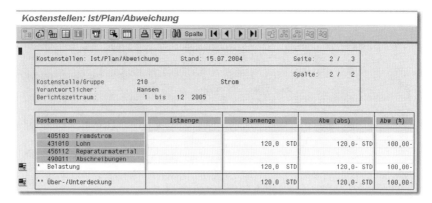

Abbildung 3.47 Plankosten – Anzahl Stunden für Lohn

Planleistung zur disponierten Leistung erinnern. Wir lösen diese Differenz im nächsten Abschnitt mit der Planabstimmung auf.

3.5.6 Planabstimmung

Nachdem wir Ihnen im Abschnitt 3.4.8 die betriebswirtschaftlichen Anforderungen an die Planabstimmung dargelegt haben, wollen wir Ihnen nun die Lösungsansätze des R/3-Moduls CO vorstellen.

Disponierte Leistung und Planleistung

Im Abschnitt zur Mengenplanung (siehe Abschnitt 3.5.2) hatten wir für die Kostenstelle Strom eine Leistungsabgabe geplant, die nicht mit der Summe übereinstimmt, die von den Leistungsempfängern abgerufen wird (siehe Abschnitt 3.5.2). Rufen wir zur Erinnerung noch einmal den Bericht mit den geplanten Leistungsmengen auf. Wir nutzen Transaktion S_ALR_87013630, im Menü **Rechnungswesen · Controlling · Kostenstellen · Infosystem · Berichte zur Kostenstellenrechnung · Planungsberichte · Leistungsarten: Empfänger Plan** (siehe Abbildung 3.48).

Die Kostenstelle 210 plant, 400 000 kWh Strom abzugeben, zu erkennen im unteren Abschnitt in der Spalte **Planlstg.** (Planleistung). Verschiedene Kostenstellen, Grundstück, Gebäude, Schlosser usw. benötigen Strom. In Summe habe diese Leistungsempfänger 450 000 kWh Strom angefordert. Dargestellt sind die einzelnen Werte und die Summe in der Spalte **Disp.Lstg.** (Disponierte Leistung). Die disponierte Leistung ist 50 000 kWh höher als die geplante.

Manuelle Anpassungen versus maschinelle Planabstimmung

Was soll jetzt geschehen? Sie können alle Planungsverantwortlichen an einen Tisch bringen und eine Einigung herbeiführen. Mit dem Ergebnis dieser Diskussion steigen Sie dann wieder ein in die manuelle Planung von Mengen und Kosten.

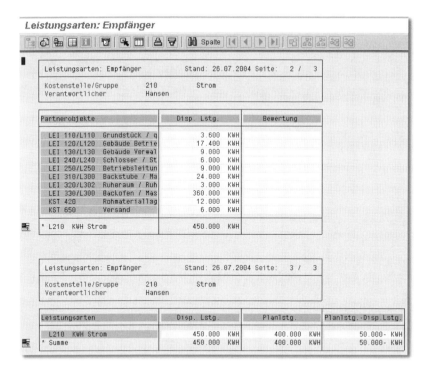

Abbildung 3.48 Disponierte Leistung und Planleistung

Oder – Sie nutzen die maschinelle Funktion zur Planabstimmung von R/3. Zwei Funktionen werden von der Planabstimmung durchgeführt:

▶ Die Summe der disponierten Leistungen wird als Planleistung festgelegt.

▶ Die variablen Kosten werden an die neue Planleistung angepasst.

Damit wir diese beiden Schritte im Detail nachvollziehen können, werfen wir noch einmal einen Blick auf die Ausgangssituation. Die Planleistung hatten wir bearbeitet mit Transaktion KP26, im Menü **Rechnungswesen · Controlling · Kostenstellen · Planung · Leistungserbringung/Tarife · Ändern** (siehe Abbildung 3.49).

Planleistung vor Planabstimmung

Die Planleistung (Leistungsabgabe) ist hier manuell änderbar. Zur Information werden disponierte Leistungen (Summe der Leistungsempfänger) in der Spalte am rechten Bildrand dargestellt.

Die geplanten Kosten haben wir ebenfalls schon einmal angesehen mit Transaktion KP06, im Menü **Rechnungswesen · Controlling · Kostenstellen · Planung · Kostenarten/Leistungsaufnahmen · Ändern** (siehe Abbildung 3.50).

Kosten vor Planabstimmung

Abbildung 3.49 Planleistung und disponierte Leistung

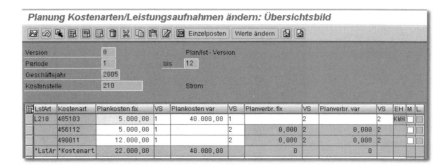

Abbildung 3.50 Geplante Kosten

Planabstimmung durchführen

Starten wir jetzt die Planabstimmung mit Transaktion KPSI, im Menü **Rechnungswesen · Controlling · Kostenstellenrechnung · Planungen · Planungshilfen · Planabstimmung** (siehe Abbildung 3.51).

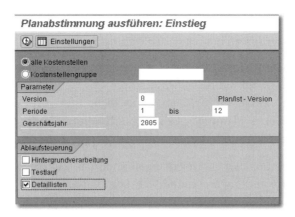

Abbildung 3.51 Planabstimmung Einstieg

Das Protokoll zeigt die Leistungsdifferenz für die Kostenstelle »Strom« (siehe Abbildung 3.52).

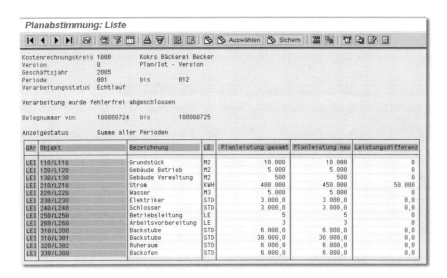

Abbildung 3.52 Planabstimmung – Liste

Wie erwähnt hat die Planabstimmung die Planleistung verändert. Das überprüfen wir, indem wir die Funktion zur Planung der Leistungsaufnahme (Transaktion KP06) nochmals aufrufen (siehe Abbildung 3.53). Der Wert aus der Spalte **Disponierte Leistung** wurde in die Spalte **Planleistung** übernommen.

Planleistung nach Planabstimmung

Abbildung 3.53 Neue Planleistung nach Planabstimmung

Außerdem wurden die variablen Kosten angepasst. Beim Externen Strom unter der Kostenart 405103 waren für 400 000 kWh 40 000 € geplant worden. Entsprechend fallen für die neue Planleistung von 450 000 kWh 45 000 € variable Kosten an (siehe Abbildung 3.54).

Kosten nach Planabstimmung

Die soeben beschriebene Planabstimmung funktioniert auch bei der Planung von Leistungsbeziehungen über mehrere Stufen – auch iterativ. Wenn wir für die Stromkostenstelle z. B. variable Leistungen von Bedienungspersonal geplant hätten, dann wären die Planleistung und die varia-

Planung in SAP R/3 **177**

blen Kosten der leistenden Kostenstelle ebenfalls angepasst worden. Wie Sie sehen, bietet Ihnen SAP mit der Planabstimmung ein mächtiges Werkzeug, das mit angemessener Sorgfalt eingesetzt werden muss.

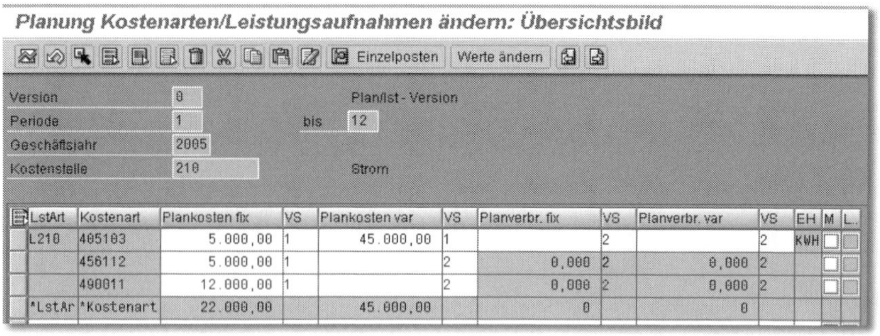

LstArt	Kostenart	Plankosten fix	VS	Plankosten var	VS	Planverbr. fix	VS	Planverbr. var	VS	EH	M	L..
L210	405103	5.000,00	1	45.000,00	1		2		2	KWH		
	456112	5.000,00	1		2	0,000	2	0,000	2			
	490011	12.000,00	1		2	0,000	2	0,000	2			
*LstAr	*Kostenart	22.000,00		45.000,00		0		0				

Abbildung 3.54 Veränderte variable Kosten nach Planabstimmung

Die Kostenplanung ist bereits abgeschlossen. Mit der Planabstimmung haben wir Mengendifferenzen aufgelöst und gleichzeitig nochmals in die Kostenplanung eingegriffen. Jetzt können wir aus den Kosten und den Mengen Preise für die verschiedenen Leistungsarten berechnen. Dazu nutzen wir die SAP-Funktion Tarifermittlung.

3.5.7 Tarifermittlung

Die Mengenplanung ist abgeschlossen: Von der Stromkostenstelle werden 450 000 kWh an diverse Kostenstellen verteilt. Bei der manuellen Kostenplanung in Verbindung mit der Planabstimmung hatten wir 45 000 € variable Kosten für den externen Strom und 23 200 € fixe Kosten für Abschreibungen und Reparaturmaterial angenommen. Also erwarten wir als Kostensatz (in SAP R/3 *Tarif* genannt) einen variablen Anteil von 0,10 € und einen fixen Anteil von

Fixe Kosten/Leistungsmenge = Fixer Tarif

23 200 €/450 000 kWh = 0,051555 €/kWh

Als Gesamttarif erwarten wir die Summe aus fixem und variablem Anteil:

Fixer Tarif + variabler Tarif = Gesamttarif

0,100000 €/kWh + 0,051555 €/kWh = 0,151555 €/kWh

Tarifermittlung in SAP R/3

Was errechnet das System? Wir nutzen die Transaktion KSPI, im Menü **Rechnungswesen • Controlling • Kostenstellenrechnung • Planung • Verrechnungen • Tarifermittlung** (siehe Abbildung 3.55).

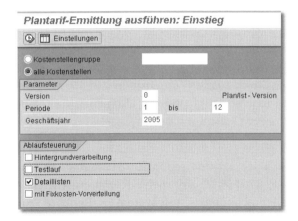

Abbildung 3.55 Tarifermittlung – Einstieg

Die Liste der Tarifermittlung zeigt in der vierten Zeile für Kostenstelle 210 und Leistungsart L210 das Ergebnis für die hier besprochene Kostenstelle »Strom« (siehe Abbildung 3.55). Unter **LstMenge** (Leistungsmenge) und **LstEinh** (Leistungseinheit) finden wir die bekannten 450 000 kWh. Die Zahl 1 613,95 in der Spalte Tarif gesamt korrespondiert allerdings nicht einmal im Ansatz mit den 0,151555 € pro kWh, die wir an dieser Stelle erwartet hatten. Wer rechnet falsch? Wenn wir den Blick zwei Spalten weiter nach rechts wenden, erkennen wir unter **TarEh** (Tarifeinheiten) 10 000, das bedeutet, dass sich der Tarif nicht auf eine, sondern auf 10 000 kWh bezieht. Umgerechnet sehen wir hier also 0,161395. Immerhin – in der Größenordnung wird unsere Erwartung getroffen. Bleibt eine Differenz von 0,151555 zu 0,161395, die es zu erklären gilt.

Ergebnisse Tarifermittlung Plan: Grundliste

Senderanalyse

Kostenst.	LstArt	LstMenge	LstEinh	Tarif ges.	Tarif fix	TarEh	TKz	PL<>DL
110	L110	10.000	M2	205,81	205,81	100	1	
120	L120	5.000	M2	4.276,19	4.276,19	100	1	
130	L130	500	M2	1.183,48	1.183,48	10	1	
210	L210	450.000	KWH	1.613,95	613,95	10000	1	
220	L220	5.000	M3	3.104,89	1.104,89	1000	1	
230	L230	3.000,0	STD	14.758,73	2.758,73	1000	1	
240	L240	3.000,0	STD	15.081,52	2.881,52	1000	1	
250	L250	5	LE	21.145,75	21.145,75	1	1	
260	L260	3	LE	21.425,40	21.425,40	1	1	
310	L300	6.000,0	STD	2.459,32	2.275,99	100	1	>>
310	L301	30.000,0	STD	6.666,67	0,00	1000	1	>>
320	L302	6.000,0	STD	1.613,62	1.441,95	100	1	>>
330	L300	6.000,0	STD	2.862,22	2.275,55	100	1	>>

Abbildung 3.56 Ergebnisse Tarifermittlung

Fixer und variabler Anteil

In dieser Liste (siehe Abbildung 3.56) ist der fixe Anteil des Tarifs ausgewiesen (613,95 €/kWh) sowie der Gesamttarif (1 613,95 €/kWh). Der variable Anteil als Differenz dieser Werte lässt sich leicht im Kopf errechnen: Er beträgt 1 000,00 bzw. 0,100000 € pro kWh. Das ist der Kostensatz, der sich beim externen Strom aus dem Arbeitspreis von 45 000 € für 450 000 kWh ergibt. Den variablen Tarif hatten wir also richtig vorhergesagt. Warum stimmt der fixe Anteil nicht mit den erwarteten 0,051555 € pro kWh überein?

Vielleicht hilft ein weiterer Blick auf den schon so häufig strapazierten Kostenstellenbericht S_ALR_87013611, im Menü **Rechnungswesen · Controlling · Kostenstellenrechnung · Infosystem · Berichte zur Kostenstellenrechnung · Plan-/Ist-Vergleiche · Kostenstellen: Ist/Plan/Abweichung** (siehe Abbildung 3.57).

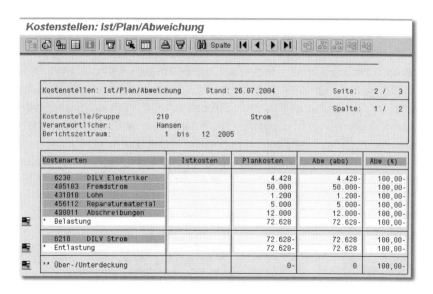

Abbildung 3.57 Kostenstelle Strom nach Tarifermittlung

Interne Belastung

Aha! Zusätzlich zu den drei bekannten Zeilen mit »Stromkosten«, »Reparaturmaterial« und »Abschreibungen« sehen wir jetzt eine weitere Belastung mit der sekundären Kostenart »6230 DILV Elektriker«. Die Tarifermittlung hat nicht nur die Kostensätze für die Kostenstelle »Strom«, sondern gleich für alle Kostenstellen zusammen berechnet. Die fixe Belastung der Stromkostenstelle mit 300 Stunden der Elektriker hatten wir Ihnen bisher verschwiegen. Wenn Sie diese 300 Stunden mit dem Tarif der Kostenstelle »230 Elektriker« multiplizieren (siehe Abbildung 3.55), erklärt sich die zusätzliche Belastung der Stromkostenstelle:

*Leistungsmenge * Tarif/Tarifeinheit = Belastung*
*300 Std. * 14 758,73 €/Std./1 000 = 4 428 €*

Mit den jetzt dargestellten Gesamtkosten können wir den Tarif der Kostenstelle Strom nachvollziehen:

Gesamtkosten/Leistungsmenge = Gesamttarif
72 628 €/450 000 kWh = 0,161395 €/kWh

Dieser Gesamttarif stimmt exakt mit dem überein, was die Tarifermittlung von SAP berechnet hat.

Die soeben durchgeführte Tarifermittlung verändert die Tarife aller Kostenstellen so lange, bis sich bei den sekundären Kostenstellen **Be-** und **Entlastungen** zum Saldo null aufheben (siehe **Über-/Unterdeckung** in Abbildung 3.57). Deshalb wird die vom System benutzte Methode auch *iterative Tarifermittlung* genannt.

Ausgleich von Be- und Entlastung

Die Kostenstellenplanung des Jahres 2005 ist nun abgeschlossen. Als Ausblick auf die Planung für das kommende Jahr stellen wir Ihnen nun noch zwei Funktionen vor, die Sie unter dem Begriff **Planungshilfen** im System finden.

3.5.8 Planungshilfen

Die wichtigsten Planungshilfen sind Umwertung und Simulation, auf die wir im Abschnitt 3.4.10 im Detail, was die betriebswirtschaftlichen Zielsetzungen und Anforderungen betrifft, eingegangen sind. Im gleichen Abschnitt 3.4.10 hatten wir auch einige wesentliche Planungshilfen bereits erwähnt. Hier nun zu den Funktionen im System R/3:

Kopieren

Zunächst gehen wir davon aus, dass wir die Planung des Jahres 2005 im Jahr 2006 als Arbeitsgrundlage wieder verwenden wollen. Mit den hier beschriebenen Kopierfunktionen können Sie Plan- oder Istkosten und Mengen in ein neues Jahr übertragen und als Grundlage für eine neue Planung verwenden. Im Sinne einer analytischen Vorgehensweise raten wir bei der Erstplanung von dieser Gesamtkopie allerdings ab. Die Kopierfunktion sollten Sie nur dafür nutzen, die Strukturen der Planung, insbesondere die Verknüpfung von Kostenstellen und Leistungsarten, aus dem letzten Planjahr zu übernehmen.

Steigen Sie ein in die Kopie mit Transaktion KP97, im Menü **Rechnungswesen · Controlling · Kostenstellenrechnung · Planung · Planungshilfen · Kopieren · Plan in Plan** (siehe Abbildung 3.58).

Kopie ausführen

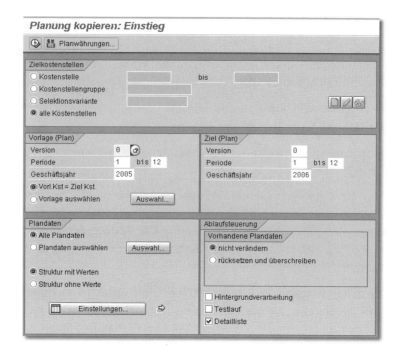

Abbildung 3.58 Planung kopieren – Einstieg

Wir kopieren für alle Kostenstellen mit der Option **Struktur mit Werten** und erhalten als Protokoll eine detaillierte Aufstellung aller kopierten Objekte (siehe Abbildung 3.59). Vorlage ist das Planjahr 2005. Die Daten werden auf das Jahr 2006 kopiert.

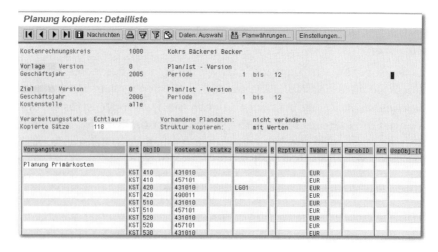

Abbildung 3.59 Planung kopieren – Liste

Wir prüfen das Ergebnis der Kopie mit der bekannten Transaktion KP06, im Menü **Rechnungswesen · Controlling · Kostenstellen · Planung · Kostenarten/Leistungsaufnahmen · Ändern** (siehe Abbildung 3.60). Bei Einstieg in die Planung haben wir beim Geschäftsjahr 2006 statt wie bisher 2005 gewählt. Ansonsten kennen Sie das Bild aus den Planungen in den vorigen Abschnitten. Hier können Sie jeden einzelnen Wert manuell an die Situation im neuen Planjahr anpassen.

Kopierte Werte verändern

LstArt	Kostenart	Plankosten fix	VS	Plankosten var	VS	Planverbr. fix	VS	Planverbr. var	VS	EH	M	L
L210	405103	5.000,00	1	45.000,00	1		2		2	KWH		
	456112	5.000,00	1		2	0,000	2	0,000	2			
	490011	12.000,00	1		2	0,000	2	0,000	2			
*LstAr	*Kostenart	22.000,00		45.000,00		0		0				

Abbildung 3.60 Kopierte Plankosten für 2006

Umwertung – Sammelverarbeitung

Nach der Kopie von Plandaten oder besser noch nach einer ersten Planungsrunde mit analytischer Planung wollen Sie vielleicht bestimmte Kostenarten oder Kostenartengruppen für bestimmte Kostenstellen oder Kostenstellengruppen pauschal anpassen. Pauschal anpassen heißt hier prozentual erhöhen oder, was häufiger vorkommt, prozentual verringern. Zur Unterstützung dieser Anpassung bietet Ihnen das System die Funktion **Umwertung**. Die Umwertung in der Sammelverarbeitung bearbeitet eine voreingestellte Gruppe von Kostenstellen und Kostenarten gleichzeitig. Am Ende dieses Abschnittes sehen Sie außerdem, wie Sie im eben gezeigten Bildschirm **Planung Kostenarten/Leistungsaufnahmen** Datensätze direkt umwerten können.

Die Funktion **Umwerten Kosten (Sammelverarbeitung)** wird in zwei Schritten ausgeführt:

- Umwertung definieren
- Umwertung ausführen

Beim Definieren der Umwertung legen Sie fest, welche Kostenarten und Kostenstellen mit welchen Prozentsätzen bearbeitet werden sollen. Bei Ausführen der Umwertung werden diese Regeln genutzt und die entsprechenden Buchungen in den Plandaten durchgeführt.

| Umwertung definieren | Nutzen Sie für die Definition der Umwertung die Transaktionen KPU1, KPU2, KPU2, zu erreichen über Transaktion KSPU, im Menü **Rechnungswesen · Controlling · Kostenstellenrechnung · Planung · Planungshilfen · Umwerten · Kosten** und weiter über das Transaktionsmenü mit **Zusätze · Umwertung · Anlegen/Ändern/Anzeigen** (siehe Abbildung 3.61). |

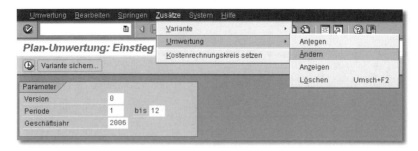

Abbildung 3.61 Definition der Planumwertung – Menü

| Kostenstelle und Kostenart auswählen | Für die Definition der Umwertung vergeben Sie einen Identifikator (hier B01) und einen Text (hier »Umwertung Kostenstelle 210«). Eine Umwertung gilt immer für ein Planjahr (hier 2006) und eine Version (hier 0). Beim Anlegen können Sie Definitionen aus dem Vorjahr oder aus anderen Versionen kopieren. Hier im Beispiel wollen wir die Kostenstelle Strom (210) mit allen primären Kostenarten (400000 bis 499999) bearbeiten (siehe Abbildung 3.62). |

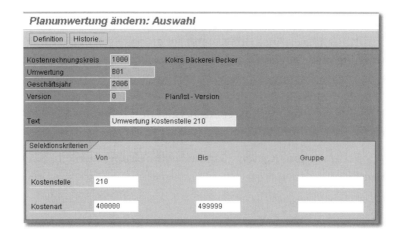

Abbildung 3.62 Definition der Planumwertung – Auswahl

Mit dem Button **Definition** gelangen Sie in den Detailbildschirm (siehe Abbildung 3.63). Für alle Perioden (1 bis 12) sollen hier die Kosten um 10 % gesenkt werden.

Detail zur Umwertung

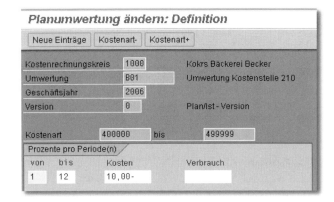

Abbildung 3.63 Definition der Planumwertung – Detail

Zum Ausführen der Umwertung springen wir zurück zur Transaktion KSPU, im Menü **Rechnungswesen · Controlling · Kostenstellenrechnung · Planung · Planungshilfen · Umwerten · Kosten** (siehe Abbildung 3.64).

Ausführen der Umwertung

Abbildung 3.64 Umwertung ausführen

Nach dem Ausführen der Umwertung erhalten wir dieses kompakte Protokoll (siehe Abbildung 3.65).

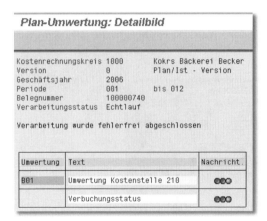

Abbildung 3.65 Umwertung Protokoll

Ergebnis der Umwertung

Zur Überprüfung der Ergebnisse strapazieren wir die manuelle Planung zum wiederholten Mal mit Transaktion KP06, im Menü **Rechnungswesen · Controlling · Kostenstellenrechnung · Planung · Kostenarten/Leistungsaufnahmen · Ändern** (siehe Abbildung 3.66). Wie wir gehofft hatten: Alle Werte wurden um 10 % reduziert. Die Unschärfe von 4 Cent bei den Fixkosten der Kostenarten 405103 und 456112 ergibt sich aus der Verteilung der Planwerte auf zwölf einzelne Perioden und damit verbundene Rundungseffekte.

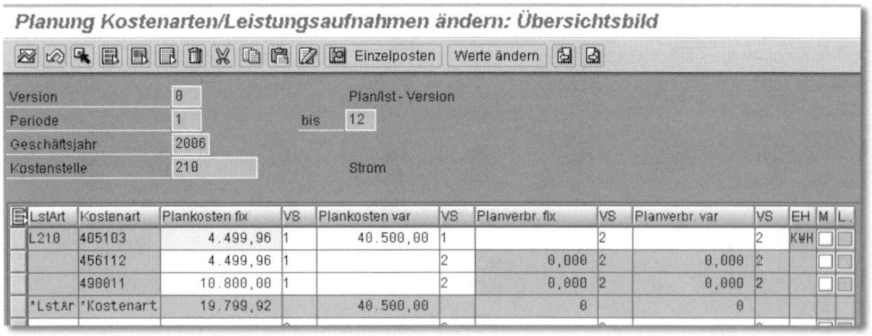

Abbildung 3.66 Kostenstelle Strom nach Umwertung

Wiederholung der Umwertung

Was passiert, wenn Sie die Umwertung B01 nochmals ausführen? Sie vermuten (so vermuten wir): Alle Werte werden nochmals um 10 % reduziert. Falsch! Das System merkt sich, dass die Umwertung B01 schon einmal gelaufen ist, und lässt die neuerliche Ausführung erst nach der Stornierung des ersten Laufs zu. Sie stornieren den ersten Lauf der Umwertung, indem Sie die Funktion **Umwertung · Stornieren** aufrufen (siehe Abbildung 3.67).

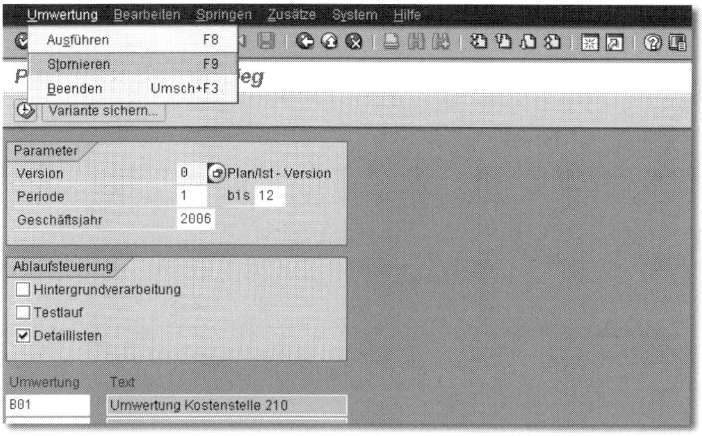

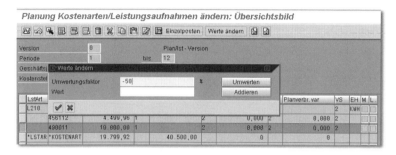

Abbildung 3.67 Umwertung stornieren

Beim Stornieren werden die ursprünglich gebuchten Beträge wieder zurückgesetzt. In unserem Beispiel wurden bei der Umwertung der Kostenart 490011 die Kosten um 1 200 € verringert. Ein Storno würde den zum Stornozeitpunkt gebuchten Betrag um 1 200 € erhöhen, unabhängig davon, ob zwischenzeitlich manuelle Buchungen auf dieser Kostenart durchgeführt wurden oder die Definition der Umwertung geändert wurde.

Umwertung – Einzelbearbeitung

Statt der Sammelfunktion können Sie auch eine Umwertung von einzelnen oder mehreren Kostenarten im Planungsbildschirm durchführen. Dazu rufen Sie die Kostenartenplanung auf mit Transaktion KP06, im Menü **Rechnungswesen · Controlling · Kostenstellenrechnung · Planung · Kostenarten/Leistungsaufnahmen · Ändern**. Markieren Sie die Kostenarten, die verändert werden sollen, und klicken Sie danach auf den Button **Werte ändern** (siehe Abbildung 3.68).

Abbildung 3.68 Umwertung Kostenart 490011 im Dialog

Der Umwertungsfaktor – 50 im Popup-Menü **Werte ändern** sorgt für eine Verringerung der Kosten um 50 %, aus den 10 800 € werden durch die Umwertung 5 400 € (siehe Abbildung 3.69).

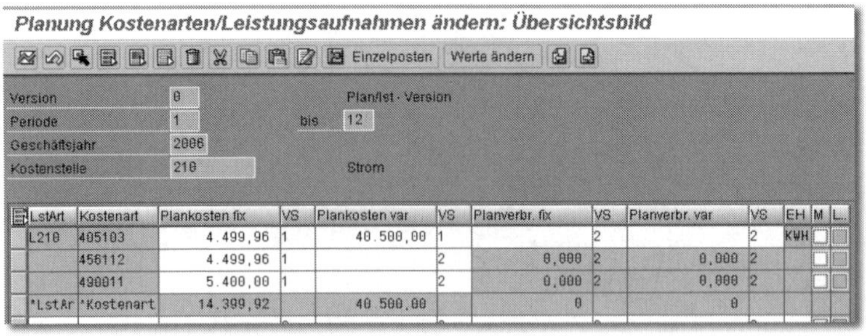

Abbildung 3.69 Kostenart 490011 nach Umwertung

3.6 Zusammenfassung

Die Kostenstellen sind die zentralen Bausteine einer Gemeinkostenrechnung im System SAP R/3. Wir unterscheiden die Typen primäre und sekundäre Kostenstellen. Die primären Kostenstellen verrechnen ihre Kosten an Produkte oder in die Ergebnisrechnung, die sekundären an andere Kostenstellen.

Als Methode zur Verrechnung von Kosten zwischen Kostenstellen stehen im Wesentlichen die Umlage und die interne Leistungsverrechnung zur Verfügung. Wir empfehlen die interne Leistungsverrechnung, weil nur so die durchgängige Kostenspaltung in fixe und variable Bestandteile möglich ist. Diese Kostenspaltung ist die Voraussetzung für ein aussagefähiges Controlling mit dem Ausweis von Soll-Ist-Abweichungen auf Kostenstellen und einer zielführenden Abweichungsanalyse. Der Ausweis von fixen und variablen Kosten auf Kostenstellen ist außerdem die Voraussetzung für die mehrstufige Deckungsbeitragsrechnung in der Ergebnisrechnung.

Kapitel 4

Abrechnung von Aufträgen

4 Innenaufträge

Ein aussagefähiges Gemeinkosten-Controlling setzt eine gut ausgebaute und zielführend eingesetzte Innenauftragsabwicklung und -abrechnung voraus. Erst durch die Zwischenschaltung von Innenaufträgen können die Kosten einzelner Maßnahmen oder Objekte gezielt verfolgt und überwacht werden.

4.1 Betriebswirtschaftliche Grundlagen

Vorweg etwas zur Begriffsklärung: Die SAP spricht von *Innenaufträgen*. In betriebswirtschaftlichen Ausführungen werden dafür synonym die Bezeichnungen *innerbetriebliche Aufträge*, *Gemeinkosten-* oder *Werksaufträge* verwendet. Dabei kommt nicht nur wegen der Ähnlichkeit der Worte der innerbetriebliche Auftrag – übrigens auch der gebräuchlichste Begriff – dem Innenauftrag am nächsten. Gemeinkostenauftrag ist nicht ganz zutreffend, weil auch Einzelkostenaufträge – denken Sie z. B. an Aufträge zu den Sondereinzelkosten der Fertigung oder des Vertriebes – über die Innenauftragsabrechnung abgewickelt werden.

Begriffsklärung

Der Begriff Werksauftrag wiederum könnte zu Verwechslungen mit Fertigungsaufträgen führen. Eine klare Abgrenzung zu den Fertigungsaufträgen, die die Kosten für die Produktion von Erzeugnissen erfassen und abrechnen, sowie zu den Kunden- oder Vertriebsaufträgen ist besonders wichtig.

Außerdem muss zwischen Aufträgen und Projekten (SAP PS – *Projektsystem*) differenziert werden. Letztere werden für komplexe Investitions- oder Instandhaltungsvorhaben, aber teilweise auch für die Kostenträgerrechnung in der Einzelfertigung verwendet; wir werden in Kapitel 5, *Projekte* näher darauf eingehen.

4.1.1 Definition Innenaufträge

Was sind Innenaufträge, und wofür werden sie gebraucht? Innenaufträge werden für die Erfassung und Verrechnung der Kosten von Materialien, Lieferungen und Leistungen zwischengeschaltet, wenn die Kosten aus folgenden Gründen separat aufgezeigt und verrechnet werden sollen:

- gesonderte Kostenüberwachung
- dispositive Überlegungen
- Verrechnungsgründe

Kostenüberwachungsgründe

Kostenüberwachungsgründe sind z.B. maßgebend bei der Vergabe von Innenaufträgen für firmeneigene Fahrzeuge. Es lohnt sich nicht – ja es ist praktisch meist gar nicht durchführbar –, pro Fahrzeug eine eigene Kostenstelle einzurichten. Man wird abrechnungstechnisch für die Pkw, Lkw oder Stapler nur je eine Kostenstelle vorsehen.

Trotzdem möchte man aber den Treibstoffverbrauch, die Reparaturanfälligkeit, den Reifenverschleiß, die Ersatzteilkosten etc. pro Fahrzeug oder zumindest pro Fahrzeugtyp ermitteln und überwachen. Dafür schalten Sie pro Fahrzeug oder Fahrzeugtyp einen Innenauftrag gleichsam zwischen. Auf der Kostenstelle ist der Soll-Ist-Vergleich nur in Summe für alle Fahrzeuge dieser Kostenstelle sichtbar. Mit den Innenaufträgen können aber die Kosten nach Fahrzeugen oder Fahrzeugtypen kontrolliert werden.

> **Beispiel 1: Fahrzeuge**
> Bei einem Pharmagroßhändler, der flächendeckend Apotheken in ganz Deutschland bedient, waren mehr als zweihundert Fahrzeuge mit etwa 20–30 Fahrzeugtypen im Einsatz. Gerade in dieser Branche ist Zuverlässigkeit besonders wichtig, da auch in abgelegenen Gegenden sichergestellt werden muss, dass der Patient spätestens am nächsten Morgen das verschriebene Medikament abholen kann.
>
> Wir haben damals vorgeschlagen, für die einzelnen Fahrzeuge in den Niederlassungen Innenaufträge einzurichten, um dann pro Fahrzeug und Fahrzeugtyp, auch niederlassungsübergreifend, Auswertungen anstellen zu können. Dieser Vorschlag wurde auch umgesetzt.
>
> Bei einem Besuch, Jahre später, wurde in einer Sitzung mit dem kaufmännischen Vorstand und dem Zentralcontrolling über das Ergebnis dieser Innenauftragsaktion gesprochen. Der Controller berichtete, dass man inzwischen dank der Auftragsabrechnung einen genauen Überblick über die Kostensituation der einzelnen Fahrzeuge hätte. Quintessenz war, dass die Anzahl der Fahrzeugtypen mehr als halbiert war. Man hatte nun einwandfreie Informationen darüber, welcher Fahrzeugtyp bei welcher km-Leistung in welchen Regionen am besten geeignet war.

> **Beispiel 2: Reparaturanfälligkeit von Anlagen**
> Ein zweites Beispiel, in dem es sinnvoll sein kann, Innenaufträge aus Gründen der Kostenüberwachung einzuschalten, ist die Reparaturanfälligkeit einer Anlage.

> Würde man die Instandhaltungskosten für diese spezielle Anlage ohne weiteres Sortiermerkmal auf die entsprechende Kostenstelle kontieren (der noch andere Maschinen zugeordnet sind), so könnte bei Wirtschaftlichkeits- oder Ersatzbeschaffungsüberlegungen niemals exakt bestimmt werden, welche Kosten die Anlage verursacht hat. Diese Kosten wären mit den Reparaturkosten für alle übrigen Maschinen und Einrichtungen dieser Kostenstelle untrennbar vermischt. Auch hier wird durch die Zwischenschaltung eines Innenauftrags eine separate Kostenverfolgung – generell oder über einen bestimmten Zeitraum hinweg – ermöglicht.

Dispositive Gründe für den Einsatz von Innenaufträgen sind dann von Bedeutung, wenn es zu entscheiden gilt, ob Transportbehälter oder Werkzeuge eigen- oder fremdgefertigt werden. Nur durch Zwischenschaltung eines Innenauftrages kann exakt festgestellt werden, was die Eigenfertigung effektiv gekostet hat. Dieser Innenauftrag kann als Entscheidungshilfe für die nächste derartige Auftragsvergabe genutzt werden.

Dispositive Überlegungen

Eine Frage in diesem Zusammenhang an die Betriebswirte und Controller unter Ihnen: Von welchen eigenen Kosten geht man bei diesem Vergleich von Eigen- und Fremdfertigung aus? Konkret, bewertet man die Eigenleistungen mit Vollkosten oder nur mit variablen Kostensätzen? Wenn man unterstellt, dass solche Aufträge nicht mit Investitionen oder zusätzlichen Fixkosten, wie weiteres Aufsichtspersonal, andere Räumlichkeiten etc., verbunden sind, dann darf man nur von den variablen Kostensätzen ausgehen, da die normalen Fixkosten auch ohne derartige zusätzliche Aufträge anfallen würden. Einverstanden?

Verrechnungsgründe für die Einschaltung von Innenaufträgen spielen z.B. bei der Weiterbelastung aperiodisch anfallender Großreparaturen eine Rolle. Derartige Kosten, wie etwa die nicht aktivierungspflichtige Generalüberholung einer Anlage alle drei Jahre, können in der Kostenstellenrechnung wegen der Kostenkontrolle und der Istkostensätze für die Kalkulation nur abgegrenzt verrechnet werden. Das heißt, dass der Aufwand für die Großreparatur kostenrechnerisch über drei Jahre zu verteilen ist. Diese Kosten werden dann in der Kostenstellenrechnung mit einer Soll = Ist-Abgrenzung verrechnet. Es wird abrechnungstechnisch so getan, als ob die Istkosten den analytisch geplanten und an die Istbeschäftigung angepassten Sollkosten entsprechen würden. Unabhängig davon erfolgt über einen Innenauftrag der Vergleich der effektiv anfallenden Istkosten mit den in der Kostenstellenrechnung via Soll = Ist-Abgrenzung verrechneten Deckungsbeträgen.

Verrechnungsgründe

Betriebswirtschaftliche Grundlagen **193**

Ein weiteres Beispiel für die Eröffnung eines Innenauftrages aus Verrechnungsgründen ist die Weiterbelastung von Werkzeug- oder Formenkosten, und zwar dann, wenn diese Kosten als Sondereinzelkosten der Fertigung in der Kalkulation verrechnet werden sollen. Mit Hilfe eines Innenauftrages kann über die Lebensdauer des Werkzeuges ein Vergleich der effektiv angefallenen Kosten für das Neuwerkzeug und alle Nacharbeitungskosten mit den in der Kalkulation oder Ergebnisrechnung kalkulatorisch verrechneten Kostenanteilen durchgeführt werden.

4.1.2 Istbelastung auf Innenaufträge

Kosten der Innenaufträge

Soeben haben wir Gründe genannt, die für den Einsatz von Innenaufträgen sprechen. Jetzt betrachten wir verschiedene Quellen, von denen Kostenbelastungen auf Aufträge ausgehen. Von folgenden Kostenartengruppen können Belastungen auf Innenaufträge erfolgen:

- Innerbetriebliche Leistungen
- Materialien vom Lager
- Fremdlieferungen und -leistungen
- Sondereinzelkosten
- Umbuchungen von anderen Aufträgen

Die Belastung aus diesen Kostenartengruppen möchten wir Ihnen in diesem Abschnitt näher vorstellen:

Innerbetriebliche Leistungen

Als *innerbetriebliche Leistungen* (I-Leistungen) werden alle Aufwendungen bezeichnet, die von eigenen Kostenstellen erbracht werden, direkt weiter verrechnet werden sollen, aber keine Fertigungsaufträge betreffen. Für die Verrechnung kommen folgende ausführende Kostenstellen in Frage:

- Verrechnung aufgrund von Stundenaufschreibungen
    - Technische bzw. Konstruktionsbüros
    - Labors
    - Forschungs- und Entwicklungsstellen
    - Versuchsstellen
    - Allgemeine Betriebshandwerker (Betriebsschlosser, Elektriker, Schreiner, Bauhandwerker, Hofkolonnen)
    - Werkzeug-, Matrizen-, Vorrichtungs-, Maschinen- und Formenbau
    - Fuhrpark (Pkw-, Lkw-, Stapler-, E-Karrenfahrer etc.)
    - sämtliche Fertigungsstellen (sofern ausnahmsweise für I-Leistungen tätig, z. B. für Versuche)

- Verwaltungs- und Vertriebsstellen (die in der Einzel- bzw. Projektfertigung direkt auf Innenaufträge verrechnen, wie etwa Vorkalkulation, Vertriebsingenieure u. Ä.)
▶ Verrechnung aufgrund sonstiger Aufzeichnungen
  - Pkw/Lkw (€/km)
  - Telefon/Telefax (€/Telefoneinheit)
  - Fotokopien (€/Kopie)
  - Hausdruckerei (€/Blatt)
  - PCs, DV-Endgeräte, Drucker (€/Gerät und Monat)

Diese Beispiele sollen keine lückenlose Aufzählung aller möglichen innerbetrieblichen Leistungsverrechnungen sein, sondern nur als Denkansatz für mögliche Direktverrechnungen dienen.

Außerdem ist in diesem Zusammenhang zu erwähnen, dass all diese Stellen als *Belastungskontierungen* – meist wertabhängig – nicht nur Innenaufträge, sondern ebenso Kostenstellenkontierungen (Direktverrechnungen Kostenstelle/Kostenart) kennen. Die Weiterverrechnung auf die zu belastenden Innenaufträge oder Kostenstellen erfolgt aufgrund eigener Leistungserfassung, aus der neben der ausführenden Kostenstelle/Leistungsart die Belastungskontierung sowie die Leistungsartenmenge pro Belastungskontierung hervorgehen.

Die Leistungserfassung war früher häufig, heute nur noch selten, gleichzeitig Lohnbeleg. Sie kann pro Vorgang oder Tag durchgeführt werden, bei Konstrukteuren oder F&E-Personal (Forschung und Entwicklung) auch monatlich, dann aber aufgrund täglicher Leistungsmeldungen. Wichtig aus unserer Sicht ist aber, dass die Mitarbeiter ihre Stunden lückenlos erfassen, nicht nur die verrechenbaren Stunden.

Als *Materialien vom Lager* gehen in die Innenauftragsabrechnung alle von lagerhaltig geführten Materialien entnommenen Hilfs-, Betriebs-, Instandhaltungs- und Verpackungsstoffe ein, außerdem alle Entnahmen der über Lager abgerechneten Teile, Baugruppen oder Endprodukte (z. B. für Entwicklungs- und Versuchsaufträge).

<small>Materialien vom Lager</small>

Zu den *Fremdlieferungen und -leistungen* zählen alle von außen bezogenen Lieferungen und Leistungen, die abrechnungstechnisch direkt den Innenaufträgen angelastet werden sollen. Ausgangspunkt bildete ein Bestellvorgang, der dann in eine Fremdrechnung mündet. Die Einbeziehung von Bestellungen ist deswegen so wichtig, weil damit in der Innenauftragsabrechnung auch das Bestellobligo, also eingegangene Verpflichtungen, gezeigt werden kann.

<small>Fremdlieferungen und -leistungen</small>

Sondereinzelkosten *Sondereinzelkosten* werden nur in Ausnahmefällen in die Innenauftragsabrechnung übernommen, z.B. bei über Sondereinzelkosten der Fertigung zu verrechnenden Werkzeugen, falls sie für einen Innenauftrag eingesetzt werden.

Umbuchungen Aufträge *Umbuchungen von anderen Aufträgen* stellen Verrechnungen von anderen bzw. auf andere Aufträge dar. In den meisten Fällen wird es sich dabei um den Abschluss eines Einzelauftrages auf einen Dauer- oder – noch häufiger – auf einen Abgrenzungsauftrag handeln (siehe Ausführungen zu den Auftragsarten und -gruppen in Abschnitt 4.2.1).

Theoretisch ist es möglich, auch Löhne direkt auf Innenaufträge zu kontieren. Dieser Fall muss aber die Ausnahme sein, weil fast immer nicht nur die Lohnkosten der ausführenden Person, sondern zumindest auch der anteilige Sozialkostenzuschlag sowie meist noch anteilige Gemeinkosten der ausführenden Stelle weiterverrechnet werden müssen. Eine Ausnahme, bei der die Löhne doch auf einen Auftrag gebucht werden, werden wir bei den Abgrenzungsaufträgen für die Belegschaftsnebenkosten kennen lernen (siehe Abschnitt 6.5).

4.2 Grundeinstellungen im SAP-System

Nach einer allgemeinen Betrachtung der Innenaufträge im ersten Abschnitt dieses Kapitels betrachten wir diese Objekte jetzt genauer. Zunächst beschäftigen wir uns – nochmals aus der betriebswirtschaftlichen Perspektive – mit der Differenzierung der Aufträge nach Auftragsarten. Danach schaffen wir die notwendigen Voraussetzungen im System SAP R/3, um mit Innenaufträgen arbeiten zu können. Der größte Teil dieses Abschnittes beschäftigt sich dann mit der Pflege von Auftragsstammdaten.

4.2.1 Betriebswirtschaftliche Aspekte von Auftragsarten und -gruppen

Aus der Aufzählung der Gründe, die für die Eröffnung von Innenaufträgen maßgebend sein können – Kostenüberwachungs-, Dispositions- oder Verrechnungsgesichtspunkte –, dürfte hervorgegangen sein, dass dafür unterschiedliche Auftragsarten verwendet werden müssen. So erfordert die Überwachung der Großreparaturkosten mit der Gegenüberstellung von effektiv angefallenen und kalkulatorisch weiter verrechneten Kosten eine andere Auftragsart als die Kontrolle der Fahrzeuge oder Gabelstapler, wo die Auftragsnummer praktisch nur kurzfristig vor der Übernahme der Istkosten in den monatlichen Soll-Ist-Vergleich zwischengeschaltet wird.

Prinzipiell sind drei Auftragsarten zu unterscheiden, die wir in diesem Abschnitt näher vorstellen werden.

- Einzelaufträge
- Daueraufträge
- Abgrenzungsaufträge

Hinzu kommt eine weitere Kategorie, die allerdings keine Auftragsart im klassischen Sinne darstellt:

- Statistische Aufträge

Bei den *Einzelaufträgen* wird für jeden eintretenden Einzelfall eine eigene Auftragsnummer vergeben. Unter dieser Auftragsnummer werden über die gesamte Auftragslaufzeit – von der Auftragseröffnung bis zum Auftragsabschluss – sämtliche Kosten gesammelt. Die Weiterverrechnung der pro Auftrag kumulierten Kosten kann erfolgen:

Einzelaufträge

- im Monat des Kostenanfalls mit den in diesem Monat angefallenen Istkosten
- nach Abschluss des gesamten Auftrages, um die Kosten auch in der Weiterbelastung – und nicht nur in der Auftragsabrechnung – in einer Summe zu zeigen

Ein Grund, die Kosten nicht im Monat des Kostenanfalls, sondern erst später oder nach Auftragsabschluss weiter zu verrechnen, kann zum Beispiel sein, dass bei Auftragsstart noch unklar ist, ob der Auftrag zu aktivieren ist oder als Kosten verrechnet werden kann. Typische Beispiele für den Einzelauftrag sind Investitions-, Reparatur- oder Entwicklungsaufträge. Einzelaufträge haben einen klar definierten Start und ein ebenso eindeutig feststehendes Ende.

Daueraufträge dienen vor allem der Kontrolle und zur besseren Verrechnung immer wiederkehrender Lieferungen und Leistungen. Sie werden lediglich vor der monatlichen Übernahme der Kosten in die Kostenstellenrechnung zwischengeschaltet, um die Aufwendungen gesondert aufzuzeigen und zu überwachen. Die Kosten werden aber im Monat des Kostenanfalls in voller Höhe in die Kostenstellenrechnung übernommen.

Daueraufträge

Beispiele für diese Auftragsart sind die differenzierte Kostenüberwachung der werkseigenen Fahrzeuge, Stapler etc. oder auch die Aufgliederung vieler immer wiederkehrender Kleinleistungen für bestimmte Kostenstellen.

> **Beispiel 3: Raumkostenstellen**
> Ein Sammeltopf der Handwerker für nicht zuordenbare Stunden sind z.B. die Raumkostenstellen. Ein Hilfmittel, um etwas Licht in diese amorphe Masse zu bekommen, ist die Zwischenschaltung von Daueraufträgen, wobei sich die Handwerker diese Auftragsnummern genauso rasch merken wie häufig vorkommende Kostenstellen. Als Beispiel sei die Funktion Auswechseln von Glühbirnen oder Leuchtstoffröhren genannt. Es lohnt sich nicht, jedes Mal einen Einzelauftrag zu eröffnen. Der Aufwand hierfür wäre viel zu hoch; andererseits will man die Stunden nicht einfach Kostenstelle/Kostenart verrechnet sehen.

Gerade bei Raumkostenstellen fallen von Betriebs- und Fremdhandwerkern viele Kleinleistungen an, die man über Daueraufträge gut auffächern kann. Meist gibt man bei einer Neuplanung den Betriebshandwerkern ein kleines Kontierungshandbuch (DINA6-Format) an die Hand, das neben Kostenstellen und den gebräuchlichsten Kostenarten – jeweils Nummernverzeichnis einschließlich kurzer Inhaltsbeschreibungen – auch die vergebenen Dauerauftragsnummern enthält. Auf diese Weise lassen sich solche Sammeltöpfe, wie etwa die Raum- oder Energiestellen, transparenter machen.

> **Beispiel 4: Wartung**
> Lassen Sie uns noch ein weiteres Beispiel zum erfolgreichen Einsatz von Daueraufträgen anführen. In einem Unternehmen der keramischen Industrie mit drei etwa gleich großen Werken waren an den riesigen Tunnelöfen Monoschreiber installiert, die regelmäßig von den Betriebselektrikern gewartet werden mussten. Für diese Wartungsarbeiten wurden bei der Erstplanung Daueraufträge vergeben.
>
> Bei einer Gemeinkostenwertanalyse (GWA), Jahre später, konnte man über diese Daueraufträge sehr gut den Elektrikeraufwand für diese Wartungsarbeiten vergleichen. Versieht man den erforderlichen Aufwand im günstigsten Werk mit dem Faktor 1,0, so lag er im zweiten Werk bei etwa 1,4, im dritten Werk, trotz identischer Voraussetzungen und gleichem Wartungszyklus, bei rund 3,1. Gerade im dritten Werk zeigte sich bei gezieltem Nachfassen, auch bei anderen Beispielen, dass bei den Elektrikern größere Kapazitätsreserven vorhanden waren. Der Zeitraum zwischen der analytischen Planung und der GWA lag bei mehr als zehn Jahren.

Abschließend zu den Daueraufträgen vielleicht noch der Hinweis, dass diese Aufträge nach Anfallkostenarten verrechnet werden sollten, so dass der Treibstoff auch im Soll-Istkosten-Vergleich unter der Kostenart »Treibstoffe« erscheint und »Sonstige Hilfs- und Betriebsstoffe«, »Ersatzteile« etc. unter der Anfall-Kostenart durchgebucht werden.

Abgrenzungsaufträge werden hauptsächlich zum Zweck einer zeitlichen Kostenabgrenzung bei aperiodisch anfallenden Kosten (z. B. Großreparaturen) sowie zur Kontrolle von kalkulatorisch oder per Zuschlag verrechneten Kosten (z. B. Werkzeug- oder Entwicklungskosten) verwendet.

Abgrenzungsaufträge

Sie dienen in erster Linie dazu, große Istkostenschwankungen aus der Kostenstellen-, Kostenträger- oder Ergebnisrechnung fern zu halten. Dort werden diese Kosten Soll = Ist verrechnet. Die eigentliche Abrechnung und Überwachung wird auf die Abgrenzungsauftragsnummer verlagert, die mit einem maschinell geführten statistischen Konto zu vergleichen ist. Auf der Sollseite dieses Kontos werden die effektiv anfallenden Istkosten gesammelt, denen auf der Habenseite die in der Kostenstellen-, Kostenträger- oder Ergebnisrechnung kalkulatorisch verrechneten Deckungsbeträge gegenübergestellt werden. Nachdem diese Aufträge am Ende des Geschäftsjahres nicht abgeschlossen werden (lediglich die Salden werden im Betriebsergebnis berücksichtigt) – wie bereits erwähnt, handelt es sich zum Teil um aperiodisch anfallende Aufwendungen, die sich oft erst nach Jahren wiederholen –, ergibt sich aus diesen Aufträgen über Jahre hinweg – und oft auch erst nach Jahren aussagefähig – ein exakter Kostenvergleich der effektiv angefallenen zu den weiterverrechneten Kosten.

> **Beispiel 5: Großreparatur**
> Als Beispiel kann wieder die Großreparatur einer Anlage dienen (siehe auch Abschnitt 4.1.1). Für den konkreten Reparaturfall wird zunächst ein Einzelauftrag eröffnet, auf dem sämtliche für diese Großreparatur anfallenden Aufwendungen gesammelt werden. Nach Abschluss dieses Auftrages, der auch noch Unteraufträge haben könnte, sind die gesamten Kosten für diese Großreparatur erkennbar. Die auf der Einzelauftragsnummer gesammelten Kosten werden monatlich oder nach Abschluss des Einzelauftrages auf die für die betreffende Kostenstelle gültige Abgrenzungsauftragsnummer für Großreparaturen übernommen.

Differenzierung der Auftragsarten in Auftragsgruppen

Wir können nur immer wieder betonen, wie bedeutend die Untergliederung der beschriebenen Auftragsarten in charakteristische Auftragsgruppen für eine vernünftige Abwicklung und Abrechnung der Innenaufträge ist. Diese Unterteilung ist insbesondere bei den Einzelaufträgen wichtig, weil dort die einzelnen Auftragsgruppen hinsichtlich der organisatorischen Abwicklung, also in Bezug auf Ausstellung, Genehmigungspflicht und -verfahren, Wertgrenzen etc., doch recht unterschiedlich behandelt werden müssen.

Bei den Dauer- bzw. Abgrenzungsaufträgen ist die gruppenweise Untergliederung vor allem hinsichtlich der Abrechnung von Bedeutung. Folgende Auftragsgruppierungen wären denkbar:

Auftragsgruppierung Einzelaufträge

- Einzelaufträge für
  - geringwertige Wirtschaftsgüter
  - Investitionen
  - Instandhaltung, genehmigungspflichtig
  - Instandhaltung, nicht genehmigungspflichtig
  - Instandsetzung, genehmigungspflichtig
  - Instandsetzung, nicht genehmigungspflichtig
  - Änderungen bzw. Ergänzungen an bestehenden Gebäuden, Maschinen, Anlagen
  - Betriebsumstellungen, -umzüge
  - Werkzeuge, Vorrichtungen, Modelle
  - Eigenanfertigungen (z. B. Paletten)
  - Konstruktion, Entwicklung, Versuche
  - Werbung, Marketing
  - Arbeiten für Dritte

Auftragsgruppierung Daueraufträge

- Daueraufträge mit Belastung von
  - einer einzigen Kostenstelle (z. B. Gabelstapler)
  - mehreren Kostenstellen (z. B. Schmierkolonne)
  - Kostenträgern (z. B. Reparaturen an Großwerkzeugen)
  - Ergebnisobjekten (z. B. Werbekosten)

Auftragsgruppierung Abgrenzungsaufträge

- Abgrenzungsaufträge mit Deckung aus der
  - Kostenstellenrechnung (z. B. Großreparaturen)
  - Kalkulation bzw. Kostenträgerrechnung (z. B. Kalkulationszuschläge)
  - Ergebnisrechnung (z. B. Sondereinzelkosten des Vertriebes)

Die aufgeführten Auftragsgruppen sollten nur als allgemeiner Rahmenvorschlag verstanden werden. Sie sind selbst bei Industrieunternehmen an die spezifischen Anforderungen des jeweiligen Betriebes anzupassen und werden sicherlich bei einem Einzel- oder Projektfertiger anders als bei einem Serien- oder Fließfertiger aussehen. Bei Dienstleistungs- und Handelsunternehmen fallen bestimmte Auftragsgruppen weg, dafür kommen andere, in der Industrie nicht erforderliche Gruppen hinzu.

4.2.2 Auftragsarten in SAP R/3

Wie Sie in den betriebswirtschaftlichen Ausführungen bereits erfahren haben, können Sie mit Innenaufträgen in SAP R/3 folgende Aufgaben erledigen:

Verwendungszwecke von Innenaufträgen

- Kosten auf Kostenstellen weiter differenzieren (statistische Aufträge)
- Kosten für Maßnahmen und Projekte, getrennt von den sonstigen Kostenstellenaufwändungen, erfassen und abrechnen (echte Aufträge)
- Kosten sammeln und zu einem späteren Zeitpunkt in der Anlagenbuchhaltung aktivieren (Anlagen im Bau)
- Aperiodische Kosten, z.B. Urlaubsgeld oder Versicherungsprämien, über die einzelnen Monate im Jahr glätten

Nach der Beschreibung der technischen Grundlagen werden wir Ihnen jeden dieser vier Verwendungszwecke von Innenaufträgen mit Beispielen erläutern.

Bei der Bearbeitung von Kostenstellen konnten wir direkt in die entsprechenden Anwendungstransaktionen von SAP R/3 einsteigen. Die Masken zur Erfassung von Kostenstellennummer, Kostenstellenbezeichnung und anderen Stammdatenfeldern funktionieren ohne weitere Einstellungen im System.

Bei den Innenaufträgen ist das anders. Da müssen Sie, bevor Sie Stammdaten anlegen können, einige grundsätzliche Überlegungen anstellen. Im Customizing müssen Grundeinstellungen vorgenommen werden. Customizing in SAP R/3 heißt: Ausprägung des Systems entsprechend der Wünsche des Kunden. Kunde in diesem Zusammenhang sind Sie als Nutzer der SAP-Systeme.

Customizing für Innenaufträge

Die erste Customizing-Einstellung, die Sie für die Pflege von Innenaufträgen benötigen, ist die *Auftragsart*. Die Transaktion hierzu heißt KOT2_FUNCAREA, im Customizing: **SPRO · SAP Referenz-IMG · Controlling · Innenaufträge · Auftragsstammdaten · Auftragsarten**

Auftragsarten definieren

definieren (siehe Abbildung 4.1). Für unsere Beispiele haben wir vier Auftragsarten angelegt:

- »B001 Becker Statistische Aufträge – Fahrzeuge«
- »B002 Becker – Marketing«
- »B003 Becker – Anlagen im Bau«
- »B004 Becker – Abgrenzungen«

Abbildung 4.1 Auftragsarten – Übersicht

Mit einem Doppelklick auf eine Auftragsart oder mit dem Button **Detail** gelangen Sie in das Detailbild zur Auftragsart (siehe Abbildung 4.2).

Abbildung 4.2 Auftragsart – Detail

Der Auftragstyp wird bei der Anlage der Auftragsart abgefragt und ist später nicht mehr änderbar. Bei den Beispielen dieses Kapitels benutzen wir zwei Auftragstypen:

Auftragstyp

- »1 Innerbetrieblicher Auftrag« (Auftragsarten B001, B002, B003)
- »2 Abgrenzungsauftrag« (Auftragsart B004)

Alle anderen Einstellungen zur Auftragsart sind nicht definiert. Wir werden im Verlauf dieses Kapitels mehrmals auf die Definition der Auftragsart zurückkommen. Die Bedeutung der einzelnen Felder werden wir dann an Beispielen verdeutlichen.

4.2.3 Nummernkreis

Nach der Definition der Auftragsart ist die Festlegung eines Nummernkreises die zweite zwingende Einstellung, die Sie vornehmen müssen, um die Anlage von Auftragsstammdaten zu ermöglichen. Bei der Definition von Nummernkreisen entscheiden Sie sich zunächst für eine der folgenden Grundeinstellungen:

- Externe Nummernvergabe
- Interne Nummernvergabe

Bei der *externen Nummernvergabe* entscheidet der Benutzer beim Anlegen der Stammdaten, mit welchem Schlüssel der einzelne Auftrag im System identifiziert wird. Diese Art der Nummernvergabe hatten Sie bereits beim Anlegen von Kostenstellen kennen gelernt (siehe Kapitel 3, *Kostenstellen*). Beim Anlegen der Kostenstelle »Strom« zum Beispiel hatten wir als Schlüssel 210 festgelegt. Die externe Nummernvergabe bei Aufträgen wird dann verwendet, wenn für eine begrenzte Anzahl von Objekten sprechende Schlüssel vergeben werden sollen. Extern vergebene Schlüssel können alphanumerisch sein, also zusammengesetzt aus Buchstaben und Ziffern.

Externe Nummernvergabe

In unserem Beispiel werden wir bei den Aufträgen der Auftragsart »B001 Fahrzeuge« die Vergabe von externen Nummern einstellen.

Bei der *internen Nummernvergabe* wird der Schlüssel vom System vergeben. Innerhalb eines vorgegebenen Nummernbandes wird bei jeder neuen Anlage eines Auftragsstamms die nächste freie Nummer als Schlüssel festgelegt. Die interne Nummernvergabe für Aufträge ist insbesondere bei einer hohen Anzahl von Aufträgen zu empfehlen. Extern vergebene Nummern führen in diesem Fall erfahrungsgemäß schnell zum Sprengen der einmal festgelegten sprechenden Schlüssel. Was meinen wir damit?

Interne Nummernvergabe

Beispiel 6: Marketingkosten
Bei der Analyse von Marketingkosten bei einem erfolgreichen Markenartikelhersteller identifizierten wir einige tausend verschiedene Verwendungszwecke des Marketingbudgets. Die Aufwendungen wurden zunächst nach Kategorien getrennt, wie z.B. Fernseh-, Radio- oder Plakatwerbung oder aber auch Verkaufsunterstützung, Merchandising, Messeauftritt und verschiedene andere. Außerdem sollten die Kosten detailliert den Produkten, Marken, Kunden, Ländern, Vertriebsverantwortlichen sowie verschiedenen anderen Begriffen zugeordnet werden. Im ersten Ansatz wurde jedem dieser Begriffe eine Stelle in einem 12-stelligen alphanumerischen Schlüssel zugeordnet. In der Buchhaltung hätte dann die Vergabe eines Kugelschreibers durch den Vertriebsverantwortlichen Schulze an den Kunden Peters, der nur Markenartikel der Marke »Kuchenglück« bezieht, dem Auftrag AX13R0006003 zugeordnet werden müssen (man hört jetzt noch den Aufschrei der Kollegen Buchhalter von damals).

Jetzt können wir zunächst einmal darüber streiten, ob eine solch feine Differenzierung von Kosten grundsätzlich sinnvoll ist. In diesem Fall wollte die Vertriebsabteilung ihre Außendienstler mit einer solchen Kontierung disziplinieren. Wenn wir übereinkommen, dass wir diese Anforderung mit CO-Innenaufträgen in SAP R/3 umsetzen wollen, wäre die Vergabe von externen, 12-stelligen alphanumerischen Schlüsseln, wie im Beispiel, sicherlich eine schlechte Lösung.

Wir einigten uns dann darauf, die Aufträge mit interner Nummernvergabe anzulegen. Bei der Erstanlage wurden nicht alle denkbaren Kombinationen der genannten Begriffe als Aufträge erfasst, sondern nur die wichtigsten. Die Zuordnung zu Vertriebsverantwortlichem, Marke, Produkt etc. erfolgte dann über verschiedene Auftragsgruppen bzw. -hierarchien (vergleichbar mit den Kostenstellengruppen, die Sie bereits kennen). Statt mehrerer tausend mussten dann nur etwa 150 Aufträge angelegt werden. Kombinationen von neuen Begriffen wurden dann einfach in einem neuen Auftrag mit der nächsten fortlaufenden Nummer abgebildet.

Wir werden die Auftragsarten B002, B003 und B004 in den folgenden Systembeispielen mit dem gleichen Nummernband 1000000 bis 1999999 und interner Nummernvergabe versehen.

Nutzen wir jetzt das System zur Anlage von zwei Nummernkreisen:

Nummernkreise pflegen

▶ B000 bis B999 für Fahrzeuge mit externer Nummernvergabe
▶ 1000000 bis 1999999 für alle anderen Aufträge mit interner Nummernvergabe

Zur Pflege der Nummernkreise nutzen Sie Transaktion KONK, im Customizing: SPRO · **SAP Referenz-IMG** · **Controlling** · **Innenaufträge** · **Auftragsstammdaten** · **Nummernkreise für Aufträge pflegen** (siehe Abbildung 4.3).

Abbildung 4.3 Nummernkreise pflegen – Einstieg

Intuitiv sucht man das Anlegen von neuen Nummernkreisen unter der Schaltfläche **Intervalle,** aber vergeblich. Stattdessen verbirgt sich die Anlage von neuen Nummernkreisen hinter dem Button **Gruppen** Von hier aus geht's weiter im Transaktionsmenü mit **Gruppe · Einfügen** (siehe Abbildung 4.4).

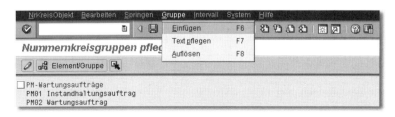

Abbildung 4.4 Nummernkreisgruppe einfügen

Jetzt können Sie einen **Text** für den Nummernkreis vergeben und das Intervall mit **Von Nummer** und **Bis Nummer** einschränken (siehe Abbildung 4.5). Mit dem Haken in der Spalte ganz rechts wird dieser Nummernkreis für die externe Nummernvergabe reserviert.

Im Bild **Nummernkreisgruppen pflegen** werden im oberen Teil die Nummernkreise dargestellt, sortiert nach dem Anlagezeitpunkt. Die nicht zugeordneten Elemente, hier unsere neuen Auftragsarten, sind im unteren Teil des Bildschirms zu sehen (siehe Abbildung 4.6).

Nummernkreise und Auftragsarten verknüpfen

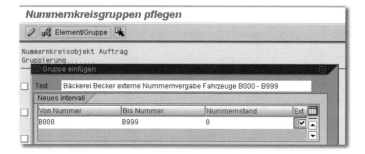

Abbildung 4.5 Nummernkreisgruppe anlegen

 Markieren Sie den Nummernkreis mit einem Haken und die Auftragsgruppe (hier B001) mit dem Button **Element markieren**, um Nummernkreis und Auftragsart zu verknüpfen.

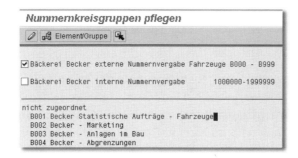

Abbildung 4.6 Nummernkreisgruppe und Auftragsart markieren

 Der Button **Element/Gruppe zuordnen** fügt die beiden markierten Objekte zusammen (siehe Abbildung 4.7).

Abbildung 4.7 Nummernkreisgruppe und Auftragsart verknüpfen

Mit den Auftragsarten B002, B003 und B004 verfahren wir ebenso. Sie werden dem Nummernkreis mit interner Nummernvergabe zugeordnet (siehe Abbildung 4.8).

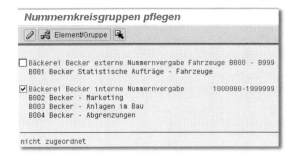

Abbildung 4.8 Auftragsarten mit interner Nummervergabe

Mit der Pflege von Auftragsart und Nummernkreis haben wir die Minimalvoraussetzungen zur Anlage von Auftragsstammdaten erfüllt. Welche Einstellungen zur Anpassung der Bildschirmmasken darüber hinaus möglich sind, erfahren Sie im nächsten Abschnitt.

4.2.4 Feldauswahl

Mit den Minimaleinstellungen Auftragsart und Nummernkreis können wir einen ersten Versuch zur Anlage von Auftragsstammdaten wagen (siehe Abbildung 4.9). Dazu benutzen wir die Transaktionen KO01, KO02, KO03, im Menü **Rechnungswesen · Controlling · Innenaufträge · Stammdaten · Spezielle Funktionen · Auftrag · Anlegen/Ändern/Anzeigen** (siehe Abbildung 4.10).

SAP-Standardlayout

Beim Anlegen müssen wir uns für eine Auftragsart entscheiden. Gut, dass wir die entsprechenden Vorarbeiten bereits geleistet haben. Wir wählen »B001 Becker Statistische Aufträge – Fahrzeuge«.

Abbildung 4.9 Innenauftrag anlegen – Einstieg

Registerkarte Zuordnungen

Mit **Enter** wird ein Bildschirm mit der Registerkarte **Zuordnungen** aufgerufen (siehe Abbildung 4.10). Für die Erfassung von Auftragsstammdaten hat sich die SAP ein Standardlayout ausgedacht. Wir sehen hier das erste von fünf Detailbildern.

Im Feld **Auftrag** vergeben wir die Auftragsnummer – Sie erinnern sich: Für die Auftragsart B001 hatten wir »externe Nummernvergabe« festgelegt. Die hier vergebene Auftragsnummer B001 stimmt nur zufällig mit der Auftragsart B001 überein. Selbstverständlich hätten wir innerhalb des Nummernbandes B001 bis B999 jeden freien Eintrag wählen können. Als **Buchungskreis** ist »1000 Bäckerei Becker« gewählt. Die **Objektklasse** wird vom System vorgegeben (siehe Abbildung 4.10).

Was fällt uns zu dieser Stammdatenmaske ein? Erstens: Schön, dass wir mit wenigen Grundeinstellungen (Auftragsart, Nummernkreis) einen benutzbaren Bildschirm im System finden. Zweitens: Schade, dass zum Erfassen von drei Feldern ein Bildschirm mit 15 Feldern erscheint. Daran arbeiten wir in diesem Abschnitt noch!

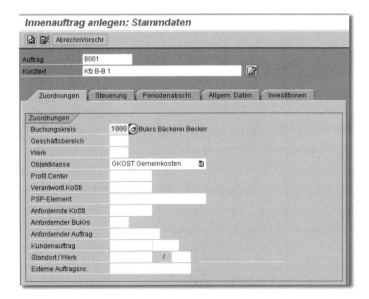

Abbildung 4.10 Standardlayout – Zuordnungen

Registerkarte Steuerung

Auf der nächsten Registerkarte **Steuerung** wird der Systemstatus mit dem Kürzel EROF für **Eröffnet** dargestellt (siehe Abbildung 4.11). Zur Statusverwaltung von Aufträgen später mehr.

Die **Währung** EUR wird automatisch aus dem Buchungskreis abgeleitet. Mit der Auftragsart B001 sollen nur statistische Aufträge verwaltet werden, das entsprechende Kennzeichen setzen wir hier im Abschnitt **Steuerung**. Jedem statistischen Auftrag muss eine **echt bebuchte Kostenstelle** zugeordnet werden. Wir gehen davon aus, dass wir mit den hier gezeigten Aufträgen die vielen Lieferfahrzeuge der Bäckerei Becker verwalten wollen. Entsprechend wählen wir als Kostenstelle »650 Versand«.

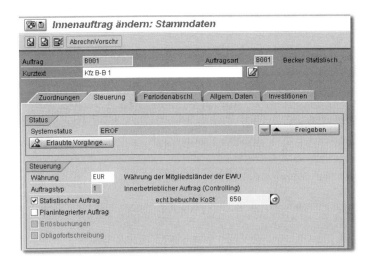

Abbildung 4.11 Standardlayout – Steuerung

Zum Abschluss pflegen wir auf der Registerkarte **Allgemeine Daten** den Verantwortlichen für den Fuhrpark, G. Fischer, mit seiner Telefonnummer ein (siehe Abbildung 4.12).

Registerkarte Allgemeine Daten

Abbildung 4.12 Standardlayout – Allgemeine Daten

Nun hat sich viel Ballast auf dem Bildschirm gesammelt, den wir gleich eliminieren werden. Mit dem Standardlayout von SAP werden alle mög-

Grundeinstellungen im SAP-System

lichen Felder des Auftragsstammes zur Pflege angeboten. Meist werden nicht alle angebotenen Felder bei jeder Auftragsart benutzt. Mit den Innenaufträgen werden massenhaft Stammdaten angelegt. Deshalb macht es Sinn, die Erfassungsmasken auf das unbedingt Notwendige zu reduzieren. Genau das werden wir jetzt tun, indem wir die **Feldauswahl** anpassen.

Feldauswahl anpassen

Als Alternative zum Standardlayout der Auftragsstammdaten können Sie für jede Auftragsart separat die für Sie notwendigen Felder auswählen. Nutzen Sie hierfür die bekannte Transaktion zur Pflege der Auftragsarten KOT2_FUNCAREA, im Customizing: **SPRO** · **SAP Referenz-IMG** · **Controlling** · **Innenaufträge** · **Auftragsstammdaten** · **Auftragsarten definieren** (siehe Abbildung 4.13). Ganz unten im Abschnitt **Darstellung Stammdaten** finden Sie den Button **Feldauswahl**.

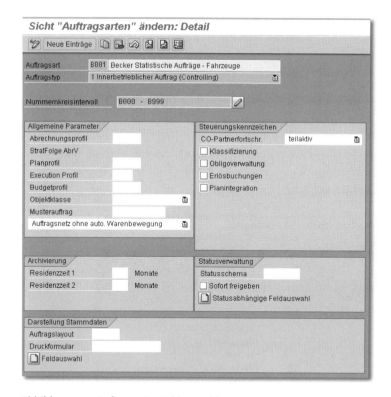

Abbildung 4.13 Auftragsart – Feldauswahl

Optionen in der Feldauswahl

Für jedes Feld steht Ihnen eine der Optionen **Ausblenden**, **Anzeigen**, **Eingabe** oder **Musseingabe** zur Verfügung (siehe Abbildung 4.14).

Wir wollen die Eingabemöglichkeit auf sieben Felder reduzieren. Für alle anderen Felder wählen wir die Option **Ausblenden**. Die Standardeinstellung **Eingabe** wird für sieben Felder ausgewählt:

▶ Kurztext

▶ Buchungskreis

▶ Systemstatuszeile

▶ Kennzeichen statistischer Auftrag

▶ echt bebuchte Kostenstelle

▶ Verantwortlicher

▶ Telefonnummer des Verantwortlichen

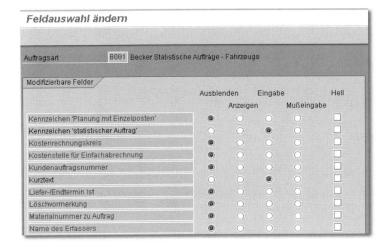

Abbildung 4.14 Feldauswahl für Auftragsstammdaten

Sehen wir uns an, welche Auswirkungen die soeben gemachten Einstellungen auf den Stammdatenbildschirm haben. Wir nutzen jetzt die Transaktion KO02 im Menü: **Rechnungswesen · Controlling · Innenaufträge · Stammdaten · Spezielle Funktionen · Auftrag · Ändern** und wählen den oben angelegten Auftrag B001 (siehe Abbildung 4.15). Hübsch! Jetzt sieht der Bildschirm schon deutlich übersichtlicher aus.

Auftragsstamm mit eigener Feldauswahl

Auch auf der Registerkarte **Steuerung** hat sich einiges getan (siehe Abbildung 4.16). Zu sehen sind jetzt nur noch die von uns ausgewählten Felder. Auch das Bild **Allgemeine Daten** ist jetzt deutlich übersichtlicher (siehe Abbildung 4.17).

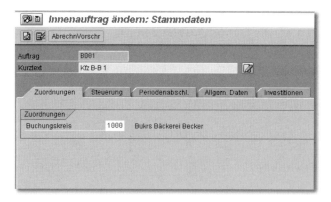

Abbildung 4.15 Registerkarte Zuordnungen nach Feldauswahl

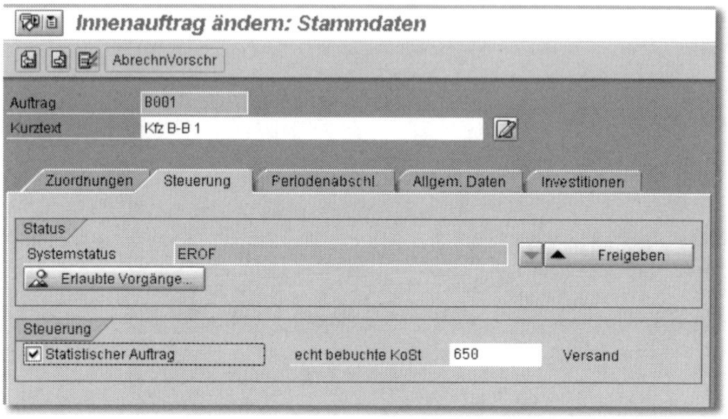

Abbildung 4.16 Registerkarte Steuerung nach Feldauswahl

Abbildung 4.17 Registerkarte Allgemeine Daten nach Feldauswahl

Was haben wir bis hierher erreicht? Mit den Customizing-Einstellungen **Auftragsart** und **Nummernkreis** haben wir die Voraussetzungen zur Pflege von Auftragsstammdaten geschaffen. Mit dem Standardlayout von SAP wurde dann der erste Auftrag B001 für das Kraftfahrzeug mit dem

Kennzeichen »B-B 1« angelegt. Danach haben wir die Erfassungsbildschirme mit der Feldauswahl auf die für uns notwendigen Felder reduziert.

Geht's noch besser? Ja klar! Anstatt unsere sieben Felder auf drei Bildschirme verteilt zu sehen, wäre es doch schön, nur einen Bildschirm mit allen Daten vorzufinden. Die Funktion, mit der das im Standard von SAP R/3 relativ einfach geht, heißt **Auftragslayout**, und wird in Abschnitt 4.2.5 beschrieben.

4.2.5 Auftragslayout

Mit einem selbst erstellten Auftragslayout wollen wir jetzt den bereits deutlich reduzierten Bildschirm weiter vereinfachen. Bisher müssen wir immer noch die drei Registerkarten **Zuordnungen**, **Steuerung** und **Allgemeine Daten** aufrufen, um alle Felder zu einem Auftrag zu füllen. Die von uns als relevant definierten Felder passen aber leicht auf einen einzigen Bildschirm. Also legen wir ein Auftragslayout an mit der entsprechenden Funktion im Customizing: **SPRO · SAP Referenz-IMG · Controlling · Innenaufträge · Auftragsstammdaten · Bildschirmgestaltung · Auftragslayouts definieren** (siehe Abbildung 4.18). Wir nennen das Layout »Z001 Layout Becker Fahrzeuge«.

Layout anlegen

Abbildung 4.18 Auftragslayout anlegen

Mit der Funktion **Titel der Registerkarten** aus der Dialogstruktur im linken Bildschirmbereich ordnen wir dem Layout eine einzige Registerkarte mit dem Titel **Alle Daten** zu (siehe Abbildung 4.19).

Titel der Registerkarten

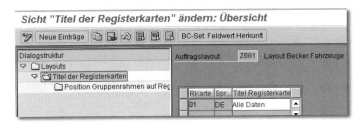

Abbildung 4.19 Registerkarte definieren

Position Gruppenrahmen

Zum Abschluss nutzen wir die Funktion **Position Gruppenrahmen auf Registerkarten** (siehe Abbildung 4.20). Hier legen wir in Bezug auf unsere Registerkarte **Alle Daten** in der Spalte **Position** eine Reihenfolge fest. In jeder Zeile wird ein **Gruppenrahmen** angegeben. Gruppenrahmen sind die Kästchen, mit denen Felder auf den Stammdatenbildschirmen optisch verbunden werden. Wir können hier also nur ganze Gruppenrahmen ein- oder ausblenden und in eine Reihenfolge bringen. Die Auswahl und die Anordnung einzelner Felder sind mit dieser Funktion nicht möglich.

Die im vorigen Abschnitt vorgenommene Feldauswahl bleibt selbstverständlich gültig. Innerhalb der jetzt ausgewählten Gruppenrahmen werden also nur die Felder dargestellt, die wir bei der Feldauswahl mit der Option **Eingabe** gekennzeichnet hatten.

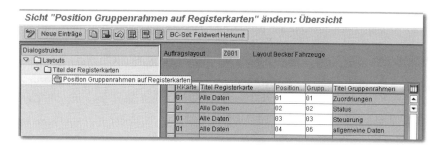

Abbildung 4.20 Gruppenrahmen zuordnen

Layout zuordnen

Fehlt noch etwas? Ach ja, bis jetzt »weiß« die Auftragsart ja noch nicht, dass wir mit unserem eigenen Layout Z001 und nicht mehr mit dem SAP-Standardlayout arbeiten wollen. Also sollten wir die entsprechende Einstellung noch vornehmen. Wir nutzen wieder die bekannte Transaktion KOT2_FUNCAREA zum Pflegen der Auftragsarten, im Customizing: **SPRO • SAP Referenz-IMG • Controlling • Innenaufträge • Auftragsstammdaten • Auftragsarten definieren** (siehe Abbildung 4.21). Im unteren Block, **Darstellung Stammdaten**, wird das gewünschte Layout im Feld **Auftragslayout** erfasst.

Stammdaten mit individuellem Layout

Wenn wir jetzt nochmals in die Pflege der Auftragsstammdaten einsteigen, müsste das Layout Z001 gezogen werden. Probieren wir's aus mit der bereits bekannten Transaktion KO02 im Menü **Rechnungswesen • Controlling • Innenaufträge • Stammdaten • Spezielle Funktionen • Auftrag • Ändern** und wählen wieder den Auftrag B001 (siehe Abbildung 4.22).

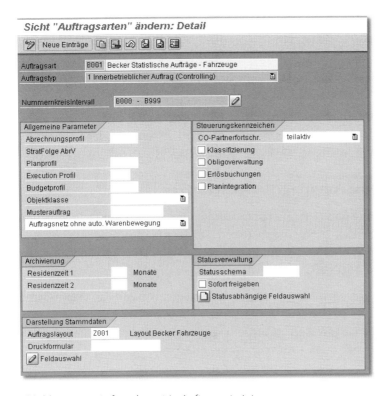

Abbildung 4.21 Auftragslayout in Auftragsart eintragen

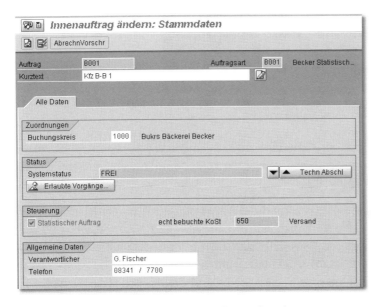

Abbildung 4.22 Stammdaten mit individuellem Auftragslayout

Sehr schön! Nicht nur, dass wir überflüssige Felder mit der Funktion **Feldauswahl** ausblenden konnten, zusätzlich ist es uns mit dem **Auftragslayout** gelungen, alle relevanten Felder auf einer Maske anzuzeigen.

Was können wir jetzt noch tun? Beim Anlegen von Auftragsstammdaten bekommen wir zwar nur noch unsere sieben relevanten Felder angeboten – alle auf einem Bildschirm, aber die sind leer. Die Krönung wäre, wenn wir die Felder mit sinnvollen Standardwerten vorbelegen könnten. Wie das geht, erfahren Sie im nächsten Abschnitt.

4.2.6 Musterauftrag/Referenzauftrag

Die Erfassung von Auftragsstammdaten haben wir mit der Definition von Auftragsarten und Nummernkreisen sowie mit der Feldauswahl und einem eigenen Auftragslayout bereits weitgehend an unsere individuellen Bedürfnisse angepasst.

Auftrag anlegen ohne Vorschlagswerte

Sehen wir uns noch einmal an, wie das Anlegen von Auftragsstammdaten jetzt abläuft. Dazu steigen wir nochmals ein in die Transaktion KO01 im Menü **Rechnungswesen · Controlling · Innenaufträge · Stammdaten · Spezielle Funktionen · Auftrag · Anlegen** (siehe Abbildung 4.23).

Abbildung 4.23 Innenauftrag anlegen

Nach Auswahl der Auftragsart B001 gelangen wir zu unserem bekannten Bildschirm, auf dem alle relevanten Felder auf die Dateneingabe warten (siehe Abbildung 4.24).

Nehmen wir an, dass wir mit der Auftragsart B001 immer Kraftfahrzeuge im Buchungskreis 1000 als statistische Aufträge zur Kostenstelle 650 verwalten wollen. Der Verantwortliche für den gesamten Fuhrpark, G. Fischer, ist auch für jedes neue Fahrzeug verantwortlich. Jeder Auftrag soll beim Anlegen gleich den Status **Frei** bekommen. Dann bleiben als Felder, die bei jedem Auftrag individuell zu pflegen sind, nur noch Auftrag (das ist die Auftragsnummer) und Kurztext (da hatten wir das Kfz-Kennzeichen eingetragen). Alle anderen Felder könnten wir mit Standardwerten vorbelegen.

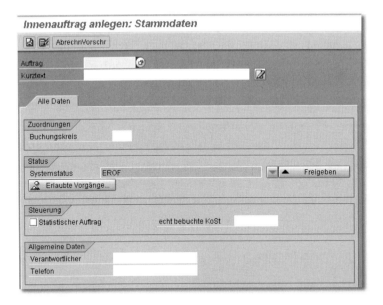

Abbildung 4.24 Relevante Felder eingabebereit und leer

Zum Vorbelegen von Stammdatenfeldern bei der Erfassung von Auftragsstammdaten stehen Ihnen zwei Funktionen zur Verfügung:

- Referenzauftrag
- Musterauftrag

Der *Referenzauftrag* ist nichts anderes als ein Innenauftrag, dessen Stammdaten bereits im System vorliegen. Der Anwender kann einen beliebigen vorhandenen Auftrag als Vorlage in den neuen Auftrag kopieren. Sie kopieren einen Referenzauftrag ganz einfach in einen neu anzulegenden Auftragsstamm, indem Sie im Einstiegsbild zur Auftragsanlage im Feld **Vorlage/Auftrag** die gewünschte Auftragsnummer angeben (siehe die bereits beschriebene Abbildung 4.23).

Referenzauftrag

Referenzaufträge kann also jeder Anwender individuell als Kopiervorlage nutzen. Bei jedem neuen Anlegen eines Auftrages kann ein anderer Auftrag als Referenz herangezogen werden. Diese Freiheit für den Anwender kann gewünscht sein. Wenn Sie als Modulverantwortlicher Ihre Endanwender jedoch zwingen wollen, dass mit jedem neuen Auftrag zu einer bestimmten Auftragsart immer die gleichen Feldinhalte vorgeschlagen werden, oder wenn Sie Felder vorbelegen wollen, die der Benutzer gar nicht mehr ändern kann, dann ist nicht der Referenzauftrag, sondern der *Musterauftrag* das Mittel der Wahl.

Musterauftrag Die Transaktionen zum Pflegen von *Musterauftträgen* sehen genauso aus wie die Standardbildschirme zum Pflegen von normalen Auftragsstammdaten. Sie erreichen diese Transaktionen KOM1, KOM2 allerdings nur über das Customizing **SPRO · SAP Referenz-IMG · Controlling · Innenaufträge · Auftragsstammdaten · Bildschirmgestaltung · Musteraufträge pflegen** (siehe Abbildung 4.25).

Die Auftragsart $\$\$^1$ für Musteraufträge wird von der SAP ausgeliefert. Diese Auftragsart ist bei Auslieferung allerdings keinem Nummernkreis zugeordnet. Wie Sie einen Nummernkreis anlegen und mit einer Auftragsart verbinden, wissen Sie ja schon. Hier im System der Bäckerei Becker haben wir für die Musteraufträge den Nummernkreis M0000 bis M9999 mit externer Nummernvergabe gewählt.

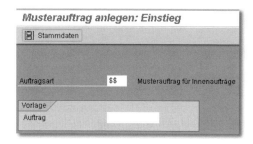

Abbildung 4.25 Musterauftrag anlegen – Einstieg

Musterauftrag Zuordnungen Haben wir Ihnen zu viel versprochen? Die Bildschirmmasken für die Pflege von Musteraufträgen sind von den Funktionen zur Pflege von Auftragsstammdaten nicht zu unterscheiden (siehe Abbildung 4.26). Die Auftragsnummer M0001 haben wir manuell vorgegeben. Der Kurztext »Kfz Kennzeichen« und der Buchungskreis 1000 sollen später bei der Anlage von Auftragsstammdaten als Vorschlagswerte erscheinen.

Musterauftrag Allgemeine Daten Auf der Registerkarte **Allgemeine Daten** zum Musterauftrag tragen wir den bekannten Fuhrparkmanager G. Fischer mit seiner Telefonnummer ein (siehe Abbildung 4.27).

---

1 $\$\$$ ist kein Platzhalter, sondern tatsächlich der Schlüssel für die Auftragsart im SAP-System

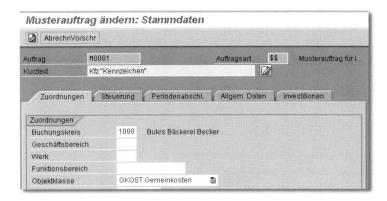

Abbildung 4.26 Musterauftrag – Zuordnungen

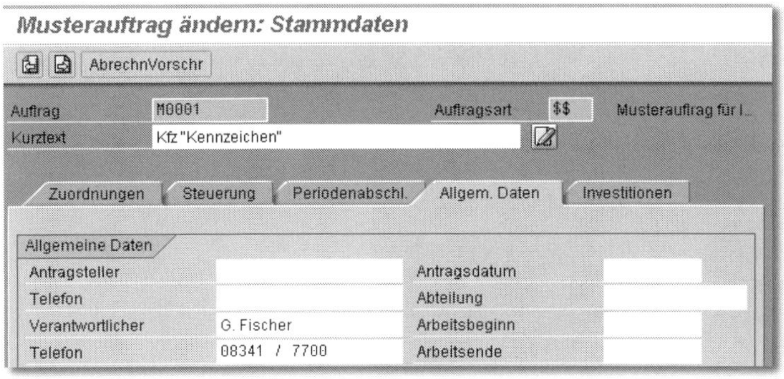

Abbildung 4.27 Musterauftrag – Allgemeine Daten

Jetzt müssen wir bei der Auftragsart nur noch hinterlegen, dass bei der Neuanlage von Aufträgen dieser Musterauftrag M0001 als Vorlage herangezogen werden soll. Dazu springen wir wieder in die Pflege der Auftragsarten mit Transaktion KOT2_FUNCAREA, im Customizing **SPRO** · **SAP Referenz-IMG** · **Controlling** · **Innenaufträge** · **Auftragsstammdaten** · **Auftragsarten definieren** (siehe Abbildung 4.28).

Auftragsart und Musterauftrag verknüpfen

Im Block **Allgemeine Parameter** tragen wir M0001 in das Feld **Musterauftrag** ein. Außerdem wollten wir den Auftrag bei der Anlage sofort in den Status **Frei** setzen. Das erreichen wir mit dem Haken bei **Sofort freigeben** im Block **Statusverwaltung**.

Jetzt müsste das Anlegen von Auftragsstammdaten schon sehr genau unseren individuellen Vorstellungen entsprechen. Probieren wir's noch einmal aus mit Transaktion KO01 im Menü **Rechnungswesen** · **Controlling** · **Innenaufträge** · **Stammdaten** · **Spezielle Funktionen** · **Auftrag** · **Anlegen** (siehe Abbildung 4.29).

Auftrag mit Musterauftrag anlegen

Grundeinstellungen im SAP-System **219**

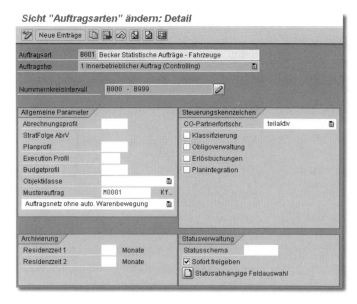

Abbildung 4.28 Auftragsart mit Musterauftrag und Sofort freigeben

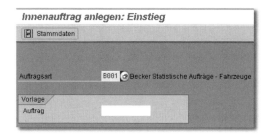

Abbildung 4.29 Innenauftrag anlegen

Übernahme von Stammdaten aus Musterauftrag	Wir legen wieder einen Auftrag zur Auftragsart B001 an. Die Bildschirmdarstellung kennen wir schon. Neu ist, dass alle eingabebereiten Felder (außer der Auftragsnummer) bereits mit Vorschlagswerten gefüllt sind (siehe Abbildung 4.30).
Referenzauftrag versus Musterauftrag	Am Beginn dieses Abschnittes hatten wir erwähnt, dass Sie die Vorbelegung von Feldern mit der Funktion **Referenzauftrag** oder **Musterauftrag** vornehmen können. Den Referenzauftrag kann der Endanwender selbst auswählen – oder auch nicht. Der Musterauftrag wird in Verbindung zur Auftragsart vom Moduladministrator fest vorgegeben. Was passiert, wenn beide, der Anwender und der Administrator, tätig werden? Der Administrator meint es so gut mit seinen Anwendern, dass er ihnen bereits alle wichtigen Felder mit Vorschlagswerten aus einem Musterauftrag versorgt. Der Anwender weiß es aber besser und benutzt einen Refe-

renzauftrag, den er selbst angelegt hat. Kann der Anwender mit dem Referenzauftrag die Vorgaben des Musterauftrages übersteuern? Ja und nein, das hängt von der Einstellung in der **Feldauswahl** ab.

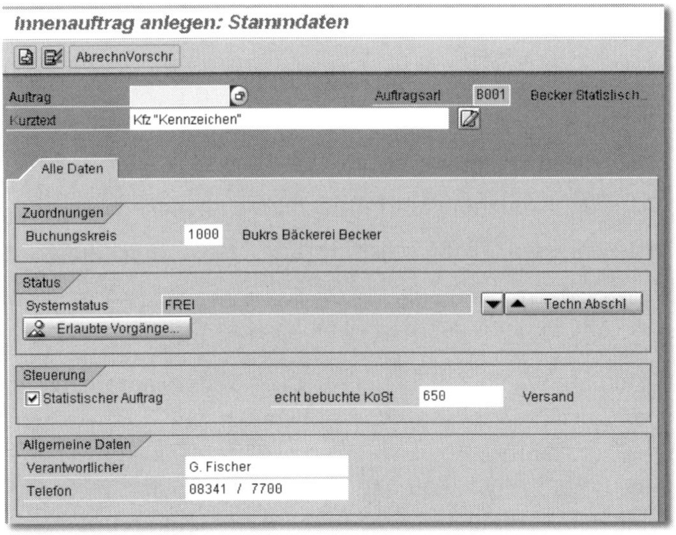

Abbildung 4.30 Innenauftrag mit Vorgaben aus Musterauftrag

Nehmen wir an, wir legen einen Auftrag mit Referenzauftrag und Musterauftrag an. Im Referenzauftrag steht im Feld **Verantwortlicher** »Herr Reff«, im Musterauftrag ist das gleiche Feld mit »Herr Muster« gefüllt. Welcher Name steht jetzt in dem neuen Auftrag? Prüfen wir drei mögliche Einstellungen in der Feldauswahl für das Feld **Verantwortlicher**:

- Eingabe oder Musseingabe: »Herr Reff«
- Anzeige: »Herr Muster«
- Ausblenden: »   « (leer)

Mit dem Musterauftrag können wir also sowohl eingabebereite (Eingabe oder Musseingabe) als auch gesperrte Felder (Anzeige) füllen. Der Referenzauftrag schreibt nur in eingabebereite Felder und überlagert dann den Vorschlag aus dem Musterauftrag. Weder Musterauftrag noch Referenzauftrag schreiben in unsichtbare Felder (Ausblenden).

4.2.7 Statusverwaltung

Uff, die Statusverwaltung von Aufträgen! Sollen wir Sie mit diesem Thema wirklich belästigen? Da müssten wir über Systemstatus, Anwenderstatus und betriebswirtschaftliche Vorgänge reden. Wir müssten tief in die

Berechtigungsverwaltung einsteigen, weil das Wechseln von Status eng verknüpft ist mit Personen, die nur zu einer bestimmten Zeit während der Lebenszeit eines Auftrages festgelegte Vorgänge ausführen dürfen. Wir sparen uns die Details und beschränken uns auf die vier Systemstatus, die standardmäßig ausgeliefert werden und für die kein weiteres Customizing notwendig ist.

Systemstatus Die vier Systemstatus sind:

- Eröffnet (EROF): Planung ist möglich.
- Frei (FREI): Planung, Istbuchung und Abrechnung ist möglich.
- Technisch abgeschlossen (TABG): Istbuchung und Abrechnung ist möglich.
- Abgeschlossen (ABGS): Jetzt geht fast nichts mehr.

Zusätzlich zu diesen frei wählbaren Status setzt das System automatische Status nach dem Ausführen bestimmter Aktivitäten wie z. B. Abrechnungsvorschrift erfasst (ABRV), Abweichungen ermittelt (ABWE), Warenbewegung erfolgt (WABE). Die Aufträge im Controlling sind technisch eng verwandt mit den Fertigungsaufträgen in der Produktion. Dort ist eine differenzierte Statusverwaltung wichtig. Wir Controller bekommen die Statusverwaltung vom Modul Produktion quasi geschenkt, ob wir wollen oder nicht.

Verlassen wir die Statusverwaltung und wenden wir uns einem ebenso unerfreulichen Thema zu, dem Löschen von Aufträgen.

4.2.8 Aufträge löschen

Archivierung von Aufträgen Dies ist ein ganz kurzer Abschnitt. Das Löschen von Auftragsstammdaten geht nämlich nicht. Bei den Kostenstellen hatten Sie noch einen kurzen Moment Zeit zum Löschen, und zwar den Moment zwischen dem Anlegen der Stammdaten und der ersten Buchung. Danach sind auch Kostenstellen nicht mehr löschbar. Ein einmal angelegter Auftrag dagegen bleibt selbst ohne Buchungen für immer und ewig im System. Nein – ganz so schlimm ist es auch wieder nicht. Unter bestimmten Voraussetzungen ist eine Archivierung dieser Daten möglich. Archivierung ist ein »Löschen de luxe«, das im SAP R/3-System eingerichtet ist. Dabei werden die Daten im produktiven System physisch gelöscht und in mehr oder weniger brauchbaren Archivdateien gesichert. Die Archivierung ist ein hoch komplexes Thema und würde den Rahmen dieses Buches sprengen.

Wenden wir uns lieber wieder den existierenden Aufträgen zu und sehen wir uns an, wie wir sie benutzen können.

4.3 Abwicklung, Planung und Abrechnung der Innenaufträge

Wir haben uns im Abschnitt 4.2 mit betriebswirtschaftlichen Aspekten, wie Auftragsarten und -gruppen, aber auch mit systemseitigen Themen wie externe oder interne Nummernvergabe, dem Anpassen der Bildschirmmasken an Ihre speziellen Anforderungen und dem Zugriff auf Muster- oder Referenzauftrag beschäftigt. In den folgenden Ausführungen wollen wir auf die praktische Abwicklung der Innenaufträge von der Auftragsvorbereitung bis zur Auftragsabrechnung eingehen.

4.3.1 Einzelaufträge

In Abschnitt 4.1.1 haben wir wichtige Argumente, die für die Verwendung von Innenaufträgen sprechen, genannt. Für die Einzelaufträge sind davon vor allem die exakte Kostenerfassung und die detaillierte Kostenüberwachung maßgeblich.

Auftragsabwicklung

Alle Einzelaufträge sollten grundsätzlich nach einem einheitlichen Schema abgewickelt werden (siehe auch Abschnitte 4.3.2 und 4.3.3). Der nachfolgend beschriebene Ablauf gilt nur für die Innenaufträge. Für Kleinaufträge, die unter einer festzusetzenden Stunden- und/oder Wertgrenze bleiben, findet ein abgekürztes Verfahren mit vereinfachter Genehmigung und Direktverrechnung Kostenstelle/Kostenart Anwendung. Wir weisen außerdem darauf hin, dass das im Folgenden skizzierte Abwicklungsverfahren einen sofortigen Arbeitsbeginn in dringenden Fällen, z. B. bei Maschinenstillstand, nicht behindern darf. Wichtig ist – unabhängig von Genehmigungsverfahren –, möglichst rasch die Auftragsnummer zu vergeben und die Auftragseröffnung durchzuführen, damit die Stunden der ausführenden Kostenstellen, benötigte Materialien etc. tatsächlich auf den betreffenden Auftrag erfasst werden können.

Innenaufträge werden von Mitarbeitern oder Leitern von Fachbereichen (Fachbereich heißt hier: Technik, Produktion, Vertrieb, etc.) angefordert. Die genauen Aufgaben von Auftragsanforderer und Auftragsverantwortlichem sind im Folgenden festgehalten. Der Auftragsanforderer beschreibt die geplante Maßnahme und überstellt einen Genehmigungsantrag an den für die jeweilige Auftragsgruppe zuständigen Auftragsaussteller. Dieser ist für die Beschaffung aller notwendigen Daten, die Einhaltung der festgelegten Freigabeverfahren, die Erfassung im System sowie für das laufende Reporting zuständig.

Auftragsvorbereitung

Aufgaben des Auftragsverantwortlichen

Dem Auftragsaussteller bzw. Auftragsverantwortlichen fallen folgende Aufgaben zu:

1. genaue Feststellung des Auftragsumfanges
2. Festlegung der an der Auftragsausführung zu beteiligenden internen und externen Stellen
3. Durchführung bzw. Beauftragung von Kostenvorschätzungen
4. Veranlassung von Wirtschaftlichkeits- und Vergleichsrechnungen (gegebenenfalls Erarbeitung von Alternativlösungen bzw. Einholung von Konkurrenzangeboten)
5. Abgabe eines voraussichtlichen Fertigstellungstermins
6. Weitergabe zur Genehmigung an die zuständige genehmigende Stelle (nach Wertgrenzen gestaffelt)
7. einfache Arbeitsvorbereitung
8. Koordination der Ausführung bei mehreren beteiligten (internen und/oder externen) Stellen
9. Terminabstimmung und -überwachung
10. Kostenüberwachung während der Auftragsausführung
11. Kontrolle der Endtermin-Einhaltung
12. Überprüfung der Auftragskosten und Vergleich mit den Planmengen und -werten, laufend und nach Auftragsabschluss

Auf einige Punkte, auf die Sie in jedem Fall genauer achten sollten, werden wir im Folgenden noch etwas näher eingehen.

Kostenvorschätzung

Eine frühzeitige Information über die voraussichtlichen Kosten ist bei der Planung der Einzelaufträge unabdingbar. Der Anforderer muss die Möglichkeit haben, vor Beginn der Auftragsausführung nach billigeren Alternativlösungen zu fragen oder auch Konkurrenzangebote einholen zu lassen. Er muss dazu die Kostenvorschätzung und Termine vor Arbeitsbeginn erfahren und nicht nur die angefallenen Kosten nach Auftragsabschluss belastet bekommen, zu einem Zeitpunkt, zu dem er die Kosten nicht mehr beeinflussen kann.

Vom Auftragsverantwortlichen wird eine Kostenvorschätzung vorgenommen bzw. – falls von ihm nicht selbst durchführbar – bei einem Dritten veranlasst. Für diese Kostenvorschätzung stehen meist Istwerte vergleichbarer Aufträge aus der Vergangenheit zur Verfügung. Ziel muss es sein, dass für alle Aufträge Kostenvorschätzungen durchgeführt werden, die zumindest bei größeren Aufträgen nach Eigenleistungen der beteiligten

Handwerkerstellen, nach Materialien vom Lager und Fremdlieferungen/-leistungen differenziert werden sollten.

Abschließend wird der mit der Kostenvorschätzung und den Terminen versehene Auftrag der für die Genehmigung zuständigen Stelle vorgelegt. Sobald die Genehmigung erteilt ist, kann die Auftragsnummer – manuell oder maschinell – vergeben und der Auftrag eröffnet werden.

Wichtig ist, dass jeder Innenauftrag mit einer Kostenvorschätzung versehen sein sollte (so detailliert wie möglich und nötig).

Bei der Auftragsausführung ist zu beachten – und dies sollte vom Auftragsverantwortlichen auch kontrolliert werden –, dass wirklich alle Kosten des Auftrags auf die richtige Auftragsnummer erfasst werden. **Auftragsausführung**

Wichtig ist, dass alle mit dieser Maßnahme zusammenhängenden Kosten, eigen und fremd, dem Auftrag zugeordnet werden (und nicht, um die Kostenvorschätzung einzuhalten, Kosten auf andere Aufträge »verschoben« bzw. Kosten von anderen Maßnahmen übernommen werden, weil die Kostenvorschätzung noch Luft lässt)

Bei mehreren ausführenden Stellen fällt dem Auftragsverantwortlichen auch die Aufgabe zu, die Koordination aller beteiligten Stellen einschließlich der Fremdfirmen zu übernehmen. Hand in Hand mit dieser Koordination sollte zumindest bei den Aufträgen, an denen eigene Handwerker beteiligt sind, eine vereinfachte Arbeitsvorbereitung durchgeführt werden (wie viele Handwerker beizuziehen sind, welche Hilfsmittel einzusetzen und bei Handwerkern auch gleich mitzunehmen sind, zu welchem Zeitpunkt die Arbeit begonnen und wann sie fertig gestellt sein muss.)

Parallel zur Auftragsausführung muss eine laufende Terminüberwachung vorgenommen werden. Genauso müssen auch die Kosten laufend überprüft werden, und zwar die positionsweise angefallenen Kosten für sich und unter dem Aspekt der Gesamtkostenvorschätzung. Dabei sind auch die disponierten Kosten (Bestellobligo) zu berücksichtigen. **Auftragskontrolle**

Die auf Innenaufträge übernommenen Istkosten können weiterverrechnet werden: **Auftragsabrechnung**

- ▶ auf Kostenstellen
- ▶ auf andere Innenaufträge (z. B. vom Einzel-Reparaturauftrag auf den Abgrenzungsauftrag Großreparaturen)
- ▶ auf Anlagen im Bau

- auf Kostenträger (gegebenenfalls auch Ergebnisobjekte)
- auf Konten der Finanzbuchhaltung

Wichtig ist, dass sowohl Kostenstellen als auch andere Aufträge, Projekte sowie Anlagen im Bau oder Fibu-Konten angesprochen werden können und dass diese Verrechnung sowohl summarisch als auch kostenarten- oder kostenartengruppenweise durchgeführt werden kann. Die Weiterbelastung der Kosten pro Auftrag kann in verschiedenen Intervallen erfolgen: einmalig, pro Abrechnungsmonat, ab einem bestimmten Zeitpunkt pro Abrechnungsmonat sowie nach Auftragsabschluss. Außerdem kann sie auf beliebig viele Kostenstellen, Aufträge oder Konten vorgenommen werden, wobei für eine derartige Aufgliederung Prozentsätze oder feste Beträge angegeben werden können. Wichtig ist, dass pro Auftrag individuell festgelegt werden kann, ob die Abrechnung laufend, periodisch oder erst nach Auftragsabschluss erfolgen soll

4.3.2 Daueraufträge

Auftragsabwicklung Daueraufträge

Die Abwicklung der Daueraufträge – dies gilt übrigens analog für die Abgrenzungsaufträge – ist wesentlich einfacher als die der Einzelaufträge, vor allem deshalb, weil diese Aufträge hauptsächlich Hilfsmittel der Controlling-Aktivitäten sind und aus diesem Grunde nur von diesem Bereich vergeben werden sollten.

Die Abwicklung der Daueraufträge (gilt auch für die Abgrenzungsaufträge) wird dadurch erleichtert, dass diese Aufträge ständig Gültigkeit haben. Im Gegensatz zu den Einzelaufträgen, die stets zeitlich befristet sind, laufen sie meist über Jahre und werden Monat für Monat automatisch abgerechnet.

Ein Großteil der Daueraufträge wird bereits in Zusammenhang mit der Kostenplanung bzw. rechtzeitig zum Start der Istabrechnung eröffnet. Wichtig ist, dass alle internen Stellen, die mit diesen Aufträgen in Berührung kommen – das sind vor allem die Sekundärstellen wie Betriebshandwerker oder Fuhrpark und Transportkolonne –, ein Verzeichnis sämtlicher für sie in Frage kommender Daueraufträge (und auch der Abgrenzungsaufträge) erhalten, und zwar nicht nur die Auftragsnummern, sondern auch eine Kurzbeschreibung der jeweiligen Inhalte.

Istkosten Daueraufträge

Wie bereits ausgeführt, werden die Istkosten der Daueraufträge monatlich in voller Höhe in die laufende Abrechnung übernommen. Zum besseren Verständnis nochmals ein Hinweis auf die bereits erläuterten Beispiele: Dies waren in Abschnitt 4.1 die vielen unterschiedlichen

Fahrzeugtypen und Fahrzeuge des Pharma-Großhändlers, für die man aus vielerlei Gründen keine so weitreichende Kostenstellendifferenzierung vornehmen konnte.

In Abschnitt 4.2.1 waren es die Kleinleistungen der Elektriker für das Auswechseln der Beleuchtungskörper, für die das Anlegen von Einzelaufträgen zu aufwändig gewesen wäre. Ähnlich gelagert waren die Wartungsarbeiten für die Monoschreiber gewesen (ebenfalls in Abschnitt 4.2.1), wo man nicht nur über Jahre hinweg sehen wollte, was diese Arbeit an Aufwand verursacht, sondern wo dann im Rahmen der GWA der werksübergreifende Vergleich für diese spezielle Wartungsarbeit erfolgreich genutzt werden konnte.

Es gibt sicherlich auch in Ihrem Unternehmen solche immer wiederkehrenden Arbeiten, meist für sich gesehen nur Kleinigkeiten, für die es sich nicht lohnt, Einzelaufträge anzulegen, die man aber trotzdem gerne für sich sehen möchte. Lassen Sie Ihrer Fantasie freien Lauf; es gibt bestimmt auch bei Ihnen Anwendungsmöglichkeiten.

4.3.3 Abgrenzungsaufträge

Die Abgrenzungsaufträge dienen – wie wir im Abschnitt 4.2.1 gehört haben – vor allem zur zeitlichen Abgrenzung aperiodisch anfallender Kosten. Die eigentliche Abrechnung wird auf die Innenaufträge verlagert. Als Beispiel wurden aus dem Bereich der Kostenstellenrechnung Großreparaturen angeführt (siehe Beispiel 5 in Abschnitt 4.2.1).
Definition Abgrenzungsaufträge

Im Gegensatz zu den Daueraufträgen, die monatlich mit Ihrem Istkostenanfall weiterbelastet werden, findet für die Abgrenzungsaufträge keine Weiterverrechnung der Istkosten statt. Es werden vielmehr die kalkulatorischen »Abgrenzungswerte« Soll = Ist berücksichtigt. Bei den Abgrenzungsaufträgen handelt es sich nur zum geringeren Teil um Aufträge, auf die Istkosten direkt kontiert werden.
Kalkulatorische Verrechnung der Abgrenzungsaufträge

Beispiele dafür sind die Abgrenzungsaufträge für die Belegschaftsnebenkosten. Die Lohn- bzw. Gehaltsnebenkosten (Urlaubs- und Feiertagsentgelte, sonstige Sozialöhne und -gehälter sowie die gesetzlichen und freiwilligen Sozialaufwendungen) werden mit prozentualen Zuschlägen auf die Anwesenheitslöhne und -gehälter verrechnet. Die monatliche Verrechnung wird den Abgrenzungsaufträgen gutgeschrieben. Die tatsächlichen Istkosten landen direkt auf den Abgrenzungsaufträgen, die sich wegen des unregelmäßigen Kostenanfalls, denken Sie z. B. an Urlaubs-
Istkosten Abgrenzungsaufträge

und Feiertagsentgelte, nicht unterjährig, sondern erst zum Jahresende ausgleichen sollten.

Auch auf Abgrenzungsaufträge der Kostenträger- oder Ergebnisrechnung können Istkosten direkt verrechnet werden, wie etwa Ausgangsfrachten, sofern diese in der Serien-/Fließfertigung nicht direkt weiterbelastet werden können (anders in der Einzelfertigung, wo sie mit dem Ist verrechnet werden müssen). Die Verrechnung der Ausgangsfrachten in der Ergebnisrechnung findet mit zum Teil kundenabhängigen kalkulatorischen Ansätzen statt (abhängig von Gewicht oder Volumen und Entfernungszonen). Auf den Abgrenzungsaufträgen werden die meist nicht kundenbezogenen Ist-Frachtkosten der kalkulatorischen Verrechnung gegenübergestellt.

Bei den meisten Abgrenzungsaufträgen resultiert aber der Istkostenanfall aus Abschlusskontierungen von Einzelaufträgen (siehe unser Beispiel 5 zu den Großreparaturen in Abschnitt 4.1.1).

Ähnliche Anwendungen finden sich auch in der Kostenträger- und Ergebnisrechnung:

Beispiel 7: Pressmatrize

Anschaffungskosten einer Pressmatrize	100 000 €
Nacharbeitungskosten (Zehn Nacharbeitungen à 5 000 €)	50 000 €
Gesamtkosten über die Nutzungszeit	150 000 €

Nun kommt der heikle Punkt. Wenn Sie den Vertrieb fragen, verkauft er von diesem Artikel in den folgenden Jahren »leicht« 70 000 Stück. Der gewiefte Controller kennt seine »Pappenheimer« und geht von 50 000 Stück aus, so dass sich eine Quote von 3 € pro Stück ergibt.

Da diese Sonderwerkzeuge eine eigene Auftragsgruppe bilden und außerdem pro Sonderwerkzeug ein eigener Abgrenzungsauftrag vergeben ist, lassen sich die gedeckten Werkzeugkosten in Summe über die Auftragsgruppe und einzeln je Werkzeug gut überprüfen. Der Fall, dass die Werkzeugkosten überdeckt sind, ist leider die Ausnahme.

Als Beispiel von Abgrenzungsaufträgen in der Ergebnisrechnung haben wir in diesem Abschnitt den – leider meist nur summarisch anstellbaren – Vergleich der effektiven Ausgangsfrachtkosten mit der kalkulatorischen

Verrechnung kennen gelernt. Kritischer sind die Ausgangsfrachten bei der Einzel-/Projektfertigung zu sehen. Dort muss organisatorisch sichergestellt werden, die effektiven Frachtkosten pro Auftrag bzw. pro Projekt – nicht selten fünfstellige Euro-Beträge – zu ermitteln und zuzuordnen.

Abschließend noch eine generelle Anmerkung zu den Innenaufträgen: Jede Auftragsart kann mit Ihren speziellen Funktionalitäten die Aufgaben des Gemeinkostencontrollings erheblich unterstützen. Manche Aussagen können ohne die Zwischenschaltung von Innenaufträgen nur sehr schwer oder überhaupt nicht gemacht werden.

4.4 Statistische Aufträge

4.4.1 Grundeinstellungen

Mit den statistischen Aufträgen in SAP R/3 können Sie Kosten, die im Controlling einer Kostenstelle zugeordnet sind, weiter differenzieren. Im folgenden Beispiel betrachten wir drei Lieferfahrzeuge, die von der Kostenstelle Versand verwaltet werden. Diese Kostenstelle plant die anfallenden Kosten für Treibstoff, Abschreibungen usw. ohne Differenzierung nach Fahrzeugen. Im Ist sollen die Fahrzeuge getrennt verwaltet werden, um so einen Kostenvergleich zwischen den einzelnen Fahrzeugen zu ermöglichen. Im Ist werden alle Buchungen innerhalb des Controllings parallel zu den Aufträgen auch noch der Versandkostenstelle zugeordnet. Die Weiterverrechnung der Fahrzeugkosten erfolgt ausschließlich summarisch mit der Kostenstelle als Sender. Eine Verrechnung der Aufträge ist nicht möglich, da die Kosten dort nur statistisch geführt werden – daher die Bezeichnung statistischer Auftrag.

Differenzierung von Kosten auf Kostenstellen

Lassen Sie uns anhand dieses Fahrzeugbeispiels nochmals auf einen wesentlichen Unterschied zwischen Dauer- und statistischen Aufträgen eingehen. Anfallseitig zeigen beide Auftragstypen kostenartenweise sämtliche Kosten, getrennt nach den einzelnen Fahrzeugen, auf. Der Unterschied liegt in der Weiterbelastung.

Der Dauerauftrag hat eine feststehende Belastungskontierung, gebunden an den Auftrag meist auf eine Kostenstelle (oder einen anderen Innenauftrag), gelegentlich auch mit einer prozentualen, aber feststehenden, gleich bleibenden Aufteilung auf mehrere Empfänger.

Verrechnung Dauerauftrag

Demgegenüber gilt beim statistischen Auftrag eine auf Istaufzeichnungen basierende wechselnde Weiterbelastung, so wie bei normalen Direktkontierungen Kostenstelle/Kostenart, die in diesem Monat ganz anders

Verrechnung statistischer Auftrag

als im letzten Monat aussehen kann. Die Weiterverrechnung wird von der belasteten Kostenstelle mit einem gleich bleibenden Kostensatz je Leistungsart vorgenommen, unabhängig davon, wie viele Fahrzeugtypen unter dieser Leistungsart zusammengefasst sind. Will man trotzdem sehen, welche Kosten (Treibstoff, Instandhaltung, Afa, etc.) die einzelnen Typen verursacht haben, dann schaltet man je Typ einen statistischen Auftrag (bei wechselnden Belastungskontierungen) oder einen Dauerauftrag (bei gleich bleibender Belastungskontierung) zwischen (so funktionierte auch die Kostenzuordnung in Beispiel 1 in Abschnitt 4.1.1).

Auftrag anlegen In Abschnitt 4.2 haben wir uns sehr ausführlich mit der Pflege von Auftragsstammdaten auseinander gesetzt. Nur zur Erinnerung hier noch einmal das individuell angepasste Bild der Transaktionen KO01, KO02, KO03, im Menü **Rechnungswesen · Controlling · Innenaufträge · Stammdaten · Spezielle Funktionen · Auftrag · Anlegen/Ändern/Anzeigen** (siehe Abbildung 4.31).

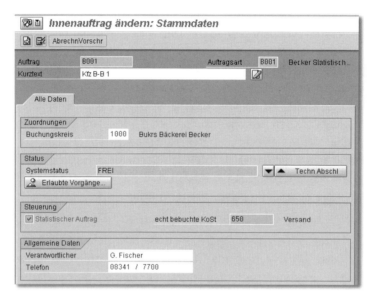

Abbildung 4.31 Statistischer Auftrag – Stammdaten

Auftragsstamm – Sammelanzeige Im folgenden Beispiel arbeiten wir mit drei Fahrzeugen, von denen jedes durch einen eigenen statistischen Auftrag repräsentiert wird. Für die Anzeige von Auftragsstammdaten für mehrere Aufträge bietet das System eine Sammelanzeige mit der Transaktion KOK3, im Menü **Rechnungswesen · Controlling · Innenaufträge · Stammdaten · Spezielle Funktionen · Sammelbearbeitung · Sammelanzeige · Stammdaten** (siehe Abbildung 4.32).

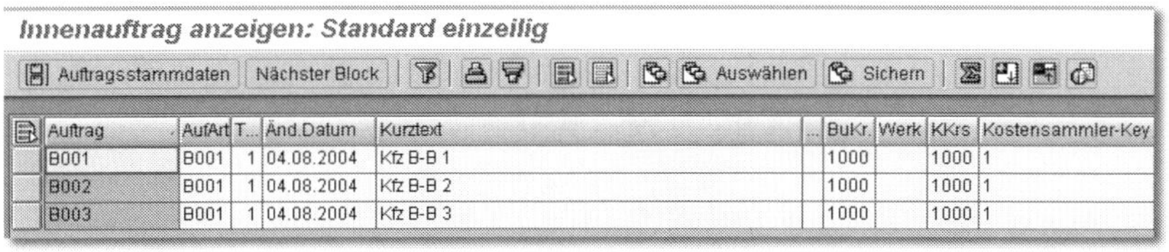

Auftrag	AufArt	T...	Änd.Datum	Kurztext	...	BuKr.	Werk	KKrs	Kostensammler-Key
B001	B001	1	04.08.2004	Kfz B-B 1		1000		1000	1
B002	B001	1	04.08.2004	Kfz B-B 2		1000		1000	1
B003	B001	1	04.08.2004	Kfz B-B 3		1000		1000	1

Abbildung 4.32 Statistische Aufträge – Liste

Keine Planung von statistischen Aufträgen

Nach der Anlage der Stammdaten beginnt das richtige Leben. Im Controlling steht am Anfang des Lebens ...? Richtig – die Planung. Mit Planung sieht's bei statistischen Aufträgen ziemlich düster aus. Für sie ist nämlich keine Planung vorgesehen. Also können wir die voraussichtlichen Kosten für unsere Lieferfahrzeuge nur summarisch auf der Kostenstelle erfassen. Wie das geht, wissen Sie bereits aus Abschnitt 3.2.4. Wir ersparen Ihnen hier eine Wiederholung und steigen gleich ein in die Buchung von Istdaten.

4.4.2 Istbuchungen

Istbuchung auf statistische Aufträge

Die Fahrer unserer drei Lieferautos haben Tankrechnungen bar bezahlt. Sie kommen mit den Quittungen zur Kasse der Bäckerei Becker und lassen sich ihre Auslagen ersetzen. Wir buchen alle drei Tankrechnungen auf einmal in der Buchhaltung. Die Buchhalter unter Ihnen, liebe Leser, mögen uns bitte diese Vereinfachung verzeihen. An dieser Stelle geht es nur um die Auswirkungen im Controlling. Mit der Erfassung der Auftragsnummern B001, B002 und B003 im FI-Beleg zieht das System automatisch die echt bebuchte Kostenstelle. Das ist, wie in den Auftragsstammdaten angegeben, immer »650 Versand«. Den resultierenden Beleg der Buchhaltung sehen wir uns an mit Transaktion FB03, im Menü **Rechnungswesen • Finanzwesen • Hauptbuch • Beleg • Anzeigen** (siehe Abbildung 4.33).

Außer den Tankrechnungen unter Kostenart »452124 Treibstoffe« buchen wir per Abschreibungslauf noch Afa für die Fahrzeuge unter der Kostenart »490011 Abschreibungen« auf die drei Innenaufträge. Dabei gilt die gleiche Regel: Mit dem Buchen auf einen statistischen Auftrag wird die zugehörige Kostenstelle gleich mit angezogen. Das Ergebnis aller Buchungen im Monat Februar 2004 können wir überprüfen mit dem bekannten Kostenstellenbericht in Transaktion S_ALR_87013611, im Menü **Rechnungswesen • Controlling • Kostenstellenrechnung • Infosystem • Berichte zur Kostenstellenrechnung • Plan-Ist-Vergleiche • Kostenstellen: Ist/Plan/Abweichung** (siehe Abbildung 4.34).

Belegübersicht - Anzeigen -

Auswählen | Sichern | Steuerdaten

Belegart SA (Sachkontenbeleg) Normaler Beleg
Belegnummer 100000033 Buchungskreis 1000 Geschäftsjahr 2004
Belegdatum 28.02.2004 Buchungsdatum 28.02.2004 Periode 02
Belegwährung EUR

Pos	BS	Konto	Kurztext Konto	Zuordnung	St	Betrag	Auftrag	Kostenst.
1	40	452124	Treibstoffe		V0	40,00	B001	650
2	40	452124	Treibstoffe		V0	50,00	B002	650
3	40	452124	Treibstoffe		V0	60,00	B003	650
4	50	141010	Hauptkasse	20040228		150,00-		

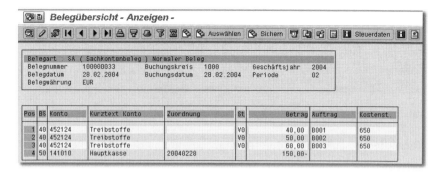

Abbildung 4.33 FI-Buchung mit Auftrag und Kostenstelle

Kostenstellenbericht Ist/Plan/Abeichung

Die Treibstoffkosten von 150 € sind hier in Summe dargestellt. Die Abschreibung resultiert aus einem Anschaffungswert von 30 000 € für jedes Fahrzeug und einer linearen Abschreibung über fünf Jahre. Das ergibt einen Abschreibungsbetrag von 6 000 € pro Jahr oder 500 € pro Monat und Fahrzeug. Die Abschreibungen für alle drei Fahrzeuge (1 500 €) werden auf der Kostenstelle summiert.

Kostenstellen: Ist/Plan/Abweichung

Spalte

Kostenstellen: Ist/Plan/Abweichung Stand: 04.08.2004 Seite: 2 / 3
Spalte: 1 / 2
Kostenstelle/Gruppe 650 Versand
Verantwortlicher: Paulson
Berichtszeitraum: 2 bis 2 2004

Kostenarten	Istkosten	Plankosten	Abw (abs)	Abw (%)
452124 Treibstoffe	150,00		150,00	
490011 Abschreibungen	1.500,00		1.500,00	
* Belastung	1.650,00		1.650,00	
** Über-/Unterdeckung	1.650,00		1.650,00	

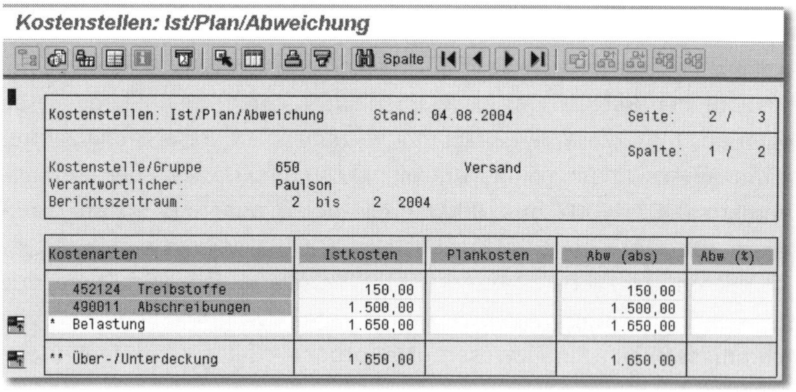

Abbildung 4.34 Kostenstelle – gesammelte Kosten

Mit Detailberichten zur Kostenstelle könnten wir uns zu Einzelposten durchklicken und so die Kosten für jedes einzelne Fahrzeug mühsam nachvollziehen. Viel eleganter ist das Reporting in diesem Fall jedoch, wenn wir die Auftragsberichte aufrufen. Steigen wir ein mit der Darstellung der einzelnen Fahrzeuge jeweils auf einem Bildschirm mit Transaktion S_ALR_87012993, im Menü **Rechnungswesen · Controlling · Innenaufträge · Infosystem · Berichte zu Innenaufträgen · Plan-Ist-Vergleiche · Auftrag: Ist/Plan/Abweichung** (siehe Abbildung 4.35).

4.4.3 Auftragsberichte

Im Selektionsbild wählen wir **Kostenrechnungskreis**, **Geschäftsjahr**, **Periode** und den **Wertebereich** der Aufträge B001 bis B003.

Auftragsbericht Ist/Plan/Abweichung

Abbildung 4.35 Auftragsbericht – Einstieg

Das Einstiegsbild dieses Berichtes zeigt uns nochmals die Summen für Treibstoffkosten und Abschreibungen, wie wir sie von der Kostenstelle her kennen (siehe Abbildung 4.36).

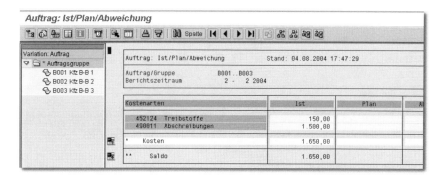

Abbildung 4.36 Auftrag – Kosten verdichtet

Im linken Teil des Bildschirms, unter **Variation: Auftrag**, haben Sie jetzt, anders als beim Bericht für die Kostenstelle, die Möglichkeit, jeden einzelnen Auftrag mit einem einfachen Mausklick sichtbar zu machen (siehe Abbildung 4.37).

Variation im Auftragsbericht

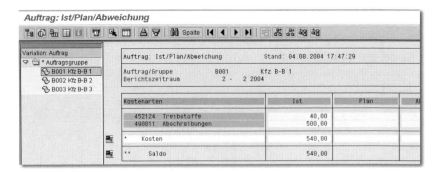

Abbildung 4.37 Einzelauftrag – Kosten im Detail

Auftragsbericht Liste: Aufträge

Sie wollen nicht für jeden Auftrag ein separates Bild aufrufen, sondern in einer übersichtlichen Liste die Kosten aller Aufträge sichtbar machen? Kein Problem, auch hierfür bieten die Standardberichte einige Alternativen. Sehen wir uns zunächst die verdichtete Darstellung mit Transaktion S_ALR_87012995 an, im Menü **Rechnungswesen · Controlling · Innenaufträge · Infosystem · Berichte zu Innenaufträgen · Plan-Ist-Vergleiche · Liste: Aufträge** (siehe Abbildung 4.38).

Bei diesem und den beiden weiteren Berichten finden Sie das gleiche Selektionsbild, das wir Ihnen schon beim Bericht **Auftrag: Ist/Plan/Abweichung** präsentiert hatten (siehe Abbildung 4.35). Wir verzichten auf eine Wiederholung und springen jeweils direkt wieder zur Datenanzeige.

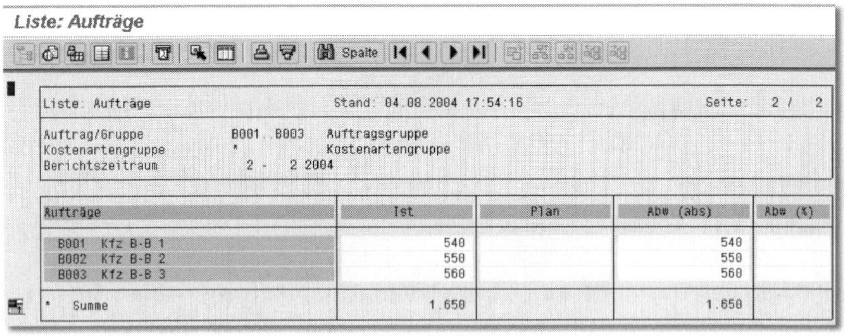

Abbildung 4.38 Liste – Aufträge

Bericht: Kostenarten nach Aufträgen

Aha, im Bericht **Liste: Aufträge** sehen wir also, dass die Fahrzeuge unterschiedliche Kosten verursacht haben. Ganz so sehr verdichtet wollten wir die Zahlen dann aber doch nicht dargestellt haben. Eine Liste mit allen Aufträgen auf einem Blatt ist zwar richtig, aber die zusätzliche Detaillierung nach Kostenarten für jeden Auftrag hätten wir dann doch gerne.

Wird gemacht! Das geht mit Transaktion S_ALR_87012997, im Menü **Rechnungswesen · Controlling · Innenaufträge · Infosystem · Berichte zu Innenaufträgen · Plan-Ist-Vergleiche · Liste: Kostenarten nach Aufträgen** (siehe Abbildung 4.39).

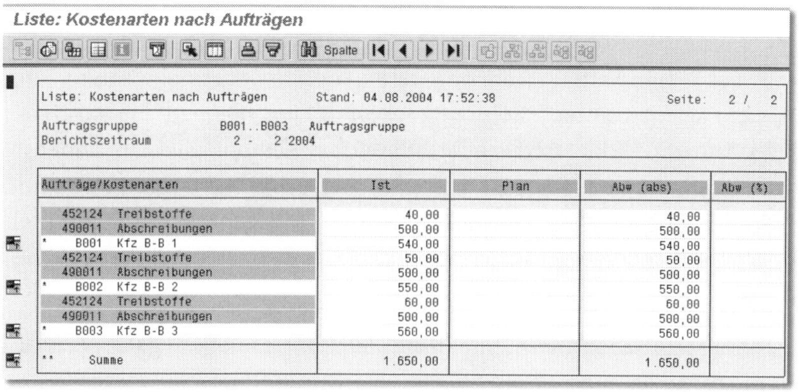

```
Liste: Kostenarten nach Aufträgen

Liste: Kostenarten nach Aufträgen    Stand: 04.08.2004 17:52:38    Seite:  2 / 2
Auftragsgruppe          B001..B003  Auftragsgruppe
Berichtszeitraum        2 -  2 2004

Aufträge/Kostenarten              Ist          Plan       Abw (abs)    Abw (%)
    452124  Treibstoffe          40,00                      40,00
    490011  Abschreibungen      500,00                     500,00
*   B001    Kfz B-B 1           540,00                     540,00
    452124  Treibstoffe          50,00                      50,00
    490011  Abschreibungen      500,00                     500,00
*   B002    Kfz B-B 2           550,00                     550,00
    452124  Treibstoffe          60,00                      60,00
    490011  Abschreibungen      500,00                     500,00
*   B003    Kfz B-B 3           560,00                     560,00
**          Summe             1.650,00                   1.650,00
```

Abbildung 4.39 Liste – Kostenarten nach Aufträgen

Sehr schön! Jetzt sind Sie also schon fast ganz zufrieden. Jetzt wollen Sie mich nur noch ein bisschen ärgern und denken sich: »Aber den umgekehrten Aufriss ›Aufträge nach Kostenarten‹ kann er bestimmt nicht.« Kann er doch! Das geht mit Transaktion S_ALR_87012996, im Menü **Rechnungswesen · Controlling · Innenaufträge · Infosystem · Berichte zu Innenaufträgen · Plan-Ist-Vergleiche · Liste: Aufträge nach Kostenarten** (siehe Abbildung 4.40).

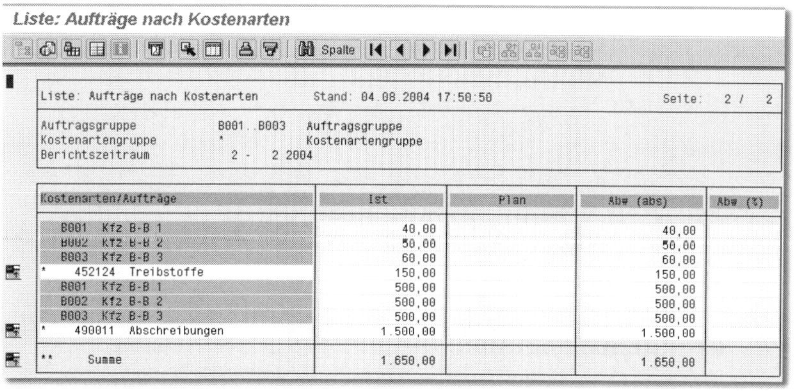

Bericht: Aufträge nach Kostenarten

```
Liste: Aufträge nach Kostenarten

Liste: Aufträge nach Kostenarten    Stand: 04.08.2004 17:50:50    Seite:  2 / 2
Auftragsgruppe          B001..B003  Auftragsgruppe
Kostenartengruppe       *           Kostenartengruppe
Berichtszeitraum        2 -  2 2004

Kostenarten/Aufträge              Ist          Plan       Abw (abs)    Abw (%)
    B001    Kfz B-B 1            40,00                      40,00
    B002    Kfz B-B 2            50,00                      50,00
    B003    Kfz B-B 3            60,00                      60,00
*   452124  Treibstoffe         150,00                     150,00
    B001    Kfz B-B 1           500,00                     500,00
    B002    Kfz B-B 2           500,00                     500,00
    B003    Kfz B-B 3           500,00                     500,00
*   490011  Abschreibungen    1.500,00                   1.500,00
**          Summe             1.650,00                   1.650,00
```

Abbildung 4.40 Liste – Aufträge nach Kostenarten

Soeben haben Sie vier von vierzig Standardberichten für Innenaufträge gesehen, die im System SAP R/3 mit ausgeliefert werden. Mit den vierzig

Standardberichten werden vermutlich die meisten Ihrer Anforderungen erfüllt. Falls Sie dennoch spezielle Wünsche an Auftragsberichte haben, die Sie im System nicht finden, helfen Ihnen gute SAP-Berater sicher gerne weiter.

4.5 Echte Innenaufträge

Die statistischen Aufträge, die wir Ihnen soeben vorgestellt haben, sind vergleichbar mit Zombies. So richtig lebendig sind sie nicht. Sie existieren nur als Anhängsel der jeweils echt bebuchten Kostenstelle. Die anderen, nicht statistischen Aufträge nennen wir hier echte Aufträge. Ein Begriff, den Sie im System R/3 nicht finden werden. Mit echten Aufträgen meinen wir alle CO-Innenaufträge, bei denen das Kennzeichen **statistischer Auftrag** in den Stammdaten nicht gesetzt ist.

Aufträge mit Eigenleben

Die echten Aufträge führen ein vollständig eigenes Leben, ganz ohne auf eine Kostenstelle angewiesen zu sein. Sie werden tatsächlich mit Kosten belastet, und sie wollen diese Kosten genauso wie Kostenstellen irgendwann wieder loswerden. Bei den Kostenstellen hatten wir Ihnen als Methode zum »Loswerden der Kosten« die Leistungsverrechnung vorgestellt und die Umlage zwar erwähnt, aber nicht weiter behandelt. Das Verfahren, mit dem sich die Aufträge entleeren, heißt *Auftragsabrechnung*. Wir werden in diesem und in den folgenden Abschnitten ausführlich auf die Abrechnung zu sprechen kommen.

Marken der Bäckerei Becker

Jetzt aber zu einem Beispiel für echte Aufträge im System. Wir werden Marketingkosten über Innenaufträge verrechnen. Die Bäckerei Becker vertreibt ihre Produkte unter drei verschiedenen Markennamen:

- Kuchenglück
- Berliner Gebäck
- Bayrische Brezel

Jeder dieser Marken ist ein Marketingbudget zugeordnet, das über einen eigenen Auftrag verfolgt wird. Die Abrechnung der Aufträge erfolgt direkt in die Ergebnisrechnung.

4.5.1 Grundeinstellungen

Auftrag anlegen

Wir beginnen mit der Pflege von Auftragsstammdaten mit den Transaktionen KO01, KO02, KO03, im Menü: **Rechnungswesen · Controlling · Innenaufträge · Stammdaten · Spezielle Funktionen · Auftrag · Anlegen/Ändern/Anzeigen** (siehe Abbildung 4.41).

Abbildung 4.41 Marketingauftrag anlegen

Beim Anlegen des Auftrages ist das Feld **Auftrag** grau hinterlegt, also für die Eingabe gesperrt. Das liegt daran, dass wir für die Auftragsart »B002 Becker – Marketing« eine interne Nummernvergabe hinterlegt hatten. Die Auftragsnummer für dieses Feld wird also nicht vom Benutzer vergeben, sondern vom System ermittelt. Beim ersten Speichern wird die nächste freie Nummer aus dem vorgegebenen Nummernkreis gezogen, hier 1000005 (siehe Abbildung 4.42).

Interne Nummernvergabe

Abbildung 4.42 Auftragsnummer wird vom System vergeben

Bei Aufträgen mit intern vergebenen Nummern, insbesondere bei einer großen Zahl von Aufträgen, ist die Gefahr groß, den Überblick zu verlieren. Eine Möglichkeit, die Aufträge zu strukturieren und damit den Überblick zu behalten, bieten die Auftragsgruppen. Die Transaktionen zur Pflege von Auftragsgruppen sehen genauso aus wie die schon besprochenen für Kostenartengruppen und Kostenstellengruppen. Die Transaktionen zur Pflege der Auftragsgruppen heißen KOH1, KOH2, KOH3, im Menü **Rechnungswesen · Controlling · Innenaufträge · Stammdaten · Auftragsgruppe · Anlegen/Ändern/Anzeigen** (siehe Abbildung 4.43).

Auftragsgruppen

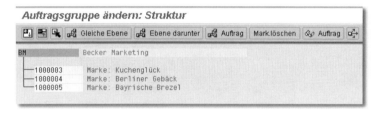

Abbildung 4.43 Auftragsgruppe für Marketingaufträge

4.5.2 Planung

Jetzt haben wir alle Voraussetzungen geschaffen, um mit der wirklichen Arbeit im Controlling zu beginnen – wir planen! Für die Planung von Kosten für Aufträge nutzen Sie Transaktion KPF6, im Menü **Rechnungswesen · Controlling · Innenaufträge · Planung · Kostenarten/Leistungsaufnahmen · Ändern** (siehe Abbildung 4.44). Das Bild sieht dem zur Kostenstellenplanung sehr ähnlich. Ein wichtiger Unterschied ist jedoch, dass hier keine Unterscheidung in fixe und variable Bestandteile vorgesehen ist. Sie planen für jede Kostenart auf diesem Auftrag die gesamten Kosten.

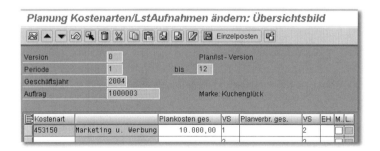

Abbildung 4.44 Auftragskosten planen

Auftragsabrechnung — Nach der Planung der Kostenbelastung wollen wir jetzt dafür sorgen, dass der Auftrag seine Kosten auch wieder loswird. Die Methode in SAP, die den Aufträgen dafür zur Verfügung steht, heißt **Auftragsabrechnung**. Die Auftragsabrechnung ist ein sehr mächtiges Werkzeug mit einer großen Zahl an verschiedenen Ausprägungen. In diesem und in den folgenden Abschnitten werden wir Ihnen aus den vielen Möglichkeiten der Abrechnung nur eine kleine Zahl zeigen können.

Beginnen wir mit den Einstellungen zur Abrechnung in die Ergebnisrechnung. Dabei werden die Kosten von einem Controllingobjekt, von dem Auftrag auf ein anderes Controllingobjekt, ein Ergebnisobjekt verschoben. Der Vorgang ist in der Finanzbuchhaltung nicht sichtbar. Deshalb benötigen wir eine sekundäre Kostenart, in diesem Falle eine vom Typ »21 Abrechnung intern«. Kostenarten haben wir schon öfters in diesem Buch bearbeitet. Die entsprechenden Transaktionen finden wir immer noch unter KA06, KA02, KA03, im Menü **Rechnungswesen · Controlling · Kostenartenrechnung · Stammdaten · Kostenart · Einzelbearbeitung · Anlegen sekundär/Ändern/Anzeigen** (siehe Abbildung 4.45).

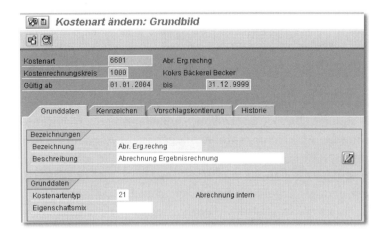

Abrechnungskostenart pflegen

Abbildung 4.45 Abrechnungskostenart pflegen

Jetzt springen wir zurück in die Pflege der Auftragsstammdaten, um dort die Regeln für die Abrechnung zu hinterlegen (**Parameter**) und um dort den Abrechnungsempfänger einzutragen (**Abrechnungsvorschrift**). Der Einstieg in Abrechnungsvorschrift und Parameter erfolgt über die bekannte Transaktion KO02, im Menü **Rechnungswesen · Controlling · Innenaufträge · Stammdaten · Spezielle Funktionen · Auftrag · Ändern**, weiter im Transaktionsmenü mit **Springen · Abrechnungsvorschrift** und von dort aus wieder im Transaktionsmenü weiter mit **Springen · Abrechnungsparameter** (siehe Abbildung 4.46).

Abrechnungsparameter

Für die Abrechnung in die Ergebnisrechnung sind drei Einträge auf dem Bild der Parameter erforderlich.

▶ Abrechnungsprofil (hier B02)
▶ Verrechnungsschema (hier PA)
▶ Ergebnisschema (hier E2)

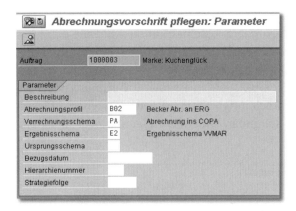

Abbildung 4.46 Abrechnungsvorschrift Parameter

Abrechnungsprofil
: Die Pflege von Abrechnungsprofilen erreichen Sie über das Customizing **SPRO · SAP Referenz-IMG · Controlling · Innenaufträge · Istbuchungen · Abrechnung · Abrechnungsprofile pflegen** (siehe Abbildung 4.47). Im Abrechnungsprofil stehen die Grundeinstellungen für die Abrechnung. Unter anderem sehen Sie hier Vorschlagswerte für das **Verrechnungsschema** und das **Ergebnisschema**. Mit dem Eintrag des Abrechnungsprofils in die Parameter des Auftrags werden diese Vorschläge automatisch gezogen. Eine weitere Automatisierung erreichen Sie, wenn Sie das Abrechnungsprofil der Auftragsart (hier »B002 Becker – Marketing«) zuordnen. Dann wird gleich bei der Auftragsanlage das Profil mit Verrechnungs- und Ergebnisschema eingetragen. Der Benutzer braucht sich dann um das Bild Parameter in den Auftragsstammdaten nicht weiter zu kümmern.

Verrechnungsschema
: Das Verrechnungsschema enthält die Regeln, nach denen die Auftragskosten bei der Abrechnung gruppiert und verschiedenen Empfängertypen zugeordnet werden. Empfängertypen sind außer den Ergebnisobjekten, die wir hier behandeln, z. B. Kostenstellen, andere Aufträge, Materialien. Für jeden Empfängertyp definieren wir die Kostenart, mit der die abgerechneten Kosten auf dem Auftrag ausgewiesen werden. In unserem Beispiel wollen wir alle Kostenarten der Marketingaufträge an ein Ergebnisobjekt abrechnen. Zur Abrechnung soll eine sekundäre Kostenart benutzt werden. Genau das stellen wir jetzt im Customizing ein mit: **SPRO · SAP Referenz-IMG · Controlling · Innenaufträge · Istbuchungen · Abrechnung · Verrechnungsschemata pflegen** (siehe Abbildung 4.48). Im **Verrechnungsschema** PA haben wir genau eine Zuordnung angelegt: »010 Alle Kostenarten«.

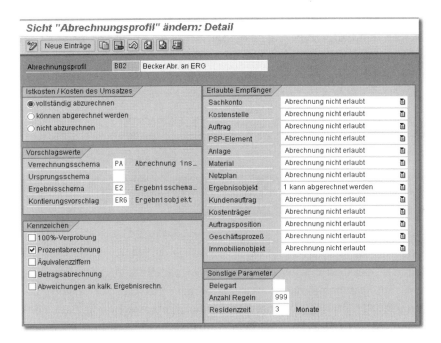

Abbildung 4.47 Abrechnungsprofil B02

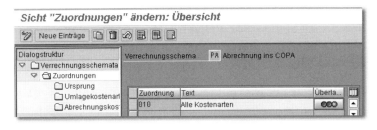

Abbildung 4.48 Zuordnung – alle Kostenarten

Im **Ursprung** ist eine Kostenrange angegeben, die alle Kostenarten umfasst (siehe Abbildung 4.49).

Zuordnungen im Verrechnungsschema

Ursprung im Verrechnungsschema

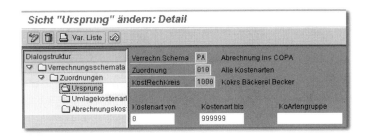

Abbildung 4.49 Ursprung

Abrechnungs-kostenarten

Bei den **Abrechnungskostenarten** zur Zuordnung 010 finden wir einen einzigen **Empfängertyp**: ERG Ergebnisrechnung. In dieser Zeile ist als Abrechnungskostenart die weiter oben definierte 6601 zu sehen (siehe Abbildung 4.50).

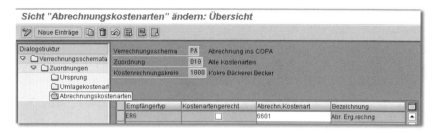

Abbildung 4.50 Abrechnungskostenart

Ergebnisschema

Damit ist das Customizing des Verrechnungsschemas abgeschlossen. Im Verrechnungsschema haben wir die Regeln für die Senderseite der Abrechnung hinterlegt. Der Empfänger, die Ergebnisrechnung, hat eigene Regeln, nach denen die abgerechneten Kosten dort verbucht werden. Diese Regeln werden im **Ergebnisschema** (hier E2) hinterlegt. Das Bild zur Pflege des Ergebnisschemas sieht ganz ähnlich aus wie das für die Pflege des Verrechnungsschemas. Zu erreichen ist das Ergebnisschema über das Customizing **SPRO · SAP Referenz-IMG · Controlling · Innenaufträge · Istbuchungen · Abrechnung · Ergebnisschemata pflegen** (siehe Abbildung 4.51).

Wieder pflegen wir eine einzige Zuordnung, »10 Gesamtkosten«, weil wir die gesamten Kosten des Auftrages einheitlich in der Ergebnisrechnung verbuchen wollen. Hier hätten Sie die Möglichkeit, die Auftragkosten zu splitten und in der Ergebnisrechnung, z.B. Personal- und Sachkosten des Marketings, getrennt auszuweisen.

Zuordnungen im Ergebnisschema

Abbildung 4.51 Ergebnisschema – Zuordnung Gesamtkosten

Ursprung im Ergebnisschema

Auch beim Bild **Ursprung** des Ergebnisschemas glaubt man das entsprechende Bild des Verrechnungsschemas wieder zu erkennen. Auch hier tragen wir eine Kostenartenrange ein, die alle Kostenarten umfasst (siehe Abbildung 4.52).

Abbildung 4.52 Ursprung – Auswahl der Kostenarten

Jetzt ist Schluss mit den Gemeinsamkeiten. Ein Eintrag **Wertfelder** war bei der Definition des Verrechnungsschemas nicht zu finden. Wertfelder sind die Zahlenspalten der Ergebnisrechnung. Für jede **Zuordnung** in einem Ergebnisschema muss ein **Wertfeld** ausgewählt werden, wir entscheiden uns für »VVMAR Marketing« (siehe Abbildung 4.53).

Wertfelder im Ergebnisschema

Abbildung 4.53 Wertfeld – Verknüpfung zur Spalte Marketing

Damit ist das Customizing für die Abrechnung der Marketingaufträge abgeschlossen. Die Einstellungen im Abrechnungsprofil, im Verrechnungsschema und im Ergebnisschema gelten übergreifend für die Abrechnung aller Marketingaufträge. Was noch fehlt, ist die individuelle Identifikation des Ergebnisobjektes in jedem Auftrag. Dazu bewegen wir uns vom Customizing weg wieder in die Stammdaten des Auftrages mit Transaktion KO02, im Menü **Rechnungswesen · Controlling · Innenaufträge · Stammdaten · Spezielle Funktionen · Auftrag · Ändern** und wei-

Abrechnungsvorschrift

ter im Transaktionsmenü mit **Springen** · **Abrechnungsvorschrift** (siehe Abbildung 4.54).

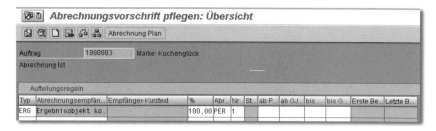

Abbildung 4.54 Abrechnungsvorschrift

Detail zur Abrechnungsvorschrift
Dem Auftrag ist in der Abrechnungsvorschrift eine einzige **Aufteilungsregel** zugeordnet, die den Auftrag vollständig (zu 100 %) an ein Ergebnisobjekt abrechnet. Das wussten wir ja schon. Aber woran erkennen wir, welches Ergebnisobjekt die Kosten erhalten soll? Der Doppelklick im Bild **Abrechnungsvorschrift** führt uns zu den Details der Aufteilungsregel (siehe Abbildung 4.55). Auch dieses Bild macht uns nicht schlauer.

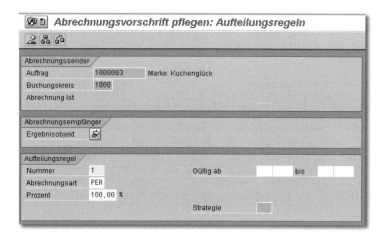

Abbildung 4.55 Abrechnungsvorschrift – Detail

 Erst wenn wir hier den Button **Kontierung anzeigen** drücken, erhalten wir die gewünschte Information (siehe Abbildung 4.56). Die Abrechnungsvorschrift ordnet den Auftrag dem passenden Objekt in der Ergebnisrechnung zu, der Marke Kuchenglück. Die Marken werden in dieser Ergebnisrechnung über das Merkmal Materialgruppe 2 (**MaterialGrp2**) mit dem Schlüssel 746 identifiziert.

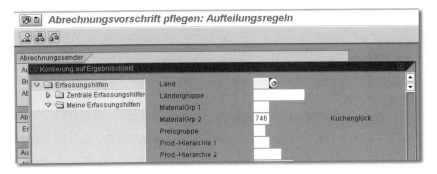

Abbildung 4.56 Abrechnungsvorschrift – Auswahl der Merkmale

Jetzt haben wir aber genug vom Customizing und von der Stammdatenpflege, jetzt soll das System wieder einmal arbeiten. Wir erinnern uns, als Jahresplan hatten wir 10 000 € auf unserem Auftrag »1000003 Marke: Kuchenglück« erfasst. Diese 10 000 € sollen jetzt im Plan in die Ergebnisrechnung abgerechnet werden. Dazu nutzen wir die Transaktion KO9E oder KO9G, im Menü **Rechnungswesen · Controlling · Innenaufträge · Planung · Verrechnungen · Abrechnung · Einzelverarbeitung** oder **Sammelverarbeitung** (siehe Abbildung 4.57).

Plan-Abrechnung ausführen

Abbildung 4.57 Plan-Abrechnung ausführen

Das Protokoll der Abrechnung zeigt uns den Abrechnungsbetrag (10 000 €) und die Auftragsnummer (1000003), die durch die Abrechnung entlastet wurde, und die Nummer des Ergebnisobjektes, das mit diesen Kosten belastet wurde (siehe Abbildung 4.58). Die Nummer des Ergebnisobjektes dient ausschließlich zur systeminternen Identifikation von Datensätzen. In der Anwendung spielt diese Nummer keine Rolle. Aus Sicht des Benutzers wäre sicher interessant zu erfahren, welche

Protokoll zur Plan-Abrechnung

Belege durch diese Abrechnung in der Ergebnisrechnung entstanden sind.

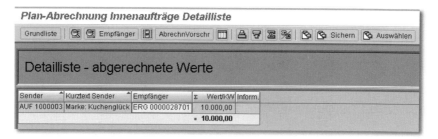

Abbildung 4.58 Plan-Abrechnung – Protokoll

Merkmale in der Ergebnisrechnung

Den Beleg, den die Auftragsabrechnung in der Ergebnisrechnung erzeugt hat, finden wir mit Transaktion KE25, im Menü **Rechnungswesen • Controlling • Ergebnis- und Marktsegmentrechnung • Infosystem • Einzelpostenliste anzeigen • Plan** (siehe Abbildung 4.59). Im oberen Teil dieses Blattes sind die Merkmale des Ergebnisobjektes zu sehen, unter anderem in der letzten Zeile bei **MaterialGrp2** die Nummer 746, die innerhalb der Ergebnisrechnung unsere Marke »Kuchenglück« identifiziert.

Belegnr.	1000003300		Währungstyp	B0
Periode/Jahr	001.2004		Positionsnr.	
Ref.-Belegnr.	21804		Version	1
Vorgangsart	C			
Artikel			Bonusgruppe	
Buchungskreis	1000		Kundenbezirk	
Fakturaart			GeschBereich	0002
KundHierEbene01			KundHierEbene02	
KundHierEbene03			KundHierEbene04	
KundHierEbene05			KundHierEbene06	
Kundengruppe			Kunde	
KostRechKreis	1000		Preisgruppe	
Materialgruppe			Kundenklasse	
Regulierer			Land	
Warengruppe			MaterialGrp 1	
MaterialGrp 2	746		Plan/Istkennz	1

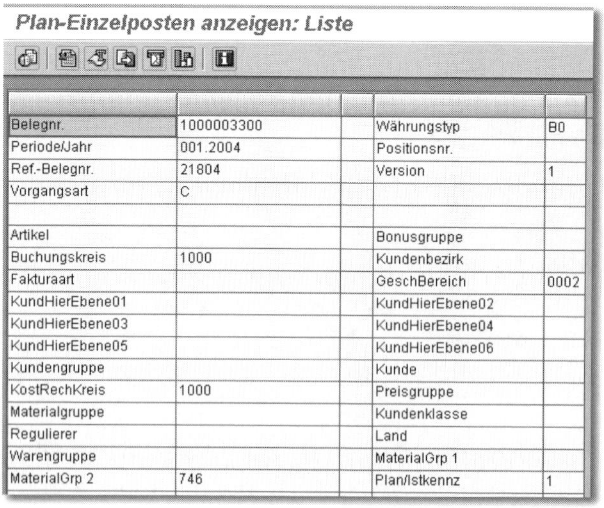

Abbildung 4.59 Einzelposten in der Ergebnisrechnung – Merkmale

Wertfelder in der Ergebnisrechnung

Aber wo ist der Betrag? Den finden wir weiter unten auf dem Bild **Plan-Einzelposten**: 833,33 € (siehe Abbildung 4.60). Aber wir hatten doch 10 000 € abgerechnet und nicht nur 833,33 €. Ja schon, aber das war der

Betrag für das ganze Jahr. In der Ergebnisrechnung wird für jede Periode ein einzelner Beleg generiert. Was wir hier sehen, sind die anteiligen Marketingkosten für Januar 2004. Ein Blick zurück, auf die zweite Zeile der Merkmale, bestätigt diese Aussage (siehe Abbildung 4.59).

Plan-Einzelposten anzeigen: Liste

Kalk. Vertrieb	0,00	EUR		
Kalk. Verwaltung	0,00	EUR		
Kalk. Zins Kundenfrd	0,00	EUR		
Kalk. Zins Sachanlag	0,00	EUR		
Kalk. Zins Sach.Werk	0,00	EUR		
Logistikkosten	0,00	EUR		
Marketing	833,33	EUR		

Abbildung 4.60 Einzelposten in der Ergebnisrechnung – Wertfelder

Auftragsbericht mit Plan-Daten

Nach der Belastung des Auftrags im Plan und in der Abrechnung möchten Sie doch sicher wieder einmal einen Auftragsbericht sehen. Keine Angst, wir malträtieren Sie nicht wieder mit einer Auftragsorgie wie im vorigen Abschnitt. Ein Blick genügt mit Transaktion S_ALR_87012993, im Menü **Rechnungswesen · Controlling · Innenaufträge · Infosystem · Berichte zu Innenaufträgen · Plan-Ist-Vergleiche · Auftrag: Ist/Plan/Abweichung** (siehe Abbildung 4.61).

Wir sehen keine Überraschungen. 10 000 € sind sowohl als Belastung zur primären Kostenart 453150 ausgewiesen als auch unter **abgerechnete Kosten** mit der im Customizing (**Verrechnungsschema**, **Abrechnungskostenarten**) hinterlegten Kostenart 6601. Entsprechend ist der Auftragssaldo null.

Auftrag: Ist/Plan/Abweichung

Auftrag: Ist/Plan/Abweichung Stand: 05.08.2004 19:15:45 Seite: 2 / 2

Auftrag/Gruppe 1000003 Marke: Kuchenglück
Berichtszeitraum 1 - 12 2004

Kostenarten	Ist	Plan	Abw (abs)	Abw (%)
453150 Marketing u. Werbung		10.000,00	10.000,00-	100,00-
* Kosten		10.000,00	10.000,00-	100,00-
6601 Abrechnung Ergebnisrechnung		10.000,00-	10.000,00	100,00-
* abgerechnete Kosten		10.000,00-	10.000,00	100,00-
** Saldo				

Abbildung 4.61 Auftragsbericht nach Planung und Planabrechnung

4.5.3 Istbuchungen

Was passiert auf unserem Auftrag im Ist? Betrachten wir einen FI-Beleg aus dem Monat April 2004 mit Transaktion FB03, im Menü **Rechnungswesen · Finanzwesen · Hauptbuch · Beleg · Anzeigen** (siehe Abbildung 4.62).

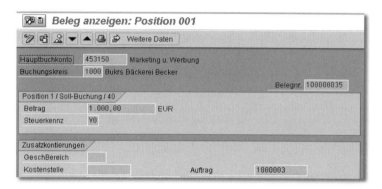

Abbildung 4.62 Buchung Istkosten

Istabrechnung ausführen
Am Ende des Monats starten wir die Istabrechnung mit den Transaktionen KO88 oder KO8G, im Menü **Rechnungswesen · Controlling · Innenaufträge · Periodenabschluss · Einzelfunktionen · Abrechnung · Einzelverarbeitung** oder **Sammelverarbeitung** (siehe Abbildung 4.63).

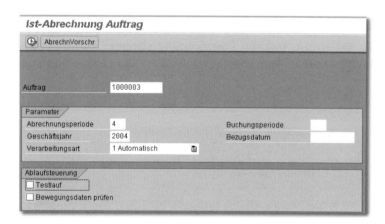

Abbildung 4.63 Istabrechnung ausführen

Protokoll zur Istabrechnung
Die Istabrechnung nutzt die gleichen Stammdaten und Customizing-Einstellungen wie die Planabrechnung. Auch das Protokoll unterscheidet sich kaum vom soeben dargestellten (siehe Abbildung 4.64).

Abbildung 4.64 Istabrechnung – Protokoll

Jetzt werfen wir noch einen Blick auf den Auftragsbericht **Auftrag: Ist/Plan/Abweichung** – zum letzten Mal in diesem Abschnitt (siehe Abbildung 4.65). Auch die Ist-Spalte zeigt die Daten, die wir erwartet hatten.

Auftragsbericht mit Plan- und Istdaten

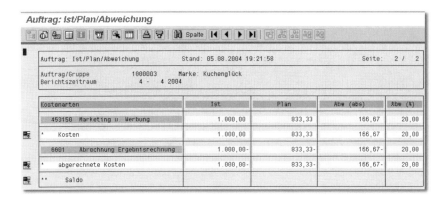

Abbildung 4.65 Auftragsbericht nach Istbuchung und Istabrechnung

Das soll's gewesen sein in unserem Beispiel zur Verrechnung von Marketingkosten in die Ergebnisrechnung. Nach den statistischen Aufträgen für Fahrzeuge haben Sie hier CO-Innenaufträge mit einem echten Eigenleben kennen gelernt. Auch die nächsten beiden Abschnitte beschäftigen sich mit »lebendigen« Aufträgen. In Abschnitt 4.6 liegt der Fokus auf der Abrechnung in die Anlagenbuchhaltung. Mit den Abgrenzungen im darauf folgenden Abschnitt beschäftigen wir uns dann wieder mit einem controllinginternen Thema. Nun also zur Abwicklung von Baumaßnahmen oder Projekten mit Abrechnung an Anlagen im Bau.

4.6 Anlagen im Bau

In diesem Abschnitt betrachten wir ein Modernisierungsprojekt bei der Bäckerei Becker. Der Backofen soll durch einen neuen ersetzt werden. Die Abwicklung der Kosten erfolgt, Sie ahnen es schon, über einen CO-

Innenauftrag. In unserem Beispiel werden wir sowohl externe Kosten als auch die Leistung der betriebseigenen Elektriker als Belastung verbuchen. Bei der Abrechnung passiert etwas Spannendes, wir werden auf eine Anlage in der Anlagenbuchhaltung buchen, also nicht wie sonst Daten aus dem Buchhaltungsbereich empfangen, sondern einen der seltenen Fälle betrachten, bei dem wir Daten dorthin senden.

Auftrag anlegen
Wir beginnen, wie gewohnt, mit der Anlage eines Auftrages im Controlling mit den Transaktionen KO01, KO02, KO03, im Menü **Rechnungswesen · Controlling · Innenaufträge · Stammdaten · Spezielle Funktionen · Auftrag · Anlegen/Ändern/Anzeigen** (siehe Abbildung 4.66). Wir nutzen dieses Mal die Auftragsart »B003 Becker – Anlagen im Bau«. Die Nummernvergabe erfolgte intern, es wurde der gleiche Nummernkreis genutzt wie bei den Marketingaufträgen im vorigen Abschnitt.

Abbildung 4.66 Innenauftrag für Anlage im Bau

Anlagenstamm pflegen
Schon mit der zweiten Funktion verlassen wir vertrautes Terrain und begeben uns in Feindesland – nein, so schlimm ist es auch wieder nicht, zumindest nicht immer. Zum Anlegen eines Anlagenstammsatzes in der Anlagenbuchhaltung nutzen wir eine Funktion des Moduls FI-AA – *Asset Accounting* (Anlagenbuchhaltung), und zwar Transaktion AS03, im Menü **Rechnungswesen · Finanzwesen · Anlagen · Anlage · Anzeigen · Anlage** (siehe Abbildung 4.67). Die Anlagennummer 400000000003 wurde wie unsere Auftragsnummer automatisch vom System vergeben. Die Anlagenklasse »4020 Anlagen im Bau« gibt die Kontenfindung 40200 vor, und die wiederum steuert zum Beispiel das Konto zum Ausweis des Anlagenwertes in der Bilanz.

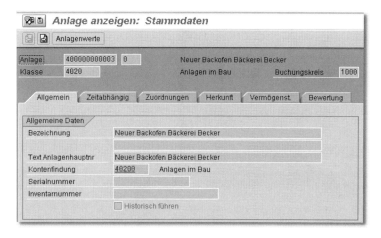

Abbildung 4.67 Anlagenstamm für Anlage im Bau

Jetzt aber hurtig wieder zurück ins Controlling. Wir verknüpfen den Auftrag des Controllings mit dem Anlagenstamm in der Abrechnungsvorschrift des Auftrags. Dorthin gelangen wir im Transaktionsmenü des Auftragsstammes mit **Springen · Abrechnungsvorschrift** (siehe Abbildung 4.68).

Abrechnungsvorschrift

Abbildung 4.68 Verknüpfung von Anlage und Auftrag

Das nächste für die Abrechnung wichtige Bild, die **Abrechnungsparameter**, erreichen Sie im Transaktionsmenü der Abrechnungsvorschrift mit **Springen · Abrechnungsparameter** (siehe Abbildung 4.69). Die Bilder **Abrechnungsvorschrift** und **Abrechnungsparameter** sind Ihnen bereits vertraut (siehe Abschnitt 4.5). Das Abrechnungsprofil B03 und das Verrechnungsschema I6, die wir hier verwenden, kennen Sie allerdings noch nicht. Diese Customizing-Einstellungen sehen wir uns jetzt genauer an.

Abrechnungsparameter

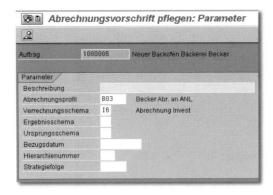

Abbildung 4.69 Abrechnungsvorschrift – Parameter

Abrechnungsprofil — Die Pflege von Abrechnungsprofilen erreichen Sie über das Customizing **SPRO · SAP Referenz-IMG · Controlling · Innenaufträge · Istbuchungen · Abrechnung · Abrechnungsprofile pflegen** (siehe Abbildung 4.70). Das Verrechnungsschema I6 finden Sie im Block **Vorschlagswerte** entsprechend dem Verrechnungsschema PA im vorigen Abschnitt. Dort hatten wir ein Ergebnisschema E2 benutzt, hier bei der Abrechnung auf Anlagen bleibt dieses Feld leer. Wichtig bei der Abrechnung auf Anlagen ist der Eintrag im Feld **Belegart** im Block **Sonstige Parameter**. Der Eintrag »AA Anlagenbuchhaltung« gibt die Belegart für die Buchhaltungsbuchung vor.

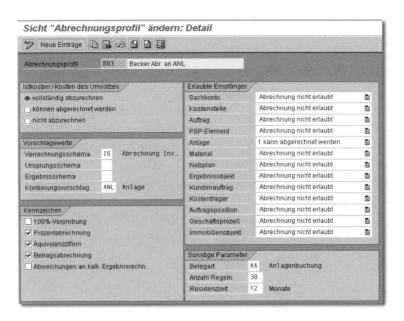

Abbildung 4.70 Abrechnungsprofil

Die Pflege der **Verrechnungsschemata** finden Sie ebenfalls im Customizing **SPRO · SAP Referenz-IMG · Controlling · Innenaufträge · Istbuchungen · Abrechnung · Verrechnungsschemata pflegen** (siehe Abbildung 4.71). Anders als beim Verrechnungsschema, das wir zur Abrechnung der Marketingaufträge benutzt haben, finden wir hier zwei Zuordnungen. Die Belastungen durch primäre Kostenarten sollen bei der Abrechnung an Anlagen im Bau anders behandelt werden als die sekundären, deshalb die Trennung in »010 Primäre Kosten« und »020 Sekundäre Kosten« bei den Zuordnungen.

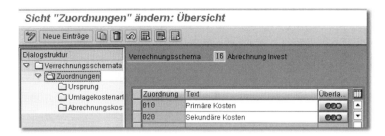

Abbildung 4.71 Verrechnungsschema mit zwei Zuordnungen

Betrachten wir zunächst die **Zuordnung** »010 Primäre Kosten« genauer. Im **Ursprung** sind jetzt die primären Kostenarten ausgewählt mit der Kostenartenrange 400000 bis 499999 (siehe Abbildung 4.72).

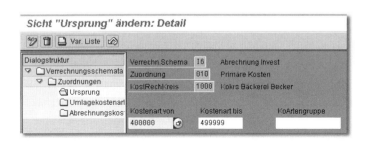

Abbildung 4.72 Ursprung für primäre Kosten

Die Belastungen aus primären Kostenarten sollten bei der Abrechnung kostenartengerecht durchgeführt werden, zu erkennen am Haken in der Spalte **Kostenartengerecht** (siehe Abbildung 4.73). Kostenartengerecht heißt, dass die Belastungskostenarten unverändert bei der Abrechnung an die Anlage übergeben werden.

Abbildung 4.73 Abrechnungskostenarten für primäre Kosten

Ursprung für sekundäre Kosten

Für die sekundären Kostenarten, die als Belastung im Auftrag erscheinen, müssen wir ein anderes »Töpfchen« finden. Eine kostenartengerechte Abrechnung ist hier deshalb nicht möglich, weil die Anlagenbuchhaltung als Komponente des Finanzwesens nur primäre Kostenarten kennt, aber keine sekundären. Zunächst selektieren wir im **Ursprung** die sekundären Kostenarten, indem wir die Range 6000 bis 6999 eintragen (siehe Abbildung 4.74).

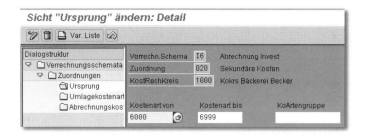

Abbildung 4.74 Ursprung für sekundäre Kosten

Abrechnungskostenart für sekundäre Kosten

Im Bild **Abrechnungskostenarten** verdichten wir alle Daten, die in der Zuordnung **Sekundäre Kosten** bei der Abrechnung aufgesammelt werden, auf eine Abrechnungskostenart 852000 (siehe Abbildung 4.75).

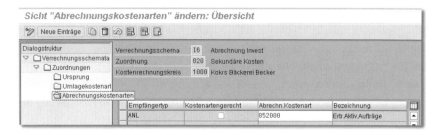

Abbildung 4.75 Abrechnungskostenarten für sekundäre Kosten

Bei der Kostenart »852000 Ertrag aus Aktivierung abgerechneter Aufträge« handelt es sich um eine primäre Kostenart vom Typ 22, **Abrechnung extern**. Die Kostenart hatten wir bereits vorbereitet mit den Transaktionen zur Pflege von primären Kostenarten KA01, KA02, KA03, im Menü **Rechnungswesen · Controlling · Kostenartenrechnung · Stammdaten · Kostenart · Einzelbearbeitung · Anlegen primär/Ändern/Anzeigen** (siehe Abbildung 4.76).

Kostenart für Aktivierung aus Abrechnung

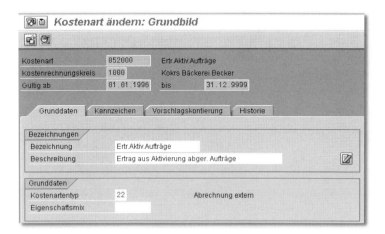

Abbildung 4.76 Kostenart für Abrechnung sekundärer Kosten

»Primäre Kostenart 852000« bedeutet, dass ein entsprechendes Sachkonto mit gleicher Nummer im Finanzwesen vorhanden ist. Das Konto 852000 in der Buchhaltung ist ein Erfolgskonto (GuV-Konto), das dem Bereich Bestandsveränderungen und damit der Gesamtleistung innerhalb der GuV zugeordnet wird. Was heißt das? Wir sprechen gerade über sekundäre Kostenarten, die auf einem Auftrag als Belastung erscheinen. Das sind z. B. Leistungen von internen Handwerkern, die am Bau einer Anlage beteiligt sind. Diese Handwerker verursachen Kosten, z. B. Lohn. Dieser Lohn wird in der GuV als Aufwand ausgewiesen. Mit dem Bau einer Anlage wird die Leistung der Handwerker aber nicht sofort »verbraucht«, sondern in den Anlagen quasi eingefroren. In der Anlage wartet die Leistung bzw. der entsprechende Wert darauf, per Abschreibung Stück für Stück wieder aufgetaut zu werden und so endgültig im Aufwand zu verschwinden. Den Vorgang des Einfrierens bilden wir hier mit dem FI-Konto »852000 Ertrag aus Aktivierung abgerechneter Aufträge« ab. Auf dem Ertrag auf diesem Konto verringern wir die Kosten der Betriebshandwerker in der GuV entsprechend ihrer Leistungen beim Bau von Anlagen. Parallel dazu wird in der Bilanz ein entsprechender Bestandswert auf-

Aktivierung als das »Einfrieren« von Aufwand

Anlagen im Bau

gebaut. War das zu kompliziert? Vielleicht wird's klarer, wenn wir uns die Buchungen auf dem Auftrag im Einzelnen ansehen.

Istbuchung in der Buchhaltung

Wir beginnen mit der Buchung einer Rechnung über 10 000 €, die ein Fremdhandwerker für seine Leistungen erstellt hat. Den Beleg finden wir unter Transaktion FB03, im Menü **Rechnungswesen · Finanzwesen · Hauptbuch · Beleg · Anzeigen** (siehe Abbildung 4.77).

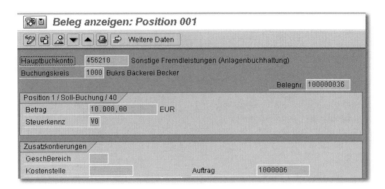

Abbildung 4.77 Istbuchung für externen Aufwand

Verrechnung von Eigenleistungen

Die Fremdhandwerker wurden durch unsere betriebseigenen Elektriker unterstützt. Die Elektriker haben in ihrer Leistungsaufzeichnung 20 Stunden notiert, die sie mit dem Aufbau des neuen Backofens beschäftigt waren. Diese 20 Stunden erfassen wir im Controlling mit Transaktion KB21N, im Menü **Rechnungswesen · Controlling · Kostenstellenrechnungen · Istbuchungen · Leistungsverrechnung · Erfassen** (siehe Abbildung 4.78).

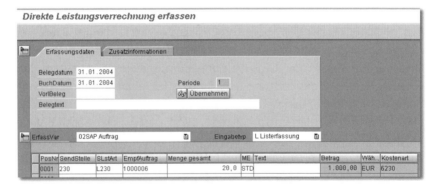

Abbildung 4.78 Leistungserfassung für internen Aufwand

Zur Bewertung der internen Leistung wird der Plantarif der Kostenstelle »230 Elektriker« herangezogen. Wir nehmen an, dass wir die Elektrikerstunde bei der Planung mit 50 € bewertet hatten. So erklärt sich der automatisch ermittelte Wert der Leistung von 1 000 €, zu erkennen in der Spalte **Betrag**. Die Bewertung der Eigenleistung wurde mit dem Plantarif vorgenommen.

Bewertung von Eigenleistungen

Entsprechend der gesetzlichen Bestimmungen muss die Bewertung aktivierter Eigenleistungen in der Buchhaltung zu Herstellungskosten, d.h. Ist- und nicht Plankosten, vorgenommen werden. Im Plantarif der eigenen Handwerker sind aber Anteile enthalten, die nicht aktivierungspflichtig sind, wie etwa kalkulatorische Zinsen, oder Teile der Sozialstellenkosten (Kantine, Betriebsrat, etc.). Die nicht aktivierungspflichtigen Teile der Plantarife sind meist höher als die Abweichungen auf den Handwerkerstellen. Steuerbehörden sind grundsätzlich an der Aktivierung möglichst hoher Beträge interessiert, die Kosten werden durch die resultierende Afa aus der aktivierten Anlage auf mehrere Jahre verteilt; die Steuerlast im aktuellen Jahr wird höher. Entsprechend sollte es möglich sein, sich mit den Steuerbehörden und Wirtschaftsprüfern dahingehend abzustimmen, dass die nicht aktivierungspflichtigen Teile der Plantarife gegen die Abweichungen abgewägt werden und die Eigenleistung zu Plankostensätzen bewertet werden darf.

Nach der Buchung von 10 000 € externen Kosten und internen Leistungen im Wert von 1 000 € können wir mit der Auftragsabrechnung starten. Dazu nutzen wir die Transaktion KO88 oder KO8G, im Menü **Rechnungswesen · Controlling · Innenaufträge · Periodenabschluss · Einzelfunktionen · Abrechnung · Einzelverarbeitung** oder **Sammelverarbeitung** (siehe Abbildung 4.79).

Istabrechnung ausführen

Abbildung 4.79 Istabrechnung – Protokoll

Sehen wir uns im Auftragsbericht an, wie sich die Belastungsbuchungen und die soeben erfolgte Abrechnung auf dem Auftrag darstellen. Wir nutzen wieder einmal die Transaktion S_ALR_87012993, im Menü **Rech-**

Auftragsbericht

nungswesen · Controlling · Innenaufträge · Infosystem · Berichte zu Innenaufträgen · Plan-Ist-Vergleiche · Auftrag: Ist/Plan/Abweichung (siehe Abbildung 4.80).

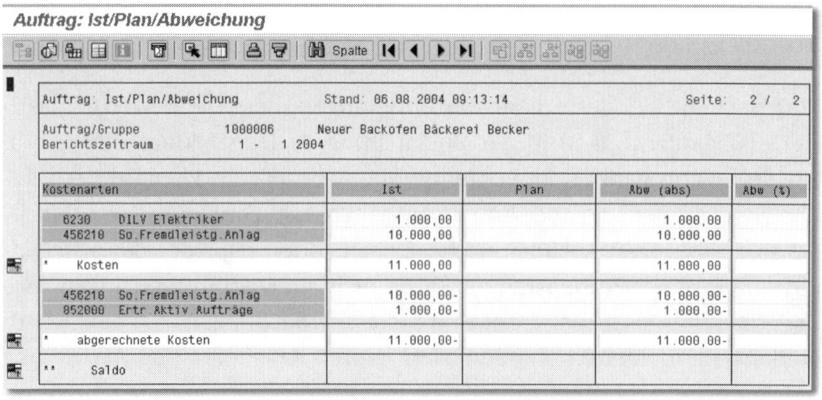

Kostenarten	Ist	Plan	Abw (abs)	Abw (%)
6230 DILV Elektriker	1.000,00		1.000,00	
456210 So.Fremdleistg.Anlag	10.000,00		10.000,00	
* Kosten	11.000,00		11.000,00	
456210 So.Fremdleistg.Anlag	10.000,00-		10.000,00-	
852000 Ertr Aktiv Aufträge	1.000,00-		1.000,00-	
* abgerechnete Kosten	11.000,00-		11.000,00-	
** Saldo				

Abbildung 4.80 Auftragsbericht nach Istbuchungen und Abrechnung

Auf der Belastungsseite unter **Kosten** erkennen wir die internen Leistungen in der Zeile zur sekundären Kostenart »6230 DILV Elektriker«. Die externe Rechnung erscheint als Belastung mit der Kostenart »456210 Sonstige Fremdleistungen (Anlagen)«. Die Abrechnung hat zwei Zeilen auf diesem Auftrag erzeugt. Die Fremdleistungen wurden, entsprechend den Einstellungen im Verrechnungsschema, kostenartengerecht abgerechnet. Den Abrechnungsbetrag für die internen Leistungen finden wir unter der Kostenart 852000 wieder.

Kontensaldo in der Buchhaltung

Wie haben sich die Buchungen der externen Rechnung und der Auftragsabrechnung auf das FI-Konto 456210 ausgewirkt? Überprüfen wir den Saldo des Kontos mit der Transaktion FS10N, im Menü **Rechnungswesen · Finanzwesen · Hauptbuch · Konto · Salden anzeigen** (siehe Abbildung 4.81).

Die Buchung der externen Rechnung hat eine Sollposition über 10 000 € ausgelöst. Durch die Abrechnung wurde der gleiche Betrag ins Haben gestellt. Der Saldo des Kontos ist null, es wirkt sich also nicht mehr in der GuV aus. Die Kosten sind aber angefallen. Wo bleiben sie in der Buchhaltung?

Abbildung 4.81 Konto Fremdleistungen in der Buchhaltung

Der Antwort auf diese Frage kommen wir auf die Spur, wenn wir die Buchung, die uns die Auftragsabrechnung beschert hat, genauer untersuchen. Wir kommen weiter mit Doppelklick auf den Betrag 10 000 € auf der Habenseite (siehe Abbildung 4.82). Wir erkennen für die Konten 456210 und 852000 die beiden Buchungen, die wir als Abrechnungsposition auch schon auf unserem Auftrag gesehen hatten. Negative Beträge in der Buchhaltung von SAP R/3 bedeuten Erträge in der GuV. Als Gegenbuchung über den gesamten Betrag von 11 000 € wird das Bestandskonto 29200 aus der Bilanz angezogen.

Abrechnungsbeleg in der Buchhaltung

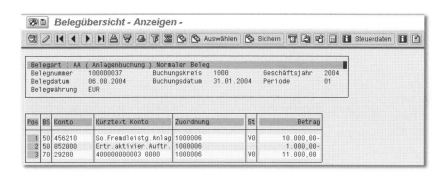

Abbildung 4.82 Buchhaltungsbeleg aus der SAP CO-Abrechnung

Als Kurztext für 29200 hat die Auftragsabrechnung hier die Anlagennummer 400000000003 eingetragen. Das ist die Anlage im Bau, an die wir abgerechnet haben. Die Bezeichnung im Kontenstamm für dieses Konto lautet: »Anlagen im Bau« (siehe Abbildung 4.83). Dieses Bestandskonto wurde über die Kontenfindung der bebuchten Anlage gezogen.

Bestandskonto in der Bilanz

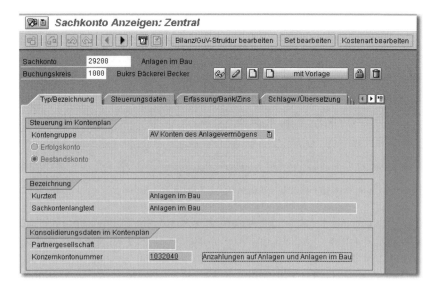

Abbildung 4.83 Bestandskonto in der Bilanz

Anlagenstamm nach Abrechnung

Die Abrechnung hat GuV- und Bilanzkonten in der Buchhaltung verändert. Die Bestandsbuchung auf dem Bilanzkonto 29200 wurde zusätzlich auf die Anlage kontiert. Das ist zu sehen, wenn wir jetzt den Anlagenstamm nochmals aufrufen mit Transaktion AW01N, im Menü **Rechnungswesen · Finanzwesen · Anlagen · Anlage · Asset Explorer** (siehe Abbildung 4.84).

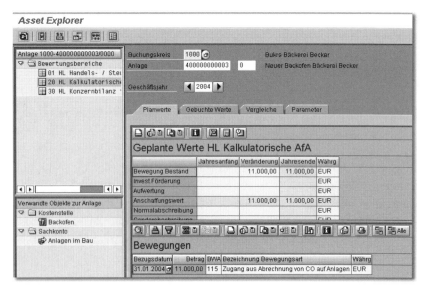

Abbildung 4.84 Bestandszugang für Anlage im Bau

Spannend, oder? Sie haben soeben einen der seltenen Fälle miterlebt, bei denen Funktionen des Controllings Buchhaltungsdaten verändern – und das auch noch recht massiv. Die Abrechnung von internen Leistungen und von externen Rechnungen hatte Auswirkungen auf die GuV, die Bilanz und den Wert einer Anlage in der Anlagenbuchhaltung.

Als letztes Thema dieses Kapitels behandeln wir jetzt die Abgrenzungen. Dabei bleiben wir auf unserem eigenen Terrain, im Modul Controlling; weniger interessant ist der folgende Abschnitt dennoch nicht.

4.7 Abgrenzungen

In der Buchhaltung treten diverse jährlich wiederkehrende Zahlungen auf. Beispielsweise werden Versicherungen, Strom und Weihnachtsgeld in dem Monat gebucht, dem die Rechnung bzw. die Zahlung zugeordnet wird. Die Mitarbeiter leisten allerdings im November nicht deswegen mehr, weil sie das Weihnachtsgeld ausgezahlt bekommen. Genauso wenig unterscheidet sich die Nutzbarkeit eines Gebäudes in dem Monat, in dem die Versicherungsprämien fällig werden, von der Nutzbarkeit in allen anderen Monaten des Jahres. Deshalb wird im Controlling versucht, die Kosten über den Leistungszeitraum, also das ganze Jahr, zu verteilen. Die Verteilung von Aufwand auf die Perioden des Jahres wird in der Betriebswirtschaft Abgrenzung genannt. Im System SAP R/3 sind drei unterschiedliche Verfahren zur Umsetzung der Abgrenzungen vorgesehen:

- Abgrenzung per Plan = Ist (Versicherung)
- Abgrenzung per Soll = Ist (Strom)
- Abgrenzung per Zuschlag (Weihnachtsgeld)

Abgrenzungsverfahren

Im Folgenden werden wir Ihnen diese drei Verfahren vorstellen. Wir werden dabei die in Klammern genannten Beispiele benutzen.

4.7.1 Abgrenzung per Plan = Ist

Bei der Abgrenzung per Plan = Ist gehen wir davon aus, dass wir die Verteilung von Aufwand aus der Buchhaltung auf die einzelnen Perioden als Festbeträge planen können. Die Plan = Ist-Abgrenzung wird immer dann genutzt, wenn die betrachteten Kosten zu 100 % fix sind. Typisches Beispiel für dieses Verfahren sind Versicherungsprämien. Versicherungen schicken ihre Rechnungen einmal im Jahr. Wir können im Plan eine Verteilung der Kosten auf die Perioden ganz einfach vornehmen, indem wir jedem Monat ein Zwölftel der geplanten Prämie zuordnen. Die Versicherungsprämie im folgenden Beispiel wird für die Feuerversicherung der Gebäude bezahlt. Diese Prämie wird ohne Zweifel völlig unabhängig von der Leistung des Unternehmens bezahlt, ist also zu 100 % fix.

Grundeinstellungen

Zur Umsetzung der Plan = Ist-Abgrenzung in SAP R/3 müssen wir eine primäre Kostenart mit einem speziellen Kostenartentyp ausstatten. Dazu nutzen Sie die Transaktionen zur Pflege von Kostenarten KA01, KA02, KA03, im Menü **Rechnungswesen · Controlling · Kostenartenrechnung · Stammdaten · Kostenart · Einzelbearbeitung · Anlegen primär, Ändern, Anzeigen** (siehe Abbildung 4.85).

Abgrenzungskostenart

Der Kostenartentyp **4 Abgrenzung per Soll=Ist** wird nicht nur, wie der Name sagt, für die Abgrenzung per Soll = Ist benutzt, sondern auch für die Abgrenzung per Plan = Ist, die wir jetzt besprechen.

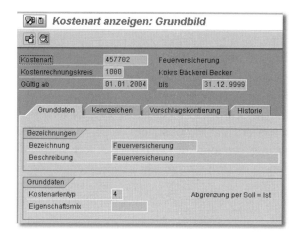

Abbildung 4.85 Abgrenzungskostenart Feuerversicherung anlegen

Primäre laufende Kosten werden im Allgemeinen direkt auf Kostenstellen gebucht. Bei den abzugrenzenden Kosten, wie hier im Beispiel bei der Feuerversicherung, wollen wir aber nicht einmal im Jahr einen großen Betrag auf der Kostenstelle sehen und im Rest des Jahres gar nichts. Stattdessen wünschen wir uns bei den Istbuchungen in jeder Periode eine Übernahme der geplanten Kosten. Der tatsächliche Aufwand soll dann anderweitig gebucht werden – aber wo? Sie ahnen es schon, wir werden einen Innenauftrag verwenden.

Auftrag anlegen

Wenn Sie dieses Kapitel 4, *Innenaufträge,* bis hierher gelesen haben, kennen Sie sich mit der Pflege von Innenaufträgen bereits bestens aus. Sie nutzen die Transaktionen KO01, KO02, KO03, im Menü **Rechnungswesen · Controlling · Innenaufträge · Stammdaten · Spezielle Funk-**

tionen · Auftrag · Anlegen/Ändern/Anzeigen (siehe Abbildung 4.86). Wichtig ist die Wahl einer Auftragsart mit dem richtigen Auftragstyp: **2 Abgrenzungsauftrag (Controlling)**.

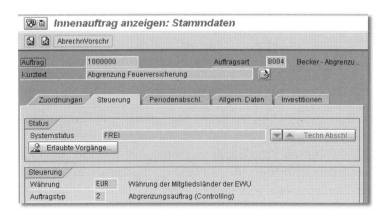

Abbildung 4.86 Abgrenzungsauftrag für Feuerversicherung

Jetzt verknüpfen wir die soeben angelegten Stammdaten Kostenart und Innenauftrag mit Transaktion KSAJ, im Customizing **SPRO · SAP Referenz-IMG · Controlling · Kostenstellenrechnung · Istbuchungen · Periodenabschluss · Abgrenzungen · Soll=Ist-Verfahren · Soll=Ist-Entlastung** (siehe Abbildung 4.87).

Customizing für Plan = Ist-Abgrenzung

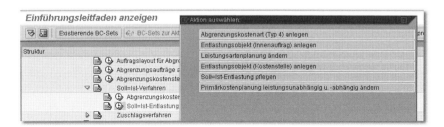

Abbildung 4.87 Customizing für Abgrenzung per Plan (oder Soll) = Ist

Von dem Popup, das dann erscheint, geht es weiter mit **Soll=Ist-Entlastung pflegen** (siehe Abbildung 4.88).

Die Vorbereitung zur Abgrenzung einer Versicherungsprämie in den Stammdaten und im Customizing ist abgeschlossen. Wir können mit der Planung beginnen.

Abbildung 4.88 Soll = Ist-Entlastung für Plan = Ist-Entlastung pflegen

Planung Die Versicherungsprämie für die Feuerversicherung soll dem Verwaltungsgebäude zugeordnet werden. Zur Planung nutzen wir die bekannte Transaktion KP06 aus der Kostenstellenrechnung, im Menü **Rechnungswesen · Controlling · Kostenstellen · Planung · Kostenarten/Leistungsaufnahmen · Ändern** (siehe Abbildung 4.89).

Die Plankosten von 1 200 € werden gleichmäßig auf alle zwölf Monate des Jahres 2004 verteilt. Der **Verteilungsschlüssel 1 Gleichmäßige Verteilung** in der Spalte **VS** sorgt dafür, dass in jedem Monat der gleiche Betrag, also 100 €, als Plankosten gebucht werden. Die Kostenstelle »130 Gebäude Verwaltung« wird in diesem Beispiel nicht auf andere Kostenstellen verrechnet, sondern direkt in die Ergebnisrechnung überführt. Deshalb findet hier keine Leistungsplanung statt, zu erkennen am Symbol # (d.h. nicht zugeordnet) in der Spalte Leistungsart (**LstArt**).

Abbildung 4.89 Planung von fixen Kosten

Die Planung ist abgeschlossen – manchmal geht's so einfach. Jetzt sehen wir uns an, wie wir Istbuchungen für primäre Kostenarten im Controlling generieren, ohne auf Zuarbeit der Kollegen in der Buchhaltung angewiesen zu sein.

Istbuchungen Zur Buchung von Abgrenzungen nutzen Sie die Transaktion KSA3, im Menü **Rechnungswesen · Controlling · Kostenstellen · Periodenabschluss · Einzelfunktionen · Abgrenzung** (siehe Abbildung 4.90).

Die Eingabe von Werten (hier 100 € pro Monat) der Kostenart oder des Abgrenzungsauftrages ist nicht erforderlich. Mit der Auswahl der Kostenstelle findet das System alle weiteren Angaben automatisch.

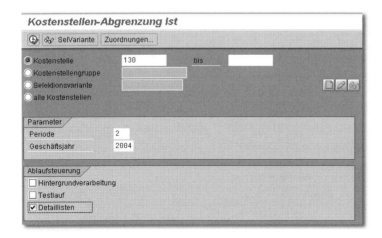

Abbildung 4.90 Abgrenzung ausführen

Wenn Sie beim Einstieg in die Abgrenzung den Haken bei **Detaillisten** gesetzt haben, erhalten Sie dieses Protokoll (siehe Abbildung 4.91).

Istabgrenzung ausführen

Abbildung 4.91 Protokoll für Abgrenzung – Detail

Die soeben beschriebene Abgrenzung führen Sie in jedem Monat aus und generieren so Istbuchungen im Controlling für die primäre Kostenart »457702 Feuerversicherung«.

Jetzt kommt der November des Jahres 2004. Die Versicherung schickt uns die Rechnung für die Prämie des laufenden Jahres. Im Rahmen einer Neuorganisation bei der Versicherung werden wir jetzt dem Geschäftsbereich Firmenkunden zugeordnet. Als Firmenkunde erhalten wir auf die bisher bezahlten Prämien einen Rabatt von 10 % (Sie merken schon, wir fantasieren ein wenig). Die Rechnung weist also 1 080 € statt der geplanten 1 200 € aus.

Tatsächliche Belastung

»Das geht nicht!«, ruft der Controller »Wir haben fast das ganze Jahr schon eine Abgrenzung für geplante Jahreskosten von 1 200 € gebucht. Die von der Versicherung müssen uns jetzt auch 1 200 € berechnen.« Kleiner Scherz – die Abweichung des Ist zum Plan ist die Regel und nicht die Ausnahme. Das gilt selbstverständlich auch für abgegrenzte Kosten. Wie wir mit der Differenz umgehen, erfahren Sie gleich. Zunächst betrachten wir allerdings die Buchung der Versicherungsrechnung in der Buchhaltung. Der Beleg wird angezeigt mit Transaktion FB03, im Menü **Rechnungswesen · Finanzwesen · Hauptbuch · Beleg · Anzeigen** (siehe Abbildung 4.92). Unter dem Sachkonto »457702 Feuerversicherung« wurden 1 080 € gebucht. Im Block **Zusatzkontierungen** erkennen Sie den Abgrenzungsauftrag 1000000.

Buchhaltungs-beleg

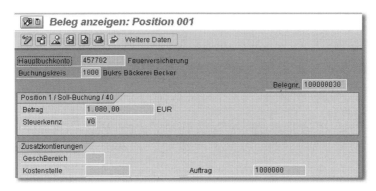

Abbildung 4.92 Buchhaltungsbeleg für Feuerversicherung

Kontensaldo in der Buchhaltung

Betrachten wir jetzt die Salden für dieses Sachkonto mit Transaktion FS10N, im Menü **Rechnungswesen · Finanzwesen · Hauptbuch · Konto · Salden anzeigen** (siehe Abbildung 4.93). Die Abgrenzungsbuchungen über 100 € pro Monat sind in der Buchhaltung nicht zu sehen. Die einzige Buchung, die hier erscheint, ist die Originalrechnung über 1 080 € im November.

Kostenstellen-bericht

Was hat sich im Laufe des Jahres auf der Kostenstelle getan? Den Bericht **Ist/Plan/Abweichung** haben wir schon mehrmals kennen gelernt. Zu finden ist er unter Transaktion S_ALR_87013611, im Menü **Rechnungswesen · Controlling · Kostenstellenrechnung · Infosystem · Berichte zur Kostenstellenrechnung · Plan-Ist-Vergleiche · Kostenstellen: Ist/Plan/Abweichung** (siehe Abbildung 4.94). Im Ist wurden zwölf Mal 100 € als Abgrenzung gebucht. Plan und Ist stimmen am Ende des Jahres genau überein. Die Rechnung der Versicherung über 1 080 € ist hier (noch) nicht zu sehen. Die wurde von der Buchhaltung auf den Abgrenzungsauftrag kontiert.

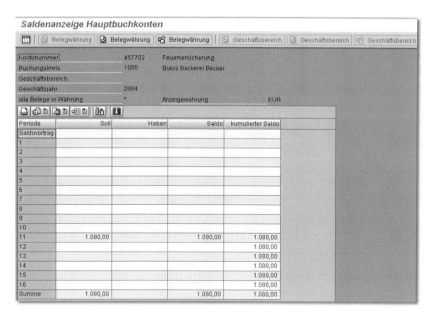

Abbildung 4.93 Saldo auf FI-Konto Feuerversicherung

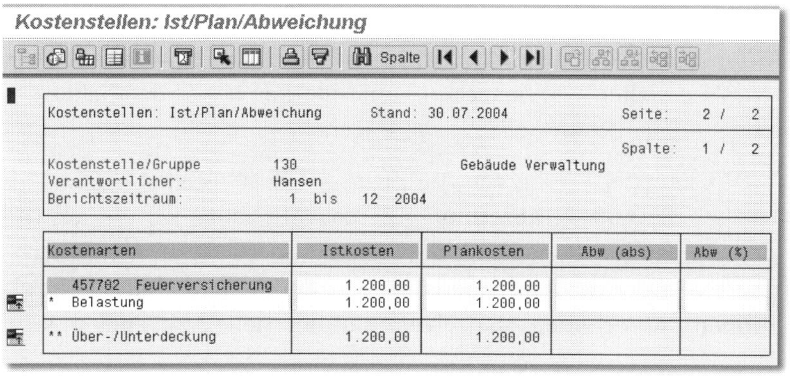

Abbildung 4.94 Kostenstelle mit Versicherung am Ende des Jahres

Was bietet der Abgrenzungsauftrag? Den entsprechenden Bericht erreichen Sie mit der Transaktion S_ALR_87012993, im Menü **Rechnungswesen · Controlling · Innenaufträge · Infosystem · Berichte zu Innenaufträgen · Plan-Ist-Vergleiche · Auftrag: Ist/Plan/Abweichung** (siehe Abbildung 4.95).

Auftragsbericht mit Kostenbelastung

Jede monatliche Abgrenzungsbuchung hat eine Gutschrift (bzw. negative Kosten) über 100 € generiert – so ergibt sich eine Entlastung von 1 200 € für das Jahr 2004. Diese Gutschriften saldieren sich mit den Belastungen auf der Kostenstelle zu null. So ist sichergestellt, dass Finanzbuchhaltung

Abgrenzungen

und Controlling in Summe abstimmbar bleiben. Die Buchung der Versicherungsrechnung über 1 080 € wird hier als Belastung ausgewiesen. Die im Auftragsbericht dargestellten minus 120 € sind also der Saldo aus 1 080 € Belastung (plus) und 1 200 € Entlastung (minus).

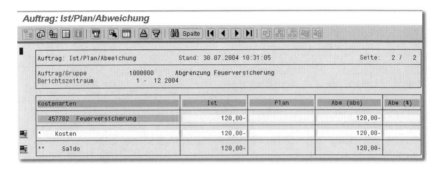

Abbildung 4.95 Abgrenzungsauftrag am Ende des Jahres

Differenz der Abrechnung zum Ist
So richtig zufrieden können wir mit der aktuellen Situation noch nicht sein. Die Kostenstelle weist Istkosten aus, die um 120 € zu hoch sind. Der Abgrenzungsauftrag trägt diese 120 €, ist aber in das monatliche Reporting der Kostenrechnung nicht eingebunden. Wir hatten den Auftrag nur als technisches Hilfsmittel angelegt und nicht als Träger von »echten« Kosten. Also sollten wir versuchen, am Ende des Jahres den Saldo des Auftrages auf die Kostenstelle zu übertragen.

Istabrechnung ausführen
Für die Kostenübertragung von Aufträgen auf Kostenstellen hat SAP im System R/3 die **Auftragsabrechnung** geschaffen. Sehen wir uns an, wie die Abrechnung funktioniert mit der Transaktion KO88, im Menü **Rechnungswesen · Controlling · Innenaufträge · Periodenabschluss · Einzelfunktionen · Abrechnung · Einzelverarbeitung** (siehe Abbildung 4.96).

Protokoll zur Istabrechnung
In der Spalte Empfänger (**Empf**) im Protokoll zur Abrechnung erkennen wir, das der Saldo des Auftrages über minus 120 € an die Kostenstelle 130 verrechnet wurde (siehe Abbildung 4.97).

Auftragsbericht nach Abrechnung
Die Abrechnung müsste die Auftragskosten beeinflusst haben. Rufen wir nochmals den Bericht **Auftrag: Ist/Plan/Abweichung** auf (siehe Abbildung 4.98). Als neue Zeilen werden jetzt abgerechnete Kosten von 120 € unter der bekannten Kostenart »457702 Feuerversicherung« ausgewiesen. Der Auftragssaldo ist null, so hatten wir uns das gewünscht.

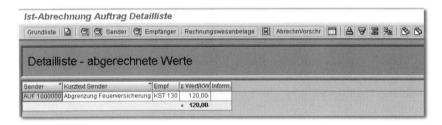

Abbildung 4.96 Abrechnung ausführen

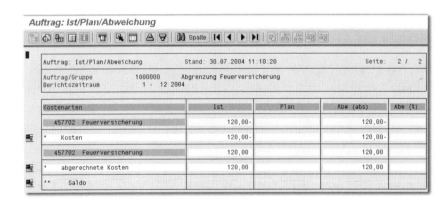

Abbildung 4.97 Abrechnung Detailliste

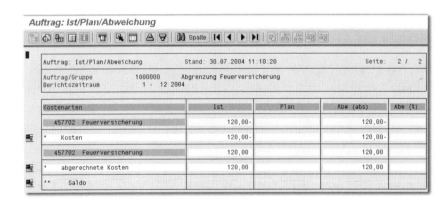

Abbildung 4.98 Auftrag mit Saldo null nach Abrechnung

Wie können wir die Buchungen auf dem Abgrenzungsauftrag in den einzelnen Perioden darstellen, um uns die verschiedenen Vorgänge noch deutlicher vor Augen zu führen? Vielleicht gibt es ja einen passenden Bericht mit Periodenaufriss. Tatsächlich, der Bericht **Auftrag: Aufriss nach Periode** scheint unsere Anforderung zu erfüllen. Probieren wir's aus mit

Auftragsbericht mit Periodenaufriss

Abgrenzungen **269**

Transaktion S_ALR_87013010, im Menü **Rechnungswesen • Controlling • Innenaufträge • Infosystem • Berichte zu Innenaufträgen • Weitere Berichte • Auftrag: Aufriss nach Periode** (siehe Abbildung 4.99).

In jeder Periode wurden minus 100 € als Entlastung aus dem Abgrenzungslauf gebucht. In den Monaten 1 bis 10 ist genau diese eine Buchung zu sehen. Im November wird die Abgrenzungsbuchung überlagert durch die Belastung aus der Versicherungsrechnung über 1 080 €, so ergibt sich der Saldo aus 980 € in diesem Monat. Im Dezember wurde zusätzlich zur Abgrenzung (minus 100 €) die Abrechnung des Gesamtsaldos (plus 120 €) gebucht, für diesen Monat ergibt sich so der Betrag von plus 20 €. Der Gesamtsaldo des Auftrags – dargestellt in der Zeile **Summe** – ist null.

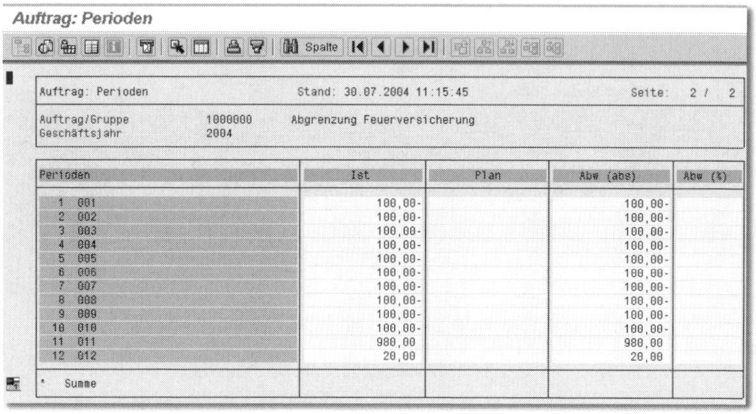

Auftrag: Perioden

Auftrag: Perioden   Stand: 30.07.2004 11:15:45   Seite: 2 / 2

Auftrag/Gruppe 1000000 Abgrenzung Feuerversicherung
Geschäftsjahr 2004

Perioden	Ist	Plan	Abw (abs)	Abw (%)
1 001	100,00-		100,00-	
2 002	100,00-		100,00-	
3 003	100,00-		100,00-	
4 004	100,00-		100,00-	
5 005	100,00-		100,00-	
6 006	100,00-		100,00-	
7 007	100,00-		100,00-	
8 008	100,00-		100,00-	
9 009	100,00-		100,00-	
10 010	100,00-		100,00-	
11 011	980,00		980,00	
12 012	20,00		20,00	
* Summe				

Abbildung 4.99 Auftrag nach Perioden

Kostenstellenbericht nach Abrechnung

Was hat sich nach der Abrechnung des Auftrags auf der Kostenstelle verändert? Werfen wir noch einmal einen Blick auf den Bericht **Kostenstellen: Ist/Plan/Abweichung** (siehe Abbildung 4.100). Die Istkosten am Ende des Jahres (1 080 €) entsprechen dem, was uns die Versicherung tatsächlich in Rechnung gestellt hat.

Kostenstellenbericht mit Periodenaufriss

Für die Kostenstellen finden wir ebenfalls einen hübschen Bericht mit Periodenaufriss unter der Transaktion S_ALR_87013640, im Menü **Rechnungswesen • Controlling • Kostenstellenrechnung • Infosystem • Berichte zur Kostenstellenrechnung • Weitere Berichte • Kostenstellen: Periodenaufriss Ist/Plan** (siehe Abbildung 4.101).

Im Nachhinein wissen wir, dass die Abgrenzungsbuchungen in den einzelnen Monaten zu hoch waren. Wir hätten eigentlich nur 1 080 € geteilt durch 12 Monate gleich 90 € buchen dürfen statt der 100 € aus der monatlichen Abrechnung.

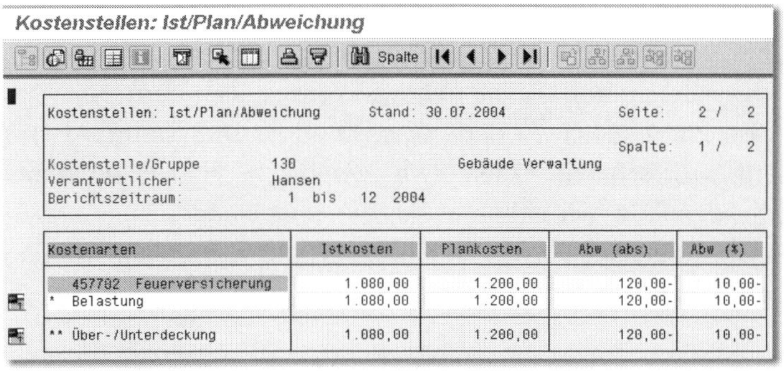

Kostenstellen: Ist/Plan/Abweichung

Kostenstellen: Ist/Plan/Abweichung   Stand: 30.07.2004   Seite: 2 / 2
Spalte: 1 / 2
Kostenstelle/Gruppe 130 Gebäude Verwaltung
Verantwortlicher: Hansen
Berichtszeitraum: 1 bis 12 2004

Kostenarten	Istkosten	Plankosten	Abw (abs)	Abw (%)
457702 Feuerversicherung	1.080,00	1.200,00	120,00-	10,00-
* Belastung	1.080,00	1.200,00	120,00-	10,00-
** Über-/Unterdeckung	1.080,00	1.200,00	120,00-	10,00-

Abbildung 4.100 Kostenstelle mit »echten« Istkosten

Die Differenz wird im Dezember durch die Abrechnung des Auftrages korrigiert. So entsteht in diesem Monat per Saldo die Gutschrift über 20 €. Das sieht dann zwar bei der isolierten Betrachtung des Monats Dezember schief aus, wir würden 20 € negative Kosten für die Feuerversicherung sehen. Wichtiger als die korrekte Darstellung des einzelnen Monats ist im Dezember allerdings die Gesamtbetrachtung des Jahres. Eine nachträgliche Korrektur bereits abgeschlossener Monate erfolgt nicht. Nur so ist sichergestellt, dass bereits analysierte und kommentierte Monatsberichte ihre Gültigkeit behalten.

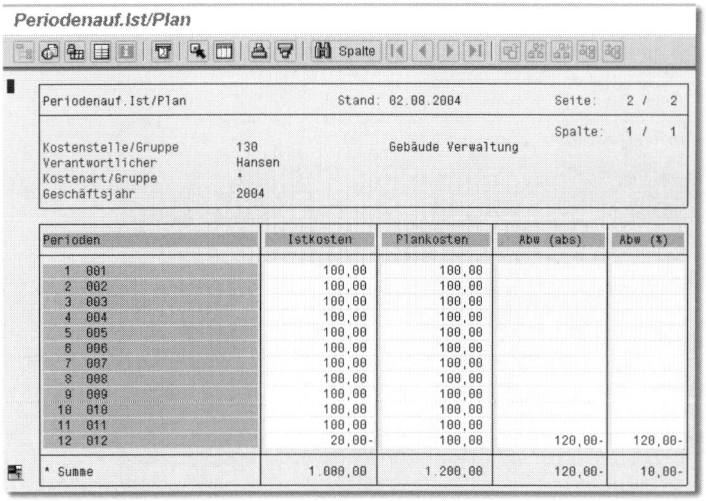

Periodenauf.Ist/Plan

Periodenauf.Ist/Plan   Stand: 02.08.2004   Seite: 2 / 2
Spalte: 1 / 1
Kostenstelle/Gruppe 130 Gebäude Verwaltung
Verantwortlicher Hansen
Kostenart/Gruppe *
Geschäftsjahr 2004

Perioden	Istkosten	Plankosten	Abw (abs)	Abw (%)
1 001	100,00	100,00		
2 002	100,00	100,00		
3 003	100,00	100,00		
4 004	100,00	100,00		
5 005	100,00	100,00		
6 006	100,00	100,00		
7 007	100,00	100,00		
8 008	100,00	100,00		
9 009	100,00	100,00		
10 010	100,00	100,00		
11 011	100,00	100,00		
12 012	20,00-	100,00	120,00-	120,00-
* Summe	1.080,00	1.200,00	120,00-	10,00-

Abbildung 4.101 Kostenstelle – Periodenaufriss

Nachtrag zum Customizing

Was ist bisher geschehen? Für die Abgrenzung der Feuerversicherung hatten wir in R/3 eine primäre Kostenart mit dem passenden Kostenartentyp sowie einen Abgrenzungsauftrag angelegt. Mit einer übersichtlichen Customizing-Einstellung wurden Kostenart und Abgrenzungsauftrag verknüpft. Die Differenz aus abgegrenzten und echten Kosten hatten wir per Auftragsabrechnung auf die richtige Kostenstelle übertragen. Das war, zumindest im Vergleich zu dem, was wir sonst im System SAP R/3 gewohnt sind, sehr schlicht. Oder etwa zu einfach? Haben wir Ihnen etwas verschwiegen? Ja, wir geben es zu, die Einstellungen zur Abrechnung haben wir tatsächlich vorweg durchgeführt und die Dokumentation übersprungen. Das holen wir jetzt nach.

Abgrenzung und Auftragsabrechnung hängen in unserem Beispiel betriebswirtschaftlich zusammen. Die Abgrenzung wird auf die Kostenstelle »130 Gebäude Verwaltung« und auf den Abgrenzungsauftrag 100000 gebucht. Die Abrechnung des Auftragssaldos am Ende des Jahres erfolgt auf die gleiche Kostenstelle 130. Technisch besteht in R/3 allerdings kein Zusammenhang zwischen Abgrenzung und Abrechnung. Wir müssen in den Einstellungen zur Abrechnung dem Auftrag erst beibringen, dass er sich in Richtung der Kostenstelle 130 entleeren soll.

Abrechnung an einen Empfänger Werfen wir noch einmal einen Blick auf die Stammdaten des Abrechnungsauftrags 1000000. Die Transaktion KO02 kennen Sie schon, im Menü **Rechnungswesen · Controlling · Innenaufträge · Stammdaten · Spezielle Funktionen · Auftrag · Ändern**. Wir blicken jetzt auf die Registerkarte **Periodenabschluss** (siehe Abbildung 4.102). Mit Einträgen im Block **Abrechnung an einen Empfänger** könnten wir eine »Abrechnung light« einstellen.

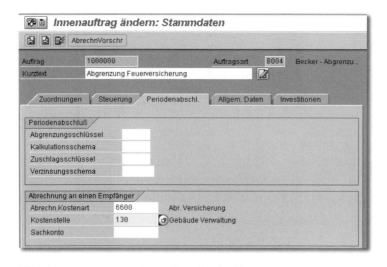

Abbildung 4.102 Innenauftrag – Periodenabschluss

Mit der Angabe einer Abrechnungskostenart (hier 6600) und einer Kostenstelle (hier 130) generiert das System automatisch eine Abrechnungsvorschrift. Diese Abrechnungsvorschrift können wir anzeigen mit dem Button **AbrechnVorschr** (siehe Abbildung 4.103). So einfach? Leider nein, das reicht immer noch nicht. Diese einfache Form der Abrechnung funktioniert in unserem Beispiel aus zwei Gründen nicht:

Generierte Abrechnungsvorschrift

▶ Die Abrechnung an einen Empfänger ist immer eine periodische Abrechnung (**Abrechnungsart** PER, Spalte Abr. in der Abrechnungsvorschrift).

▶ Die Abrechnung an einen Empfänger funktioniert nur mit einer zusätzlichen sekundären **Abrechnungskostenart** (Abrechn.Kostenart 6600 auf der Registerkarte **Periodenabschluss**).

In unserem Beispiel wollen wir ausdrücklich keine periodische Abrechnung. Mit einer monatlichen Abrechnung würden wir die Entlastung aus der Abgrenzung, die auf dem Abrechnungsauftrag gebucht ist, wieder auf die Kostenstelle zurückbuchen. Damit würden sich die Kosten auf der Kostenstelle zu null saldieren (Belastung aus der Abgrenzung und Entlastung aus der Abrechnung). Die ganze Mühe wäre umsonst. Statt der periodischen Abrechnung benötigen wir hier die Gesamtabrechnung.

Außerdem ist das Beispiel so eingestellt, dass für die Planung, die Abgrenzung, die Buchung der Eingangsrechnung und für die Abrechnung immer die gleiche Kostenart, »457702 Feuerversicherung«, benutzt wird. Wir wollen für die Abrechnung keine abweichende Kostenart auf dem Auftrag oder der Kostenstelle ausweisen.

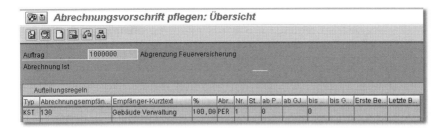

Abbildung 4.103 Auftragstammdaten – Abrechnungsvorschrift

Die »Abrechnung light« mit Einträgen im Block **Abrechnung an einen Empfänger** kommt hier also nicht in Frage. Wir müssen tiefer ins System einsteigen und uns die erforderlichen Parameter von Hand basteln.

Abrechnungs-parameter

Für die Abrechnung benötigen wir ein Abrechnungsprofil und ein Verrechnungsschema. Die Verknüpfung dieser beiden Strukturen mit unserem Auftrag 1000000 erfolgt in den Stammdaten. Von einer beliebigen Registerkarte in den Auftragsstammdaten aus klicken Sie auf den Button **AbrechnVorschr**. Die bereits vorhandenen Abrechnungsvorschriften werden jetzt angezeigt. Zu den **Abrechnungsparametern** gelangen Sie dann, indem Sie im Transaktionsmenü die Funktion **Springen · Abrechnungsparameter** aufrufen (siehe Abbildung 4.104).

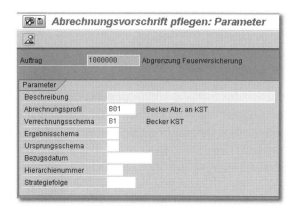

Abbildung 4.104 Abrechnungsvorschrift – Parameter

Das Abrechnungsprofil »B01 Becker Abr. an KST« und das Verrechnungsschema »B1 Becker KST« sind bereits vorbereitet.

Abrechnungsprofil

Die Pflege von Abrechnungsprofilen erreichen Sie über das Customizing **SPRO · SAP Referenz-IMG · Controlling · Innenaufträge · Istbuchungen · Abrechnung · Abrechnungsprofile pflegen** (siehe Abbildung 4.105). An der Einstellung im Block **Erlaubte Empfänger** erkennen Sie, dass Aufträge, denen dieses Profil zugeordnet ist, nur an Kostenstellen abgerechnet werden können. Bei **Kennzeichen** haben wir die **Prozentabrechnung** gewählt. Bei der Verrechnung an mehrere Kostenstellen würden wir dementsprechend eine prozentuale Verteilung angeben. Mit dem Eintrag 999 im Feld **Sonstige Parameter/Anzahl Regeln** legen wir fest, dass wir die Kosten bei der Abrechnung an maximal 999 verschiedene Kostenstellen verteilen können. Das sollte reichen. Wir wollen ja nur an eine Kostenstelle abrechnen.

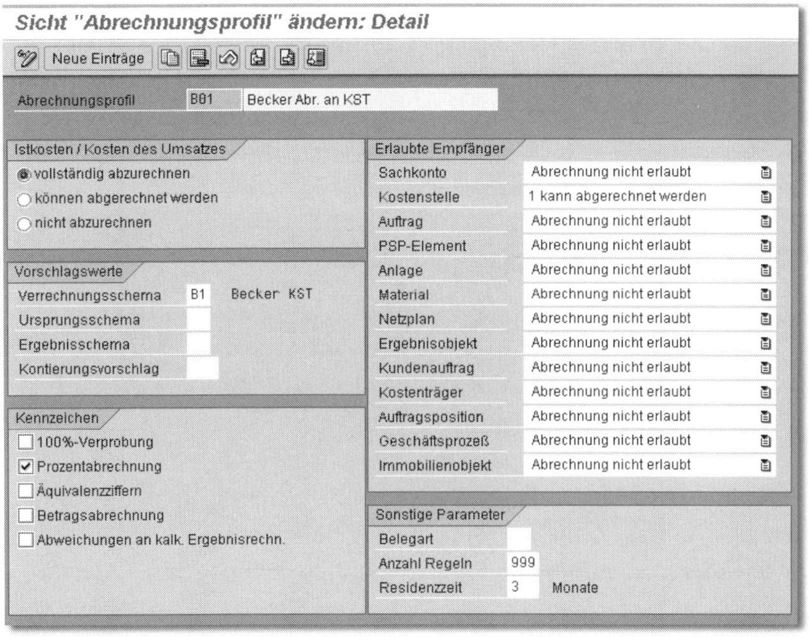

Abbildung 4.105 Abrechnungsprofil

Deutlich aufwändiger sind die Einstellungen zum **Verrechnungsschema**. Mit dem Verrechnungsschema werden Kostenarten auf der Senderseite ausgewählt und gruppiert sowie Kostenarten für die Empfängerseite definiert. In unserem Beispiel wollen wir alle gebuchten Kostenarten auf dem Auftrag 1000000 abrechnen (wir haben nur eine einzige, nämlich »457702 Feuerversicherung«). Die Abrechnung soll genau unter dieser einen Kostenart durchgeführt werden. Die Pflege der Verrechnungsschemata erreichen Sie ebenfalls über das Customizing **SPRO · SAP Referenz-IMG · Controlling · Innenaufträge · Istbuchungen · Abrechnung · Verrechnungsschemata pflegen** (siehe Abbildung 4.106).

Verrechnungsschema

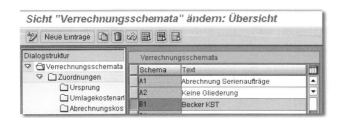

Abbildung 4.106 Verrechnungsschema – Übersicht

Abgrenzungen

Zuordnungen Zunächst definieren Sie eine oder mehrere Zuordnungen. Jede **Zuordnung** entspricht einer Kombination aus Senderkostenarten (Ursprung) und Abrechnungskostenart. Für unser Beispiel genügt die Anlage einer einzigen Zuordnung: »010 Alle Kostenarten« (siehe Abbildung 4.107).

Abbildung 4.107 Verrechnungsschema – Zuordnungen

Ursprung Der Ordner **Ursprung** im linken Bildschirmbereich beschreibt die Kostenarten des Auftrages, die zur Abrechnung herangezogen werden sollen. Wir selektieren alles mit dem Eintrag von 0 bis 999999 (siehe Abbildung 4.108).

Abbildung 4.108 Verrechnungsschema – Ursprung

Abrechnungskostenart Bei den **Abrechnungskostenarten** haben Sie die Möglichkeit, für jede Zuordnung und jeden Empfängertyp eine eigene sekundäre Kostenart zu hinterlegen. Diese tragen Sie dann in der Spalte **Abrechn.Kostenart** ein. Alternativ zu einer sekundären Kostenart, die für die Buchung der Abrechnung herangezogen wird, können Sie mit dem Haken in der Spalte **Kostenartengerecht** festlegen, dass die auf dem Auftrag als Belastung gebuchten Kostenarten auch bei der Abrechnung benutzt werden. Genau das wollen wir hier. Der Empfängertyp KST steht für Kostenstelle. Das ist der einzige Empfängertyp, den wir im Abrechnungsprofil zugelassen hatten. Also genügt diese eine Zeile bei der Definition der Abrechnungskostenarten (siehe Abbildung 4.109).

Abbildung 4.109 Verrechnungsschema – Abrechnungskostenarten

Jetzt sind wir fast fertig. Wir müssen nur einmal kurz in die Stammdaten des Auftrags zurückspringen und die Abrechnungsvorschrift pflegen. Wir rechnen zu 100 % an die Kostenstelle 130 ab. Als Abrechnungsart (**Abr...**) tragen wir GES für Gesamtabrechnung ein (siehe Abbildung 4.110). Damit definieren wir, dass bei der Abrechnung im Dezember der über das ganze Jahr aufgelaufene Saldo abgerechnet wird und nicht nur der Saldo aus der Abrechnungsperiode.

Abrechnungsvorschrift

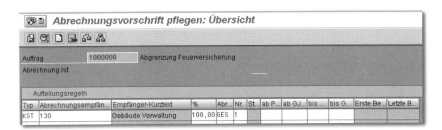

Abbildung 4.110 Abrechnungsvorschrift pflegen

Und schon sind wir fertig. Die Abgrenzung von fixen Plankosten für die Feuerversicherung mit anschließender Abrechnung der Differenzen ist abgeschlossen. Die Einstellungen zur reinen Abgrenzung sind vergleichsweise übersichtlich. Die Einstellungen zu Abrechnungen haben Sie in diesem Abschnitt eher nebenbei kennen gelernt. Als Modulverantwortlicher für das Controlling in SAP R/3 sollten Sie diese Regeln kennen. Die Abrechnung von Aufträgen werden Sie nicht nur im Zusammenhang mit der Abgrenzung nutzen, sondern bei allen echten Buchungen auf CO-Innenaufträgen. Insofern ist das soeben vermittelte Wissen vielfältig wieder verwendbar.

4.7.2 Abgrenzung per Soll = Ist

Als erste Möglichkeit zur Abgrenzung von Kosten in SAP R/3 haben Sie im vorigen Abschnitt das Plan = Ist-Verfahren kennen gelernt. In diesem Abschnitt zeigen wir Ihnen ein Beispiel für eine Abgrenzung mit dem Soll = Ist-Verfahren. Technisch ist die Abgrenzung per Plan = Ist eng verwandt mit der Abgrenzung per Soll = Ist. Das Verfahren Plan = Ist eignet sich zur Abgrenzung von ausschließlich fixen Kosten. Bei Soll = Ist berücksichtigt die Abgrenzung die Kostenspaltung in fixe und variable Bestandteile. Als Beispiel für die Abgrenzung per Soll = Ist betrachten wir die Verrechnung von Stromkosten.

Grundeinstellungen

Die Grundeinstellungen bei der Abgrenzung per Soll = Ist unterscheiden sich nicht von den Grundeinstellungen, die wir Ihnen im vorigen Abschnitt vorgestellt haben. Auch hier benötigen wir eine primäre Kostenart mit dem Kostenartentyp **4 Abgrenzung per Soll=Ist**.

Abgrenzungskostenart

Die Kostenartenpflege finden Sie in den Transaktionen KA01, KA02, KA03, im Menü **Rechnungswesen · Controlling · Kostenartenrechnung · Stammdaten · Kostenart · Einzelbearbeitung · Anlegen primär/Ändern/ Anzeigen** (siehe Abbildung 4.111).

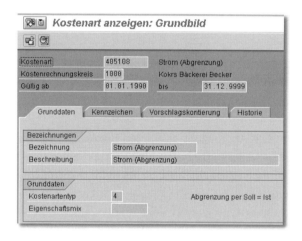

Abbildung 4.111 Abgrenzungskostenart – Strom

Auftrag anlegen

Auch mit der Anlage von Aufträgen, hier Abgrenzungsaufträgen, sind Sie bereits bestens vertraut. Zur Wiederholung nutzen wir nochmals Transaktion KO03, im Menü **Rechnungswesen · Controlling · Innenaufträge · Stammdaten · Spezielle Funktionen · Auftrag · Anzeigen** (siehe Abbildung 4.112).

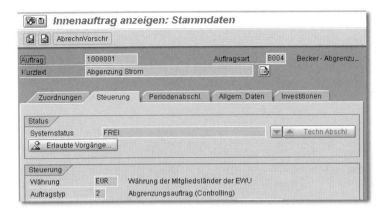

Abbildung 4.112 Abgrenzungsauftrag – Strom

Auch im Customizing ist die Abgrenzung per Soll = Ist nicht von der schon beschriebenen Plan = Ist-Abgrenzung zu unterscheiden. Wir nutzen wieder die Transaktion KSAJ, im Customizing **SPRO · SAP Referenz-IMG · Controlling · Kostenstellenrechnung · Istbuchungen · Periodenabschluss · Abgrenzungen · Soll=Ist-Verfahren · Soll=Ist-Entlastung** (siehe Abbildung 4.113).

Customizing der Soll = Ist-Abgrenzung

Abbildung 4.113 Verknüpfung von Abrechnungskostenart und -auftrag

Die Stammdatenpflege und das Customizing für eine Soll = Ist-Abgrenzung sind abgeschlossen. Der nächste Schritt ist die Erfassung der notwendigen Plandaten. Bei der Soll = Ist-Abgrenzung benötigen wir fixe und variable Plankosten. Eine Planung von variablen Kosten ist in SAP R/3 nur im Zusammenhang mit der internen Leistungsverrechnung möglich. Bei der Planung einer Leistungsverrechnung beginnen wir zwingend mit der Mengenplanung des Kostenstellenoutputs. Dazu nutzen wir die Transaktion KP26 aus der Kostenstellenrechnung, im Menü **Rechnungswesen · Controlling · Kostenstellen · Planung · Leistungserbringung/Tarife · Ändern** (siehe Abbildung 4.114).

Planung

Planung der Leistungsabgabe

Für die Kostenstelle »210 Strom« planen wir hier eine Jahresleistung von 120 000 kWh. Der Verteilungsschlüssel 1 in der Spalte VS gibt uns den Hinweis auf eine gleichmäßige Verteilung dieser Planmenge auf alle 12 Monate des Jahres 2004. In jedem Monat erwarten wir also einen Stromverbrauch von 10 000 kWh.

Abbildung 4.114 Leistungserbringung der Kostenstelle Strom

Danach planen wir die Kosten dieser Kostenstelle in Bezug auf die soeben geplante Leistungsart L210. Die entsprechende Transaktion heißt KP06, im Menü **Rechnungswesen · Controlling · Kostenstellen · Planung · Kostenarten/Leistungsaufnahmen · Ändern** (siehe Abbildung 4.115).

Planung der Kostenbelastung

Zum leichteren Verständnis des Beispiels planen wir hier nur externe Stromkosten für die eine Kostenart »400508 Strom (Abgrenzung)«, die wir soeben angelegt haben. Die fixen Kosten für den Leistungspreis betragen 1 200 €. Für die geplanten 120 000 kWh nehmen wir einen Arbeitspreis von 12 000 € an, das sind die variablen Kosten.

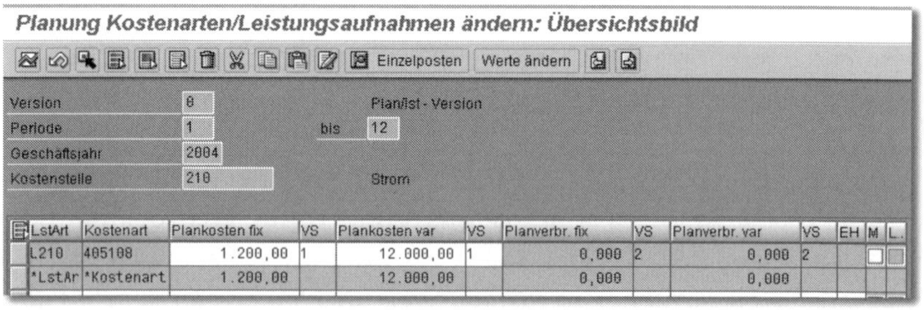

Abbildung 4.115 Kostenplanung für externen Strom

Tarifermittlung

Nach der Planung von Mengen und Kosten kommt bei der internen Leistungsverrechnung …? Richtig: die Tarifermittlung mit Transaktion KSPI, im Menü **Rechnungswesen · Controlling · Kostenstellen · Planung · Verrechnungen · Tarifermittlung**.

Die Zahlen sind so einfach gewählt, dass wir den Tarif leicht im Kopf ausrechnen können:

Fixe Kosten / Leistungsmenge = Fixer Tarif
1 200 €/ 120 000 kWh = 0,01 €/kWh

Variable Kosten / Leistungsmenge = Variabler Tarif
12 000 €/ 120 000 kWh = 0,10 €/kWh

Fixer Tarif + Variabler Tarif = Gesamttarif
0,01 €/kWh + 0,10 €/kWh = 0,11 €/kWh

Das System kommt zum gleichen Ergebnis (siehe Abbildung 4.116).

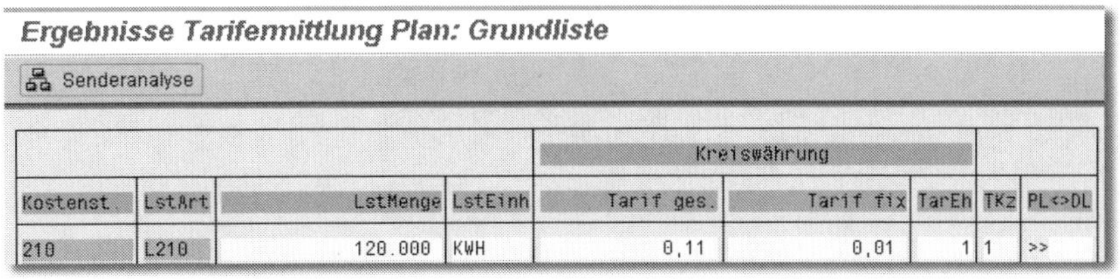

Kostenst	LstArt	LstMenge	LstEinh	Tarif ges.	Tarif fix	TarEh	TKz	PL<>DL
210	L210	120.000	KWH	0,11	0,01	1	1	>>

Abbildung 4.116 Tarifermittlung für Stromkostenstelle

Istbuchungen

Für ein aussagekräftiges Beispiel zur Soll = Ist-Verrechnung benötigen wir Ist-Leistungsmengen auf unserer Stromkostenstelle. Sie sehen hier die Erfassung des Stromverbrauches im Januar 2004 mit Transaktion KB21N, im Menü **Rechnungswesen · Controlling · Kostenstellen · Istbuchungen · Leistungsverrechnung · Erfassen** (siehe Abbildung 4.117).

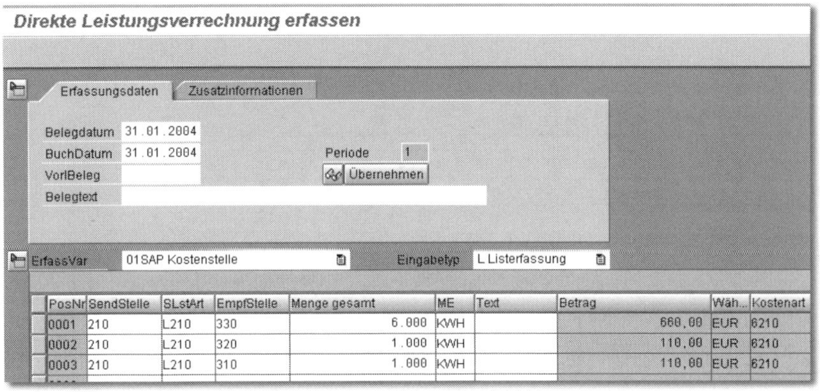

PosNr	SendStelle	SLstArt	EmpfStelle	Menge gesamt	ME	Text	Betrag	Wäh...	Kostenart
0001	210	L210	330	6.000	KWH		660,00	EUR	6210
0002	210	L210	320	1.000	KWH		110,00	EUR	6210
0003	210	L210	310	1.000	KWH		110,00	EUR	6210

Abbildung 4.117 Leistungserfassung – Januar 2004

Leistungsverrechnung im Januar

Am Ende des Monats hat der Strom-Subzähler des Backofens auf Kostenstelle 330 einen Stromverbrauch von 6 000 kWh gemessen. Für den Stromverbrauch der Kostenstellen »310 Backstube« und »320 Ruheraum« ergibt sich kalkulatorisch jeweils 1 000 kWh. Insgesamt leistet die Kostenstelle im Januar also 8 000 kWh, das sind 2 000 weniger als geplant.

Istabgrenzung ausführen

Jetzt haben wir die Basis für die erste Abgrenzungsbuchung geschaffen. Wir steigen ein in die Abgrenzung der Kostenstelle 210 im Monat Januar 2004 mit Transaktion KSA3, im Menü **Rechnungswesen · Controlling · Kostenstellen · Periodenabschluss · Einzelfunktionen · Abgrenzung** (siehe Abbildung 4.118).

Kostenst.	LeistArt	Entlastungsobjekt	Kostenart	Σ	Wert/KWähr
0000000210	L210	AUF 1000001	405108		900,00
				•	**900,00**

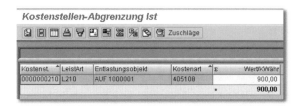

Abbildung 4.118 Abgrenzung – Januar 2004

Der Abgrenzungsbetrag ist 900 €. Geplant hatten wir aber 100 € pro Monat fixe Kosten und 1 000 € pro Monat variable Kosten, also insgesamt 1 100 €. Wie errechnet das System 900 € als Abgrenzungskosten? Vielleicht hilft ein Blick auf den schon so oft hilfreichen Kostenstellenbericht mit Transaktion S_ALR_87013611, im Menü **Rechnungswesen · Controlling · Kostenstellenrechnung · Infosystem · Berichte zur Kostenstellenrechnung · Plan-Ist-Vergleiche · Kostenstellen: Ist/Plan/Abweichung** (siehe Abbildung 4.119).

Kostenstellen: Ist/Plan/Abweichung Stand: 02.08.2004 Seite: 2 / 3

Spalte: 1 / 2

Kostenstelle/Gruppe 210 Strom
Verantwortlicher: Hansen
Berichtszeitraum: 1 bis 1 2004

Kostenarten	Istkosten	Plankosten	Abw (abs)	Abw (%)
405108 Strom (Abgrenzung)	900,00	1.100,00	200,00-	18,18-
* Belastung	900,00	1.100,00	200,00-	18,18-
6210 DILV Strom	880,00-	1.100,00-	220,00	20,00-
* Entlastung	880,00-	1.100,00-	220,00	20,00-
** Über-/Unterdeckung	20,00		20,00	

Leistungsarten	Istlstg	Planlstg	Abw (abs)	Abw (%)
L210 KWH Strom	8.000 KWH	10.000 KWH	2.000- KWH	20,00-

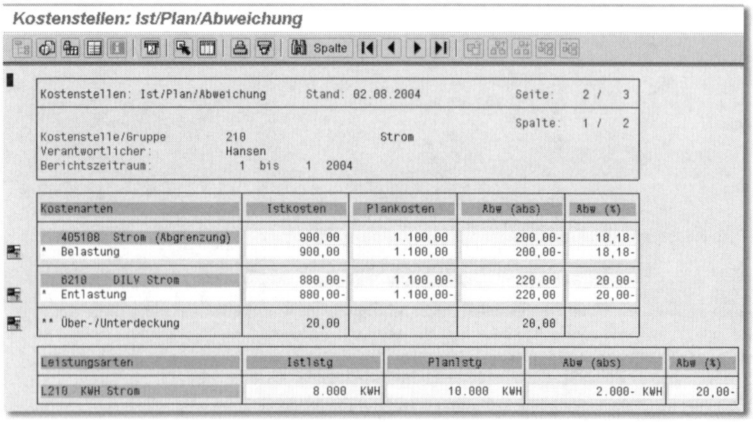

Abbildung 4.119 Kostenstelle Plan-Ist-Vergleich – Januar 2004

Kostenstellenbericht Ist/Plan/Abweichung

In der Zeile **Belastung** finden wir bei **Istkosten** den Abgrenzungsbetrag von 900 € und bei den **Plankosten** 1 100 €. Als Entlastung im Ist wurde die Istmenge von 8 000 kWh mit dem geplanten Gesamttarif von 0,11 €/kWh multipliziert, das ergibt 880 €. Keine Zahl überrascht uns; keine Zahl hilft uns weiter.

Berechnung der Sollkosten

Um den Abrechnungsbetrag von 900 € nachvollziehen zu können, benötigen wir die Formel zur Berechnung von Sollkosten, sie lautet:

*Plankst. fix + (Istleistg. * Plantarif var.) = Sollkosten*
*100 €+ (8 000 kWh * 0,10 €/kWh) = 900 €*

Stimmt genau! Die Sollkosten berücksichtigen, wie wir sehen, die im Vergleich zum Plan geringere Istleistung der Kostenstelle. Für die Ermittlung von Sollkosten müsste es doch im SAP-System einen Bericht geben, meinen Sie? Den gibt es auch in der Transaktion S_ALR_87013625, im Menü **Rechnungswesen · Controlling · Kostenstellenrechnung · Infosystem · Berichte zur Kostenstellenrechnung · Soll-Ist-Vergleiche · Kostenstellen: Ist/Soll/Abweichung** (siehe Abbildung 4.120).

Kostenstellenbericht Ist/Soll/Abweichung

Aha! Jetzt verstehen wir, was die Betriebswirte mit Soll = Ist gemeint haben. Als Abgrenzungsbetrag im Ist wird der Betrag gebucht, den die Formel für die Sollkosten ermittelt.

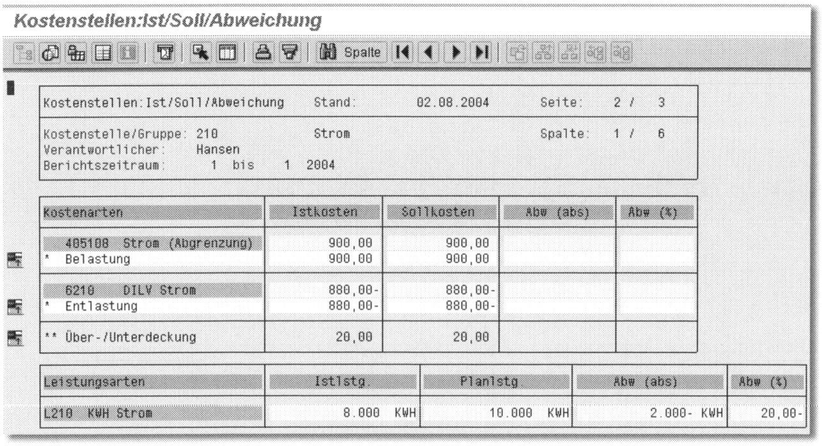
Kostenstellen:Ist/Soll/Abweichung

Kostenstellen:Ist/Soll/Abweichung Stand: 02.08.2004 Seite: 2 / 3
Kostenstelle/Gruppe: 210 Strom Spalte: 1 / 6
Verantwortlicher: Hansen
Berichtszeitraum: 1 bis 1 2004

Kostenarten	Istkosten	Sollkosten	Abw (abs)	Abw (%)
405108 Strom (Abgrenzung)	900,00	900,00		
* Belastung	900,00	900,00		
6210 DILV Strom	880,00-	880,00-		
* Entlastung	880,00-	880,00-		
** Über-/Unterdeckung	20,00	20,00		

Leistungsarten	Istlstg.	Planlstg.	Abw (abs)	Abw (%)
L210 KWH Strom	8.000 KWH	10.000 KWH	2.000- KWH	20,00-

Abbildung 4.120 Kostenstelle Soll-Ist-Vergleich – Januar 2004

Leistungsverrechnung im Februar

Im Monat Januar mit einer Stromleistung unter Plan hat die Soll = Ist-Abgrenzung gut funktioniert. Was passiert im umgekehrten Fall, wenn die Istleistung höher ausfällt als geplant? Wir nehmen an, dass der Bedarf an Faschingskrapfen im Februar unerwartet hoch war und der Backofen der

Bäckerei Becker fast rund um die Uhr eingesetzt wurde. Wir erfassen für den Februar 2004 einen Stromverbrauch für den Backofen von 12 000 kWh. Die Stromverbräuche für die anderen beiden Kostenstellen werden wieder kalkulatorisch mit je 1 000 kWh ermittelt. Die Transaktion KB21N zur Leistungserfassung kennen Sie schon (siehe Abbildung 4.121).

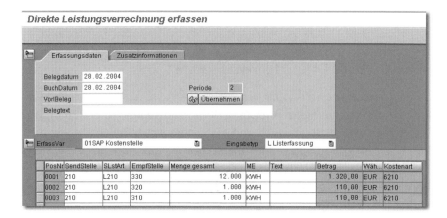

Abbildung 4.121 Leistungserfassung – Februar 2004

Istabgrenzung für Februar

Wieder buchen wir die Abgrenzung, diesmal für den Monat Februar, mit Transaktion KSA3, im Menü **Rechnungswesen · Controlling · Kostenstellen · Periodenabschluss · Einzelfunktionen · Abgrenzung** (siehe Abbildung 4.122).

Abbildung 4.122 Abgrenzung – Januar 2004

Kostenstelle im Februar

Die Abgrenzungsbuchung von 1 500 € lässt sich auch hier wieder im Sollkosten-Bericht nachvollziehen: **Kostenstellen: Ist/Soll/Abweichung** (siehe Abbildung 4.123).

Jetzt haben wir uns so sehr auf die Kostenstelle Strom mit ihren Plan- und Sollkosten konzentriert, dass wir den Abgrenzungsauftrag fast aus den Augen verloren hätten.

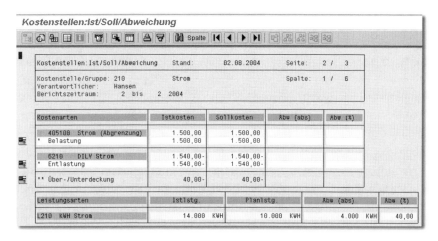

Abbildung 4.123 Kostenstelle Soll-Ist-Vergleich – Januar 2004

Sehen wir doch einmal nach, was sich da getan hat mit Transaktion S_ALR_87012993, im Menü **Rechnungswesen · Controlling · Innenaufträge · Infosystem · Berichte zu Innenaufträgen · Plan-Ist-Vergleiche · Auftrag: Ist/Plan/Abweichung** (siehe Abbildung 4.124).

Für die Monate Januar und Februar weist der Bericht eine Gutschrift (negative Kosten) aus von 2 400 €. Das ist exakt die Gegenbuchung für die Stromabgrenzungen der beiden Monate mit 900 € und 1 500 €.

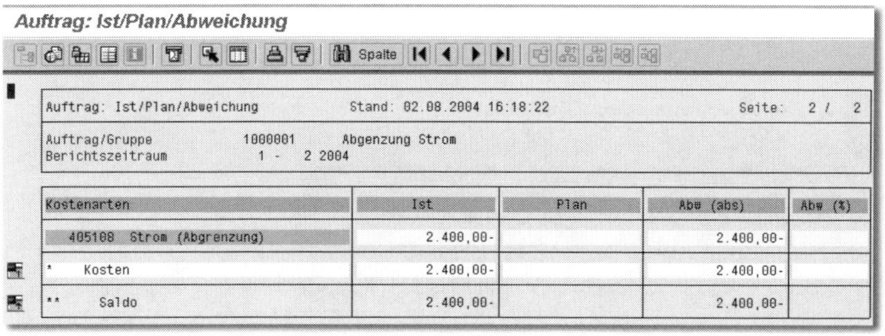

Auftragsbericht

Abbildung 4.124 Abgrenzungsauftrag 1–2/2004

Ab hier bietet die Abgrenzung per Soll = Ist im Vergleich zur Abgrenzung per Plan = Ist nichts Neues. Im Laufe des Jahres werden wir Abschlagszahlungen und eine Endabrechnung vom Stromlieferanten auf den Auftrag buchen. Die Differenz aus abgegrenzten und tatsächlichen Kosten werden wir am Ende des Jahres abrechnen. Wie das im Einzelnen geht, hatten wir bereits im vorigen Abschnitt ausführlich beschrieben.

4.7.3 Abgrenzung per Zuschlag

Jetzt kennen Sie zwei Verfahren zur Abgrenzung von Kosten. Was noch fehlt, ist der »Abgrenzungsklassiker«: Weihnachts- und Urlaubsgeld. Kein Beispiel wird in der betriebswirtschaftlichen Literatur zur Erklärung der Abgrenzung so sehr strapaziert wie dieses. Weihnachts- und Urlaubsgeld werden im November bzw. im Juni/Juli als zusätzlicher Lohn an die Mitarbeiter ausbezahlt. In der Kostenrechnung möchten wir diese Kosten über das Jahr verteilt auf Kostenstellen abgrenzen. Was wäre für die Berechnung des Abgrenzungsbetrages geeigneter als ein prozentualer Zuschlag auf den Grundlohn, der den einzelnen Kostenstellen zugeordnet ist? Hierfür benötigen wir das dritte und letzte Abgrenzungsverfahren, das uns die Software SAP R/3 bietet: die Abgrenzung per Zuschlag.

Grundeinstellungen

Für das Beispiel Abgrenzung per Zuschlag verwenden wir drei Kostenarten:

- »431010 Lohn« (Typ 1)
- »431070 Urlaubsgeld« (Typ 3)
- »431080 Weihnachtsgeld« (Typ 3)

Abgrenzungskostenarten

Die Kostenartenpflege haben Sie schon häufiger in diesem Buch kennen gelernt. Sie ist zu finden in den Transaktionen KA01, KA02, KA03, im Menü **Rechnungswesen · Controlling · Kostenartenrechnung · Stammdaten · Kostenart · Einzelbearbeitung · Anlegen primär/Ändern/Anzeigen** (siehe Abbildung 4.125).

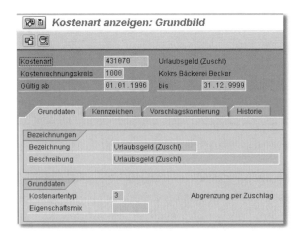

Abbildung 4.125 Zuschlagskostenart – Urlaubsgeld

Beim Zuschlagsverfahren benötigen wir, wie auch schon bei der Plan = Ist- und der Soll = Ist-Abgrenzung, einen Auftrag als Kontierungsobjekt für die Gegenbuchung der Abgrenzungen. Zum Anzeigen des Auftrags, den wir für diesen Zweck angelegt haben, dient Transaktion KO03, im Menü **Rechnungswesen · Controlling · Innenaufträge · Stammdaten · Spezielle Funktionen · Auftrag · Anzeigen** (siehe Abbildung 4.126).

Auftrag anlegen

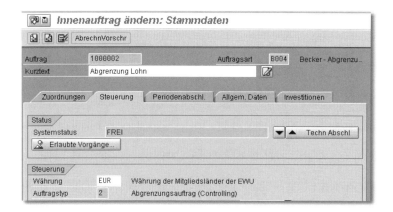

Abbildung 4.126 Abgrenzungsauftrag – Lohn

Beim Customizing für die Abgrenzung per Zuschlag kommt jetzt eine neue Funktion ins Spiel: die Definition eines Zuschlagsschemas. Im Zuschlagsschema definieren Sie eine Basis, das ist die Kostenart, die als Berechnungsbasis herangezogen werden soll. In unserem Beispiel ist die Basis die Kostenart »431010 Lohn«.

Customizing für Zuschlagsabgrenzung

Danach legen wir die Zuschläge als Prozentsätze fest. Wir nehmen an, dass die Bäckerei Becker einen Monatslohn als Weihnachtsgeld auszahlt und einen halben Monatslohn als Urlaubsgeld. Als Prozentsatz vom Jahresgrundlohn ergibt sich damit für das Weihnachtsgeld 8,333 % und für das Urlaubsgeld 4,167 %.

In den Einstellungen zur Entlastung legen wir fest, mit welcher Kostenart die Abgrenzung gebucht wird und welches Kontierungsobjekt die Gegenbuchung bei der Istabgrenzung aufnehmen soll. Die Kostenarten für die Abgrenzung sind hier 431070 für das Urlaubsgeld und 431080 für das Weihnachtsgeld. Als Kontierungsobjekt für die Gegenbuchung zur Istabgrenzung wählen wir den Auftrag 1000002.

Zuletzt werden wir das Zuschlagsschema noch unserem Kostenrechnungskreis »1000 Bäckerei Becker« zuordnen und das Customizing damit abschließen.

Zuschlagsschema Nun zu den Einstellungen im Einzelnen. Sie finden die Pflege der Zuschlagsschemata in Transaktion KSAZ, im Customizing **SPRO · SAP Referenz-IMG · Controlling · Kostenstellenrechnung · Istbuchungen · Periodenabschluss · Abgrenzungen · Zuschlagsverfahren · Zuschlagsschema definieren** (siehe Abbildung 4.127).

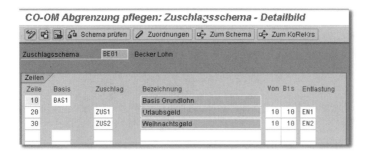

Abbildung 4.127 Zuschlagsschema für Abgrenzung

Zeilen im Schema In der ersten Spalte **Zeile** vergeben Sie Zeilennummern zur Identifikation der einzelnen Rechenschritte. Dabei hat sich eingebürgert, keine fortlaufenden Zeilennummern (1, 2, 3 usw.) zu vergeben, sondern Lücken frei zu lassen. Sie sehen hier die Zeilennummern 10, 20 und 30. Mit der Vergabe von »lückenhaften« Zeilennummern sind spätere Änderungen des Schemas leichter möglich, wenn diese Änderungen an definierten Stellen eingefügt werden müssen. Die Einträge in den Spalten **Basis**, **Zuschlag** und **Entlastung** werden wir gleich genauer betrachten. Im Allgemeinen gilt: Sie tragen hier Kürzel zur Identifikation detaillierter Customizing-Einstellungen ein, z. B. BAS1, ZUS1 usw. Mit einem Doppelklick auf diese Kürzel werden die entsprechenden Objekte angelegt bzw. geändert, falls sie schon vorhanden sind.

Mit den Zeilennummern in den Spalten **Von** und **Bis** legen Sie fest, auf welche Zeilen Sie sich mit der aktuellen Rechenregel beziehen. In unserem einfachen Beispiel rechnen wir mit den Einträgen 10 und 10 in den Spalten **Von** und **Bis** Zuschläge auf eine einzelne Kostenart, den Grundlohn. Denkbar wäre jedoch, dass wir in einer mehrstufigen Zuschlagsrechnung Zwischenergebnisse ermitteln wollen und uns mit einem weiteren Zuschlag dann auf diese Zwischenergebnisse beziehen. Dann werden die korrekten Einträge in den Spalten **Von** und **Bis** besonders wichtig.

Basis im Zuschlagsschema Betrachten wir die Definition der Basis BAS1 genauer (siehe Abbildung 4.128). Mit der Angabe einer oder mehrerer Kostenarten ist die Definition der Basis abgeschlossen. Wir beziehen uns in der Basis auf nur eine Kostenart, »431010 Lohn«.

Abbildung 4.128 Basis – Kostenart Lohn

Im Zuschlag ZUS1 legen wir in mit einem Gültigkeitszeitraum den Prozentsatz für den Zuschlag im Plan und im Ist fest (siehe Abbildung 4.129). Hier zu sehen ist ein Zuschlag von 4,167 %, der die Zahlung des Urlaubsgeldes abgrenzen soll. Im Zuschlag ZUS2 (ohne Abbildung) ist als Prozentsatz 8,333 % für die Abgrenzung des Weihnachtsgeldes hinterlegt.

Zuschlag im Zuschlagsschema

Abbildung 4.129 Zuschlag in Prozent

In der letzten Spalte des Zuschlagsschemas waren die Entlastungen aufgeführt. Die Entlastung EN1 verweist zur Buchung des Urlaubsgeldes auf die Kostenart 431070 (siehe Abbildung 4.130). In EN2 ist zur Abbildung des Weihnachtsgeldes die Kostenart 431080 angegeben (ohne Abbildung). Beide Entlastungen verweisen auf den Abgrenzungsauftrag 1000002, den wir bei der Buchung von Istdaten benutzen werden.

Entlastung im Zuschlagsschema

Abbildung 4.130 Entlastung – Kostenart Urlaubsgeld und Auftrag

Abgrenzungen

Kostenrechnungs-kreis und Zuschlagsschema verknüpfen

Das Zuschlagsschema »BE01 Becker Lohn« wurde bisher ohne Bezug auf einen Kostenrechnungskreis angelegt. Die Verknüpfung Zuschlagsschema/Kostenrechnungskreis erstellen wir jetzt mit dem Button **Zuordnungen ändern** (siehe Abbildung 4.131 und Abbildung 4.132).

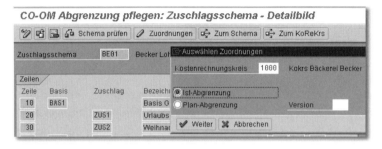

Abbildung 4.131 Zuordnung auswählen

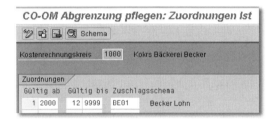

Abbildung 4.132 Verknüpfung Kostenrechnungskreis/Zuschlagsschema

Das Zuschlagsschema »BE01 Becker Lohn« wird sowohl im Ist als auch im Plan benutzt. Die Zuordnungen im Überblick werden sichtbar mit dem Button **Zuordnungen zum Schema** (siehe Abbildung 4.133).

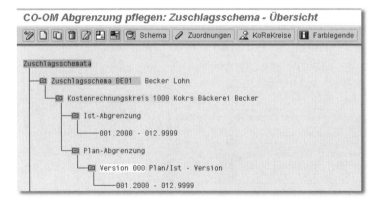

Abbildung 4.133 Zuordnungen – Übersicht

Das Customizing des Zuschlagsverfahrens ist deutlich aufwändiger als die Einstellungen zu den beiden erstgenannten Abgrenzungsmethoden Plan = Ist und Soll = Ist. Als kleinen Ausgleich für diesen Mehraufwand hilft uns die Abgrenzung beim Zuschlagsverfahren auch schon in der Planung und nicht erst bei den Istbuchungen, wie wir das bisher gewohnt waren.

Steigen wir ein in die Planung des Lohnes, mit der wir die Abgrenzung per Zuschlag demonstrieren wollen. Die Unterscheidung in fixe und variable Kosten ist bei dieser Abgrenzungsmethode nicht relevant, die gesamten geplanten Kosten werden gleich behandelt. Zur einfacheren Darstellung verzichten wir deshalb im Folgenden auf die Kostenspaltung in der Planung.

Planung

Wir planen Lohnkosten auf der Kostenstelle Backstube mit der Transaktion KP06, im Menü **Rechnungswesen · Controlling · Kostenstellen · Planung · Kostenarten/Leistungsaufnahmen · Ändern** (siehe Abbildung 4.134). Mit 120 000 € Lohn können wir fünf Mitarbeiter beschäftigen, die jeweils 2 000 € pro Monat Grundlohn erhalten. Die Kostenart für die Planung ist die im Zuschlags-Customizing eingestellte Basis »431010 Lohn«.

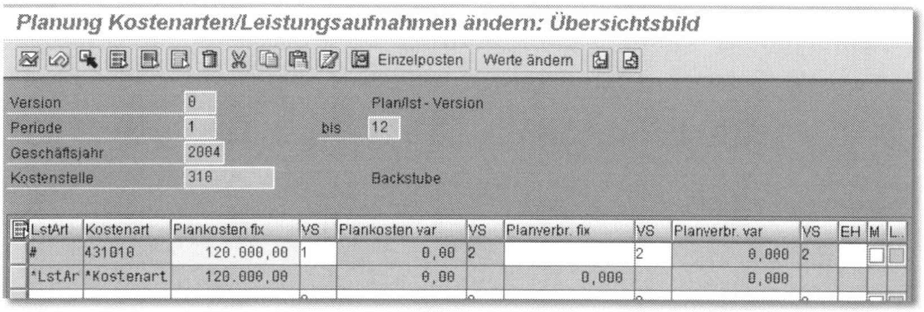

Abbildung 4.134 Planung Lohn

Das war's, mehr brauchen wir bei der Planung nicht zu tun. Die Plankosten für Urlaubs- und Weihnachtsgeld werden von der Planabgrenzung automatisch berechnet. Abgrenzungsbuchungen hatten wir bisher immer nur im Ist kennen gelernt. Jetzt nutzen wir diese Funktion erstmals auch im Plan mit Transaktion KSA8, im Menü **Rechnungswesen · Controlling · Kostenstellenrechnung · Planung · Planungshilfen · Abgrenzung** (siehe Abbildung 4.135).

Planabgrenzung ausführen

Eine Jahresplansumme von 120 000 € entspricht monatlichen Lohnzahlungen von 10 000 €. Die Hälfte des Monatslohns, also 5 000 €, wird als Urlaubsgeld ausbezahlt. Dieser Betrag ist hier im Protokoll der Planabgrenzung für die Kostenart 431070 ausgewiesen, zumindest annähernd. Das Weihnachtsgeld ist mit 9 999,60 € in Bezug auf die Kostenart 431080 – abgesehen von einer kleinen Rundungsdifferenz ebenfalls richtig – ermittelt worden.

Das Protokoll zur Planabgrenzung weist als Entlastungsobjekt den Auftrag 1000002 aus. Das ist irreführend. Im Plan wird nämlich keine Entlastung gebucht, das wäre unsinnig. Die Abgrenzung im Plan bucht nur Belastungen auf der Kostenstelle »310 Backstube«.

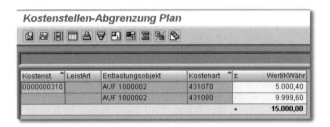

Abbildung 4.135 Abgrenzung im Plan

Kostenstellenbericht mit Plandaten

Überprüfen wir die Planung mit anschließender Planabgrenzung mit einem Blick auf den beliebten Kostenstellenbericht mit Transaktion S_ALR_87013611, im Menü **Rechnungswesen · Controlling · Kostenstellenrechnung · Infosystem · Berichte zur Kostenstellenrechnung · Plan-Ist-Vergleiche · Kostenstellen: Ist/Plan/Abweichung** (siehe Abbildung 4.136).

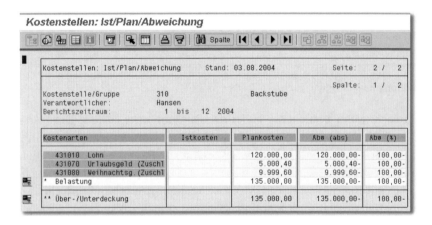

Abbildung 4.136 Kostenstelle mit Plan und Abgrenzung

Istbuchungen

Bei den Abgrenzungen mit den Verfahren Plan = Ist und Soll = Ist konnten wir die abzugrenzenden Beträge aus den Plankosten bzw. den Plankosten in Verbindung mit Istleistungen ableiten. Das ist jetzt anders. Für die

Buchung der Istabgrenzung mit dem Zuschlagsverfahren benötigen wir als Berechnungsbasis Istkosten, die mit der Kostenart »431010 Lohn« gebucht sind. Nehmen wir an, dass wir im Monat Januar 2004 nicht wie geplant fünf, sondern nur vier Arbeiter beschäftigt haben. Entsprechend fallen als Lohnkosten 8 000 € statt der geplanten 10 000 € an.

Die Buchung der Grundlöhne finden wir in der Finanzbuchhaltung mit Transaktion FB03, im Menü **Rechnungswesen · Finanzwesen · Hauptbuch · Beleg · Anzeigen** (siehe Abbildung 4.137).

Buchhaltungsbeleg

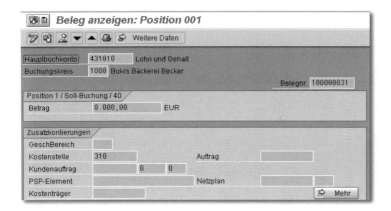

Abbildung 4.137 Istbuchung für Lohn

Direkt im Anschluss können wir die Istabgrenzung für die Kostenstelle »310 Backstube« starten mit Transaktion KSA3, im Menü **Rechnungswesen · Controlling · Kostenstellen · Periodenabschluss · Einzelfunktionen · Abgrenzung** (siehe Abbildung 4.138).

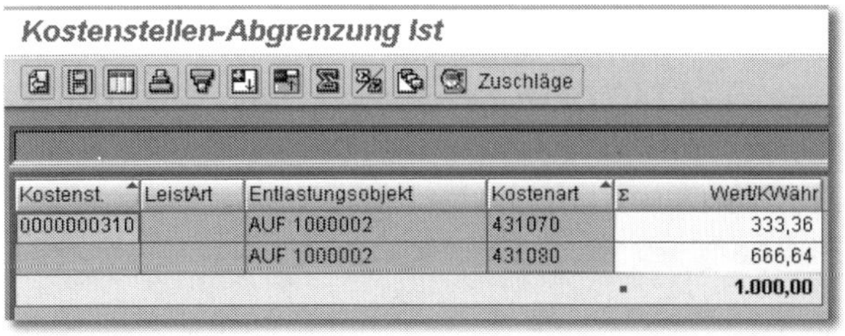

Istabgrenzung ausführen

Abbildung 4.138 Abgrenzung im Ist

Als Zuschlag auf die reduzierte Basis von 8 000 € werden 4,167 % oder 333,36 € Urlaubsgeld und 8,333 % oder 666,64 € Weihnachtsgeld ermittelt. Das Entlastungsobjekt Auftrag 1000002 ist jetzt korrekt protokolliert. Da es sich bei der Abgrenzung im Ist um eine Buchung handelt, die sich nur im Controlling abspielt, müssen wir innerhalb des Controllings ein Objekt finden, auf dem eine Belastung gebucht wird (hier Kostenstelle 310), und ein anderes Objekt, das die Entlastungsbuchung in gleicher Höhe aufnimmt (hier Auftrag 1000002). Nur so ist sichergestellt, dass die Rechenkreise Buchhaltung und Controlling am Ende der Periode abstimmbar bleiben.

Kostenstellenbericht mit Istbuchungen

Rufen wir nach den Istbuchungen nochmals unseren Bericht **Kostenstellen: Ist/Plan/Abweichung** mit Transaktion S_ALR_87013611 auf (siehe Abbildung 4.139). Für den Monat Januar erkennen wir Ist- und Plankosten für die drei in diesem Abschnitt besprochenen Kostenarten.

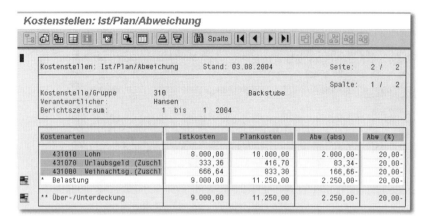

Abbildung 4.139 Ist- und Plankosten mit Abgrenzungen

Auftragsbericht

Die Istabgrenzung hat Buchungen auf dem Abgrenzungsauftrag generiert. Auch das sollten wir überprüfen mit Transaktion S_ALR_87012993, im Menü **Rechnungswesen · Controlling · Innenaufträge · Infosystem · Berichte zu Innenaufträgen · Plan-Ist-Vergleiche · Auftrag: Ist/Plan/Abweichung** (siehe Abbildung 4.140). Die negativen Kosten für Urlaubs- und Weihnachtsgeldabgrenzungen gleichen die Belastungen auf den Kostenstellen exakt aus. Im Plan, wir hatten es erwähnt, wurde der Abgrenzungsauftrag nicht angezogen.

Von hier an kennen Sie den Ablauf. Wie in Abschnitt 4.7.1 zur Plan = Ist-Abgrenzung ausführlich beschrieben, werden im Laufe des Jahres Istbuchungen aus der Finanzbuchhaltung dem Abgrenzungsauftrag zugeordnet. Die Differenz aus diesen tatsächlichen Zahlungen und den abgegrenzten Kosten wird dann auf dem Auftrag ausgewiesen und von dort abgerechnet.

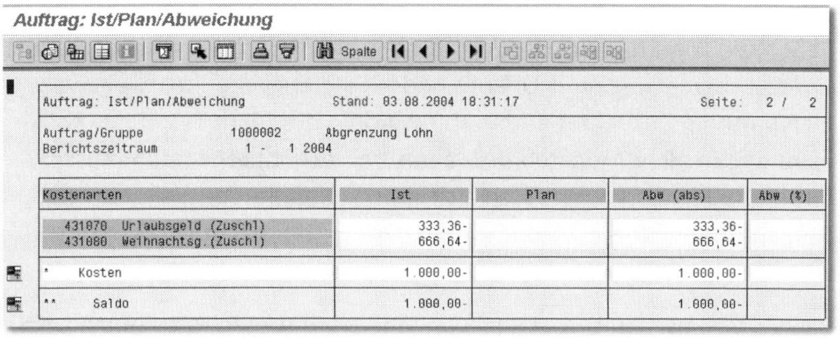
Auftrag: Ist/Plan/Abweichung

Spalte

Auftrag: Ist/Plan/Abweichung Stand: 03.08.2004 18:31:17 Seite: 2 / 2

Auftrag/Gruppe 1000002 Abgrenzung Lohn
Berichtszeitraum 1 - 1 2004

Kostenarten	Ist	Plan	Abw (abs)	Abw (%)
431070 Urlaubsgeld (Zuschl)	333,36-		333,36-	
431080 Weihnachtsg.(Zuschl)	666,64-		666,64-	
* Kosten	1.000,00-		1.000,00-	
** Saldo	1.000,00-		1.000,00-	

Abbildung 4.140 Abgrenzungsauftrag mit Istkosten

Die abgegrenzte Verrechnung kann, über die hier gezeigten Beispiele Weihnachts- und Urlaubsgeld hinaus, für die gesamten Belegschaftsnebenkosten Anwendung finden. Mit einem Zuschlag (der bei Lohn über 60 % liegt) werden alle gesetzlichen, tarifvertraglichen und freiwilligen Nebenkosten kalkulatorisch mit einem Zuschlag auf das Anwesenheitsentgelt verrechnet. Belegschaftsnebenkosten sind z. B. Arbeitgeberanteile zur Sozial- und Krankenversicherung, Essens- und Fahrgeldzuschüsse und Beiträge zur Berufgenossenschaft. Auf je einem Abgrenzungsauftrag für Lohn und Gehalt erfolgt dann die Gegenüberstellung der dorthin übernommenen Kosten mit der kalkulatorischen Verrechnung. Es gibt zwar unterjährig Abweichungen doch sollten sich die Zuschläge zum Jahresende bei richtiger Zuschlagsermittlung bestätigen. Sollten unterjährig besondere Veränderungen eintreten, wie etwa eine durch Auszahlung des Urlaubs bedingte Reduzierung der Urlaubstage, kann auch im Ist mit einem anderen Prozentwert als im Plan abgegrenzt werden. In diesem Zusammenhang verweisen wir auch auf Abschnitt 3.4.4., in dem wir auf die Verechnung der kalkulatorischen Belegschaftsnebenkosten in Verbindung mit Abgrenzungsaufträgen eingegangen sind.

4.8 Zusammenfassung

Innenaufträge sind neben den Kostenstellen das wichtigste Kontierungsobjekt im Gemeinkosten-Controlling. Betriebswirtschaftlich werden die Aufträge in Einzel-, Dauer- und Abgrenzungsaufträge unterteilt. Einzelaufträge stehen für zeitlich begrenzte Maßnahmen z. B. beim Bau von Maschinen oder in Forschungsprojekten. Daueraufträge sammeln Kosten ohne zeitliche Begrenzung, z. B. bei wiederkehrenden Instandhaltungsmaßnamen oder Aufwendungen im Bereich Marktforschung oder Public Relations, die jedes Jahr wieder anfallen. Mit Abgrenzungsaufträgen werden Kosten, die in einer Periode anfallen auf alle Perioden verteilt, in denen die zugrunde liegende Leistung genutzt wird. Klassisches Beispiel für die Abgrenzung sind Urlaubs- oder Feiertagsentgelte, die jeweils in einem Monat des Jahres ausbezahlt werden, die allerdings in der Kostenrechnung in allen Monaten des Jahres berücksichtigt werden müssen. In der betrieblichen Praxis lassen sich diverse andere Beispiele für Abgrenzungen finden, wie z. B. eine Großreparatur, die bei einer Maschine alle drei Jahre anfällt.

Bei der technischen Umsetzung von Innenaufträgen in R/3 wählen Sie bei den Einzel- und Daueraufträgen, ob der Auftrag nur statistisch bebucht werden soll (statistischer Auftrag), als zusätzliches Ordnungskriterium von Kostenstellenkosten. In diesem Fall landen die Kosten direkt auf der Kostenstelle, die mit dem Auftrag verbunden ist. Die Verrechnung der Kosten erfolgt dann ausschließlich von der Kostenstelle als Sender. Alternativ zum statistischen Auftrag werden echte Innenaufträge benutzt, die unabhängig von Kostenstellen als Kontierungsobjekt zur Verfügung stehen. Die Verrechnung der so gebuchten Kosten erfolgt mittels Auftragsabrechnung an andere Aufträge, Kostenstellen, Projekte oder in die Ergebnisrechnung.

Kapitel 5

Gemeinsam schaffen wir auch schwierige Projekte

5 Projekte

Mit Projekten werden komplexe Vorhaben aus allen Teilgebieten eines Unternehmens abgewickelt und abgerechnet. Sie bieten die Möglichkeit, Kosten, Termine und Kapazitäten sowie die eingeplanten Finanzmittel zu verfolgen. Außerdem können Prognosen der Kosten bezogen auf den Abschluss des Projektes erstellt werden.

5.1 Betriebswirtschaftliche Grundlagen

5.1.1 Definition Projekte

Bei der Definition der Innenaufträge wurde bereits auf die Projekte für die Abwicklung, Verfolgung und Abrechnung komplexer Investitions- und Instandhaltungsvorhaben, aber auch für die Kostenträgerrechnung in der Einzelfertigung hingewiesen (siehe Abschnitt 4.1). Die dort genannten Gruppen sind jedoch nur typische Beispiele. Genauso sind Forschungs- und Entwicklungsvorhaben, Werbe- oder Marketingkampagnen, ja selbst Organisations-/DV-Projekte zu nennen.

Die Deutsche Industrienorm nimmt mit DIN 69901 die Definition eines Projektes als ein »Vorhaben, das im Wesentlichen durch die Einmaligkeit der Bedingungen in ihrer Gesamtheit gekennzeichnet ist« vor. Im Einzelnen dazu anzuführen sind vor allem die Zielvorgabe, zeitliche, finanzielle, personelle und andere Restriktionen, die klare Abgrenzung gegenüber anderen Vorhaben und eine spezifische Organisation.

In der Praxis wird eine einheitliche Auslegung des Begriffes Projekt insofern vorgenommen, als dazu eine besondere Form der Ablauforganisation im Unterschied zu der konventionellen Auftragsorganisation der Innenaufträge zählt. Eine allgemein gültige Festlegung des Projektbegriffes ist aufgrund der unterschiedlichen Ausprägungen in den einzelnen Unternehmen schwer möglich. Doch die generelle Ausrichtung dürfte mit der allgemeinen Definition vorgegeben sein.

Für die Organisation und Planung von Projekten verfügt SAP über ein eigenes R/3-Modul. Jedes Unternehmen muss für sich entscheiden, ob und für welche Anwendungen das Modul SAP PS – *Projektsystem* zum Einsatz kommt. Hat man sich für das Projektsystem entschieden, muss von verantwortlicher Stelle festgelegt werden, welche Vorhaben als Projekt abgewickelt werden sollen.

SAP PS

Nachdem, was die Abrechnungsfunktionen anbelangt, kein wesentlicher Unterschied zwischen Projekten und Aufträgen besteht, kann man Teilaufgaben jederzeit über Innenaufträge abwickeln. Dies wird in der Praxis auch so gemacht, weil der Innenauftrag mit weniger Bearbeitungsaufwand verbunden ist.

Unterschiede Innenaufträge/Projekte

Da die Projekte einen vielschichtigen Umfang abdecken sollen, konzentrieren sich die nachfolgenden Ausführungen vor allem auf die prinzipiellen betriebswirtschaftlichen Deltas zwischen Innenaufträgen und Projekten. Dies sind im Wesentlichen:

- Auftragsvolumen
- Zeitdauer
- Komplexität
  - Beteiligung unterschiedlicher ausführender Kostenstellen und Fremdfirmen
  - Verknüpfung mit Teilprojekten sowie Innenhaupt- und Innenunteraufträgen
  - erhöhter Koordinationsbedarf
- Risiken
  - terminlich
  - funktional
  - finanziell
  - gegebenenfalls auch technisch
- Koppelung mit Netzplänen/Netzaufträgen inkl. Meilensteinterminen
- detaillierte Prognoserechnungen mit Restkostenschätzungen und Terminaussagen

Budgetüberwachung

Projekte werden vielfach auch als Sammelbegriff für die Budgetverfolgung auf oberen oder der obersten Stufe eingesetzt (z. B. für die Überwachung des gesamten Entwicklungs-, Instandhaltungs- und Investitionsbudgets).

5.1.2 Projekt-Controlling

Voraussetzungen Projekt-Controlling

Von entscheidender Bedeutung für das Projekt-Controlling sind:

- **Planung**: eine richtige Strukturierung der Projekte in verantwortungsspezifische Teilziele in Verbindung mit überprüfbaren Kosten- und Terminmaßstäben

- **Überwachung**: die Erfassung der Istkosten und Istleistungen, mindestens in der Differenzierung der Planwerte
- **Steuerung**: die Ermittlung der Differenzen zwischen Plan- und Istdaten nach Abweichungsursachen

Das Projekt-Controlling ist ein Regelprozess, der über die Gesamtlaufzeit des Projektes ständig die Istdaten für das Gesamtprojekt, die Teilprojekte sowie die Haupt- und Unteraufträge mit den Zielgrößen vergleicht, Störgrößen meldet und Korrekturmaßnahmen erwartet.

Die Projektstrukturierung umschließt alle Aktivitäten und Maßnahmen, die zur Realisierung des Gesamtvorhabens und der einzelnen Teilaufgaben erforderlich sind. Ziel der Strukturierung ist das Aufbrechen eines komplexen Vorhabens in einzelne Arbeitspakete. Diese Pakete müssen in ihrem Umfang so differenziert werden, dass sie in Hinblick auf die zu erwartenden Kosten und Termine überschaubar sind und Aussagen zu gegenseitigen Abhängigkeiten getroffen werden können. Folgende Kriterien sind besonders zu bedenken:

Projektstrukturierung

- **Technische Kriterien**
  Als technischer Aspekt ist vor allem die zweckorientierte Differenzierung nach Teilprojekten, aufgeteilt in Projektaufträge und -unteraufträge, zu nennen.

Bestimmungsfaktoren für die Projektstrukturierung

- **Organisatorische Kriterien**
  Aus organisatorischer Sicht ist eine Untergliederung entsprechend der unterschiedlichen Auftragsarten eines Projektes (z. B. Entwicklungs-, Konstruktions-, Instandhaltungs- oder Werkzeugaufträge) mit zum Teil eigenen Berichtsschemata zu berücksichtigen.

- **Funktionale Kriterien**
  Ein wichtiger Punkt bei der Strukturierung ist die Verantwortlichkeit. Jeder Teilauftrag muss eindeutig einem Verantwortlichen zugeordnet werden. Die Benennung mehrerer zuständiger Personen für eine Teilaufgabe führt erfahrungsgemäß dazu, dass sich keine dieser Personen mit der Aufgabe identifiziert.

- **Zeitliche Kriterien**
  Bei langen Projektlaufzeiten müssen die Teilaufträge zusätzlich auch zeitlich differenziert werden. Es ist nicht sinnvoll, für eine Teilaktivität, die sich über die Gesamtlaufzeit des Projektes erstreckt, einen einzigen Auftrag zu vergeben. Dies würde bei mehreren zeitlich gleich gelagerten Unteraufträgen bedeuten, dass man erst gegen Ende des Projektes einen Überblick über die gesamte Kostensituation gewinnen kann.

> **Beispiel 1: Langfristiges Einzelfertigungs-Projekt**
> In einem Unternehmen der Einzelfertigung, das SAP PS auch für die Kostenträgerrechnung einsetzt, wurde über einen Zeitraum von etwa drei Jahren ein Produkt entwickelt und gefertigt, das dann für einen neunstelligen Betrag verkauft wurde. An dem Projekt hing eine Reihe von Entwicklungs-, Werkzeug- und Fertigungsaufträgen, die zunächst nur nach funktionalen Aspekten gegliedert waren. Man hat dann – zum Glück noch rechtzeitig – beschlossen, die »Langläufer« unter diesen Aufträgen nach zeitlichen Gesichtspunkten aufzuteilen. Nur so war es möglich, zu jedem beliebigen Zeitpunkt über Istkosten und Obligo hinaus gezielte Hochrechnungen auf die voraussichtlichen Gesamtkosten des Projektes vorzunehmen.

Eine sinnvolle zeitliche Differenzierung von Projekten setzt aber voraus, dass zu jedem einzelnen Arbeitspaket eine eindeutig formulierte Aufgabenstellung vorliegt und dass Plan- und Istdaten konform gehen. Das heißt, dass Plandaten, die tiefer gehend strukturiert sind, als die Istdaten tatsächlich erfasst werden können, keine vergleichbaren Gegenposten finden können. Bei der Strukturierungstiefe ist außerdem wichtig, dass auf der untersten Ebene einer Projekthierarchie möglichst keine oder nur wenige Abhängigkeiten von anderen Arbeitspaketen bestehen sollten, damit jedes Teil-Los für sich bearbeitbar ist.

Die hier angeführten Kriterien für die Projektstrukturierung stellen eine Richtschnur dar, an der sich die Planung der Vorhaben orientieren sollte. Die Bereitstellung von Standardstrukturen im PS-System ist eine zusätzliche Hilfestellung, die aber nicht davon befreien darf, jedes Vorhaben individuell zu betrachten und zu gliedern. Es ist immer zu bedenken, dass der Strukturplan die Basis für alle Überwachungs- und Steuerungsaufgaben bildet. Eine klare, zielgerichtete Strukturierung ist eine wesentliche Voraussetzung für ein effizientes Projekt-Controlling.

Grundsätzlich werden zwei Verfahrensweisen verwendet, um Projekte zu strukturieren. Ein Projekt kann wie folgt aufgegliedert werden (siehe auch Abschnitt 5.2), wobei beide Möglichkeiten auch kombinierbar sind:

- nach einem hierarchischen Aufbau (*Projektstrukturplan – PSP*)
- nach der Ablaufreihenfolge (*Netzplan*)

PSP und Netzplan Der Projektstrukturplan, auf den wir im Abschnitt 5.2 noch näher eingehen werden, gibt im Wesentlichen die aufbauorganisatorische Strukturierung des Projektes wieder. Dagegen bildet der Netzplan, den Sie aus anderen Arbeitsgebieten und von Ihrem PC her kennen, die chronologische Darstellung der Teilaktivitäten einschließlich des erforderlichen Zeitaufwandes und der gegenseitigen Abhängigkeiten ab.

Als Nächstes wollen wir auf die einzelnen Planungsschritte, die für ein erfolgreiches Projekt-Controlling notwendig sind, im Detail eingehen. Im Rahmen der Projektabwicklung steht zunächst die Planung der erforderlichen Ressourcen, Kosten und Termine im Vordergrund. Dabei gilt es, die Plandaten so differenziert wie möglich zu ermitteln und für die einzelnen Arbeitspakete einschließlich der vorzusehenden Meilensteine festzuhalten. Sie sind detailliert pro Arbeitspakt zu planen, wobei sich die Plandaten höherer Projektstufen dann rein additiv ergeben.

Projektplanung

Selbstverständlich kann zunächst Top-down vorgegangen werden. Spätestens bei der Freigabe des Projektes muss jedoch die Planung Bottom-up vorliegen. Bei komplexen technischen Projekten ergibt sich durch eine parallele Abbildung in einem Netzplan die Möglichkeit, Vorgänger- und Nachfolgebeziehungen zu definieren sowie den kritischen Pfad zu überwachen. Diese Netzplanung kann, sie muss nicht durchgeführt werden.

Die Istleistungen und Istkosten für Projekte unterscheiden sich im Prinzip nicht von den Istleistungen und -kosten der Innenaufträge (siehe Abschnitt 4.1).

Projekt-Istdaten

Hinzu kommen die Terminrückmeldungen, d.h. die Isttermine der Projektrealisierung, die ähnlich den Rückmeldungen des PPS-Systems den entsprechenden Planterminen gegenübergestellt werden, wobei die Termininformationen, falls mit einem Netzplan verknüpft, aber in diesen übernommen werden.

Berücksichtigt werden ferner – rein informativ, ohne Auswirkung auf die Kosten – Zahlungen und Anzahlungen im Zusammenhang mit dem Projekt. Einbezogen in die Projektabrechnung wird ferner – aber das ist kein Unterschied zu den Innenaufträgen – das Bestellobligo.

Ausgehend vom erreichten Projektstand und den bis dato angefallenen Kosten gilt es, zu jedem Zeitpunkt die Terminsituation abzuschätzen und die aus heutiger Sicht noch benötigten Leistungen und Kosten zu ermitteln. Dabei sollte man immer – in Zusammenarbeit mit den Projekt- und Teilprojektverantwortlichen – die noch ausstehenden Leistungen und Kosten abfragen, auf keinen Fall einen Fertigstellungsgrad erkunden, der in solchen Fällen meistens zu hoch eingeschätzt wird.

Prognose-/ Hochrechnungen

Betriebswirtschaftliche Grundlagen

Zu den Plan- und Istdaten ist noch anzumerken, dass in manchen Unternehmen die Projekte mit einer detaillierten Mittel- bzw. Budgetdisposition und -verwaltung verknüpft sind.

Berichtswesen Controlling bedeutet, wie in Abschnitt 1.3.2 beschrieben, generell den Vergleich mit einer Messlatte in Form von Plan- oder Solldaten, um aufgrund der Abweichungen entsprechende Gegensteuerungsmaßnahmen in die Wege zu leiten.

Wie in der Kostenstellenrechnung oder bei den Innenaufträgen sind auch bei den Projekten Plan-Plan- und Plan-Ist-Vergleiche in beliebiger Detaillierung erstellbar.

Plan-Plan-Vergleiche Bei den Projekten können Sie beliebige Planstände abspeichern und damit auch miteinander vergleichen (auch mit ähnlichen, in der Vergangenheit realisierten Projekten). Die Planung wird vielfach so vorgenommen, dass zunächst recht grob auf aggregierten Ebenen geplant wird und erst sukzessive die Detaillierung dieser Planung fortschreitet. Diese Entwicklung des Planes von der Grobplanung bis zu einer differenzierten Feinplanung auf allen Ebenen stellt eine wichtige Ausgangsbasis für Folgeprojekte ähnlicher Struktur dar. Diese Plan-Plan-Vergleiche können auf allen Ebenen vom Unterauftrag bis hoch verdichtet zum Gesamtprojekt durchgeführt werden.

Plan-Ist-Vergleiche Um die Leistungs-, Kosten- und Terminabweichungen auf den Teilaufträgen bis hin zum Gesamtprojekt gegenüber der Detailplanung aufzeigen zu können, sind summarische und verdichtete Plan-Ist-Vergleiche erforderlich. In diesen Vergleichen sind für jede Projektposition die Plankosten der freigegebenen Planversion, die bis dahin angefallenen Istkosten, die Obligowerte und die erwarteten Restkosten auszuweisen.

Istkostennachweis Projekte Um den Projekt- und Teilprojektleitern die Möglichkeit zu geben, die Abweichungen selbst zu analysieren, sollten ergänzend Einzelnachweise sämtlicher Istkostenbelastungen einschließlich der Obligowerte mit Buchungstexten (falls vorhanden), Buchungsdatum und Belegnummer ausgegeben werden. Ohne diesen Einzelnachweis wäre der Projektverantwortliche bei der Abweichungsanalyse immer auf Auskünfte der buchenden Personen angewiesen.

Da in diese Plan-Ist-Vergleiche auch Terminvergleiche einbezogen sind, können sich die Projektverantwortlichen nicht nur einen Überblick über die aktuelle Kostensituation, sondern auch über die Einhaltung der Termine verschaffen. Wenn aktiv, können die Termine auch in die Netzpläne übernommen werden, um auch dort einen Überblick über die aktuelle Terminsituation und die kritischen Pfade auszuweisen.

5.1.3 Zusammenfassung

Als betriebswirtschaftliches Resümee zu den Projekten ist festzuhalten: Um eine Abrechnung korrekt durchzuführen, ist es nicht zwangsläufig erforderlich, mit Projekten zu arbeiten, selbst bei einer Mischung von Haupt- und Unteraufträgen, bei Verdichtung über mehrere Stufen und bei alternativen Auftragshierarchien. Die Abrechnungsfunktionen werden von den Innenaufträgen genauso abgedeckt. Projekte sind dann sinnvoll, wenn es sich um komplexe Vorhaben handelt, die über einen längeren Zeitraum laufen und bei denen Planung und Verfolgung, eventuell sogar mit Kopplung zu Netzplänen, von besonderer Bedeutung sind.

Unter einem Projekt können ferner unterschiedliche Auftragsarten vom Entwicklungs-, Werkzeug-, Investitions- bis zum Fertigungsauftrag zusammengefasst werden. Da es sich meist um kostenintensive und zeitaufwändige Vorhaben handelt, ist es wichtig, auf Details bereits gelaufener Projekte mit der gesammelten Historie zurückgreifen zu können (was bei Fertigungsprojekten der Einzelfertigung noch viel wichtiger ist).

Ausgeprägt sind ferner die Planungsaktivitäten, zunächst grob strukturiert (in der für eine Grobterminierung erforderlichen Differenzierung) und dann immer feiner detailliert, auch nach Geschäftsjahren und Perioden.

5.2 Stammdaten in SAP R/3

Nach der betriebswirtschaftlichen Einführung in das Projekt-Controlling wenden wir uns jetzt wieder dem SAP-System zu.

Das SAP PS – Projektsystem (zur Planung, Steuerung und Verwaltung von Projekten) ist das einzige Modul, das nicht eindeutig einem Themenkomplex, Logistik oder Rechnungswesen, im SAP R/3-Menü zugeordnet ist. Stattdessen gehört es beiden Bereichen an. Andere Module wie die Produktionsplanung, der Vertrieb, die Materialwirtschaft und natürlich auch das Controlling haben selbstverständlich Schnittstellen zueinander. Im Menübaum der Produktion finden Sie auch Funktionen, die originär dem Controlling zuzuordnen sind, und umgekehrt. Bei all diesen Modulen ist allerdings jeweils ein Schwerpunkt deutlich erkennbar. Produktion, Vertrieb und Materialwirtschaft sind Logistikmodule mit Verbindung zum Rechnungswesen. Controlling und Finanzwesen sind Module des Rechnungswesens mit Verbindung zur Logistik.

Logistik oder Rechnungswesen?

Mit dem Projektsystem von SAP R/3 können Sie im Bereich Logistik Termine und Kapazitäten planen und dabei Engpässe erkennen und vermeiden. Sie können Materialbedarfe mit Lagerreservierungen und automatischen Bestellungen generieren sowie einige andere Funktionen ausführen, die zum Komplexesten zählen, was das SAP-System im Logistikbereich zu bieten hat. Im Hinblick auf die Funktionen des Rechnungswesens erscheint das Projektsystem auf den ersten Blick der Auftragsabwicklung sehr ähnlich. Bei näherer Betrachtung erkennt man allerdings, das z. B. mit der Zahlungsabwicklung, der Budgetierung und der Integration zum Investitionsmanagement Funktionen im Projektsystem zur Verfügung stehen, die weit über das hier im Buch zu Innenaufträgen Beschriebene hinausgehen (siehe Kapitel 4, *Innenaufträge*).

Was wollen wir Ihnen damit sagen? Das Projektsystem ist ein Thema, das ein eigenes Buch füllt. Wir werden hier die Tür zum Modul PS nur einen Spalt weit aufstoßen. Wir werden Ihnen keine Logistikfunktionen zeigen und auch bei den Vorgängen, die dem Rechnungswesen zuzuordnen sind, die meisten nicht darstellen. Wir beschränken uns – dem Titel dieses Buches entsprechend – auf Funktionen zur Verwaltung von Gemeinkosten. Die Verwendung des Projektsystems im Gemeinkosten-Controlling werden wir Ihnen in diesem Abschnitt anhand eines ausführlichen Beispiels nahe bringen.

Beispiel Wohnhaus für den Betriebsleiter

Im folgenden Beispiel bauen wir ein Haus. Für den Betriebsleiter soll auf dem Gelände der Bäckerei Becker ein Wohnhaus entstehen. Wir bilden den Bau des Hauses in vier Schritten ab:

▶ Aushub
▶ Keller
▶ Rohbau
▶ Innenausbau

Der Innenausbau wird in drei Schritte zerlegt:

▶ Heizung
▶ Wasser
▶ Elektrik

Haben Sie schon einmal ein Haus gebaut? Dann wissen Sie, dass wir hier – gelinde gesagt – nicht die ganze Wahrheit zeigen. Der Bau eines Wohnhauses ist natürlich viel komplizierter und wird sicher nicht mit sieben Projektschritten abzubilden sein. Abgesehen davon würden wir bei einem Projekt mit sieben Teilbereichen sicher nicht das Projektsystem von SAP zur Abwicklung einsetzen. Mit der Abbildung aller notwendigen Schritte wäre diese Baumaßnahme aber sicher ein Kandidat für das

Modul PS. Also denken wir einerseits an die Schwierigkeiten bei der Organisation eines Hausbaus und beschränken uns dennoch für die Systembeispiele auf die sieben genannten Schritte.

Bei der Nutzung des Moduls *PS – Projektsystem* in SAP R/3 stehen Ihnen zunächst zwei Alternativen offen:

- Projektstrukturpläne
- Netzpläne

In Projektstrukturplänen verwalten Sie Kosten, also geplante und tatsächliche Gemeinkosten, Anzahlungen, Zahlungen, Budgets usw. Netzpläne werden Sie dann einsetzen, wenn Sie zusätzlich zur Kostenverwaltung die volle Funktionalität der Kapazitätsplanung und Terminierung nutzen wollen. Wir beschränken uns auf Kosten und nutzen deshalb einen Projektstrukturplan mit Projektstrukturplan-Elementen (PSP-Element).

Projektstrukturplan mit PSP-Elementen

Sie kennen die SAP-Software jetzt schon lange genug, um zu wissen, dass Sie in keinem Modul ohne die Anlage von Stammdaten auskommen. Das Projektsystem bildet diesbezüglich keine Ausnahme. Die Stammdaten von Projekten verwalten Sie mit Transaktion CJ20N, im Menü **Rechnungswesen · Projektsystem · Projekt · Project Builder** (siehe Abbildung 5.1).

Stammdaten für Projekt anlegen

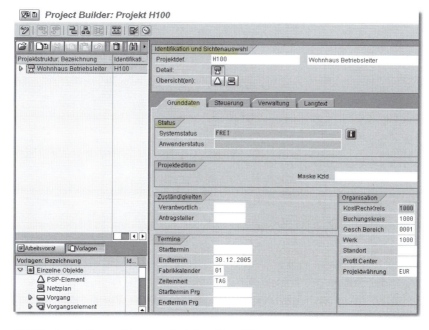

Abbildung 5.1 Stammdaten zum Projekt – Grunddaten

Stammdaten in SAP R/3 **307**

Im Block **Identifikation und Sichtenauswahl** legen Sie bei **Projektdefinition** einen Schlüssel (hier H100) und eine Bezeichnung (hier »Wohnhaus Betriebsleiter«) fest. Auf der ersten Registerkarte **Grunddaten** erinnert Sie der Block **Status** vermutlich an die Stammdaten der Innenaufträge. Eine gewisse Verwandtschaft von Projekten und Innenaufträgen werden Sie, wie bereits erwähnt, noch häufiger in diesem Kapitel erkennen. Die Knöpfe zum Wechseln der Status direkt im Bildschirm, wie bei den Innenaufträgen, fehlen allerdings. Hier im **Project Builder** nutzen Sie für den Statuswechsel die Funktion **Bearbeiten · Status** im Transaktionsmenü.

Stammdaten – Steuerung

Auf der zweiten Registerkarte **Steuerung** ist unter anderem das **Projektprofil** zu sehen (siehe Abbildung 5.2). Alle Einträge auf dieser Seite wurden aus dem Projektprofil übernommen und in die Stammdaten des Projekts eingetragen. Bei der Vorbereitung dieses Beispiels haben wir das von SAP ausgelieferte Profil »0000001 Standard-Projektprofil« im Customizing auf das Profil »B000001 Standard-Projektprofil Becker« kopiert. Das Becker-Profil unterscheidet sich vom Standardprofil nur in den Einträgen zur Organisation (Kostenrechnungskreis, Buchungskreis usw.).

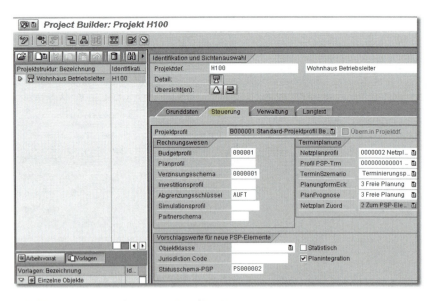

Abbildung 5.2 Stammdaten zum Projekt – Steuerung

 Nach der Anlage des Projektes beginnen wir mit der Definition von Teilschritten. Dazu bleiben wir in der Transaktion CJ20N, **Project Builder** und drücken den Button **Anlegen**. In dem Drop-down-Menü, das dann erscheint, wählen wir **PSP-Element** (siehe Abbildung 5.3).

Abbildung 5.3 PSP-Element anlegen

Die Identifikation von Objekten in SAP R/3 über Schlüssel und Text kennen Sie schon aus vielen Beispielen. Hier ist der Schlüssel für ein **PSP-Element** H110. Als Text sehen Sie »Aushub« (siehe Abbildung 5.4).

Stammdaten für PSP-Element

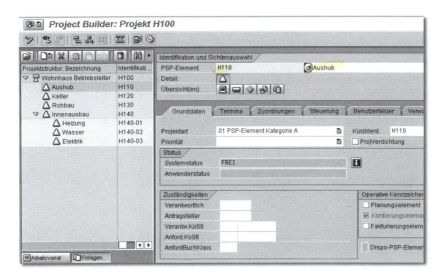

Abbildung 5.4 PSP-Element – Grunddaten

Den einzelnen Elementen ist jeweils eine eigene Statusverwaltung zugeordnet. Das Element »Aushub« ist dem Projekt H100 zugeordnet. Von dort hat es den Status »frei« geerbt. Beim Erben von Eigenschaften im Projektsystem darf der Erblasser, hier das Projekt H100, weiter am Leben bleiben. Das Vererben ist hier also nicht ganz wörtlich zu nehmen, sondern eher ein Kopieren »de Luxe«. De Luxe deshalb, weil auch spätere Statusänderungen im Projekt auf alle zugeordneten Elemente durchschlagen. Beim Zurücknehmen von Status funktioniert das Vererben allerdings nicht. Wenn das Projekt mit allen Elementen z.B. einmal den Status »Technisch abgeschlossen« hat und im Projekt der Status auf »Frei«

Vererben von Stati

zurückgesetzt wird, dann bleiben die Status der Elemente auf »Technisch abgeschlossen« stehen. Falls nötig, müssten Sie dann jedes einzelne Element im Status zurücksetzen.

Die Stammdaten für unser Projekt »Wohnhaus Betriebsleiter« und für sieben damit verbundene Projektstrukturplan-Elemente (PSP-Elemente) sind angelegt. Wir beginnen jetzt mit dem, was Controller am liebsten tun: Wir planen.

5.3 Planung im Projektsystem

Die Funktionen zur Planung von Projektkosten mit Kostenarten kommen Ihnen sicherlich bekannt vor. Die gleichen Planungstechniken werden auch bei Kostenstellen und Innenaufträgen genutzt (siehe Abschnitt 4.5.2). Für Projekte nutzen Sie Transaktion CJR2, im Menü **Rechnungswesen · Projektsystem · Controlling · Planung · Kosten im PSP · Kostenarten/Leistungsaufnahmen · Ändern** (siehe Abbildung 5.5).

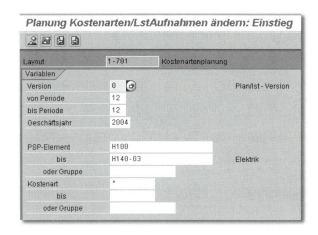

Abbildung 5.5 Kostenplanung – Einstieg

Planung im Periodenbild

Wie auch bei der Planung von Kostenstellen und Innenaufträgen können Sie wählen zwischen einem **Übersichtsbild** mit automatischer Aufteilung der Kosten auf die einzelnen Monate und einer monatsgenauen Planung im **Periodenbild** (siehe Abbildung 5.6). Für die einzelnen Phasen planen wir Kosten gemäß des erwarteten Baufortschrittes in den Monaten März bis September 2004.

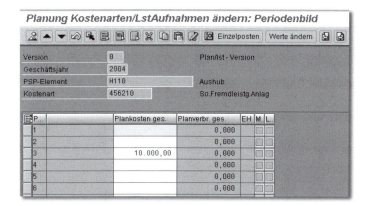

Abbildung 5.6 Kostenplanung – Übersicht

Zur Darstellung der Plandaten für die einzelnen Elemente über die Monate des Jahres verteilt, suchen wir einen Bericht im System. Wir werden fündig unter Transaktion S_ALR_87100186, im Menü **Rechnungswesen · Projektsystem · Infosystem · Controlling · Kosten · Planbezogen · Hierarchisch · Plankosten pro Monat (aktuelles Geschäftsjahr)** (siehe Abbildung 5.7). Beim Innenausbau wurden jeweils 10 000 € für die PSP-Elemente »Heizung«, »Wasser« und »Elektrik« geplant. Die Werte im übergeordneten Element »Innenausbau« und auf der Ebene des Gesamtprojektes (20 000 € im August und 10 000 € im September) werden automatisch ermittelt. Auf diesen Objekten sind keine eigenen Planwerte hinterlegt.

Bericht mit Monatsaufriss

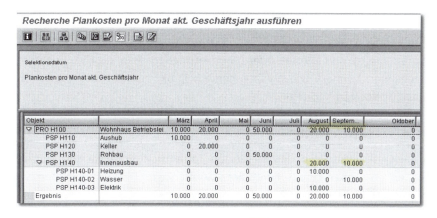

Abbildung 5.7 Projektbericht: Plankosten pro Monat

Verdichteter Bericht für Gesamtprojekt

Zur Darstellung des gesamten Projektes im Überblick ohne Aufriss nach Monaten und ohne Auswahl eines Geschäftsjahres nutzen Sie Transaktion S_ALR_87013532, im Menü **Rechnungswesen · Projektsystem · Infosystem · Controlling · Kosten · Planbezogen · Hierarchisch · Plan/Ist/Abweichung** (siehe Abbildung 5.8).

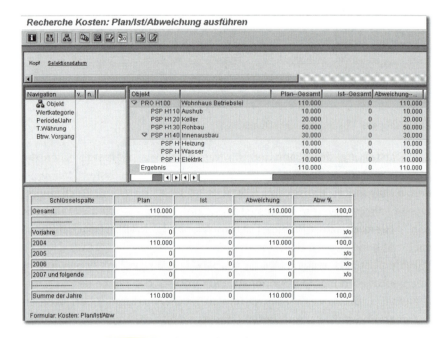

Abbildung 5.8 Projektbericht: Plan/Ist/Abweichung

Für unser Beispiel in diesem Kapitel soll diese schlichte Planung von Kosten genügen. Selbstverständlich hätten wir zusätzlich interne Leistungen von Kostenstellen abrufen oder Innenaufträge im Plan auf PSP-Elemente abrechnen können. Die entsprechenden Funktionen kennen Sie schon aus den vorigen Kapiteln.

5.4 Istbuchung

Aktivierung von Kosten

Für den Bau des Wohnhauses für den Betriebsleiter der Bäckerei Becker haben wir soeben eine rudimentäre Planung abgeschlossen. Beginnen wir nun mit Überlegungen zur Abwicklung im Ist. Die Kosten für den Hausbau werden wir sicherlich nicht sofort als Aufwand in der GuV der Buchhaltung darstellen. Stattdessen werden wir die Kosten für das neue Haus als Anlage in der Anlagenbuchhaltung aktivieren. Einen ganz ähnlichen Fall hatten wir schon bei der Einrichtung eines neuen Backofens besprochen (siehe Abschnitt 4.6). Ganz hervorragend wäre doch, wenn wir die gleichen Funktionen, mit denen wir Innenaufträge an Anlagen abgerechnet hatten, auch bei der Aktivierung von Projektkosten nutzen könnten. Können wir! Für PSP-Elemente stehen die gleichen Abrechnungsfunktionen zur Verfügung wie für Innenaufträge.

Parameter für Abrechnung

Wir erreichen die Einstellungen für die Abrechnung über die bekannte Transaktion CJ20N, im Menü **Rechnungswesen · Projektsystem · Projekt · Project Builder**. Dort wählen wir das Projekt aus und gehen weiter im Transaktionsmenü mit **Bearbeiten · Kosten · Abrechnungsvorschrift** und nochmals weiter im Transaktionsmenü mit **Springen · Abrechnungsparameter** (siehe Abbildung 5.9). Das Abrechnungsprofil »B03 Becker Abrechnung an Anlagen« und das Verrechnungsschema »I6 Abrechnung Investitionen« wurden bereits bei der Auftragsabrechnung ausführlich beschrieben (siehe Abschnitt 4.6).

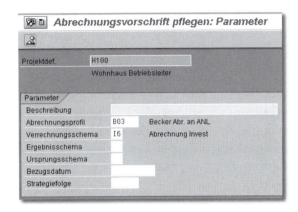

Abbildung 5.9 Projekt – Abrechnungsparameter

In der Anlagenbuchhaltung haben wir für das Wohnhaus bereits einen Stammsatz angelegt. Als Anlagennummer wurde uns vom System 400000000004 zugeteilt. Die Verknüpfung des Projektes H100 mit der Anlage erfolgt in der Abrechnungsvorschrift. Dorthin gelangen Sie ausgehend vom **Project Builder** über das Transaktionsmenü mit **Bearbeiten · Kosten · Abrechnungsvorschrift** (siehe Abbildung 5.10).

Projekt mit Anlage verknüpfen

Jetzt haben wir allerdings noch ein Problem. Die Parameter für die Abrechnung und die Abrechnungsvorschrift sind für das Projekt H100 erfasst. Die Istkosten werden wir, wie die Plandaten, auf die einzelnen PSP-Elemente verteilt erfassen. Auf Projektebene können wir in Berichten zwar Summen darstellen, die tatsächlichen Kosten sind aber nur auf den einzelnen Elementen verfügbar.

Parameter und Vorschrift für PSP-Elemente

Abbildung 5.10 Projekt – Abrechnungsvorschrift

Sie könnten jetzt denken: »Dann erfassen wir die Parameter und die Abrechnungsvorschrift doch einfach für jedes PSP-Element«. Ja, das geht und wäre in unserem kleinen Beispiel mit sieben PSP-Elementen auch leicht umsetzbar. Bei echten Projekten mit vielen hundert PSP-Elementen machen Sie sich mit dieser Idee bei den für die Stammdatenpflege verantwortlichen Kollegen sicherlich keine Freunde. Falls Sie selbst für die Stammdatenpflege verantwortlich sind, macht es erst recht Sinn, über Alternativen nachzudenken, bevor Sie Stammdaten massenhaft manuell ändern.

Stammdaten vererben
Also denken wir nach! Bei der Statusverwaltung wurden Stammdatenänderungen automatisch vererbt. Eine Statusänderung im Projekt wurde an alle verbundenen PSP-Elemente weitergegeben. So wollen wir das jetzt auch haben. Per Knopfdruck sollen Abrechnungsparameter und -vorschrift auf alle PSP-Elemente kopiert werden. Wenn diese Funktion in SAP vererben und nicht kopieren heißt, soll's uns recht sein.

Abrechnungsvorschriften generieren
Im Customizing finden wir eine Funktion, die weiterhilft: **SPRO · SAP Referenz-IMG · Projektsystem · Kosten · Automatische und periodische Verrechnungen · Abrechnung · Abrechnungsvorschrift für Projektstrukturplanelement · Strategien zur Generierung der Abrechnungsvorschrift def.** (siehe Abbildung 5.11). In der Standardauslieferung von SAP R/3 ist dieses Bild leer. Wir legen eine eigene Strategie »XX Übernahme vom übergeordneten Objekt« an.

Abbildung 5.11 Strategie zur Generierung der Abrechnungsvorschrift

In den Einstellungen zur Strategie XX entscheiden Sie zunächst, welcher der folgenden Kategorien die Elemente zuzuordnen sind, für die Abrechnungsvorschriften generiert werden sollen (siehe Abbildung 5.12):

- Fakturierungselement (**Faktu...**)
- Kontierungselement (**Konti...**)
- keine Kontierung (**keine...**)

Auf das Projekt, das wir hier besprechen, sollen Kosten kontiert werden; entsprechend handelt es sich um ein Kontierungselement. Das Abrechnungsprofil »B03 Becker Abrechnung an Anlagen« ist Ihnen bereits bekannt. In der Spalte **Konti...** (Kontierungstyp) entscheiden wir uns für den Eintrag »4«, die Abrechnungsvorschrift soll aus dem jeweils übergeordneten Objekt übernommen werden.

Abbildung 5.12 Strategie – Einstellungen

Diese Strategie zur Generierung von Abrechnungsvorschriften verknüpfen wir jetzt mit dem Projektprofil, das unserem Hausprojekt zugeordnet ist. Dazu nutzen wir Customizing: **SPRO · SAP Referenz-IMG · Projektsystem · Kosten · Automatische und periodische Verrechnungen · Abrechnung · Abrechnungsvorschrift für Projektstrukturplanelement · Strategie dem Projektprofil zuordnen** (siehe Abbildung 5.13).

Strategie und Projektprofil verknüpfen

Abbildung 5.13 Projektprofil und Strategie verknüpfen

Jetzt können wir mit dem Generieren der Abrechnungsvorschriften beginnen. Dazu verlassen wir das Customizing wieder. Die entsprechende Transaktion CJB2 finden wir im Anwendungsmenü **Rechnungs-**

Generierungslauf starten

wesen • Projektsystem • Controlling • Periodenabschluss • Einzelfunktionen • Abrechnungsvorschrift • Einzelverarbeitung (siehe Abbildung 5.14).

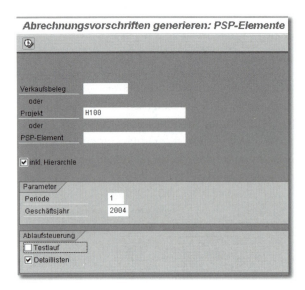

Abbildung 5.14 Abrechnungsvorschriften generieren – Einstieg

Das Protokoll zeigt an, welche Elemente mit welcher Strategie bearbeitet wurden (siehe Abbildung 5.15). Auch hier wird vererbt, ohne dass der Erblasser dabei sein Leben aushauchen muss.

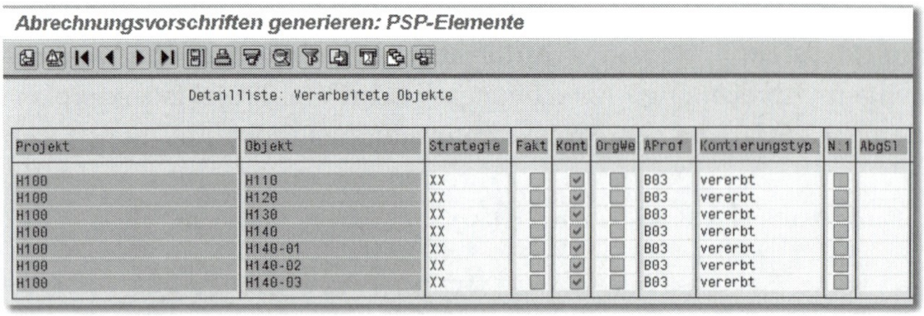

Abbildung 5.15 Abrechnungsvorschriften generieren – Protokoll

Abrechnungsvorschrift im PSP-Element ansehen

Überprüfen wir das Ergebnis der Generierung der Abrechnungsvorschriften, indem wir uns die Stammdaten eines PSP-Elementes ansehen. Wir steigen wieder ein mit Transaktion CJ20N, im Menü **Rechnungswesen • Projektsystem • Projekt • Project Builder** und wählen ein PSP-Element aus. Dann geht es weiter im Transaktionsmenü mit **Bearbeiten • Kosten •**

Abrechnungsvorschrift (siehe Abbildung 5.16). Die Anlage 400000000004 wurde wunschgemäß als Empfänger der Abrechnung aus dem Projekt übernommen und im PSP-Element (hier »H110 Aushub«) eingetragen.

Abbildung 5.16 PSP-Element – Abrechnungsvorschrift

Jetzt sind die Vorbereitungen für Istbuchungen abgeschlossen. Nach dem Anlegen von Stammdaten hatten wir für die einzelnen Projektschritte Plankosten erfasst. Zur Abrechnung der Istkosten wurde auf der obersten Ebene des Projektes eine Abrechnungsvorschrift erfasst und per Vererbung auf alle verbundenen PSP-Elemente übertragen.

Istkosten erfassen

Istkosten, die von außen per FI-Beleg ins System gelangen, können als Controllingobjekt einer Kostenstelle oder einem Innenauftrag zugeordnet werden. Das wissen Sie schon. Hier sehen Sie jetzt einen FI-Beleg, bei dem als Controllingobjekt eine dritte Alternative gewählt wurde, das PSP-Element »H110 Aushub«. Gefunden haben wir diesen Beleg mit Transaktion FB03, im Menü **Rechnungswesen · Finanzwesen · Hauptbuch · Beleg · Anzeigen** (siehe Abbildung 5.17).

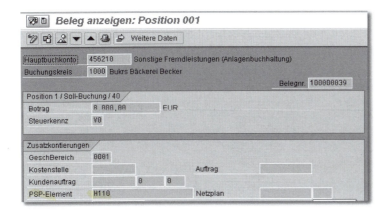

Abbildung 5.17 Istbuchung – FI-Beleg

Istabrechnung ausführen

Die Istdaten sind nun gebucht. Einer Abrechnung steht nichts im Wege. Für die Abrechnung von Projekten nutzen Sie Transaktion CJ88, im Menü **Rechnungswesen • Projektsystem • Controlling • Periodenabschluss • Einzelfunktionen • Abrechnung • Einzelverarbeitung** (siehe Abbildung 5.18).

CJ88

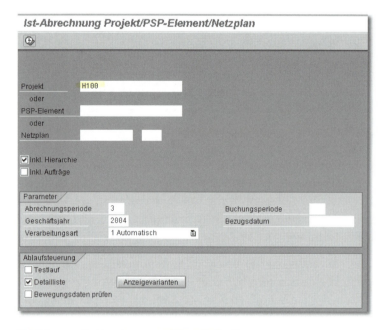

Abbildung 5.18 Abrechnung ausführen – Einstieg

Im Protokoll der Abrechnung erkennen wir, dass die Istkosten in Höhe von 8 000 € vom PSP-Element »H110 Aushub« an die Anlage der Anlagenbuchhaltung verrechnet wurden (siehe Abbildung 5.19). Die anderen PSP-Elemente tauchen hier nicht auf, weil keine Kosten gebucht waren und damit auch keine Abrechnung durchgeführt werden musste.

Abbildung 5.19 Protokoll zur Abrechnung – Detailliste

Nachdem wir die Istabwicklung mit FI-Buchung und Abrechnung abgeschlossen haben, lohnt wieder ein Blick auf den Projektbericht. Wir nutzen, wie oben, die Transaktion S_ALR_87013532, im Menü **Rechnungswesen · Projektsystem · Infosystem · Controlling · Kosten · Planbezogen · Hierarchisch · Plan/Ist/Abweichung** (siehe Abbildung 5.20).

Projektbericht mit Plan- und Istkosten

Die Plankosten sind unverändert, alles andere wäre eine Schande für das Controlling. Pläne nach Beginn der Istabwicklung zu ändern, wird von den Fachabteilungen zwar regelmäßig gewünscht. Damit würden Sie allerdings jede Controllingarbeit mit aussagefähigen Plan-Ist-Vergleichen zunichte machen. Also blicken wir auf die Ist-Spalte. Für das PSP-Element »H110 Aushub« erkennen wir die bekannten 8 000 € aus der Istbuchung. Aber wo ist der Abrechnungsbetrag? Dieser Bericht ist auf den Projektverantwortlichen als Empfänger ausgerichtet. Der soll sich, so die Logik, die hier zugrunde liegt, um die Kostenbelastungen auf seinem Projekt kümmern und nicht um die rechnungsweseninternen Verschiebungen der Kosten. Dementsprechend weist dieser Bericht nur Belastungen aus und nicht die Entlastungen, die im Ist durch die Abrechnung gebucht wurden.

Objekt		Plan--Gesamt	Ist--Gesamt	Abweichung--	Abw %--Gesamt	Plan--Vorjahre
▽ PRO H100	Wohnhaus Betriebslei	110.000	8.000	102.000	92,7	0
PSP H110	Aushub	10.000	8.000	2.000	20,0	0
PSP H120	Keller	20.000	0	20.000	100,0	0
PSP H130	Rohbau	50.000	0	50.000	100,0	0
▽ PSP H140	Innenausbau	30.000	0	30.000	100,0	0
PSP H140-01	Heizung	10.000	0	10.000	100,0	0
PSP H140-02	Wasser	10.000	0	10.000	100,0	0
PSP H140-03	Elektrik	10.000	0	10.000	100,0	0
Ergebnis		110.000	8.000	102.000	92,7	0

Abbildung 5.20 Hierarchiebericht: Plan-Ist-Abweichung mit Istbuchung

Vielleicht finden wir noch einen anderen Bericht, der eher die Bedürfnisse des Controllings ausweist und sowohl Kostenbe- als auch Kostenentlastungen zeigt. So hatten wir das bei Kostenstellen und Auftragsberichten bisher immer gesehen (siehe z.B. Abschnitt 4.5.2). Versuchen wir's mit Transaktion S_ALR_87013543, im Menü **Rechnungswesen · Projektsystem · Infosystem · Controlling · Kosten · Planbezogen · Nach Kostenarten · Ist/Plan/Abweichung absolut/Abw. %** (siehe Abbildung 5.21).

Projektbericht mit Kostenarten

Hm? Vom Layout her erinnert uns der Bericht schon sehr an das, was wir aus der Kostenstellenrechnung und dem Auftragswesen kennen. Hier werden jetzt Be- und Entlastungen ausgewiesen, allerdings nicht in getrennten Blöcken, sondern saldiert. Die 8 000 €-Belastung wird hier im gleichen Feld dargestellt wie die Entlastung aus Abrechnung in gleicher Höhe. So ergibt sich im Ist der Ausweis von null.

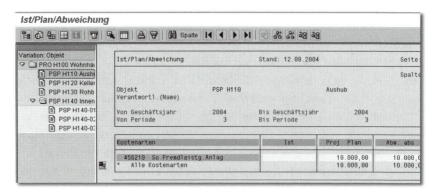

Abbildung 5.21 Projektbericht: Ist/Plan/Abweichung

Projektbericht mit Be- und Entlastungen

Wir geben noch nicht auf. Nach einigem Stöbern im Berichtsbaum finden wir Transaktion S_ALR_87013552, im Menü **Rechnungswesen · Projektsystem · Infosystem · Controlling · Kosten · Planbezogen · Nach Kostenarten · Be-/Entlastung Ist** (siehe Abbildung 5.22).

Na ja! Jetzt sehen wir die Belastung und die Entlastung getrennt ausgewiesen, dafür fehlt die Detaillierung nach Kostenarten.

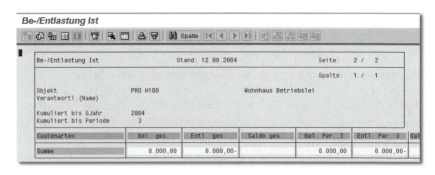

Abbildung 5.22 Projektbericht: Be-/Entlastung

Standardberichte versus individuelle Reports

Die hier gezeigten Berichte werden standardmäßig im SAP R/3-System ausgeliefert. Die Beispiele sollen nur einen kleinen Einblick in die Möglichkeiten des Reportings liefern. Ein vollständiges und für die Führung eines Projektes hinreichendes Berichtswesen konnten wir hier nicht zeigen. Dazu sind die Anforderungen in den einzelnen Unternehmen, gerade im Modul SAP PS – *Projektsystem*, zu spezifisch. Mit den Berichtswerkzeugen Report Painter und Report Writer lassen sich die Standardberichte relativ einfach an die Anforderungen in Ihrem Unternehmen anpassen. Auch die Umsetzung von ganz neuen Anforderungen, die der Standard nicht einmal im Ansatz erfüllt, ist möglich.

5.5 Zusammenfassung

Projekte gibt es in fast jedem Unternehmen. Dabei kann unter Projekt ein Investitions- oder Instandhaltungsvorhaben genauso wie ein Entwicklungs- oder Forschungsauftrag verstanden werden. Auch Maßnahmen zur Umsetzung von Organisations- und DV-Lösungen sowie Aktivitäten im Marketing oder Vertrieb werden über Projekte abgebildet.

Zur Abwicklung, Verfolgung und Abrechnung all dieser Vorhaben wird im System SAP R/3 das Modul SAP PS – *Projektsystem* genutzt. Dieses Modul bietet Funktionen zur Planung, Verrechnung und Darstellung von Kosten, also Funktionen aus dem Rechnungswesen, speziell aus dem Controlling. Darüber hinaus beinhaltet dieses Modul eine Vielzahl an Funktionen, die aus der Materialwirtschaft und der Produktion, also aus Logistikmodulen, bekannt sind. Beispiele hierfür sind Terminierung, Kapazitätsrechnungen, Materialbedarfsrechnungen und Materialverbrauchsbuchungen.

Projekte, als Projektstrukturpläne mit Projektstrukturelementen im System abgebildet, eignen sich für die hierarchische Gliederung von Projekten und zur Planung, zur Abrechnung und zum Reporting von Kosten. Mit der zusätzlichen, hier im Buch allerdings nicht näher beschriebenen, Funktionalität der Netzpläne wird das Projektsystem von SAP R/3 über die reine Kostenverfolgung hinaus auch zur operativen Planung und Steuerung von teilweise sehr großen und komplexen Maßnahmen genutzt.

Kapitel 6

Monatsabschluss

6 Monatliche Abrechnung

Der letzte Baustein der Kostenstellenrechnung und gleichzeitig eine wesentliche Grundlage des Gemeinkosten-Controllings ist die monatliche Abrechnung. Sie beginnt mit der Istkosten- und Istleistungsübernahme, der Abwandlung der Plan- zu Sollkosten und führt über die Innenauftragsabrechnung und den Soll-Istkosten-Vergleich zur Abweichungsanalyse und zu Kostendurchsprachen mit den Kostenstellenverantwortlichen und den Bereichs- und Werksleitungen.

6.1 Betriebswirtschaftliche Grundlagen

Sie haben in Abschnitt 1.3 beim Überblick Internes Rechnungswesen und Controlling sowie bei den allgemeinen betriebswirtschaftlichen Ausführungen in Abschnitt 3.1 die Aufgabenstellungen der Kostenstellenrechnung aus Sicht der Abrechnung und des Controllings kennen gelernt.

Für die Abrechnung ist die Kostenstellenrechnung das Medium, um die Gemeinkosten möglichst verursachungsgerecht weiterzuverrechnen. Aus Sicht des Controllings werden unter Einbeziehung der Innenauftrags- und Projektabrechnung die Voraussetzungen für das Gemeinkosten-Controlling geschaffen.

Ausgehend von der Kostenplanung mit ihrer Kostendifferenzierung nach variablen und fixen Kostenbestandteilen, werden in einem ersten Schritt die variablen Plan- zu variablen Sollkosten abgewandelt.

Teilschritte der monatlichen Abrechnung

Voraussetzung dafür sind die monatlichen Istleistungsartenmengen (Istbezugsgrößenmengen) je Kostenstelle/Leistungsart, deren Ermittlungsmöglichkeiten in Abschnitt 6.2 geschildert werden. Auf Basis dieser Istleistungsartenmengen kann dann je Kostenstelle/Leistungsart kostenarten- bzw. kostenartengruppenweise die Sollkostenrechnung durchgeführt werden (Abschnitt 6.3)

Parallel dazu sind die Istkosten bereitzustellen und aufzubereiten (Abschnitt 6.4). Dies geschieht zum Teil laufend (z.B. bei den Istkosten, die aus der Buchhaltung kommen), teilweise auch monatlich (wie etwa für die Daten aus der Lohnabrechnung).

Vor der monatlichen Kostenstellenrechnung ist die Innenauftrags-Abrechnung durchzuführen (siehe Abschnitt 6.5), um die kostenstellenwirksamen Aufträge in der monatlichen Abrechnung berücksichtigen zu können.

Anschließend kann der Soll-Ist-Vergleich erstellt werden, in dem unter anderem auch die Beschäftigungsgrade, die Fixkostendeckung sowie die Istkostensätze ausgewiesen werden sollen (Abschnitt 6.6).

Die Istkosten aller Teilgebiete werden, soweit dies nicht bereits in den vorgelagerten SAP-Modulen geschehen ist, für die monatliche Abrechnung aufbereitet und in einem so genannten Istkostennachweis je Kostenstelle dokumentiert (Abschnitt 6.7).

Im Soll-Ist-Kostenvergleich werden auch die Abweichungen der Kostenstellen dargestellt, die eine Aufteilung der Abweichungen in variable und fixe Anteile sowie eine Zuordnung zu den Leistungsarten bedingen (Abschnitt 6.8).

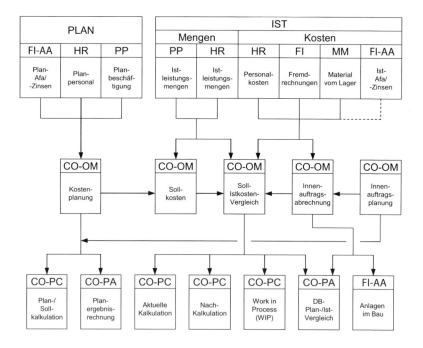

Abbildung 6.1 Integrationsmodell SAP CO-Gemeinkostenrechnung

Diese Arbeitsschritte sind in dieser Reihenfolge abzuwickeln, um eine korrekte, die gegenseitigen Abhängigkeiten berücksichtigende Verarbeitung sicherzustellen. Die Integration der CO-Kostenstellenrechnung in die unmittelbare SAP-Umgebung ist aus Abbildung 6.1 ersichtlich.

6.2 Ermittlung der Istleistungsartenmengen

Die Istleistungsartenmengen, betriebswirtschaftlich eher unter dem Ausdruck Istbezugsgrößenmengen bekannt, werden entweder vom CO als Summe aller Einzelleistungssätze des gleichen Herkunftsbegriffes Kostenstelle/Leistungsart ermittelt oder summarisch von außen eingegeben.

Bei den direkt rückgemeldeten Istleistungsdaten sind zwei Varianten zu unterscheiden:

- Istleistungsdaten aus dem PPS-System (PP)
- Istleistungsdaten, separat erfasst

In der industriellen Fertigung ist das PPS-System der »Hauptlieferant« von Istleistungsdaten. Aus den Arbeitsplänen werden Fertigungsaufträge mit Leistungssätzen zu Lasten von Aufträgen bzw. Erzeugnissen generiert. Teilweise ist dort nicht nur eine einzige Zeit je Arbeitsvorgang abgebildet, sondern es ist weiter nach Personenzeiten (te), Maschinenzeiten (tmb) und Rüstzeiten (tr) differenziert. In diesem Fall entstehen aus einem Arbeitsvorgang drei Leistungssätze.

Istleistungsartenmeldung auf der Basis von Arbeitsplänen

Bei einem Fremd-PPS-System ist Folgendes sicherzustellen: Entweder es werden zusätzliche Zeiten, die für das SAP CO wegen der dort vorgenommenen Leistungsartendifferenzierung benötigt werden, explizit ausgewiesen und, bezogen auf die produzierten Mengen, übergeleitet. Oder es muss gewährleistet werden, dass sie in dem vorgeschalteten Programm über besondere Kennziffern, wie etwa Mehrmann- oder Mehrmaschinenbedienung, maschinell gewonnen werden können.

Die PPS-Zeiten beziehen sich meist nur auf die Gutmengen. In diesem Fall müssten separat die für Ausschuss und Nacharbeit aufgewandten Zeiten der Fertigungsstellen, gegebenenfalls auch die Zeiten für Innenaufträge und Projekte, hinzugerechnet werden.

Während die Istleistungsartenmengen der Fertigungsstellen über das PPS-System rückgemeldet oder aus diesen Daten abgeleitet werden, kommen für andere Kostenstellen separat erfasste Leistungsartenmengen in Frage. Dies gilt z.B. für die Handwerkerstellen, für Labors, Entwicklungs- und Konstruktionsbereiche, in der Einzelfertigung auch für Kalkulations- und Vertriebsstellen, aber auch für Fahrerstunden und gefahrene km bei PKW und LKW, für verrechnete Telefoneinheiten oder für Anzahl Kopien bei Kopiergeräten usw.

Direkte Leistungsartenmengen

In beiden Fällen – sowohl bei der Rückmeldung über PPS-Systeme als auch bei separat erfassten Leistungsmengen – sollte sichergestellt sein, dass die Summe der Einzelsätze mit der summarischen Istleistungsartenmenge übereinstimmt.

Zu beachten ist, dass die Zeiten in den Arbeitsplänen und damit die Leistungsarten häufig auf Vorgabestunden lauten. Dagegen handelt es sich bei rückgemeldeten Zeiten für Ausschuss und Nacharbeit, für Innenaufträge oder Projekte und auch (dort wo es noch Akkordlohn gibt) für im Akkord-Durchschnitt bezahlte Zeiten um Iststunden. Diese Iststunden müssen – es sei denn, dass zwei Leistungsarten mit den Mengeneinheiten Vorgabe- und Iststunden vorgesehen sind – mit dem durchschnittlichen Leistungsgrad in Vorgabezeiten umgerechnet werden, weil sie sonst zu niedrig bewertet würden.

Retrograde Leistungsartenermittlung

Es kommt für die Fertigungsbereiche in der Industrie eine weitere Ermittlungsart hinzu, die unter dem Oberbegriff »retrograde Istleistungsartenermittlung« zusammengefasst wird.

Darunter ist Folgendes zu verstehen: In manchen Unternehmen oder in Teilbereichen von Unternehmen, in denen die Istleistung über PPS erfasst wird, ist es überhaupt nicht oder nicht mit vertretbarem Aufwand möglich, die Istleistungsartenmengen auftrags- oder artikelweise festzuhalten. Dies gilt vor allem für die Fließ- und Prozessfertigung, aber auch für spezielle Fertigungsbereiche in der Serienfertigung.

Beispielhaft sind vor allem Arbeitsvorgänge wie Glühen oder Härten zu nennen, wo unterschiedliche Artikel, auch verschiedener Aufträge, parallel geglüht oder gehärtet werden. Es lässt sich zwar, z.B. beim Glühen, der Soll-Platzbedarf über die Fläche oder das Volumen festlegen, im Ist lassen sich aber keine differenzierten Ist-Werte ermitteln. Ähnliches gilt für galvanische Anlagen, bei denen Artikel wahlweise parallel oder nacheinander bearbeitet werden, ohne dass die Istzeit auftrags- oder artikelweise festgehalten werden kann.

Als letztes Beispiel sei noch das Schleifen von Brillengläsern auf die individuellen Sehstärken des Kunden genannt, das heute häufig vom Optiker, früher aber generell vom Brillenhersteller gemacht wurde. Würde man die Istzeit auftragsweise erfassen wollen, würde dies mehr Zeit beanspruchen als der eigentliche Fertigungsvorgang dauert. In diesen Fällen ergibt sich die Istleistungsartenmenge je Kostenstelle/Leistungsart aus der Multiplikation der rückgemeldeten Istmengen mal dem jeweiligen Sollwert laut Arbeitsplan.

Nachteil dieses Ermittlungsverfahrens ist, dass die Leistungs- und die Verbrauchsabweichungen nicht getrennt ausgewiesen werden können (die Leistungsabweichung ist in der Verbrauchsabweichung enthalten).

Eine Besonderheit stellt die Ermittlung der Istleistungsartenmengen für die indirekten sekundären Kostenstellen dar, die im Rahmen der Sollkostenrechnung (siehe Abschnitt 6.3) gewonnen werden. Deshalb wird auf sie im nächsten Kapitel im Detail eingegangen.

Leistungsartenermittlung der indirekten Sekundärstellen

Zusammenfassend ist zur Ermittlung der Istleistungsartenmengen festzuhalten, dass die beste Lösung die direkte Erfassung ist, sei es über die Bewertung der gefertigten Mengen mit den Solldaten laut Arbeitsplan (z. B. für die Fertigungsstellen in der Industrie) oder über direkte Mengenerfassungen (z. B. für Handwerker und Entwickler).

Zusammenfassung Istleistungsartenmengen-Ermittlung

Besteht die Möglichkeit einer direkten Erfassung nicht, dann bleibt nur die Möglichkeit der retrograden Ermittlung. In diesem Fall handelt es sich aber nicht um echte Istleistungsartenmengen, sondern um die Bewertung der Istmengen mit den Solldaten. Dieses letztgenannte Verfahren gilt analog für Dienstleistungs- und Handelsunternehmen sowie für die Teile der industriellen Fertigung, die mit der Prozesskostenrechnung arbeiten.

6.3 Sollkostenrechnung

Die Sollkostenrechnung dient dazu, die Kostenplanung, die im System als Jahreszwölftel hinterlegt ist, kostenstellenweise an die aktuelle Ist-Beschäftigung anzupassen. Die Ist-Beschäftigung schwankt, von Urlaubszeiten oder einem generellen Betriebsurlaub abgesehen, prinzipiell zwischen 18 und 23 Arbeitstagen pro Monat.

Aufgabenstellung Sollkostenrechnung

Selbstverständlich könnte man auch eine saisonalisierte Planung hinterlegen, doch müsste man dabei hellseherische Fähigkeiten besitzen, um bis zu 1 ½ Jahre vorher die tatsächliche Beschäftigungssituation der einzelnen Kostenstellen im Voraus zu bestimmen. In der Praxis hat sich jedenfalls die saisonalisierte Planung nicht durchgesetzt, zumal mit den dabei ermittelten, von Monat zu Monat schwankenden Fixkostensätzen sowieso nicht kalkuliert werden konnte, vor allem aber weil mit der Sollkostenrechnung eine weit bessere, aktuelle Anpassung an die effektive Beschäftigung der Periode vorgenommen werden kann.

Saisonalisierte Planwerte finden sich im Prinzip nur in der Budgetierung, die eine andere Zielsetzung als die Kostenplanung verfolgt. Dort werden z. B. Messen oder Ausstellungen in den Monaten geplant, in denen die Kosten tatsächlich anfallen.

Im ersten Schritt der Sollkostenrechnung werden die Sollkosten für alle direkten Leistungsarten ermittelt, und zwar sowohl für primäre als auch für sekundäre Kostenstellen. Hat eine Kostenstelle mehrere Leistungs-

Sollkostenrechnung direkte Leistungsarten

arten, wird diese Rechnung selbstverständlich getrennt für jede Leistungsart angestellt.

Ermittlung des Beschäftigungsgrades

Dabei wird zunächst der jeweilige Beschäftigungsgrad nach folgender Formel ermittelt

Ist-Leitsungsartenmenge / Plan-Leistungsartenmenge =
= Beschäftigungsgrad

In % bedeutet das:

Ist-Leitsungsartenmenge / Plan-Leistungsartenmenge × 100 =
Beschäftigungsgrad %

Ablauf Sollkostenrechnung

Schritt 2 ist dann die Sollkostenrechnung selbst, die je Planposition wie folgt abläuft:

variable Plankosten × Beschäftigungsgrad =
variable Sollkosten

variable Sollkosten + fixe Kosten = Sollkosten

Auch diese Rechnung wird für jede Leistungsart individuell durchgeführt; nur für die monatliche Abrechnung, den Soll-Ist-Kostenvergleich, werden die Sollkosten positionsweise über alle Leistungsarten einer Kostenstelle aufaddiert und den Istkosten, die nur je Kostenstelle ermittelt werden, gegenübergestellt.

Die Aufteilung der Abweichungen bei mehreren Leistungsarten wird ebenso wie deren Aufteilung in variable und fixe Anteile in Abschnitt 6.8 erläutert.

Die Ermittlung der Beschäftigungsgrade und die Sollkostenrechnung werden für alle direkten Leistungsarten nach den gleichen Formeln und in der gleichen Art und Weise durchgeführt, unabhängig davon, ob sich die Leistungsartenmenge aus der Summe der Einzelsätze ergibt, ob sie gesamthaft gemeldet oder retrograd errechnet wird. Die Ermittlung der Sollkosten wird in Abbildung 6.2 verdeutlicht:

Wie erfolgen aber die Ermittlung der Beschäftigungsgrade und die Sollkostenrechnung bei den indirekten Leistungsarten?

Sollkostenrechnung indirekte Leistungsarten

In Abschnitt 2.4 und in Abschnitt 3.2.2 wurde bereits darauf hingewiesen, dass bei bestimmten Kostenstellen, wie etwa den betrieblichen Leistungsstellen oder auch beim Strom, wenn im Unternehmen keine Subzähler montiert sind, keine direkte Verrechnung stattfinden kann.

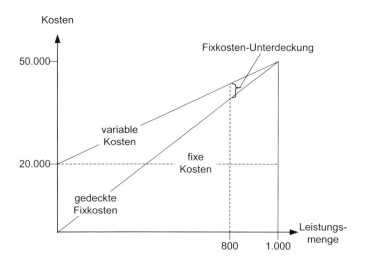

Abbildung 6.2 Sollkostenrechnung

Legende zu Abbildung 6.2:

Planleistung (PlLeist) = 1 000 Std.;

Istleistung (IstLeist) = 800 Std.;

variable Plankosten (PlKostVar)= 30 000 €;

Plankosten fix (PlKostFix)= 20 000 €;

Plankostensatz, variabel (PlSatzVar)=
PlKostVar /PlLeist =
30 000 € / 1 000 Std. = 30 €/Std.;

Plankostensatz, fix (PlSatzFix)=
PlKostFix / PlLeist =
20 000 € / 1 000 Std. = 20 €/Std.;

verrechnete variable Kosten =
PlKostVar × (IstLeist / PlanLeist)
30 000 € × (800 Std. / 1 000 Std.) = 24 000 €
oder
IstLeist × PlSatzVar =
800 Std. × 30 €/Std. = 24 000 €

verrechnete Fixkosten (gedeckte Fixkosten) =
IstLeist × PlSatzFix =
800 Std. × 20 €/Std. = 16 000 €

Fixkosten-Unterdeckung

PlKostFix – verrechnete Fixkosten =

20 000 € – 16 000 € = 4 000 €

Es kann zwar im Rahmen der Kostenplanung gemeinsam mit dem Kostenstellenverantwortlichen und dem zuständigen Bereichsleiter eine von allen akzeptierte Plan-Verteilung vorgenommen werden. Eine von Monat zu Monat wechselnde Ist-Belastung ist, wegen fehlender Subzähler (z. B. Strom) oder weil nicht wirtschaftlich, nicht möglich.

Es werden aber bei der Sollkostenrechnung für die Kostenstellen mit direkter Leistungsart auch die anteilig dorthin verrechneten variablen Plankosten indirekter Stellen entsprechend abgewandelt. Diese variablen Sollkosten, plus die auf den leistungsempfangenden Stellen fix gesetzten variablen Anteile der abgebenden Stelle (z. B. die auf der Empfängerstelle fix gesetzten Stromanteile für den Beleuchtungsstrom) werden als »Deckung« der Senderkostenstelle gutgeschrieben (daher bezeichnet man derartige Leistungsarten auch mit der Leistungsartenbenennung »Euro-Deckung«).

Deckungsrechnung Die verrechneten Kosten, ins Verhältnis gesetzt zu den variablen Plankosten dieser indirekten Sekundärstellen, ergeben den Beschäftigungsgrad dieser Leistungsart. Mit diesem Beschäftigungsgrad wird dann dort genauso wie bei den Kostenstellen mit direkter Leistungsart die Sollkostenrechnung durchgeführt, die über alle Kosten dieser Kostenstelle die gleiche Summe ergeben muss wie die verteilten Kosten der Periode.

Die Durchführung der Deckungsrechnung soll nachfolgend an einem Beispiel, auch im Vergleich mit der Umlagenrechnung und den unterschiedlichen Auswirkungen, gezeigt werden (siehe Abbildung 6.3).

Senderkostenstelle	Stromversorgung Planmenge 100.000 kWh Plankosten variabel 10.000 € = 0,10 €/kWh		
Empfängerkostenstelle	A	B	C
Plan-Leistungsartenmenge	1.000 FST	500 FST	1.000 FST
Stromverbrauch	50.000 kWh	30.000 kWh	20.000 kWh
Stromkosten variabel	5.000 €	3.000 €	2.000 €
Stromk./ Plan-Leistungsartenmenge	5,00 €/FST	6,00 €/FST	2,00 €/FST
Ist-Leistungsartenmenge	1.200 FST	500 FST	800 FST
Beschäftigungsgrad	120%	100%	80%
Sollkosten Strom variabel	6.000 €	3.000 €	1.600 €
verrechnete Stromkosten	10.600 €		
Plan-Stromkosten	10.000 €		
Ist-Beschäftigungsgrad	106%		
Stromk./ Ist-Leistungsartenmenge	5,00 €/FST	6,00 €/FST	2,00 €/FST

FST: Fertigungsstunden

Abbildung 6.3 Deckungsrechnung indirekter Sekundärstellen

Im Vergleich zur Deckungsrechnung indirekter Sekundärstellen die Verrechnung per Umlage (siehe Abbildung 6.4):

Senderkostenstelle	Stromversorgung Plankosten 10.000 €		
Empfängerkostenstelle	A	B	C
Plan-Leistungsartenmenge	1.000 FST	500 FST	1.000 FST
Stromverbrauch	50.000 kWh	30.000 kWh	20.000 kWh
Stromkosten fix	5.000 €	3.000 €	2.000 €
Stromk./ Plan-Leistungsartenmenge	5,00 €/FST	6,00 €/FST	2,00 €/FST
Ist-Leistungsartenmenge	1.200 FST	500 FST	800 FST
Beschäftigungsgrad	120%	100%	80%
Sollkosten Strom fix	5.000 €	3.000 €	2.000 €
verrechnete Stromkosten	10.000 €		
Stromk./ Ist-Leistungsartenmenge	4,17 €/FST	6,00 €/FST	2,50 €/FST

FST: Fertigungsstunden

Abbildung 6.4 Umlage-Rechnung für indirekte Sekundärstellen

Aus diesem Vergleich sind einige wesentliche Unterschiede zwischen der indirekten Leistungsverrechnung und der Umlage ersichtlich:

Indirekte Leistungsverrechnung versus Umlage

▶ Die variablen Stromkosten der Senderkostenstelle, die auf den Empfängerstellen bei Maschinen und maschinellen Anlagen größtenteils variablen Charakter haben, können bei der Umlage nur fix dorthin verrechnet werden.

▶ Sie sind damit in dem für Kalkulation und Ergebnisrechnung maßgeblichen variablen Kostensatz nicht enthalten.

▶ Außerdem schlägt – im Gegensatz zu den Stromkosten laut indirekter Leistungsverrechnung – der Anteil der Sekundärstellen in den Auswirkungen voll auf den Istkostensatz durch.

Wir schlagen vor, auch wegen der Probleme mit der Iterationsrechnung, die Sekundärstellen mit indirekten Leistungsarten nur über die indirekte Leistungsverrechnung abzuwickeln.

Wenn Sie Verwaltungsstellen, die im Prinzip nur Fixkosten beinhalten und die sich nicht auf andere Stellen, sondern voll in die Ergebnisrechnung verrechnen, per Umlage dorthin weiterbelasten wollen, dann ist dies auf jeden Fall viel unproblematischer als bei den Sekundärstellen. Bei diesen kommt die gegenseitige Verrechnung mit anderen Sekundärstellen hinzu; sie haben – siehe unser Strombeispiel in Abbildung 6.3 – auch variable Kostenanteile, die auf den Empfänger-Kostenstellen ebenfalls variabel sind.

6.4 Bereitstellung der Istkosten

An Istkosten werden alle Kosten übernommen, deren Belastungskontierung auf Kostenstelle oder Innenauftrag lautet. Die Gemeinkosten, die zu Lasten Kostenträger, Projekte oder Ergebnisobjekte gehen (z. B. die Werbekosten), werden wie die Einzelkosten direkt in die entsprechenden Teilgebiete übernommen.

An Istkosten bereitzustellen sind zum einen die primären Istkosten (siehe Abschnitt 2.2) aber auch die primären kalkulatorischen Kosten, die im Rahmen der Sollkostenrechnung (siehe Abschnitt 6.3) ermittelt werden.

Primäre originäre Istkosten

Die primären, originären Istkosten kommen aus vorgelagerten Arbeitsgebieten:

- *Personalkosten*: aus der Lohn- und Gehaltsabrechnung
- *über Lager geführte Gemeinkostenmaterialien*: aus der Materialabrechnung
- *Fremdrechnungen und Buchungsbelege*: aus der Kreditorenbuchhaltung

Kommen diese Werte aus anderen SAP-Modulen (HR, MM, FI etc.), dann werden im Vorsystem bereits alle Plausibilitätsprüfungen durchgeführt und die Daten schnittstellenfrei in das CO übergeleitet. Kommen die originären Daten aus Nicht-SAP-Systemen, so sind neben der Erstellung von Schnittstellenprogrammen auch alle Prüfungen vorzunehmen.

Abspaltung der Preisabweichungen

Eine weitere Anforderung an die Istkosten-Bereitstellung besteht darin, die Preisabweichungen gesondert auszuweisen. Im Rahmen der bisherigen betriebswirtschaftlichen Ausführungen zum Gemeinkosten-Controlling, insbesondere in Abschnitt 2.1.4, haben wir gelernt, dass zwischen Mengen- und Preisabweichungen zu unterscheiden ist. Davon können vom Kostenstellenverantwortlichen unmittelbar nur die Mengenabweichungen beeinflusst werden, während die Preisabweichungen ihren Ursprung in vorgelagerten Arbeitsgebieten haben und anteilig weiterbelastet sind.

Bestes Beispiel dafür sind die Preisabweichungen bei den Personalkosten. Wenn auf Grund einer generellen, tarifvertraglichen Lohnerhöhung die Lohnkosten um einen bestimmten Prozentsatz steigen, liegt dies außerhalb der Beeinflussungsmöglichkeiten des Kostenstellen-Leiters.

Sie erinnern sich an unser Beispiel in Abschnitt 2.1.4, in dem eine klare Trennung nach Preis- und Mengenabweichungen vorgenommen wurde.

Die Mengenabweichungen fallen in die Zuständigkeit des Kostenstellen-Leiters, die Preisabweichung allenfalls bei individuellen Lohnerhöhungen.

Wie erfolgt dann im Rahmen des SAP CO die Ermittlung der Preisabweichungen? Bei den Personal- und anderen Sachkosten kann sie dort, wo die Planung nach Ressourcen erfolgt ist, je Herkunftsbegriff (also z. B. LG1), ansonsten je Kostenart ermittelt werden.

Preisabweichungen bei Ressourcenplanung

Anders läuft es bei über Lager geführten Materialien, und zwar dann, wenn für diese Materialien Fest- oder Standardpreise gebildet sind und die Preisdifferenz nicht gleich gegen Ergebnis ausgebucht wird. In jedem Fall wird diese Preisdifferenz bereits im MM ermittelt und – wenn nicht direkt ausgebucht – SAP CO zur Verfügung gestellt (dies ist für die Kostenträgerrechnung noch wichtiger als für den Gemeinkostenbereich). Damit stehen alle primären, originären Kostenarten, nach Möglichkeit differenziert in Standardwert und Preisabweichung, für die Kostenstellen- und die vorgeschaltete Innenauftrags-Abrechnung zur Verfügung.

Zu den primären Istkosten zählen aber auch die primären kalkulatorischen Kosten. Dies sind in erster Linie die kalkulatorischen Abschreibungen und kalkulatorischen Zinsen.

Primäre kalkulatorische Kosten

Diese Werte könnten natürlich auch monatlich aus dem SAP-Modul FI-AA – *Asset Accounting* übernommen werden, doch wird dies in der Praxis aus zwei Gründen nur recht selten gemacht:

Der erste Grund dafür ist, dass meist unterjährig Veränderungen in der Kostenstellenrechnung nicht berücksichtigt werden, weil dies auch zu Abweichungen gegenüber den Planwerten führen würde (wobei häufig die Veränderungen des ersten Halbjahres bereits eingeplant sind).

Der zweite, gewichtigere, weil sachliche Grund betrifft die kalkulatorischen Abschreibungen, die auch einen variablen, verschleißabhängigen Anteil haben (denken Sie nur an Ihr Auto), der auch variabel geplant werden sollte und deshalb auch zu unterschiedlichen Sollkosten in den einzelnen Monaten führt, die so nicht im SAP FI-AA ermittelt werden.

Weitere primäre kalkulatorische Istkosten könnten kostenstellengebundene kalkulatorische Werkzeugkosten oder Großreparaturen sein.

Neben den Kostenstellen- oder innenauftragswirksamen Istkosten müssen ferner die Istleistungen bereitgestellt werden. Im Rahmen der Istleistungsübernahme je Leistungsart werden die Einzelleistungen, die in Summe die Istleistungsartenmenge ergeben, bewertet, und zwar mit den variablen und fixen Plankostensätzen sowie, falls das System so einge-

Istleistungen

stellt ist, auch mit anteiligen Abweichungen. Istkosten und Istleistungen stehen damit für die folgenden Teilgebiete, die Innenauftragsabrechnung und den Soll-Istkosten-Vergleich, bereit.

6.5 Innenauftragsabrechnung

In Kapitel 4, *Innenaufträge* haben Sie die unterschiedlichen Auftragsarten und auch Vorschläge zur Unterteilung in Auftragsgruppen kennen gelernt. Dabei wurden Sie auch über Details wie Auftragsstamm, die Statusverwaltung, Kostenvorschätzungen, den Istkostenanfall und Auftragsberichte informiert. Deshalb können wir uns in den nachfolgenden Ausführungen auf die Aktivitäten im Zusammenhang mit der monatlichen Kostenstellen-Abrechnung konzentrieren.

Einzelaufträge

Bei den Einzelaufträgen kann die Weiterverrechnung der Kosten entweder im Anfallmonat oder erst nach Auftragsabschluss vorgenommen werden. Ist die Verrechnungskontierung klar, so geht man meist den Weg, die Kosten monatlich weiterzubelasten. Auf diese Weise vermeidet man größere Istkosten-Schwankungen.

Die Weiterverrechnung erfolgt mit getrennten Verrechnungskostenarten für die primären und die sekundären Kostenarten, differenziert nach Auftragsgruppen, um die Zuordnung zu den einzelnen Kostenblöcken (z. B. Instandhaltungsaufträge zum Block der Instandhaltungskosten oder Werkzeugaufträge zu den entsprechenden SIV-/BAB-Zeilen) korrekt vornehmen zu können. Unter diesen Verrechnungskostenarten werden die Istkosten auch in die monatliche Abrechnung übernommen.

Daueraufträge

Daueraufträge werden bei immer wiederkehrenden Lieferungen und Leistungen kurzfristig vor der Übernahme in die monatliche Abrechnung zwischengeschaltet. Damit werden die Kosten monatlich verrechnet, gleichzeitig aber auch für sich über längere Zeit, Monate oder Jahre, sichtbar gemacht. Die bei den Einzelaufträgen für jeden Einzelfall erforderlichen Auftragsgenehmigungen, -eröffnungen und -abschlüsse entfallen, da die Aufträge permanent gültig sind. Die Daueraufträge werden jeweils in der laufenden Periode, und zwar meistens anfallskostenartenweise verrechnet, so dass Benzin unter der Kostenart Treibstoffe, Reparaturen unter Instandhaltung etc. ausgewiesen werden können, so wie auch die Planung differenziert wurde. Die Daueraufträge bedeuten demnach keinen besonderen Aufwand.

Abgrenzungsaufträge

Die dritte Auftragsart, die Abgrenzungsaufträge, kommt als Abschlusskontierung von Einzelaufträgen (z. B. Großreparaturen) oder für besondere Kostenarten (z. B. kalkulatorische Belegschaftsnebenkosten) in Frage. Im Gegensatz zu den Einzel- und Daueraufträgen werden aber von den Abgrenzungsaufträgen keine Istkosten auf die Kostenstellen verrechnet. Im Gegenteil, aus der Kostenstellenrechnung werden die dort mit der Sollkostenrechnung ermittelten »Deckungsbeträge« den Abgrenzungsaufträgen gutgeschrieben und dort gegen den Istkostenanfall saldiert.

Bleiben als vierte Auftragsgruppe die Statistischen Aufträge, die aber abrechnungstechnisch keine Rolle spielen, sondern lediglich eine zusätzliche Darstellungsebene für die Istkosten darstellen. Die Istkosten werden aber direkt Kostenstelle/Kostenart verrechnet.

Statistische Aufträge

Ein abschließendes Wort zu den Innenaufträgen. Der Titel dieses Buches lautet Gemeinkosten-Controlling mit SAP CO. Wir sind der festen Überzeugung, dass ein aussagefähiges Gemeinkosten-Controlling ohne Innenaufträge nicht möglich ist. Wir können Ihnen deshalb nur raten, auf dieses Instrument auf keinen Fall zu verzichten.

6.6 Soll-Istkosten-Vergleich

Der Soll-Istkosten-Vergleich (SIV) stellt die wichtigste Auswertung der monatlichen Kostenstellenrechnung und des Gemeinkosten-Controllings dar. In ihm werden je Kostenstelle, zeilenweise nach Kostenarten oder Kostenartengruppen, die Istkosten der Periode und seit Geschäftsjahresbeginn den an die Ist-Beschäftigung angepassten Plankosten, den Sollkosten, gegenübergestellt. Der SIV bildet die Grundlage für Kosten- und Abweichungsanalysen sowie für Kostendurchsprachen mit den Verantwortlichen.

Zielsetzungen des Soll-Istkosten-Vergleichs

Die Hauptanforderungen an den monatlichen SIV sind:

Anforderungen an den SIV

- die Sammlung aller direkt zu Lasten Kostenstelle kontierten und der über Innenaufträge dorthin verrechneten Gemeinkosten
- die Abspaltung der vom Kostenstellenverantwortlichen nicht beeinflussbaren Preisabweichungen (soweit dies möglich ist)
- die zeilenweise und summarische Darstellung von Ist- und Sollkosten mit der Verbrauchsabweichung, absolut und in Prozent, als Differenz
- der Ausweis kostenstellenbezogener Kennziffern wie
  - Ist- und Planbeschäftigung sowie Beschäftigungsgrad in Prozent je Leistungsart
  - die Ist- und Plankostensätze je Leistungsart

> ▶ die Fixkostenüber- oder -unterdeckung je Leistungsart
> ▶ der aus Sicht der Kostenstellenrechnung rein statistische Vergleich der im SIV Soll = Ist verrechneten Abgrenzungsaufträge mit den aus der Innenauftragsabrechnung übernommenen effektiven Istkosten der Abgrenzungsaufträge

Verbrauchsabweichung

Zu diesen Anforderungen besteht noch folgender Erklärungsbedarf: Die Differenz zwischen Ist- und Sollkosten wird in der Kostenstellenrechnung als Verbrauchsabweichung bezeichnet. Verbrauchsabweichungen sollten an sich reine Mengenabweichungen sein, weil die Preisabweichungen vorweg abgespalten werden sollten. Dies gilt aber nicht generell, z.B. für Fremdrechnungen nur in Ausnahmefällen. Trotzdem hat sich der Begriff Verbrauchsabweichung für den Saldo Ist- minus Sollkosten eingebürgert.

Fixkostendeckung je Leistungsart

Die zweite Aussage, die Ihnen aufgefallen sein dürfte, bezieht sich darauf, dass nicht nur bei der Relation Ist- zu Planbeschäftigung (was noch verständlich ist), sondern auch bei den Kostensätzen oder der Fixkostendeckung immer der Zusatz »je Leistungsart« vorkam. An sich ist dies völlig klar, weil sich bei mehreren Leistungsarten innerhalb einer Kostenstelle sowohl die Beschäftigungsgrade und damit auch die Fixkostendeckung oder die Istkostensätze völlig unterschiedlich entwickeln können (auf die Fixkostendeckung kommen wir am Ende dieses Abschnitts noch zu sprechen).

Sie könnten jetzt fragen, warum der SIV dann nicht je Leistungsart erstellt wird. Diese Frage haben sich etliche Unternehmen gestellt. Es gab auch in namhaften Unternehmen Versuche, Istkosten-Kontierungen je Leistungsart vorzunehmen. Dies ging aber nur für ganz bestimmte Kostenarten und war von Kostenstelle zu Kostenstelle unterschiedlich zu sehen, weshalb man den Versuch wieder aufgegeben hat. Wir werden aber auf dieses Thema im Rahmen der Abweichungszuordnung zu den einzelnen Kostenarten einer Kostenstelle mit mehreren Leistungsarten nochmals zu sprechen kommen.

Beispiel SollIstkostenVergleich

Am besten lassen sich die Details der SIV-Gestaltung am nachfolgenden praktischen Beispiel erläutern (siehe Abbildung 6.5). Unser Muster-SIV stammt aus einer Firma, die Getriebe und Behälter herstellt, und wurde für die Kostenstelle »421 NC-Drehmaschinen« des Werkes 1 erstellt. Im Kopf des Formulars sind Kostenstellennummer, -bezeichnung und -verantwortlicher sowie die Standard-Verdichtungsbereiche aufgeführt.

02 03 04		**SOLL-ISTKOSTEN-VERGLEICH**				Werk	Kostenstelle	
		NC-Drehmaschinen		Klammer		01	421	

			APRIL			JANUAR	- APRIL	
06	SOLL-ISTKOSTEN-VERGLEICH NACH KOSTENARTEN							
08		Kostenarten	Istkosten	Sollkosten	Abweichung	in%	Istkosten kum.	Verbr.-Abw.kum.	in %
09		Fertigungslohn	71.015	69.762	1.253	2	265.312	2.627	1
10		Zusatzlohn	2.931	2.790	141	5	11.242	735	7
11		Hilfslohn Vorarbeiter/Einrichter	24.992	27.053	2.061-	8-	100.756	2.056-	2-
12		Hilfslohn Transport/Lager							
13		Hilfslohn Reinigung	1.178	1.289	111-	9-	5.101	149	3
14	1	Sonstiger Hilfslohn	29		29		116	116	
15		Zulagen	7.308	7.601	293-	4-	29.907	286	1
16		Mehrarbeitszuschläge	969	858	111	13	3.683	452	12
17		Kalk.Sozialaufwand Lohn	81.316	82.015	699-	1-	307.187	1.645	1
18		Gehalt	3.934	3.729	205	5	14.876	147	1
19		Kalk.Sozialaufwand Gehalt	3.163	2.984	179	6	11.901	118	1
20		Heizöl/Treibstoffe							
21	2	Werkzeuge	28.671	26.729	1.942	7	105.909	5.043	5
22		Kalk.verr.Betriebsmittel	8.539	8.539			32.154		
23		Sonstige Hilfs. u. Betriebsstoffe	3.142	2.655	487	18	9.894	202-	2-
24	3	Instandhaltung	24.955	31.108	6.153-	20-	121.904	3.551	3
25		Kalk.Instandhaltungskosten	14.784	14.784			55.668		
26		Ausschuß/Nacharbeit							
27	4	Fremdenergie							
28		Sonst.Eigen- und Fremdleistungen							
29		Steuern/Versicherungen							
30		Beiträge/Gebühren							
31	5	Porto/Telefon							
32		Werbung/Marketing							
33		Reise- u. Bewirtungskosten							
34		Sonst.Verwaltungskosten							
35	6	Kalk.Abschreibungen	74.960	74.960			299.840		
36		Kalk.Zinsen	16.307	16.307			65.228		
37		Kalk.Sozialkosten	4.817	4.817			19.268		
38		Kalk.Raumkosten	8.084	8.084			32.336		
39	7	Kalk.Energiekosten	14.204	14.204			56.816		
40		Kalk.Transportkosten							
41		Kalk.Leitungskosten	24.029	24.029			96.116		
43		GESAMTKOSTEN I =Z 09-42	419.327	424.297	4.970-	1-	1.645.214	12.611	1

45	KOSTENARTENGRUPPEN UND ABWEICHUNGEN								
46		Kostenarten-Gruppe		Istkosten	Sollkosten	Abweichung	in%	Istkosten kum.	Verbr.-Abw.kum.	in %
47	1	Personalkosten	=Z 09-19	196.835	198.081	1.246-	1-	750.081	4.219	1
48	2	Hilfs- u. Betriebsstoffe	=Z 20-23	40.352	37.923	2.429	6	147.957	4.841	3
49	3	Instandhaltungskosten	=Z 24-25	39.739	45.892	6.153-	13-	177.572	3.551	2
50	4	Sonst.Gemeinkosten	=Z 26-28							
51	5	Versch.Gemeinkosten	=Z 29-34							
52	6	Kalk.Kapitalkosten	=Z 35-36	91.267	91.267			365.068		
53	7	Sonst.kalk.Kosten	=Z 37-42	51.134	51.134			204.536		
54		GESAMTKOSTEN I	=Z 09-42	419.327	424.297	4.970-	1-	1.645.214	12.611	1
55		Tarifabw. Lohn einschl. Soz.-Aufw.		9.487		9.487		9.487	9.487	
56		Tarifabw. Gehalt einschl. Soz.-Aufw.		356		356		356	356	
57		Preisdifferenzen		1.074		1.074		2.103	2.103	
58		Abweichungen fremder Stellen		266		266		1.117	1.117	
59		GESAMTKOSTEN II	=Z 54-58	430.510	424.297	6.213	1	1.658.277	25.674	2

61	FIXKOSTEN-	Planfixkosten	Gedeckte Fixk.	Besch.-Abweichg.	in%	Ged.Fixkosten kum.	Besch.-Abw.kum.	in%
62	DECKUNG	91.915	101.107	9.192-	10-	380.712	13.052-	4-
63	DECKUNG	Istkosten	Verrechnete Kosten	Über/Unterdeckg.	in%	Istkosten kum.	Über/Unterdeckg.kum	in%
64	STANDARDAUFTRÄGE		23.323	23.232-	100-	61.356	18.363	23-
65	BEZUGSGRÖSSEN UND KOSTENSÄTZE							
66	Bezugsgrößenart	IstBezugsgrMng	PlnBezugsgrMng			var.Plankostensatz	var.Istkostensatz	
67		4.620	4.200			71,96	73,12	

Abbildung 6.5 Soll-Istkostenvergleich

Die Zeilen 09–43 sind für Kostenarten bzw. Kostenartengruppen vorgesehen. Bei Bedarf lassen sich diese Zeilen weiter aufreißen (im Istkostennachweis sind die Einzelkostenarten mit Summen je SIV-Zeile – und, wenn so ausgelegt, auch detailliert bis zum Einzelbeleg, zu sehen). Im SIV sind sie aus Platzgründen (um ein handliches Formular bzw. eine übersichtliche Maske zu bekommen) zusammengefasst.

In Zeile 43 werden die Summen der gesamten Kostenstelle gezeigt. Die Positionen dieser Gesamtkosten I sind, was die Istkosten anbelangt, preisbereinigt abgebildet (um Ist und Soll mit vergleichbarem Preisansatz auszuweisen). Die Zeilen 47–54 zeigen als Kurzinformation die Summen der einzelnen Kostenblöcke (siehe die zweite numerische Gruppierung nach den Zeilennummern). Die Summe der Zeile 54 muss mit der Summe der Einzelzeilen (Zeile 43) übereinstimmen.

In den Zeilen 55 bis 58 werden die von den effektiven Istkosten abgespaltenen Preisabweichungen nach Kostenartengruppen gezeigt. Zeile 59, mit Gesamtkosten II tituliert, enthält demnach die gesamten Istkosten (logischerweise nur mit Istwerten, also ohne Sollkosten).

Horizontal sind zunächst die Kosten der laufenden Abrechnungsperiode mit Ist, Soll sowie Abweichungen, absolut und in Prozent, abgebildet. Bei mehreren Leistungsarten in einer Kostenstelle sind deren Sollkosten kostenartenweise in der Spalte Sollkosten aufaddiert, im System natürlich nach Leistungsarten differenziert abgespeichert. Im rechten Teil stehen die Kosten seit Beginn des Geschäftsjahres. Aus Platzgründen wird in diesem Beispiel auf die kumulativen Sollkosten verzichtet (die sich aber als Differenz zwischen Ist und Verbrauchsabweichungen jederzeit ermitteln lassen). Für das GK-Controlling sind diese Kumulativwerte sehr wichtig, weil sich im monatlichen Istkostenanfall zwangsläufig Kostenschwankungen ergeben, die sich kumulativ ausgleichen können. Die Rechenformeln für die Ermittlung der Verbrauchsabweichungen lauten:

Istkosten – Sollkosten = Verbrauchsabweichung

Verbrauchsabweichung / Sollkosten × 100 =
Verbrauchsabweichung in %

Eine im SIV ausgewiesene Plus-Abweichung ist demnach ein Kosten-Mehrverbrauch, eine Minus-Abweichung ein Minderverbrauch. Unser Beispiel betrifft eine Fertigungsstelle, in der insbesondere der Bereich der Verschiedenen Gemeinkosten (Zeilen 29–34) nicht angesprochen wird. Umgekehrt sind bei einer kaufmännischen Stelle die Löhne oder Hilfs- und Betriebsstoffe nicht in dieser Vielfalt erforderlich. Größere Unternehmen haben dies so gelöst, dass es zwei Formulare, eines für technische, ein anderes für kaufmännische Stellen, gibt.

Im unteren Teil des Ausdruckes wird zunächst (Zeilen 61 und 62) die Fixkostenüber- oder -unterdeckung gezeigt. Die Zeilen 63 und 64 geben in diesem Beispiel die Deckung der kostenstellenbezogenen Abgrenzungsaufträge »für kalk. verrechnete Betriebsmittel« (Zeile 22) und »kalk. Instandhaltungskosten« (Zeile 25) wieder, die in den entsprechenden Zeilen Soll = Ist verrechnet werden (siehe die Zeilen 22 und 25). Im laufenden Monat sind keine Istkosten, die aus der Innenauftragsabrechnung rein statistisch in die Zeile 64 übernommen würden, angefallen. Kumulativ sind um rund 23 % weniger Istkosten angefallen, als kalkulatorisch verrechnet wurde. Zeile 67 zeigt die Beschäftigungssituation dieser Kostenstelle/Leistungsart sowie die für Kalkulation und Ergebnisrechnung wichtigen variablen (proportionalen) Kostensätze. Der Beschäftigungsgrad der laufenden Periode liegt bei 110 % (kumulativ bei 104 %). Und damit wieder zurück zur Zeile 62 Fixkostendeckung. Der Fixkostensatz stimmt im Prinzip nur bei einer Istbeschäftigung, die gleich der Planbeschäftigung ist.

Wenn in unserem Beispiel die Planfixkosten bei 91 915 € liegen und die Planbeschäftigung 4 200 Stunden beträgt, so entspricht dies einem Fixkostensatz von 21,88/Std. Liegt die Istbeschäftigung bei 4 620 Stunden, so würde der aktuelle Fixkostensatz bei 19,90 €/Std. liegen. Umgekehrt ergäbe sich bei einer Istbeschäftigung von 3 780 Stunden (= 90 %) ein Fixkostensatz von 24,32 €/Std. Da man aber die Fixkostensätze nicht von Monat zu Monat verändern kann – denken Sie an die Auswirkungen auf Kalkulation und Ergebnisrechnung, sondern sie für das gesamte Geschäftsjahr unverändert in Höhe des Plansatzes beibehält, ergibt sich Monat für Monat ein Delta, die so genannte Beschäftigungsabweichung, die man pauschal in das Gesamtergebnis übernimmt.

Wir haben auf Grund unserer praktischen Erfahrung vorgeschlagen, SIV und Istkostennachweis (IKN) als firmenindividuell ausgelegte und differenzierte Batch-Auswertungen auszudrucken. Selbstverständlich besteht unabhängig davon die Möglichkeit, direkt per Bildschirm ins System einzusteigen und z. B. die Kosten bis auf den Einzelbeleg aufzureißen. Dies sollte jedes Unternehmen speziell für sich auslegen.

Manche Unternehmen gehen z. B. bei der Bildschirmversion des SIV – ähnlich wie bei der Vertriebsergebnisrechnung – den Weg, Abweichungen per Ampelfunktion deutlich zu signalisieren, z. B. Abweichungen größer/kleiner eines bestimmten Prozentsatzes und/oder Wertes.

SIV als Batch-Ausdruck und als Online-Information

Noch einige generelle Anmerkungen zum SIV. Die SIV-Zeile, die man nicht nur in den Batch-Ausdrucken, sondern auch für Online-Informationen verwendet, stellt einen Kompromiss dar, um in übersichtlicher, komprimierter Form einen Überblick und Gesamteindruck zu bekommen. Jede im SIV angesprochene Kostenart aufzuführen, würde bei einer hohen zweistelligen, wenn nicht gar dreistelligen Anzahl Kostenarten zu unübersichtlich werden. Aber selbstverständlich lassen sich die Werte je Kostenart darstellen. Man muss dazu nur wissen, dass Plan- und Ist-Kostenarten nicht immer deckungsgleich sind. So plant man z.B. in Industrieunternehmen, die in der Fertigung noch mit Akkordentlohnung arbeiten, die Zusatzlöhne für Wartezeiten wegen Maschinenstillstand, fehlender Werkzeuge oder fehlenden Materials usw. in einer Summe je Kostenstelle/Leistungsart (meist in einer Größenordnung von 2–5 % vom Fertigungslohn) und stellt dieser Planungs-Kostenart die für das Ist vorgesehenen detaillierten Kostenarten gegenüber. Ähnlich geht man bei anderen, wertmäßig nicht ins Gewicht fallenden Kostenarten, wie bei allgemeinen Hilfs- und Betriebsstoffen, vor.

Zu SIV-Zeilen zusammengefasst werden auch die verschiedenen Instandhaltungs-Kostenarten, weil es oft reiner Zufall ist, abhängig von freien Ressourcen der eigenen Handwerker, ob eine Reparaturmaßnahme von eigenen oder fremden Handwerkern durchgeführt wird.

SIV ohne Doppelverrechnungen

Per System lassen sich auch Soll-Istkosten-Vergleiche ohne Doppelverrechnungen über beliebig viele Stufen abbilden, indem über eine fest definierte Standardhierarchie abgeprüft wird, ob die Leistung vom eigenen oder einem fremden Bereich erbracht worden ist. Im SAP-System heißt die entsprechende Funktion *Binnenumsatzeliminierung*.

Abstimmung zum Externen Rechnungswesen

Wichtig bei allen Überlegungen zum Soll-Istkosten-Vergleich ist in jedem Fall die Abstimmung mit dem Externen Rechnungswesen, auf die auf keinen Fall verzichtet werden darf, zumal der Aufwand dafür relativ gering und zudem bekannt ist, wo Abweichungen auftreten können.

In erster Linie gehen die Wertansätze bei den Abschreibungen (bilanziell bzw. kalkulatorisch), den Zinsen (effektiv gegenüber den kalkulatorisch verrechneten Zinsen), bei den Belegschaftsnebenkosten (Istaufwand gegenüber der kalkulatorischen, prozentualen Verrechnung) und bei kalkulatorisch verrechneten Betriebsmitteln und Großreparaturen auseinander.

Diese Abstimmung ist, auch wenn sich Wertansätze und Abgrenzungen heute angenähert haben, zwingend erforderlich. Die Zeiten, wo der

Geschäftsführung von der Finanzbuchhaltung und dem Controlling unterschiedliche, nicht abgestimmte Monatsergebnisse vorgelegt wurden, sollten endgültig vorbei sein.

Zum Schluss noch einige formale Hinweise. Zum einen stellt es heute kein Problem mehr dar, Aussagen auch graphisch wiederzugeben (z.B. in Form von Säulen- oder Kuchendiagrammen). Ein weiterer Hinweis betrifft spezielle Kennzahlen, die mit den wertmäßigen Soll-Istkosten-Vergleichen an sich nicht direkt zu tun haben, die aber mangels eigener EIS-Systeme in den SIV einbezogen werden sollen, gelegentlich – aus Platzgründen – auf einem separaten Blatt oder mit einer zusätzlichen Maske.

Dies können Mitteilungen wie aktueller Personal- und Krankenstand, Informationen zur Produktivität oder spezielle Relativziffern, z.B. Fertigungs- oder Maschinenstunden pro Tonne Ausbringung u.Ä.m., sein.

Schließlich ist noch darauf hinzuweisen, dass der SIV nicht nur für die einzelnen Kostenstellen erstellt wird, sondern auch für beliebig viele und beliebig stufige Hierarchien. Derartige Verdichtungen sind denkbar nach Verantwortlichkeiten, unter organisatorischen Aspekten, aus Abstimm- und Überleitungsüberlegungen, nach Art der Verrechnung (über Kostensätze in die Kalkulation, über Zuschläge, mit Hilfe der Prozesskostenrechnung oder über die stufenweise Kostendeckungsrechnung in die Ergebnisrechnung), mit Eliminierung der Doppelverrechnungen usw.

SIV nach Verdichtungsbereichen

Zusammenfassend ist zu sagen, dass Soll-Istkosten-Vergleiche und die Innenauftragsabrechnung das wichtigste Ergebnis der monatlichen Abrechnung sind. Sie sind die Voraussetzung für alle weiterführenden Arbeitsgebiete wie Kostenträger- und Ergebnisrechnung, bilden aber auch die wesentliche Basis für das Gemeinkosten-Controlling.

6.7 Istkostennachweis

Der Istkostennachweis, abgekürzt IKN, stellt den Einzelnachweis aller Istkosten dar, die auf Innenaufträge oder Kostenstellen verrechnet wurden. Dabei werden in frei wählbarer Differenzierung die Istkosten, nach individueller Festlegung pro Einzelposten, Kostenart oder nur Zeile des zugrunde liegenden SIV- oder Auftragsberichtes ausgewiesen.

Dargestellt werden pro Position die effektiven Istkosten sowie – dort, wo es möglich ist – die preisbereinigten Istkosten. Sortierbegriffe sind die (SIV-)Zeilen-Nummer, Kostenarten-Nummer und -Benennung sowie die Einzelpositionen, soweit möglich mit Menge, Preis/Einheit und dann die jeweiligen Istkosten der Periode und pro Kostenart und Zeile auch die

Kumulativ-Kosten (ein Auszug aus einem derartigen IKN ist in Abbildung 6.6 festgehalten).

```
Getriebebau AG                                                    Seite 10
87640 Biessenhofen                                       Buchungskreis 1001
KSt: 01   421   NC-Drehmaschinen   Verantwortl.: Klammer    Monat 04/2004
Kostenart                          Menge     Preis/ME     Istkosten
     Herkunft                                             Periode   Kumulativ
     Masch.-Teile, Jakob, Stuttgart                        479,00
     Masch.-Teile, Schöffel, Freising                      483,85
     Elektroteile, Schick, Rosenheim                     9.633,88
**  Summe Kostenart 00004562                            10.596,73   9.543,13

00004585 Reparaturmaterial vom Lager
     Mat 85473, Hydr.Schlauch 3/4''   12,000      9,97     119,64
     Mat 65433, Wasserpumpe, 0,5 kW    1,000    164,23     164,23
     Mat 65502, Dichtring 2            4,000      4,18      16,72
     Mat 65831, Lagerbuchse 70         5,000     10,04      50,20
     Mat 87661, Spannhuelse 2         10,000      0,30       3,00
     Mat 54321, Stahlbuchse            5,000      2,74      13,70
**  Summe Kostenart 00004585                               367,49   1.243,34
```

Abbildung 6.6 Istkostennachweis (Auszug)

Der IKN soll

▶ einen revisionsfähigen Nachweis des Istkosten-Anfalls wiedergeben

▶ der Detail-Information des Kostenstellen-/Auftrags-Verantwortlichen dienen

▶ die Basis für Kostendurchsprachen und Abweichungsanalysen sein

Außerdem ist er mit seinen Detail-Informationen und Kumulativ-Kosten neben dem SIV und der Innenauftragsabrechnung eine wichtige Grundlage für Unwirtschaftlichkeits-Untersuchungen. Details eines derartigen IKN, erstellt für die Kostenstelle 421, sind auch der bereits erwähnten Abbildung 6.6 zu entnehmen.

Dem Batch-Ausdruck sind wegen der Datenfülle und der damit zusammenhängenden Papierflut natürlich Grenzen gesetzt. Deswegen geht man in der praktischen Auslegung häufig den Weg, sich auf die wesentlichen Daten zu beschränken und sich parallel dazu die Einzelposten direkt im System anzusehen und dann Hardcopies von den relevanten Daten zu machen.

6.8 Abweichungen im Gemeinkostenbereich

6.8.1 Überblick

Abweichungen signalisieren, dass der Plan bzw. das daraus abgeleitete Soll nicht eingehalten werden. Gewinnabweichungen im Gemeinkostenbereich (GK-Bereich), also Kosten- oder Leistungsminderverbräuche, werden gerne akzeptiert, Mehrverbräuche weniger. Gerade die Mehrverbräuche führen zu eingehenden Diskussionen, die nicht immer sachlich und zielführend geführt werden (siehe auch Abschnitt 6.9).

Teile der Abweichungen können vom Kostestellenverantwortlichen nicht unmittelbar beeinflusst werden. Dies gilt insbesondere für Preisabweichungen, die im Wesentlichen außerhalb der Verantwortlichkeit der Kostenstellenleiter entstehen und, wenn weiter verrechnet, parallel zum Standardwert weiter gewälzt werden. Dies trifft auch für Sekundärstellen zu, wenn die Weiterbelastung dieser Kostenstellen inklusive anteiliger Abweichungen vorgenommen wird.
Abweichungen unter dem Aspekt der Verantwortlichkeit

Abweichungen können auch daraus resultieren, dass gerade bei der Erstplanung noch Planungs- und Kontierungsfehler auftreten oder dass bei einer analytischen Kostenplanung ein gewisser Anspannungsgrad zu Grunde gelegt wurde. In jedem Falle ist den Abweichungen im Einzelnen nachzugehen. Dazu müssen die Abweichungen noch mit Abweichungsarten kenntlich gemacht werden (was im CO auch gewährleistet ist).

6.8.2 Abweichungsarten

Folgende Abweichungsarten sind für den Gemeinkostenbereich zu unterscheiden:
Abweichungen anfallseitig

- Preisabweichungen
- Mengen-/Verbrauchsabweichungen
- Beschäftigungsabweichungen

Hinzu kommen unter dem Aspekt der Weiterverrechnung an zusätzlichen Abweichungsarten:
Abweichungen verrechnungsseitig

- dispositive statt effektiver Abweichungen
- Abweichungen aufgrund »politisch gesetzter« Preise
- Abweichungen sekundärer Stellen

Zu den anfallseitigen Abweichungen ist im Einzelnen anzumerken:

Preisabweichungen

Als *Preisabweichungen* werden zunächst die Differenzen zwischen den aktuellen Istpreisen pro Einheit und den im System hinterlegten Standard- oder Ressourcenpreisen, multipliziert mit den Mengen, ausgewiesen. Fehlen die Herkunftsbegriffe in der Planung oder ist überhaupt kein Plan vorhanden, können Preisabweichungen auch über aufgegebene Prozentwerte je Kostenart errechnet werden. Auf diese Möglichkeit muss z. B. bei generellen Lohn- und Gehaltserhöhungen zurückgegriffen werden, wenn keine Ressourcenplanung vorgenommen wurde. Nachteile dieser Lösung ist, dass nur nach Kostenarten, nicht auch nach Lohngruppen unterschieden werden kann. Damit lässt sich auch eine, nur etwas ungenauere Preisbereinigung durchführen.

Während die Preisabweichungen bei Materialien von Lager im Vorsystem (SAP MM) ermittelt werden, falls ein Standardpreis hinterlegt ist, werden die übrigen Preisabweichungen erst im SAP CO ermittelt, sind aber vom Kostenstellen- oder Innenauftragsverantwortlichen nicht zu beeinflussen.

Im SIV (Soll-Istkosten-Vergleich) werden Preisabweichungen im unteren, separaten Teil ausgewiesen (siehe Zeile 55–57 in Abbildung 6.5). Das heißt, dass die Istkosten im oberen Teil des SIV, soweit dies möglich ist preisbereinigt gezeigt werden und somit Soll- und Istkosten auf annähernd vergleichbarer Preisbasis beruhen. In unserem Muster-SIV werden sie, aufgrund der Basis-Kostenarten als »Tarifabweichung auf Lohn bzw. Gehalt einschließlich Sozialer Aufwendungen« in den Zeilen 55 und 56 gezeigt. Die Zeile 57 »Preisdifferenzen« enthält nur noch Preisabweichungen beim Material vom Lager oder sonstigen Gemeinkosten. Damit ist eine wesentliche Anforderung, nämlich Plan/Soll und Ist auf vergleichbarer Preisbasis auszuweisen, weitgehend erfüllt.

Mengen-/Verbrauchsabweichungen

Nachdem wir die Preisabweichungen »nach bestem Wissen und Gewissen« eliminiert haben, sollte die verbleibende Differenz bei den einzelnen Kostenarten bzw. Kostenartengruppen primär eine Mengenabweichung sein. Sie ist es auch in erster Linie. Allerdings sind in geringen Umfang auch Preisabweichungen enthalten, nämlich dann, wenn keine konkrete Korrekturmöglichkeit besteht.

Obwohl nicht generell für alle Planpositionen dieses Abspalten der Preisabweichungen möglich ist, bezeichnet man das Delta zwischen Ist und Soll als *Verbrauchs- oder Mengenabweichung*. Die Rechenformeln lauten:

Istkosten – Sollkosten = Verbrauchsabweichung (VA)

Verbrauchsabweichung / Sollkosten × 100 = VA in %

An sich müssten die Verbrauchsabweichungen variabler Natur sein, doch bleibt es im CO dem Anwender überlassen, sie auch im Verhältnis der Sollkosten in variabel und fix aufzuteilen. Dem Anwender ist schlecht vermittelbar, Verbrauchsabweichungen bei reinen Fixkostenstellen (z. B. Raumstellen) oder auch bei fixen Kostenarten einer Kostenstelle (z. B. Gehälter) als variabel auszuweisen. Daher kann jeder Anwender diese Entscheidung für sich treffen.

Die in der Praxis bevorzugte Variante ist die Aufteilung in variabel und fix im Verhältnis der Sollkosten. Wir werden auf diese Überlegung nochmals zurückkommen, wenn es darum geht, bei mehreren Leistungsarten für eine Kostenstelle die Abweichungen auf die Leistungsarten aufzuteilen, was für die Ermittlung von Istkostensätzen zwingend erforderlich ist.

Wir haben die *Beschäftigungsabweichung* bereits in Abschnitt 6.6 als die Differenz zwischen Planfixkosten und den gedeckten Fixkosten einer Kostenstelle/Leistungsart kennen gelernt. Nachdem der Fixkostensatz unterjährig unverändert beibehalten wird, ergeben sich für jede einzelne Kostenstelle/Leistungsart von Monat zu Monat unterschiedliche Fixkosten-Deckungen. Diese Über-/Unterdeckung, allgemein als Beschäftigungsabweichung bezeichnet, wird bei den meisten Unternehmen direkt gegen das Monatsergebnis ausgebucht. SAP CO bietet aber auch die Möglichkeit, die Beschäftigungsabweichung entsprechend der Istleistungen der Periode weiterzuverrechnen.

Beschäftigungsabweichungen

Sie sehen diese Istkosten in ihrer Struktur in Abbildung 6.7. Sie kennen dieses Bild bereits aus den Erläuterungen zur Sollkostenrechnung (siehe Abbildung 6.2). Wir haben jetzt zusätzlich die Istkosten der Periode mit ihren Abweichungen – Preis-, Verbrauchs- und Beschäftigungsabweichung – aufgenommen. Sie vermissen in Abbildung 6.7 vielleicht die im SIV-Ausdruck (siehe Abbildung 6.5) ausgewiesenen Abweichungen sekundärer Stellen. Wir werden darauf im Abschnitt 6.8.3 näher eingehen, nachdem es sich bei diesen Abweichungen um weiterverrechnete, keine originären Abweichungen handelt.

Eine letzte Anmerkung zu den anfallseitigen Abweichungen. Wenn Sie sich an unser SIV-Beispiel erinnern (siehe Abbildung 6.5), dann wurden dort im oberen Teil des SIV (Zeilen 09–43) nur preisbereinigte Istkosten angesetzt. Auf diese Weise wurden Soll- und Istkosten mit vergleichbarem Wertansatz ausgewiesen. Das heißt, dass in den Istkosten bereits die Preisabweichungen ausgeklammert und »unterm Strich« in den Zeilen 55–57 dargestellt wurden. Sie gehören aber zu den effektiven Istkosten dieser Kostenstelle.

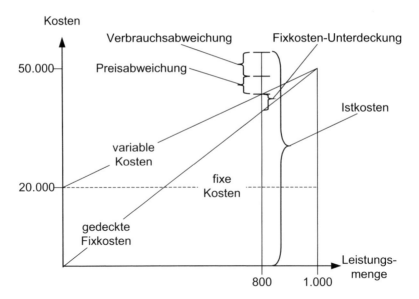

Abbildung 6.7 Istkostenstruktur

Anders verhält es sich mit Zeile 58 »Abweichungen fremder Stellen«. In den eigentlichen SIV-Zeilen wurden die dorthin verrechneten direkten und indirekten Sekundärkosten ohne anteilige Abweichungen, also nur mit Plankostensätzen bewertet, gezeigt. Auf diese Weise sind die ausgewiesenen Abweichungen bei der Empfängerstelle ebenfalls reine Mengenabweichungen.

Will der Anwender aber für die empfangenden Stellen echte Istkostensätze ermitteln, dann gehören die auf diese Stelle entfallenden anteiligen Abweichungen der jeweiligen Sekundärstelle hinzu. Aus Sicht der Empfängerstelle handelt es sich nicht um anfallseitige, sondern um verrechnete Abweichungen. Wir werden auf diese Abweichungen im Abschnitt 6.8.3 zurückkommen.

6.8.3 Abweichungsverrechnung

Abweichungen ergeben sich für den Kostenstellenbereich aus der Gegenüberstellung:

Istkosten – Sollkosten = Abweichung

Wir haben dazu zwei Voraussetzungen kennen gelernt: Erstens, Abweichungen bedingen immer einen Plan, an dem sich die Istmengen und Istkosten messen lassen. Zweitens muss dieser Plan pro Abrechnungsperiode (= Monat) der Istleistung entsprechen. Das heißt, dass der

Plan pro Kostenart zu Sollkosten abgewandelt werden muss. Außerdem muss die Differenz zwischen Ist und Soll, also die Gesamtabweichung, nach Abweichungsursachen (Preis, Menge etc.) aufgelöst werden.

Die generelle Frage ist, ob man diese Abweichungen weiterverrechnen muss oder soll. Wir wissen, dass Abweichungen nur dort beeinflusst werden können, wo sie entstehen. Ich kann nicht einen Ergebnisverantwortlichen auf durchgerechnete Abweichungen ansprechen, die in der Kostenstellen- oder Kostenträgerrechnung angefallen sind.

Was spricht also für die Abweichungsverrechnung? Nun, zunächst einmal hängt das Verfahren in der Industrie sehr stark vom Produktionstyp ab.

Es bringt nichts, die Abweichungen in der Massen-/Fließfertigung durchzurechnen, zumal zum Zeitpunkt, an dem die Abweichungen ankommen würden, die Produkte schon lange das Werk verlassen haben. Für den Bereich des Gemeinkosten-Controllings ist es in derartigen Branchen uninteressant, zumal die Abweichungen dort wegen der hohen Automatisierung im Gemeinkostenbereich nicht besonders hoch ausfallen. Wenn, dann trifft es mehr die Produktkostenseite, für die man in Kalkulation und Ergebnisrechnung die Möglichkeit der Abweichungsverrechnung vorsehen sollte. Dies allerdings weniger auf der Gemeinkostenseite, sondern eher auf der Einzelmaterialseite. *Massen-/Fließfertigung*

Anders sieht es in der Einzel-/Projektfertigung aus. Würde ein derartiges Unternehmen, in dem ein Produkt Herstellkosten in sieben bis neunstelliger Euro-Höhe haben kann, diese Abweichungen nicht verrechnen, könnte dies verheerende Folgen haben. Deshalb wird man in diesen Unternehmen auf jeden Fall die Abweichungen von den Sekundärstellen über alle Stufen der Fertigung durchrechnen. *Einzel-/Projektfertigung*

Der dritte Produktionstyp in der industriellen Fertigung ist die Serienfertigung. Die Mehrzahl der Unternehmen ist diesem Typ zuzuordnen. Hier kann keine allgemein gültige Regel aufgestellt werden. Wir können nur wiedergeben, dass viele Unternehmen hier den Weg gehen, die Abweichungen der Sekundärstellen gegen das Gesamtergebnis oder einzelne Profit-Center-Ergebnisse auszubuchen. Für den Bereich der Fertigung werden aber vielfach die anteiligen Abweichungen berücksichtigt. *Serienfertigung*

Falls Sie, entsprechend des Produktionstyps, oder individueller Vorstellungen in Ihrem Unternehmen, Abweichungen verrechnen wollen, stellen wir Ihnen im Folgenden die verschiedenen Verrechnungsmöglichkeiten kurz vor: Die Weiterverrechnung erfolgt stets getrennt nach variablen und fixen Kosten.

Abweichungen sekundärer Kostenstellen	Beginnen wir mit den Abweichungen sekundärer Kostenstellen. In den Sekundärstellen wird anfallseitig ebenso wie bei allen anderen Kostenstellen nach Preis-, Mengen- und Beschäftigungsabweichungen unterschieden. In der Weiterverrechnung werden allerdings die Abweichungen zu je einem variablen und fixen Abweichungssatz zusammengefasst (ohne die Beschäftigungsabweichung, die im Standard nicht weiter verrechnet wird). Grund ist, dass Abweichungen nur bei der ausführenden, nicht aber bei den belasteten Kostenstellen analysiert und beeinflusst werden können.
Abweichungen primärer Kostenstellen	Die Weiterverrechnung der primären Stellen erfolgt fast ausschließlich auf Kostenträger- und Ergebnisobjekte. Ausnahmen sind allenfalls Innenaufträge, z.B. für Muster oder Versuche. Für die Weiterbelastung primärer Kostenstellen kommen neben den Plankostensätzen auch variable und fixe Abweichungssätze in Frage.

Auf zwei besondere Verrechnungsmöglichkeiten bei primären Stellen sei noch speziell hingewiesen.

Dispositive Abweichungen	Dies ist zum einen der Ansatz *dispositiver statt effektiver Abweichungssätze*. Abweichungen haben die unangenehme Eigenschaft, dass sie von Monat zu Monat schwanken, was bei der Weiterverrechnung mit Abweichungssätzen bei gleichen Mengen in verschiedenen Perioden zu unterschiedlichen Wertansätzen führen kann. Mengenmäßige Korrekturen im nächsten Monat würden zu nicht exakt übereinstimmenden Kostenbereinigungen führen. Deshalb gehen manche Unternehmen gerade für die Hilfsbetriebe den Weg, mit dispositiven, statt effektiven Abweichungssätzen zu rechnen. Damit kommen nicht von Monat zu Monat wechselnde Abweichungssätze zur Anwendung.

Außerdem ist aus der monatlichen Verrechnungskontrolle je Kostenstelle, Verdichtungsbereich und für das Gesamtunternehmen die Über-/Unterdeckung aus dispositiv verrechneten und effektiven Abweichungen zu ersehen, die dann ins Gesamtergebnis übernommen werden kann.

»Politische Preise«	Die zweite Variante betrifft die Weiterverrechnung mit »*politischen Preisen*«. Die betrifft zwar weniger die Abweichungen als vielmehr die Plankostensätze (wobei sich daraus aber Abweichungen in Form von Über- oder Unterdeckungen ergeben) und gilt vor allem für die fixen Kosten.

Die variablen Kosten fallen im Prinzip bei jeder Beschäftigung (zumindest innerhalb einer bestimmten Bandbreite) in gleicher Höhe pro Leistungseinheit an. Anders verhält es sich mit den fixen Kosten. In vielen Unternehmen gibt es Spezialmaschinen, die nur saisonal und nur für bestimmte

Produkte eingesetzt werden und die im Jahresdurchschnitt oft nur 50 bis 60 Stunden pro Monat laufen. Würde man – uraltes Problem der Vollkostenrechnung – diese Fixkosten auf diese geringe Leistungsmenge beziehen, käme ein Kostensatz heraus, der im Prinzip dazu führen würde, dass die Beschäftigung im nächsten Jahr noch weiter zurückgehen und der Gesamtkostensatz noch höher ausfallen würde. Deshalb legt man in solchen Fällen, unabhängig von dem durch das System ermittelten Plan-Fixkostensatz, einen fiktiven Plankostensatz zugrunde, der auf einer einschichtigen oder eventuell sogar zweischichtigen Auslastung beruht und setzt diesen Wert in Angebotskalkulationen an.

Nachzutragen ist, dass die Abweichungsverrechnung auch für die Primärkosten-Kalkulation funktioniert. Sie erinnern sich an Abschnitt 3.4.8, in dem wir auf die Möglichkeiten in SAP CO hingewiesen haben, die Weiterverrechnung auf die Produkte nicht nur mit den vom System ermittelten Fertigungskostensätzen vorzunehmen. Als weiteren Lösungsansatz hatten wir dort erläutert, wie diese Kostensätze in Primärkostenbestandteile aufgelöst werden können. *Abweichungen in der Primärkostenrechnung*

Im SAP R/3-Modul für die Produktkostenrechnung (CO-PC) ist es möglich, auch die Abweichungen in diese Differenzierung durchzurechnen.

Außerdem können – was für manche Unternehmen der Einzel-/Projektfertigung ein wichtiges Kriterium ist – nach durchgeführter Kostenstellen-Abrechnung die monatlichen Abweichungen im Ist nachverrechnet werden. Voraussetzung dafür ist – wie für die Primärkostenrechnung –, dass mit direkter oder indirekter Leistungsverrechnung statt der Umlagerechnung gearbeitet wird. *Abweichungs-Nachverrechnung*

Hinter der Forderung, die Abweichungen aufzuteilen, verbergen sich zwei Aufgabenstellungen, die es abzudecken gilt:

▶ Aufteilung in variable und fixe Anteile
▶ Aufteilung der Abweichungen auf mehrere Leistungsarten einer Kostenstelle

Die Aufteilung in variable und fixe Anteile ist dann unproblematisch, wenn die Aufteilung aufgrund vorhandener Planwerte vorgenommen werden kann. Dann wird die Abweichung dieser Kosten im Verhältnis der Sollkosten gesplittet. *Aufteilung in variable und fixe Anteile*

Kritischer wird es, wenn für die betreffende Kostenart keine Sollkosten vorhanden sind. Ausgangspunkt bilden generell die Sollkosten. Dabei gilt für die Kostenstelle/Leistungsart die Reihenfolge:

Abweichungen im Gemeinkostenbereich **351**

Verhältnis variable und fixe Soll- bzw. Plan-Kosten der

- Kostenart
- SIV-Zeile
- Kostenartengruppe
- Summe Leistungsart

Aufteilung auf mehrere Leistungsarten

Die gleichen Regeln gelten, wenn in der betreffenden Kostenstelle mehrere Leistungsarten vorgesehen sind.

Analog wird bei den Sekundärstellen vorgegangen, wenn sie über direkte oder indirekte Leistungsverrechnung verteilt sind, wobei diese variablen und fixen Anteile im Verhältnis der Sollkosten an die Empfänger-Kostenstellen weitergegeben werden.

Die Abweichungs-Verrechnung hängt von der Auslegung des Systems in Ihrem Unternehmen ab. Die Aufteilung der Abweichungen in variabel und fix bzw. auf mehrere Leistungsarten einer Kostenstelle ist natürlich nur dann erforderlich, wenn Abweichungen verrechnet und nicht ausgebucht werden.

Zusammenfassung Abweichungen

Zusammenfassend ist zum Thema Abweichungen festzuhalten, dass sie Bestandteile der monatlichen Istkosten und damit ergebniswirksam und wesentlicher Bestandteil der laufenden Controllingaktivitäten sind.

6.9 Kostenanalysen und Kostendurchsprachen

Das Thema dieses Abschnittes wird im Wesentlichen – wie schon die Überschrift besagt – betriebswirtschaftlicher Natur sein. Es geht also nicht um die »normalen« Funktionen der einzelnen Teilbereiche des Gemeinkosten-Controllings. Das haben Sie sowohl theoretisch als auch systemmäßig in den bisherigen Kapiteln dieses Buches kennen gelernt.

Systemmäßige Hilfestellungen

Selbstverständlich kann das SAP R/3 über die normalen Auswertungen hinaus Hilfestellungen geben, indem etwa über Ampelfunktionen die Abweichungen prozentual und/oder absolut gezeigt werden. Es können Quervergleiche von Kostenstellen oder Kostenstellengruppen angestellt werden, insbesondere wenn über Werke oder Bereiche hinweg Kostenstellen gleich oder ähnlich gelagert sind. Es lassen sich Plan-Plan-, Plan-Ist- oder Soll-Ist-Vergleiche über mehrere Jahre anstellen, Trends errechnen, Abweichungs-Spitzenreiter zeigen u. Ä. m. Dies gilt analog für Innenaufträge oder Projekte, auch in der Sortierung nach Verantwortlichen. Interessant ist ferner, Prozesse miteinander zu vergleichen und Prozesskosten bereichsübergreifend zu analysieren. Dies soll aber nicht das

Thema dieser Ausführungen sein, im Zweifel kennen Sie solche Funktionen schon aus Ihrer bisherigen Arbeit.

Wir wollen uns in diesem Abschnitt mit den Controlling-Aufgaben beschäftigen, die sicher bei Neuanlauf anders zu sehen sind als in einem laufenden System.

6.9.1 Systemanlauf

Wenn Sie neu mit SAP CO starten, dann stehen in den ersten Monaten die Bereinigung von Kontierungsfehlern und das betriebswirtschaftliche Vertrautmachen der Kostenstellen- und Innenauftragsverantwortlichen mit dem neuen System im Vordergrund. Daneben kostet es Ihren IT-Bereich viel Mühe, die Anwender systemseitig einzuweisen. Ein Aufwand, den man nicht unterschätzen sollte, der sich aber – auf der Zeitachse – durch Schulung schon vor dem eigentlichen Systemstart etwas entzerren lässt.
Bereinigung Kontierungsfehler

Mit der Kostenplanung haben sich auch Veränderungen im Kostenartenplan und meist auch bei der Kostenstellen-Gliederung ergeben. Die Innenaufträge sind im Zweifel ein völlig neues Instrumentarium. Auch damit müssen die Gemeinkostenverantwortlichen vertraut gemacht werden. Hierzu zählt vor allem die Abgrenzung für den Kontierenden, wann Belastungen zu Lasten Kostenstelle, wann zu Lasten Innenauftrag erfolgen müssen.
Mit Veränderungen vertraut machen

Bewährt hat sich in der Praxis die Ausgabe kleiner, handlicher Kontierungsbüchlein, mit einem Kostenstellen- und Kostenartenverzeichnis mit wichtigen Erläuterungen, z. B. zur Abgrenzung Kostenstelle/Innenauftrag. Dieses Kontierungshandbuch sollte außerdem ein Verzeichnis der vergebenen Dauerauftragsnummern einschließlich einer kurzen Beschreibung des Auftragsumfangs enthalten.
Kontierungsrichtlinien

Aufgabe dieser Anlaufphase ist es ferner, die Kostenstellen-/Auftragsverantwortlichen mit viel Einfühlungsvermögen und Geduld an die Kostenverantwortung heranzuführen. Es muss ihnen vermittelt werden, dass sie künftig auch für Kosten und ein umfassendes Gemeinkosten-Controlling verantwortlich sind.
Stärkung der Kostenverantwortlichkeit

6.9.2 Kostendurchsprachen

Die Kostendurchsprachen sollten im Prinzip institutionalisiert werden, was nicht ausschließt, dass auch fallbezogene Gespräche außerhalb dieses Terminrahmens geführt werden.
Institutionalisierte Kostendurchsprachen

Teilnehmer	An den fixierten Kostendurchsprachen, die vom Controlling gut vorzubereiten sind, sollten neben den jeweiligen Kostenstellen-/Innenauftragsverantwortlichen auch deren direkte Vorgesetzte sowie von Zeit zu Zeit, allein aus psychologischen Gründen, auch die Bereichs- oder Werksleiter teilnehmen.
Intervalle für Kostendurchsprachen	Die Gespräche sollten in der Anfangsphase in kürzeren Intervallen angesetzt werden. Später ist ein vierteljährlicher Termin für Fertigungsstellen denkbar, während es bei Verwaltungsstellen ausreichend ist, solche Gespräche nur halbjährlich durchzuführen. Bei der Festlegung dieser Termine sind auch die Innenaufträge zu bedenken, gerade im Entwicklungs- oder Vertriebsbereich. Unabhängig von diesen fixierten Terminen müssen bei gravierenden Abweichungen auch kurzfristig angesetzte Besprechungen möglich sein.
Ergebnisse Kostendurchsprachen	Die Ergebnisse sind jeweils in einem kurzen Protokoll festzuhalten. Dieser Bericht sollte, was die Abweichungen anbelangt, die Ursachen aufzeigen und einzuleitende Maßnahmen mit Verantwortlichen und Terminen, bis wann die Ursachen abzustellen sind, enthalten. Anlass für Besprechungen können auch kostenstellenübergreifende Maßnahmen sein. Bewährt haben sich dabei Themenschwerpunkte, wie etwa die Löhne oder Instandhaltungskosten über alle Kostenstellen hinweg.

Die Kostendurchsprachen müssen vom Controlling gut vorbereitet werden. Dazu gehört auch, dass Unterlagen, die nicht standardmäßig verteilt werden, z.B. differenzierende Auflistungen der relevanten Istkosten bis auf die Belegebene, vorweg mit dem Vermerk wichtiger Positionen zugestellt werden. Damit haben die Verantwortlichen auch die Möglichkeit, sich gründlich vorzubereiten. Die Effizienz der Gespräche wird dadurch wesentlich erhöht.

Vom Controlling sind die in den Durchsprachen festgelegten Maßnahmen und Termine zu verfolgen und schriftlich nachzuhalten. Die Gemeinkosten-Verantwortlichen müssen wissen, dass sich der Bereich Controlling im Detail um die Wahrnehmung der Controlling-Funktionen durch die jeweiligen Verantwortlichen kümmert.

Notizen zu Planungsüberholungen	Ergebnis der Kostendurchsprachen ist ferner, dass sich das Controlling – am besten fortlaufend, nach Kostenstellen sortiert – Notizen dazu macht, was bei der nächsten Planungsüberholung zu ergänzen oder zu ändern ist.

Der Vollständigkeit halber sei abschließend darauf hingewiesen, dass in Zusammenhang mit den Gemeinkosten auch die aktive Mitwirkung bei Wirtschaftlichkeits- und Investitionsrechnungen zu den Aufgaben des Controllings gehören.

Wirtschaftlichkeits- und Investitionsrechnungen

Kapitel 7

Hier durchlaufen die Kosten einen ganz neuen Prozess

7 Prozesse

Die Prozesskostenrechnung dient dazu, die indirekten Leistungsbereiche der Unternehmen transparenter darzustellen, die Komplexitätskosten sichtbar zu machen, vor allem aber, sie verursachungsgerechter den Produkten bzw. Ergebnisobjekten zuzurechnen. Es handelt sich dabei nicht um ein neues Kostenrechnungssystem, sondern um eine sinnvolle betriebswirtschaftliche Nutzanwendung des SAP R/3-Systems.

7.1 Betriebswirtschaftliche Grundlagen

In vielen Unternehmen hat sich in den letzten Jahren die Kostenstruktur erheblich geändert. Mit zunehmender Flexibilisierung und Automatisierung der Fertigung, die verbunden war mit einer Verlagerung der Kosten von den direkten zu den indirekten Leistungsbereichen, verstärkte sich der Zwang, für diese indirekten Leistungsbereiche korrekte und vor allem auch verursachungsgerechte Kostenverrechnungen zu realisieren.

Änderungen in Kostenstrukturen

Die konventionelle Verrechnung dieser Bereiche über *Zuschläge* (Material- oder Vertriebsstellen) oder durch die Einbeziehung in die Fertigungskostensätze (Fertigungsunterstützung) ist – trotz entsprechender Differenzierung der Zuschläge und trotz detaillierter Überlegungen bei den Fertigungsunterstützungskosten – dennoch nicht zielführend.

So stiegen die MGK-Zuschläge (Materialgemeinkosten-Zuschläge), die früher im Schnitt bei etwa 3–5 %, bezogen auf die Einzelmaterialkosten, lagen, in den letzten Jahren vielfach auf weit über 10 % an. Viele Unternehmen tragen dem insofern Rechnung, als sie mit mehreren unterschiedlichen Zuschlagssätzen rechnen. Tatsache ist aber, dass auch differenzierte MGK-Zuschläge nicht die tatsächliche Kostenverursachung wiedergeben können.

Materialgemeinkosten

Die Kosten der Fertigungsunterstützung in der Industrie, im Wesentlichen die Kostenstellenbereiche Fertigungsplanung/Fertigungssteuerung, NC-Programmierung, Innerbetrieblicher Transport und Qualitätslenkung/Qualitätssicherung, wurden in der Vergangenheit meist auf die Fertigungsstellen verrechnet und waren in den Kostensätzen dieser Stellen enthalten. Damit wurden diese Kosten ebenfalls mengenproportional – in der betriebswirtschaftlichen Theorie spricht man dabei von *volumenabhängiger Verrechnung* – weiterbelastet.

Fertigungsunterstützung

Das heißt, dass ein Erzeugnis, das eine doppelt so lange Fertigungszeit wie ein zweiter Artikel in Anspruch nimmt, bei dieser Verrechnungsart doppelt so hohe Kosten der Fertigungsunterstützung abbekommt, obwohl die fertigungsunterstützenden Leistungen nicht höher sein müssen als beim ersten Erzeugnis.

Vertriebsgemeinkosten

Ähnliches gilt im Vertriebsbereich für die *Kundenauftragsabwicklung*, die bei einer wertbezogenen Berücksichtigung im Rahmen prozentualer Vertriebsgemeinkostenzuschläge auch volumenabhängig verrechnet wird, obwohl die Auftragsabwicklung eines Kleinauftrags der eines Großauftrags gleicht.

Am Beispiel der Kundenauftragsabwicklung lässt sich dies besonders deutlich visualisieren: In einem Unternehmen, das sehr viel mit unterschiedlichen Kundenauftragsmengen arbeiten muss, wurde ermittelt, dass der Kundenauftrag bzw. dort die Kundenauftragsposition – unabhängig vom Wert der ausgelieferten Ware – auftragsfixe Abwicklungsmethoden von ca. 130 € pro Auftragsposition verursacht. Diese Kosten fallen an, egal, welche Menge vom Kunden geordert wurde.

Kosten für Auftragsabwicklung im Vertriebskostenzuschlag

Die Kosten der Kundenauftragsabwicklung waren bis dahin im Vertriebsgemeinkosten-Zuschlag enthalten. Hatte der Kunde ein Stück zu einem Verkaufspreis von 10 €/Stk. bestellt, so sah die Ergebnisrechnung aus wie in Tabelle 7.1 dargestellt.

Verkaufserlös	+ 10,00 €
abzüglich Erlösschmälerungen	− 0,50 €
Nettoerlös	+ 9,50 €
abzüglich Herstellkosten	− 6,00 €
abzüglich Verwaltungs- und Vertriebskosten (30 % bezogen auf die HK)	− 1,80 €
Nettoergebnis	+ 1,70 €

Tabelle 7.1 Kosten für Auftragsabwicklung im Vertriebskostenzuschlag

Kosten für Auftragsabwicklung als Prozesskosten

Hatte der Kunde nicht ein, sondern 1 000 Stück bestellt, so war das Ergebnis mit 1 700 € trotzdem prozentual gleich. Korrekt müsste die Rechnung aber der Tabelle 7.2 entsprechen.

	bei 1 Stück	bei 1 000 Stück
Nettoerlös	+ 9,50 €	+ 9 500,00 €
Herstellkosten	– 6,00 €	– 6 000,00 €
Nettoergebnis I	+ 3,50 €	+ 3 500,00 €
Kosten Kundenauftragsabwicklung	– 130,00 €	– 130,00 €
Verwaltungs- und Vertriebskosten (geschätzt 15 %, bezogen auf die HK)	– 0,90 €	– 900,00 €
Nettoergebnis	– 127,40 €	+ 2 470,00 €

Tabelle 7.2 Kosten für Auftragsabwicklung als Prozesskosten

Aus diesem Beispiel ist klar ersichtlich, dass die Verrechnung der Fertigungsunterstützung in den Kostensätzen der Fertigungsstellen bzw. für die Materialbereitstellung oder die Kundenauftragsabwicklung durch Berücksichtigung in noch so differenzierten Zuschlägen nicht zu betriebswirtschaftlich richtigen Lösungen führen kann. Dies gilt sinngemäß für all diese Kostenstellenbereiche.

Bei den Entwicklungskosten ist die Problematik ähnlich. In den meisten Unternehmen werden die geplanten Entwicklungskosten des nächsten Geschäftsjahres in einem Entwicklungszuschlag berücksichtigt. Sie sind dann, bezogen auf die Herstell- oder Fertigungskosten, häufig in einem generellen Zuschlag zusammengefasst, allenfalls nach Produktgruppen differenziert. Nur wenige Unternehmen stellen wirklich grundsätzliche Überlegungen zu einer exakteren Verrechnung der Entwicklungskosten an. Insofern besteht eine gewisse Parallelität zur Prozesskostenrechnung.

Entwicklungskosten

Die Ähnlichkeit von Entwicklungs- und Prozesskostenstellen ist auch deshalb gegeben, weil bei beiden Aufgabenstellungen die Komplexitätskosten eine große Rolle spielen. So hat man z. B. schon vor vielen Jahren in einem großen deutschen Industrieunternehmen nachgewiesen, dass in einem der Werke etwa 80 % der Entwicklungs- und Konstruktionskapazität für – nicht extra bezahlte – Kunden-Sonderwünsche und nur etwa 20 % der Zeit für die Weiterentwicklung der Erzeugnisse aufgewendet wurden. Die Entwicklungsstellen wurden dort, wie die Kosten der Materialbereitstellung, der Fertigungsunterstützung oder der Kundenauftragsabwicklung, rein volumenabhängig weiterverrechnet.

Komplexitätskosten

Betriebswirtschaftliche Grundlagen

Was sind dann eigentlich die Komplexitätskosten? Unter diesem Begriff sind die höheren Kosten der indirekten Leistungsbereiche für aufwändigere Vorgänge bzw. Erzeugnisse zu verstehen. Bei der noch immer weit verbreiteten volumenabhängigen Verrechnung in Kosten- oder Zuschlagssätzen werden diese Effekte nicht oder zumindest nicht verursachungsgerecht berücksichtigt. Was hat nun dieses doch primär die Kalkulation betreffende Problem mit der Kostenstellenrechnung zu tun?

Im Prinzip sehr viel, weil es erstens gilt, für diese indirekten Bereiche auch zutreffende Leistungsarten zu wählen, und weil zum zweiten die Prozesskostenrechnung weitgehend mit den Mitteln der Kostenstellenrechnung durchgeführt wird. Diese Überlegungen gelten analog für alle Bereiche der Dienstleistungs- und Handelsunternehmen.

Cost Driver oder Prozesstreiber

Maßgebend sind die *Cost Driver* (Kostenveranlasser, in SAP R/3 *Prozesstreiber* genannt) dieser Kostenstellen, also z.B. die Anzahl Bestellvorgänge oder Wareneingänge in der Materialbeschaffung oder Fertigungs- bzw. Kundenaufträge.

Derartige Mengen kommen aber nur in Ausnahmefällen direkt in Betracht, nämlich dann, wenn es sich z.B. bei der Materialbereitstellung um identische Prozessinhalte und damit auch Prozesskosten handelt. Wenn bei der Materialbereitstellung zwischen lager- und nicht lagerhaltigem Material, nach Materialarten und/oder Materialgruppen unterschieden werden muss – was meistens der Fall ist –, kann nicht die Anzahl Materialbereitstellungen als Leistungsart gewählt werden. In diesem Fall können nur die von den einzelnen Kostenstellen/Leistungsarten geleisteten Standard-Stunden als Leistungsart festgelegt werden.

Leistungsmengeninduzierte und leistungsmengenneutrale Kosten

Bei der Kostenplanung werden die zu planenden Kostenarten in leistungsmengeninduzierte und leistungsmengenneutrale Kostenbestandteile aufgelöst, eine Untergliederung, die im Prinzip der Differenzierung nach variablen und fixen Kosten in der Kostenplanung entspricht.

Das Problem der Prozesskostenrechnung liegt nicht in der Festlegung der Kostenstellen und Leistungsarten, sondern darin, die Ressourcen-Inanspruchnahme für die einzelnen Prozesse als Voraussetzung für die Bewertung des Prozesses mit den Kostensätzen der beteiligten Kostenstellen/Leistungsarten zu schaffen. Das Prinzip ähnelt der Erstellung eines Arbeitsplanes für ein Erzeugnis.

Daran scheitert in der Praxis auch meist die partielle Einführung der Prozesskostenrechnung. Hat man die Möglichkeit, auf eine aktuelle Gemeinkostenwertanalyse zugreifen zu können, dann ist damit eine wesentliche Voraussetzung gegeben. Ansonsten kann der Vorschlag nur lauten, sich zunächst auf die wichtigsten Prozesse zu beschränken. Gegebenenfalls ist auch in einer Diskussion mit den beteiligten Fachbereichen eine grobe Abschätzung des Aufwandes vorzunehmen und von diesen Werten auszugehen (so kamen auch die genannten 130 € pro Position in unserem Beispiel für die Kundenauftragsabwicklung zustande).

Die Zielsetzungen des ABC – *Activity Based Costing* (vor ca. 15–20 Jahren in den USA entstanden) sind mit den Anforderungen an die Prozesskostenrechnung bei uns nur bedingt vergleichbar. Während sich die Rechnung bei uns im Wesentlichen auf die indirekten Leistungsbereiche konzentriert, war die Aufgabenstellung im Amerika ursprünglich eine andere, weil sie auch den Umfang der Fertigungskosten abzudecken hatte, die bei uns über die Bewertung der Arbeitspläne mit den individuellen Kostensätzen verrechnet werden. *Activity Based Costing und Prozesskostenrechnung*

Es geht insbesondere darum, die kostenmäßig ständig zunehmenden indirekten Leistungsbereiche verursachungsgerechter zuzuordnen. Deshalb lautet die Zielsetzung auch, die Prozesskalkulation für diese Bereiche in die Produktkalkulation zu integrieren. *Zuordnung indirekter Leistungsbereiche*

Eine zweite grundsätzliche Aussage betrifft die Einordnung der Prozesskostenrechnung. Es handelt sich nicht, wie gelegentlich behauptet, um ein neues betriebswirtschaftliches Kostenrechnungskonzept. Sie ist vielmehr ein Teil der bekannten Kostenrechnungssysteme mit Kostenarten-, Kostenstellen-, Kostenträger- und Ergebnisrechnung. Die verursachungsgerechte Zuordnung der Gemeinkosten und das Gemeinkosten-Controlling – darum geht es im Wesentlichen bei der Prozesskostenrechnung – sind schon immer essentielle Zielsetzungen der Kostenrechnung gewesen. Mit der Prozesskostenrechnung sollen diese Anforderungen nur verstärkt auf die immer gewichtiger werdenden indirekten Leistungsbereiche ausgeweitet werden.

Die sinnvolle Differenzierung erfolgt (wie bei den anderen primären Stellen) nach Kostenarten, mit der Festlegung von direkten Leistungsarten für die betreffenden Kostenstellen und der Durchführung einer analytischen Kostenplanung mit einer Untergliederung in leistungsmengeninduzierte (= variable) und leistungsmengenneutrale (= fixe) Kosten für diese Bereiche sowie mit der Erstellung monatlicher Soll-Istkosten-Vergleiche. *Analytische Kostenplanung*

Neu ist die Verrechnung dieser Bereiche in der Kostenträgerrechnung. Sie werden nicht mehr über Zuschläge bzw. durch Einbeziehung in die Ferti- *Verrechnung in die Kostenträgerrechnung*

Betriebswirtschaftliche Grundlagen

gungskostensätze berücksichtigt, sondern laufen direkt über die entsprechenden Prozesse in die Produktkalkulationen ein.

Beispiel Kalkulation einer Welle

Diese Zusammenhänge, dargestellt für den Fall einer industriellen Kalkulation, aber analog für Dienstleistungs- und Handelsunternehmen geltend, sollen am nachfolgenden Beispiel verdeutlicht werden (siehe Abbildung 7.1).

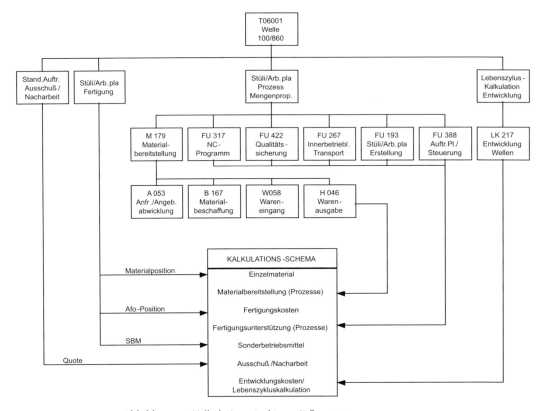

Abbildung 7.1 Kalkulationsstruktur mit Prozessen

Plankalkulation mit Prozessen

Kalkuliert wird eine Welle (T06001), für die zunächst die Stückliste (Materialkosten) und der Arbeitsplan (Fertigungskosten) bewertet werden. Entgegen der bisher üblichen Handhabung werden die Materialbereitstellungs- und Fertigungsunterstützungskosten nicht mehr per Zuschlag oder durch Einbeziehung in die Kostensätze, sondern durch separate Prozesskalkulationen berücksichtigt.

Bei den Materialbereitstellungskosten handelt es sich um einen zweistufigen Prozess, In den Hauptprozess M179 laufen vier Teilprozesse ein, von der Anfragen-/Angebotsabwicklung (A053) bis zur Warenausgabe

(H046). Die Fertigungsunterstützungsprozesse von der NC-Programmierung (FU317) bis zur Auftragsplanung/-steuerung (FU396) sind in diesem Beispiel einstufig geplant.

Die Sonderbetriebsmittel werden über eine Quote verrechnet (Anschaffungs- und Nachbearbeitungskosten, dividiert durch die Standzeit des Werkzeuges), die Entwicklungskosten wiederum über eine Lebenszyklus-Kalkulation (Entwicklung plus laufende Weiterentwicklung, dividiert durch die voraussichtliche Gesamtverkaufsmenge) verrechnet, so dass als Zuschlag nur noch anteilige Ausschuss- und Nacharbeitskosten übrig bleiben.

Sonderbetriebsmittel und Entwicklungskosten

Artikel T06001 - WELLE 100/860
Artikelgruppe TEILE
Kalk.Menge 1
Kalk.ME Stück
Planlosgröße 160 Stück

AFO	TEXT	KZ	Herkunft	Bezugsgrößen Bennenung	ME	Menge	Kostensatz gesamt	Kostensatz variabel	Kosten gesamt	Kosten variabel
010	Rundstahl 115/875	M	L10002		STCK	1,000	290,00	290,00	290,00	290,00
	Materialbereitstellung	P	M179		VRG	0,00625	6.882,99	5.041,22	43,02	31,51
	NC-Programmierung	P	FU317		VRG	0,0001	3.943,93		0,39	
	Qualitätssicherung	P	FU433		VRG	0,100	107,63	71,86	10,76	7,19
	Innerbetrieblicher Transport	P	FU287		VRG	0,00625	1.523,32	1.243,33	9,52	7,77
	Stücklisten-/Arbeitsplanerstellung	P	FU193		VRG	0,0001	4.183,82		0,42	
	Auftragsplanung-/steuerung	P	FU296		VRG	0,00625	802,80	632,33	5,02	3,95
010	NC-Drehen	F	421	Vorgabe-Std.	VST	2,633	93,84	71,96	247,08	189,47
020	Spitzendrehen, kleine Maschine	F	432	Vorgabe-Std.	VST	0,200	60,06	45,41	12,01	9,08
030	Fräsen	F	454	Vorgabe-Std.	VST	0,117	73,53	53,30	8,60	6,24
030	Fräser (SBM)	S	300012		STCK	1,000	33,10	33,10	33,10	33,10
040	Glühen/Härten	O	551	Ofen-Std. über 800	OS2	0,133	76,04	37,93	10,11	5,04
040	Glühen/Härten	O	551	Stand.Fert-Std.	SFO	0,217	41,91	40,14	9,09	8,71
050	Glühen/Härten	O	551	Ofern-Std. bis 800	OS1	0,093	62,02	29,56	5,77	2,75
050	Glühen/Härten	O	551	Stand.Fert.Std.	SFO	0,200	41,91	40,14	8,38	8,03
060	Schleifen Personal	F	442	Vorgabe-Std.	VST	0,350	34,01	30,78	11,90	10,77
060	Schleifen Maschine	F	442	Maschinen-Std.	MST	0,467	38,87	15,63	18,15	7,30
060	Schleifvorrichtung (SBM)	S	300013		STCK	1,000	65,75	65,75	65,75	65,75
	Ausschuß/Nacharbeit	Z	800009		%	-	4,35	4,07	37,37	33,20
	Entwicklungskosten	L	LK217		VRG	0,00001	1.265.000		12,65	
	MATERIALKOSTEN								290,00	290,00
	MATERIALBEREITSTELLUNG								43,02	31,51
	FERTIGUNGSUNTERSTÜTZUNG								26,11	18,91
	FERTIGUNGSKOSTEN								297,75	222,86
	OFENKOSTEN								33,36	24,53
	SONDER-BETRIEBSMITTEL								98,85	98,85
	AUSSCHUSS/NACHARBEIT								37,37	33,20
	ENTWICKLUNGSKOSTEN								12,65	0,00
	SUMME HERSTELLKOSTEN								839,11	719,86

Legende: M = Materialkosten, F = Fertigungskosten, O = Ofenstunden, S = Sonderbetriebsmittel, Z = Zuschlag
P = Prozesskosten, L = Lebenszykluskosten

Abbildung 7.2 Plankalkulation mit Berücksichtigung von Prozessen

Abbildung 7.2 zeigt die Plankalkulation für die Welle T06001 inklusive der separaten Berücksichtigung der Prozesskosten. Die Kalkulationsmenge ist ein Stück, die Plan-Fertigungslosgröße 160 Stück. Letztere ist wichtig, weil ein Teil der Prozesse sich auf den Fertigungsauftrag bezieht. So gilt der Prozess »M179 Materialbereitstellung« für den Cost Driver Fertigungsauftrag, weshalb unter Leistungsartenmenge, bezogen auf die Kalkulation von einem Stück, der Quotient 1 durch 160 = 0,00625 steht.

Betriebswirtschaftliche Grundlagen

Der gleiche Anteil ist auch bei den Prozessen »FU287 – Innerbetrieblicher Transport« und »FU396 Auftragsplanung und -steuerung« zu finden, die ebenfalls für die Plan-Fertigungslosgröße von 160 Stück gelten. Für die NC-Programmierung ist der Wert 0,0001 vorgeben, weil davon ausgegangen wird, dass das Programm nach gefertigten 10 000 Stück erneuert wird (was gut 60 Fertigungsaufträgen entspricht).

Der gleiche Wert gilt für den Prozess »FU193 Stücklisten-/Arbeitsplanerstellung«. Beim Prozess »FU433 Qualitätssicherung« wird von der Kontrolle jedes zehnten Artikels ausgegangen.

Die Fertigungszeiten gelten für jeweils ein Stück. Bei den Sonderbetriebsmitteln (Afo »030 Fräsen« und Afo »060 Schleifen«) sind Quoten pro Stück vorgesehen.

Untergliederung der Prozesskosten Abbildung 7.3 entspricht vom Aufbau und der zeilenweisen Differenzierung der Abbildung 7.2; die Gesamtkosten sind aber noch in die drei Kategorien mengenproportional, auftragsbezogen und lebenszyklusbezogen untergliedert. Diese Abbildungen zeigen beispielhaft die Integration der Prozess- in die Produktkalkulationen.

Artikel T06001 - WELLE 100/860
Artikelgruppe TEILE
Kalk.Menge 1
Kalk.ME Stück
Planlosgröße 160 Stück

AFO	TEXT	KZ	Herkunft	Kosten gesamt	Kosten variabel	mengenproportional gesamt	mengenproportional variabel	auftragsbezogen gesamt	auftragsbezogen variabel	lebenszyklus bezogen
010	Rundstahl 115/875	M	L10002	290,00	290,00	290,00	290,00			
	Materialbereitstellung	P	M179	43,02	31,51			43,02	31,51	
	NC-Programmierung	P	FU317	0,39						0,39
	Qualitätssicherung	P	FU433	10,76	7,19	10,76	7,19			
	Innerbetrieblicher Transport	P	FU287	9,52	7,77	9,52	7,77			
	Stücklisten-/Arbeitsplanerstellung	P	FU193	0,42						0,42
	Auftragsplanung-/steuerung	P	FU296	5,02	3,95			5,02	3,95	
010	NC-Drehen	F	421	247,08	189,47	247,08	189,47			
020	Spitzendrehen, kleine Maschine	F	432	12,01	9,08	12,01	9,08			
030	Fräsen	F	454	8,60	6,24	8,60	6,24			
030	Fräser (SBM)	S	300012	33,10	33,10	33,10	33,10			
040	Glühen/Härten	O	551	10,11	5,04	10,11	5,04			
040	Glühen/Härten	O	551	9,09	8,71	9,09	8,71			
050	Glühen/Härten	O	551	5,77	2,75	5,77	2,75			
050	Glühen/Härten	O	551	8,38	8,03	8,38	8,03			
060	Schleifen Personal	F	442	11,90	10,77	11,90	10,77			
060	Schleifen Maschine	F	442	18,15	7,30	18,15	7,30			
060	Schleifvorrichtung (SBM)	S	300013	65,75	65,75	65,75	65,75			
	Ausschuß/Nacharbeit	Z	800009	37,37	33,20	37,37	33,20			
	Entwicklungskosten	L	LK217	12,65						12,65
	MATERIALKOSTEN			290,00	290,00	290,00	290,00			
	MATERIALBEREITSTELLUNG			43,02	31,51			43,02	31,51	
	FERTIGUNGSUNTERSTÜTZUNG			26,11	18,91	20,28	14,96	5,02	3,95	0,81
	FERTIGUNGSKOSTEN			297,75	222,86	297,75	222,86			
	OFENKOSTEN			33,36	24,53	33,36	24,53			
	SONDER-BETRIEBSMITTEL			98,85	98,85	98,85	98,85			
	AUSSCHUSS/NACHARBEIT			37,37	33,20	37,37	33,20			
	ENTWICKLUNGSKOSTEN			12,65						12,65
	SUMME HERSTELLKOSTEN			839,11	719,86	777,61	684,40	48,04	35,46	13,46

Legende: M = Materialkosten, F = Fertigungskosten, O = Ofenstunden, S = Sonderbetriebsmittel, Z = Zuschlag
P = Prozesskosten, L = Lebenszykluskosten

Abbildung 7.3 Plankalkulation mit Untergliederung der Prozesskosten

Vorweg geht es aber darum, die Prozesskalkulation für die einzelnen Prozesse oder Teilprozesse aufzubauen. Lassen Sie uns dies am Beispiel der Materialbereitstellung aufzeigen. In Abbildung 7.4 wird zunächst der Geschäftsprozess Materialbereitstellung mit insgesamt vier Teilprozessen schematisch dargestellt.

Prozesse und Teilprozesse

Abbildung 7.5 zeigt dann die Kosten dieses Haupt- oder Primärprozesses mit seinen vier Teilprozessen. Als Kalkulations- (oder CD-)Menge sind 10 Fertigungsaufträge Wellen festgelegt.

Kosten der Haupt- und Teilprozesse

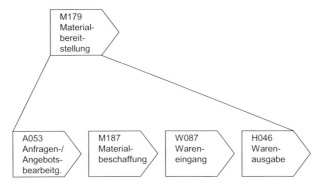

Abbildung 7.4 Geschäftsprozess Materialbereitstellung

Getriebebau AG		KOSTENPLAN				Verantw: Ernst		Blatt
Prozess		W086 Bereitstellung Lagermaterial				CD:FAW		1
Cost Driver		Fertigungsaufträge Wellen				CD-Menge:	10 FAW	
Funktion		Herkunft		Bedarf/	Kostensätze		Plankosten € / Mon.	
Nr	Benennung	Proz.	CD	CD-Menge	ges.	var.	ges. var.	fix
6.1	Anfrage/Angebot bearb.	A053	ALB	6,400	249,00	186,00	1.594 1.190	403
6.2	Materialbeschaffung	B187	MBF	6,400	385,00	266,00	2.464 1.702	762
6.3	Wareneingang	W087	WEK	12,800	241,00	180,00	3.085 2.304	781
6.4	Warenausgabe	H046	FAW	10,000	323,00	244,00	3.230 2.440	790
Weiterverrechnung: auf Prozess					Plankosten		10.372 7.637	2.736
Prozessverantwortlicher / Prozessplaner					CD-Menge		10 FAW	Bereitstellung LM
					Kostensätze		1037,24 763,68	273,56

Abbildung 7.5 Kosten des Prozesses Materialbereitstellung

Die Mengen bei den vier Teilprozessen ergeben sich daraus, dass für die Wellenaufträge für die Anfrage-/Angebotsbearbeitung bzw. die Materialbeschaffung von 250 Wellen-Rohlingen (Stangenmaterial) ausgegangen wird. Dies ergibt eine Menge von 0,64 pro Fertigungsauftrag bzw. von

Mengen der Teilprozesse

6,40 Vorgängen je 10 Fertigungsaufträge (160 / 250 × 10). Beim Wareneingang werden jeweils 125 Wellen-Rohlinge angeliefert, so dass 10 Fertigungsaufträge 12,80 Wareneingängen entsprechen. Die Warenausgabe erfolgt je Fertigungsauftrag, so dass für 10 Aufträge 10 Warenausgaben erforderlich sind.

Der Kostenverursacher Fertigungsaufträge Wellen (FAW) gilt in unserem Beispiel für den übergeordneten Hauptprozess. Für die Teilprozesse, exemplarisch den Wareneingang, können dies selbstverständlich andere, unterschiedliche Cost Driver sind. Beim Wareneingang ist nach lager-/nicht lagerhaltigem Material, nach A-, B- und C-Kriterien, nach Materialgruppen, wie z. B. Stangenmaterial für die Wellenfertigung, zu unterscheiden.

Ermittlung der Kostensätze

Insofern kommt die in der Fachliteratur oft angesprochene Ermittlungsmethode, die Kosten der Kostenstelle durch die Anzahl Vorgänge zu dividieren, nicht oder nur in den allerseltensten Fällen in Frage. Zum einen sind meistens mehrere Kostenstellen an einem Teilprozess beteiligt; zum anderen, was viel kritischer ist, werden von einer Kostenstelle/Leistungsart unterschiedliche Haupt- und/oder Teilprozesse bedient. Wenn, wie das Beispiel in Abbildung 7.6 zeigt, nach unterschiedlichen Kriterien zu differenzieren ist, Prozess also nicht gleich Prozess ist, kann diese einfache Rechnung nicht funktionieren. In unserem Beispiel für den Wareneingang ist, wie die Zeile Cost Driver zeigt, nach Kaufteilen (Ersatzteilen etc.), nach Kategorien, nach lager-/nicht lagerhaltigem Material zu unterscheiden. Damit scheidet, selbst wenn über Materialarten und Materialgruppen entsprechende Verbrauchsmengen erfasst werden, diese Methode aus, weil die Kosten nicht in der Differenzierung festgehalten werden können.

Kalkulation Wareneingang Vorgänge im Teilprozess

Zurück zu unserem Teilprozess Wareneingang. Cost Driver ist der Wareneingang Kaufteile, Kategorie A, lagerhaltig. Für diesen Teilprozess sind, ähnlich wie in einem Arbeitsplan, die erforderlichen Vorgänge in chronologischer Reihenfolge, von der Materialannahme bis zur Materialbestandsführung, festgehalten. Fixiert ist auch die jeweilige Ressourcen-Inanspruchnahme. Sie ergibt, bewertet mit den Kostensätzen der ausführenden Kostenstellen/Leistungsarten, die Kosten je Vorgang und summiert die Gesamtkosten des Teilprozesses. Die Beispiel-Kostenstellen sind »300 Beschaffung«, »301 Rohmateriallager«, »303 Wareneingangsprüfung« und »419 Innerbetrieblicher Transport« mit den Leistungsarten »SFM Stand-Fertigungs-Stunden Materialwirtschaft (MW)«, »SPF Stand-Stapler-Stunden Fertigungsunterstützung (FU)«, »SAM Stand-Anlagen-Stunden MW« und »SSM Stand-Sachbearbeiter-Stunden MW«.

Getriebebau AG		KOSTENPLAN				Verantw: Ernst		Blatt
Prozess		W087 Wareneingang				CD:WEK		1
Cost Driver		Wareneingang Kaufteile, Kategorie A, Lager				CD:Menge:	100 WEK	
Funktion		Herkunft		Bedarf/	Kostensätze		Plankosten € / Mon.	
Nr	Benennung	KST	LA	CD-Menge	ges.	var.	ges.	var.	fix
51.	Materialentnahme								
51.1	Rohmaterialprüfung	301	SFM	65,000	60,70	45,31	3.946	2.945	1.000
51.2	Innerbetriebl. Transport	419	SPF	32,500	64,83	51,87	2.107	1.686	421
52.	WE-Prüfung								
52.1	WE-Prüfung	303	SFM	62,500	70,58	55,79	4.411	3.487	924
		303	SAM	31,250	54,12	19,53	1.691	610	1.081
52.2	Innerbetriebl. Transport	419	SPF	62,500	64,83	51,87	4.052	3.242	810
53.	Reklam./Retouren								
53.1	Reklam. Beschaffung	300	SSM	1,250	68,62	59,56	86	74	11
53.2	Reklam. Rohmat. Lag.	301	SFM	7,515	60,70	45,31	456	341	116
53.3	Reklam. Innerb. Trans.	419	SPF	3,760	64,83	51,87	244	195	49
54.	Einlagern								
54.1	Einlagern Rohmaterial	301	SFM	75,000	60,70	45,31	4.553	3.398	1.154
54.2	Einlagern Innerb. Tansp.	419	SPF	37,500	64,83	51,87	2.431	1.945	486
55.	Materialbestandsführung								
55.1	Materialbestandsführung	300	SSM	1,830	68,82	59,56	126	109	17
Weiterverrechnung: auf Prozess					Plankosten		24.102	18.032	6.070
Prozessverantwortlicher / Prozessplaner					CD-Menge		100 WEK Wareneingang		
					Kostensätze		241,02	180,32	60,70

Abbildung 7.6 Vorgangskalkulation Teilprozess Wareneingang

Gerade an diesem Beispiel sehen Sie, wie aufwändig es ist, den Ressourcenverbrauch für die einzelnen Vorgänge zu ermitteln. Andererseits kann die gelegentlich immer wieder angesprochene Variante der Division der Kosten einer Kostenstelle/Leistungsart durch die Cost-Driver-Anzahl allenfalls in Ausnahmefällen funktionieren. Wir werden aber mittelfristig wegen der zunehmenden Gewichtung der indirekten Leistungsbereiche nicht umhin kommen, die Kosten der Prozesse detailliert zu ermitteln und zu überwachen.

Ressourcenverbrauch

Eine exakte Zuordnung der Kosten indirekter Leistungsbereiche findet in der Industrie bereits in der angesprochenen Einzel- und Projektfertigung statt. Dort werden heute schon in Bereichen wie der Arbeitsvorbereitung oder der Vorkalkulation, aber auch in der Materialbereitstellung und der Kundenauftragsgewinnung und -abwicklung Stunden geschrieben und den einzelnen Projekten zugerechnet.

Im Dienstleistungsbereich werden ebenfalls vorgangsbezogene Standardzeiten ermittelt und sowohl als Leistungsarten für die monatliche Kostenstellenrechnung als auch für produktbezogene Vorgangskalkulationen genutzt. Die prozessbezogene Weiterbelastung kommt als leistungsmengeninduzierte Verrechnung für alle repetitiven Tätigkeiten in Betracht. Leistungsmengenneutrale Kosten werden bei geringerem

Dienstleistungsbereich

Umfang über die Fixkostensätze berücksichtigt oder, bei größerem Umfang, über eigene Leistungsarten verrechnet, z. B. direkt auf entsprechende Verdichtungsbegriffe in die Ergebnisrechnung.

Statistische Nebenrechnung

Abschließend noch einige generelle Anmerkungen. Wir empfehlen nicht, außer für eine – wirklich eng befristete – Übergangszeit, die Prozesskostenrechnung als »statistische« Nebenrechnung zu führen, weil sie zumindest teilweise redundante Datenhaltung voraussetzt und weil vor allem die Integration in die eigentlichen Kostenrechnungssysteme und damit die Abstimmbarkeit fehlen.

Divisionskalkulation

Wir raten ferner von einer Art »Divisionskalkulation« ab, da von einer Kostenstelle/Leistungsart meist mehrere Prozesse, auch verschiedenartige Prozesse, bedient werden und eine direkte Zuordnung der Kosten zu den einzelnen Prozessen nicht möglich ist.

Wir wissen, dass die als Voraussetzung erforderliche Erstellung der den Arbeitsplänen vergleichbaren Vorgangspläne sehr zeit- und kostenaufwändig ist. Andererseits sind neben der sicher nicht unerheblichen Aufwandsseite auch die Vorteile einer solchen Lösung zu sehen.

Dies sind neben der verursachungsgerechten Zuordnung aller Gemeinkosten und einem nachhaltigen Gemeinkosten-Controlling auch die höhere Transparenz für die indirekten Leistungsbereiche, eine mögliche Optimierung der Prozesse, die Ermittlung und Einordnung der Komplexitätskosten und eine direkte Integration dieser Kosten in die Produktkalkulation bzw. in die Vertriebsergebnisrechnung.

7.2 Grundeinstellungen

Systembeispiel

Bei der Beschreibung des Projektsystems in Kapitel 5, *Projekte* hatten wir angemerkt, dass die Software in verschiedenen Unternehmen höchst unterschiedlich eingesetzt wird. Das Gleiche gilt für die Prozesskostenrechnung, in der völlig andere Schwerpunkte gesetzt werden, je nachdem

- in welcher Branche Ihr Unternehmen tätig ist
- wie hoch der Anteil der Gemeinkosten indirekter Leistungsbereiche an den Gesamtkosten ist
- welche Teile der SAP-Software Sie bereits nutzen

Hier im Buch beschränken wir uns auf ein Beispiel, das keinen Anspruch erhebt, allgemein gültig oder auch nur repräsentativ zu sein. Wir zeigen Ihnen einen kleinen Ausschnitt der technischen Möglichkeiten, indem wir das folgende Szenario zugrunde legen: Die Bäckerei Becker hat an mehreren Standorten erfolgreich Backstuben mit Öfen, Rührern, Arbeitstischen usw. eingerichtet. Als zusätzlicher Geschäftsbereich neben der Herstellung und dem Vertrieb von Backwaren soll das so erworbene Projekt-Know-how vermarktet werden. Die Bäckerei Becker bietet im neuen Geschäftsbereich Projektgeschäft anderen Bäckereien an, die Betreuung von Bäckereineu- und -umbauten zu übernehmen. Von der Konzeption über die Ausschreibung bis hin zur schlüsselfertigen Übergabe sorgt das Unternehmen dafür, dass die Bäckereien im ganzen Land mit den modernsten Maschinenparks ausgestattet werden.

Das Controlling des Projektgeschäftes der Bäckerei Becker sieht sicherlich ganz anders aus als das Controlling des Backwarenherstellers Bäckerei Becker. Für einen Ausschnitt des Controllings im Projektgeschäft nutzen wir die Prozesskostenrechnung. Der Geschäftsprozess »Auftrag abwickeln« nutzt Leistungen der Kostenstellen »Konstruktion«, »Arbeitsvorbereitung« und »Buchhaltung«. Per Umlage werden die Kosten des Prozesses in die Ergebnisrechnung verrechnet (siehe Abbildung 7.7). Die folgenden Abschnitte beschreiben, wie die Prozesskostenrechnung im SAP R/3-System umgesetzt wird.

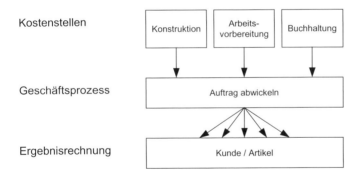

Abbildung 7.7 Beispielablauf der Prozesskostenrechnung

Beginnen wir mit der Darstellung des Beispiels im System SAP R/3. Um die Prozesskostenrechnung zu nutzen, müssen zwei Voraussetzungen erfüllt sein. Zunächst prüfen wir im Customizing, ob die Prozesskostenrechnung überhaupt für unseren Kostenrechnungskreis aktiviert wurde und damit die erste Voraussetzung gegeben ist. Dazu nutzen wir Transaktion OKKP, im Customizing: **SPRO · Controlling · Prozesskostenrechnung · Prozesskostenrechnung im Kostenrechnungskreis aktivieren** (siehe Abbildung 7.8). Die Prozesskostenrechnung ist aktiv, sowohl für die parallele als auch für die integrierte Rechnung.

Customizing zum Kostenrechnungskreis

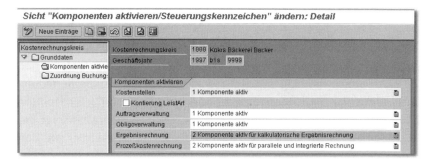

Abbildung 7.8 Prozesskostenrechnung aktivieren

Standardhierarchie setzen

Die zweite Voraussetzung ist die Festlegung einer Standardhierarchie der Geschäftsprozesse. Für diese Einstellung nutzen wir Transaktion OKW1, im Customizing: **SPRO · Controlling · Prozesskostenrechnung · Standardhierarchie zum Kostenrechnungskreis pflegen** (siehe Abbildung 7.9).

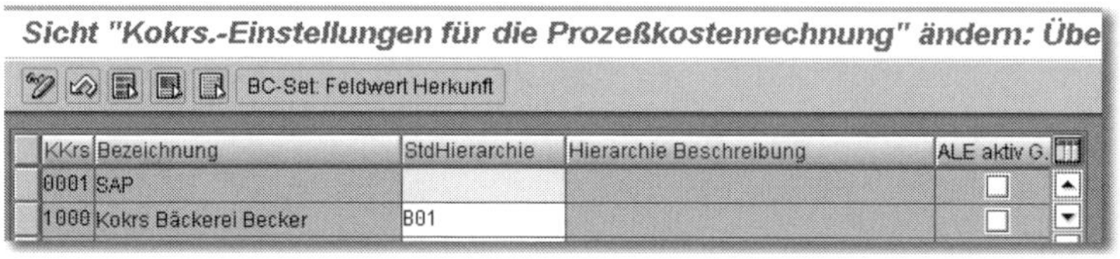

Abbildung 7.9 Standardhierarchie für Prozesskostenrechnung festlegen

Stammdaten zum Geschäftsprozess

Jetzt beginnt die Arbeit in der Anwendung. Wie immer in SAP R/3 ist der erste Schritt beim Nutzen einer Komponente die Pflege von Stammdaten. Die zentralen Stammdaten der Prozesskostenrechnung sind die Geschäftsprozesse. Sie werden bearbeitet mit den Transaktionen CP01, CP02, CP03, CP04, im Menü **Rechnungswesen · Controlling · Prozesskostenrechnung · Stammdaten · Geschäftsprozess · Einzelbearbeitung · Anlegen/Ändern/Anzeigen/Löschen** (siehe Abbildung 7.10).

Standardhierarchie pflegen

Durch den Eintrag B01 im Feld **Hierarchiebereich** der Prozessstammdaten ist der Geschäftsprozess automatisch der Standardhierarchie zugeordnet. Das können wir überprüfen mit Transaktion CPH4N, CPH5N, im Menü **Rechnungswesen · Controlling · Prozesskostenrechnung · Stammdaten · Standardhierarchie · Ändern/Anzeigen** (siehe Abbildung 7.11).

Für dieses einfache Beispiel beschränken wir uns auf einen einzigen Prozess. Auf die Trennung in Haupt- und Teilprozesse verzichten wir.

Die beteiligten Kostenstellen »Konstruktion«, »Arbeitsvorbereitung« und »Buchhaltung« werden ihre Leistungen direkt an diesen Prozess »Auftrag abwickeln« verrechnen.

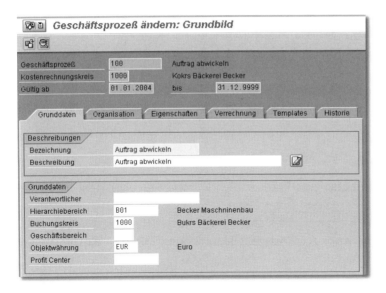

Abbildung 7.10 Geschäftsprozess anlegen

Abbildung 7.11 Prozesshierarchie pflegen

7.3 Belastung und Verrechnung

Zur Verrechnung von Kostenstellenleistungen auf Geschäftsprozesse muss die Leistungsartenplanung auf den Kostenstellen abgeschlossen sein. Die Planung von Leistungen und Tarifen auf Kostenstellen hatten wir bereits ausführlich dargestellt (siehe Abschnitte 3.5.1 bis 3.5.7). Für die neuen Kostenstellen des Geschäftsbereiches Projektgeschäft innerhalb der Bäckerei Becker zeigen wir hier nur das Ergebnis der Leistungsplanung mit Transaktion KP26, im Menü **Rechnungswesen · Controlling · Kostenstellenrechnung · Planung · Leistungserbringung/Tarife · Ändern** (siehe Abbildung 7.12).

Leistungsarten von Kostenstellen planen

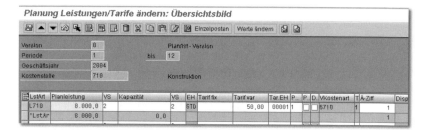

Abbildung 7.12 Leistungsplanung der Kostenstelle Konstruktion

Für die drei beteiligten Kostenstellen wurden Leistungsarten mit Tarifen geplant. Das Ergebnis sehen Sie im Überblick mit Transaktion KSBT, im Menü **Rechnungswesen · Controlling · Kostenstellenrechnung · Infosystem · Berichte zur Kostenstellenrechnung · Tarife · Kostenstellen: Leistungsartentarife** (siehe Abbildung 7.13).

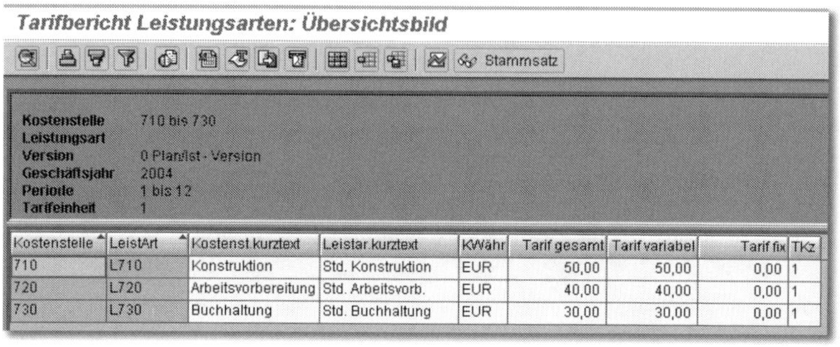

Abbildung 7.13 Tarife der Kostenstellen

Leistungsaufnahme des Prozesses

Jetzt starten wir mit der ersten Funktion der Komponente Prozesskostenrechnung. Wir planen die Leistungsaufnahme des Geschäftsprozesses »Auftrag abwickeln«. Dazu nutzen wir Transaktion CP06, im Menü **Rechnungswesen · Controlling · Prozesskostenrechnung · Planung · Kosten/Leistungs-/Prozessaufnahmen · Ändern** (siehe Abbildung 7.14).

Die gesamten geplanten Leistungen der Kostenstellen »710 Konstruktion«, »720 Arbeitsvorbereitung« und »730 Buchhaltung« werden dem Geschäftsprozess »100 Auftrag abwickeln« zugeordnet (siehe Abbildung 7.15).

Prozessbericht

Wie stellt sich diese Planung der Leistungsaufnahme durch den Prozess in einem Kostenbericht dar? Diese Frage beantwortet Transaktion S_ALR_87011762, im Menü **Rechnungswesen · Controlling · Prozesskostenrechnung · Infosystem · Berichte zur Prozesskostenrechnung · Plan-Ist-Vergleiche · Geschäftsprozesse mit Verrechnungspartnern (nach Kosten)** (siehe Abbildung 7.16).

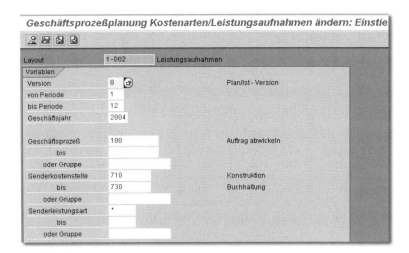

Abbildung 7.14 Leistungsaufnahme Prozess – Einstieg

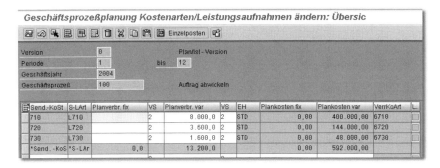

Abbildung 7.15 Leistungsaufnahme Prozess – Übersicht

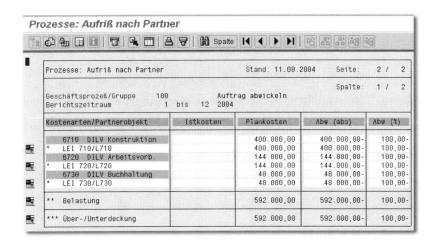

Abbildung 7.16 Berich Prozess nach Planung Leistungsaufnahme

Belastung und Verrechnung **375**

Für die drei Kostenstellen »Konstruktion«, »Arbeitsvorbereitung« und »Buchhaltung« wurden primäre Kosten in Höhe von insgesamt 592 000 € geplant. Mit der Leistungsartenplanung und der Tarifermittlung wurden Stundensätze für die Kostenstellen errechnet. Die Planung der Leistungsaufnahme in der Prozesskostenrechnung verschiebt die Kosten vollständig auf den Geschäftsprozess »Auftrag abwickeln«.

Entlastung der Geschäftsprozesse

Genauso wie bei Kostenstellen und Innenaufträge versuchen wir bei den Geschäftsprozessen, Kostenbelastungen als Entlastung in gleicher Höhe weiter zu verrechnen. Den Geschäftsprozessen stehen zur Kostenentlastung die gleichen Methoden zur Verfügung wie den Kostenstellen. Wir könnten mit der Definition von *Prozesstreibern* (so heißen die Cost Driver in SAP R/3) und Prozessmengen eine Tarifermittlung durchführen. Die so entstandenen Tarife können dann an Produkte oder andere Geschäftsprozesse verrechnet werden. Alternativ zur Verrechnung von Kosten ist die Umlage in die Ergebnisrechnung. Die werden wir hier nutzen.

Umlage in die Ergebnisrechnung

Zur Umlage eines Geschäftsprozesses in die Ergebnisrechnung müssen wir zunächst die Regeln erfassen, nach denen diese Umlage durchgeführt werden soll. Diese Umlageregeln heißen Zyklen. Mit dem Wort Zyklus entsteht der Eindruck, dass hier zyklische, also irgendwie kreisförmige Verrechnungen durchgeführt werden sollen. Das ist auch richtig für die Umlage von Kosten zwischen Kostenstellen. Dort können z. B. durch die Verrechnung von der Telefonzentrale an alle Kostenstellen, die telefonieren, und durch gleichzeitige Verrechnung der EDV-Kostenstelle an alle Kostenstellen, die einen PC nutzen, zyklische Beziehungen entstehen. Wir nehmen, an dass die EDV-Kostenstelle telefoniert und die Telefonzentrale einen PC nutzt. Dann wird jede dieser beiden Kostenstellen im Umlagelauf versuchen, ihre Kosten beim jeweils anderen abzuladen. Falls nur diese beiden Kostenstellen an der Umlage teilnehmen, kommen wir auch mit beliebig vielen Iterationen nie zu einem brauchbaren Ergebnis. Erst wenn noch andere Kostenstellen, die telefonieren und PCs nutzen, z. B. aus der Fertigung, an der Umlage beteiligt sind, kommt der Umlagezyklus nach einer endlichen Zahl von Iterationen zu einem Ergebnis.

Jetzt wissen Sie, woher der Begriff »Umlagezyklus« kommt. Ist die Umlage von Geschäftsprozessen in die Ergebnisrechnung nun genauso zyklisch mit Berechnungen in mehreren Iterationen? Nein, das ist sie nicht. Die Umlage von Geschäftsprozessen in die Ergebnisrechnung ist ein eindimensionaler Vorgang, ganz ohne Iterationen. Alle Umlagen nutzen in SAP R/3 aber ähnliche Layouts bei der Erfassung der Rechenregeln und bei der Ausführung. Deshalb heißen die Rechenregeln der Umlagen immer Zyklus, ob sie nun kreisförmige Berechnungen durchführen oder nicht.

Genug der Vorrede, sehen wir uns den Zyklus zur Umlage in die Ergebnisrechnung im System an mit den Transaktionen KEU7, KEU8, KEU9, im Menü **Rechnungswesen · Controlling · Ergebnis- und Marktsegmentrechnung · Planung · Planungsintegration · Kostenstellen-/Prozessplanung übernehmen · Umlage** und dann weiter im Transaktionsmenü mit **Zusätze · Zyklus · Anlegen/Ändern/Anzeigen** (siehe Abbildung 7.17).

Umlagezyklus pflegen

Ein Umlagezyklus enthält immer ein oder mehrere Segmente. In Segmenten werden Senderobjekte zusammengefasst, die mit den gleichen Regeln verrechnet werden sollen. In unserem Beispiel haben wir genau ein Senderobjekt, den Geschäftsprozess »Auftrag bearbeiten«. Entsprechend findet die Diskussion über die Anzahl der Segmente im Zyklus ein schnelles Ende: Die Anzahl ist eins. Für das einzige Segment des Zyklus ist die erste Registerkarte **Segmentkopf** dargestellt (siehe Abbildung 7.17).

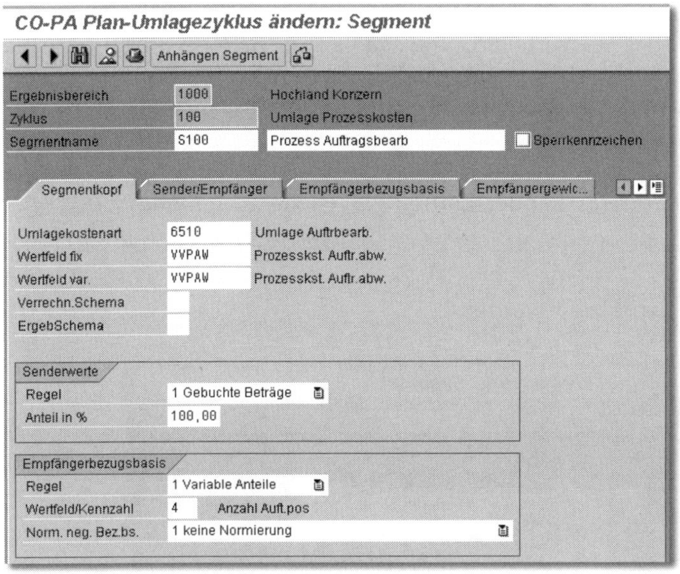

Segmentkopf im Zyklus

Abbildung 7.17 Umlagezyklus – Segmentkopf

Das erste Feld, **Umlagekostenart**, enthält die Kostenart, mit der die Entlastungsbuchung auf dem Geschäftsprozess dargestellt wird. Dabei handelt es sich um eine sekundäre Kostenart vom Typ »42 Umlage«.

Auf der Empfängerseite der Ergebnisrechnung werden die Kosten und Erlöse nicht nach Kostenarten strukturiert, sondern nach Merkmalen und Wertfeldern. Merkmale sind Schlüsselbegriffe zum Kunden, zum Artikel oder zur Unternehmensorganisation. Die Wertfelder sind entweder Mengenfelder wie z.B. Absatz oder Anzahl Auftragspositionen oder

Betragsfelder wie Umsatz, Herstellkosten, Vertriebskosten, Verwaltungskosten etc. Das Wertfeld, in dem die Kosten des Prozesses »Auftragsabwicklung« landen sollen, wird ebenfalls hier im Segmentkopf angegeben. Ausgewählt wurde »VVPAW Prozesskosten Auftragsabwicklung«.

Im Block **Senderwerte** auf dieser Registerkarte können Sie festlegen, ob ein fester Betrag oder ein prozentualer Anteil der gebuchten Kosten umgelegt werden soll. Hier haben wir uns entschieden, die gebuchten Kosten des Geschäftsprozesses vollständig, also zu 100 % zu verrechnen.

Im nächsten Block, **Empfängerbezugsbasis**, haben wir die Auswahl, den Umlagebetrag fest bestimmten Merkmalen zuzuordnen. Das macht z.B. dann Sinn, wenn bei der Umlage von Marketingkosten feste prozentuale Anteile an die verschiedenen Marken verrechnet werden sollen. Hier im Beispiel entscheiden wir uns allerdings dafür, die Kosten für die Auftragsbearbeitung nach der geplanten Anzahl der Auftragspositionen in der Ergebnisrechnung zu verteilen, und wählen deshalb als Regel **variable Anteile**. Die Verteilung der Kosten soll entsprechend der Werte im Wertfeld »4 Anzahl Auftragspositionen« erfolgen.

| Sender/Empfänger im Zyklus | Verlassen wir jetzt den Segmentkopf, und werfen wir einen Blick auf die zweite Registerkarte: **Sender/Empfänger** (siehe Abbildung 7.18). Hier erkennen wir als Sender unseren Geschäftsprozess »100 Auftrag abwickeln« und als Empfänger eine Artikelrange 0 bis 9999, mit der alle Fertigwaren identifiziert werden. |

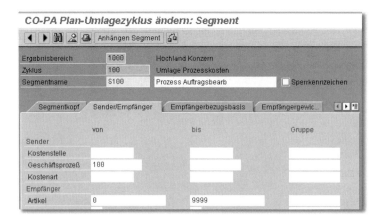

Abbildung 7.18 Umlagezyklus – Sender/Empfänger

| Umlage ausführen | Die Definition des Umlagezyklus ist abgeschlossen. Die Regeln des Zyklus können wir jetzt verwenden, um die Umlage auszuführen. Dazu nutzen wir Transaktionen KEUB, im Menü **Rechnungswesen · Controlling ·** |

Ergebnis- und Marktsegmentrechnung · Planung · Planungsintegration · Kostenstellen-/Prozessplanung übernehmen · Umlage (siehe Abbildung 7.19).

Jetzt möchten wir Ihnen gerne in einem Bericht zeigen, wie die auf diese Weise verrechneten Kosten in der Ergebnisrechnung angekommen sind, genauso wie wir das bisher in diesem Buch immer getan haben. Leider wird's an dieser Stelle etwas schwierig, weil wir Sie nicht zu Standardberichten führen können, die Sie in Ihrem System nachvollziehen können.

Berichte in der Ergebnisrechnung

Abbildung 7.19 Umlage ausführen

In der Ergebnisrechnung gibt es nämlich keine Standardberichte. Die Merkmale und Wertfelder werden kundenindividuell bei jeder Einführung der Ergebnisrechnung neu festgelegt. Auf Basis dieser individuellen Einstellungen müssen die Ergebnisberichte dann erst gestrickt werden.

Kürzen wir die Sache ab! Der Bericht zur Darstellung der Auftragsabwicklungskosten in der Ergebnisrechnung wurden von uns unter dem Namen »BE01 Becker Projekte« angelegt und sind abrufbar mit Transaktion KE30, im Menü **Rechnungswesen · Controlling · Ergebnis- und Marktsegmentrechnung · Infosystem · Bericht ausführen** (siehe Abbildung 7.20).

Im Ergebnisbericht sind die Anzahl der geplanten Auftragspositionen dargestellt sowie die bekannten Plankosten in Höhe von 592 000 €, die von den Kostenstellen via Geschäftsprozess per Umlage in die Ergebnisrechnung gelangt sind (siehe Abbildung 7.21). Außerdem ist bei **Kosten pro Auftrag** noch eine Formel zur Berechnung dieser Kennzahl hinterlegt.

Ergebnisbericht ausführen: Einstieg
Bericht
Beschreibung
BE01
Becker Projekte
BECKER-DB
Bericht Becker Deckungsbei
BECKER-P-I
Becker Plan Ist
BECKER-PLAN
Bäckerei Becker Plan
BERICHT-01
Bäckerei Becker Plan 2004
BERICHT-02
Bäckerei Becker Ist 2003

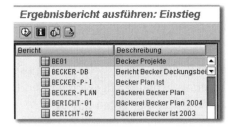

Abbildung 7.20 Ergebnisbericht ausführen

Ergebnisbericht Becker Projekte ausführen
Navigation
v..
n..
Kunde
Artikel
Schlüsselspalte
Plan 2004
Anzahl Positionen
100
Prozesskst.Auftr.abw
592.000
Kosten pro Auftrag
5.920,00
Formular: Becker Maschinen

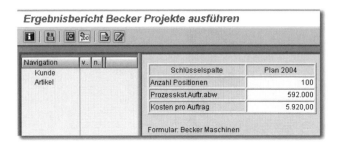

Abbildung 7.21 Prozesskosten in der Ergebnisrechnung

Prozessbericht mit Be- und Entlastungen

Was hat sich durch die Umlage des Geschäftsprozesses im Prozessbericht verändert? Sehen wir nochmals nach mit **Geschäftsprozesse mit Verrechnungspartnern (nach Kosten)** mit Transaktion S_ALR_87011762 (siehe Abbildung 7.22).

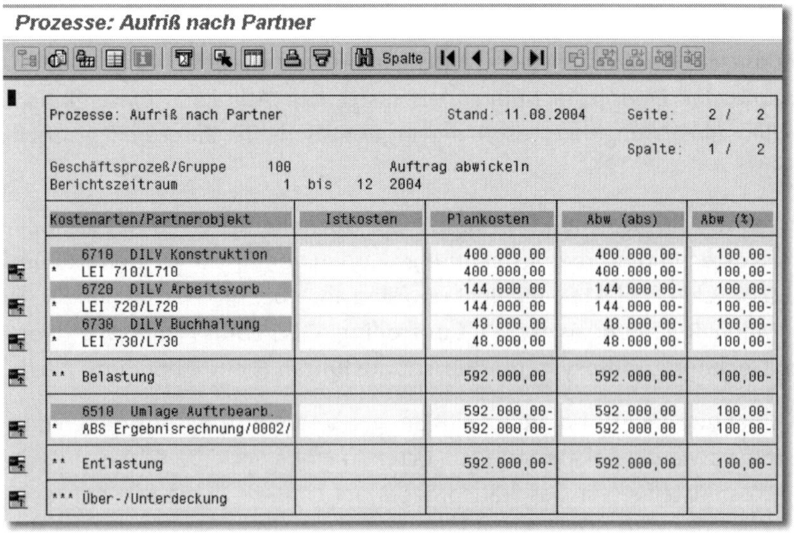

Prozesse: Aufriß nach Partner
Spalte
Prozesse: Aufriß nach Partner
Stand: 11.08.2004
Seite: 2 / 2
Spalte: 1 / 2
Geschäftsprozeß/Gruppe 100
Auftrag abwickeln
Berichtszeitraum 1 bis 12 2004
Kostenarten/Partnerobjekt
Istkosten
Plankosten
Abw (abs)
Abw (%)
6710 DILV Konstruktion
400.000,00
400.000,00-
100,00-
* LEI 710/L710
400.000,00
400.000,00-
100,00-
6720 DILV Arbeitsvorb.
144.000,00
144.000,00-
100,00-
* LEI 720/L720
144.000,00
144.000,00-
100,00-
6730 DILV Buchhaltung
48.000,00
48.000,00-
100,00-
* LEI 730/L730
48.000,00
48.000,00-
100,00-
** Belastung
592.000,00
592.000,00-
100,00-
6510 Umlage Auftrbearb.
592.000,00-
592.000,00
100,00-
* ABS Ergebnisrechnung/0002/
592.000,00-
592.000,00
100,00-
** Entlastung
592.000,00-
592.000,00
100,00-
*** Über-/Unterdeckung

Abbildung 7.22 Prozesskostenentlastung durch Umlage

Da Sie mit Kostenstellen, Innenaufträgen und Projekten und dem Prinzip der Kostenbe- und -entlastung bereits bestens vertraut sind, überrascht Sie dieser Bericht nicht. Der Gesamtbetrag, der als Kostenbelastung von drei Kostenstellen auf dem Geschäftsprozess zu sehen ist, wird nun zusätzlich als Entlastung aus der Umlage dargestellt. Der Saldo des Prozesses ist damit null.

Ein Beispiel zur Istabwicklung des Prozesses ersparen wir Ihnen, wir würden im Wesentlichen Ausführungen aus den vorigen Kapiteln wiederholen (siehe Abschnitt 3.2 und 6.4).

Was haben wir jetzt bei der Bearbeitung des Geschäftsprozesses »100 Auftrag abwickeln« gesehen? Kosten wurden von Kostenstellen per Leistungsverrechnung auf diesen Prozess gebucht. Per Umlage hat sich der Prozess in Richtung Ergebnisrechnung entlastet. Wären diese Funktionen nicht auch mit einer Kostenstelle abzubilden gewesen? Technisch: ja, betriebswirtschaftlich: nein. Bei der Entwicklung der Prozesskostenrechnung in SAP R/3 wurden viele Funktionen »recycelt«, die schon für die Kostenstellenrechnung programmiert waren. Deshalb sind sich viele Masken und Abläufe sehr ähnlich. Über die hier dargestellten Funktionen hinaus bieten die Geschäftsprozesse allerdings vor allem mit der so genannten *Template-Verrechnung* einige exklusive Möglichkeiten. Beim Durchgriff per Template-Verrechnung auf Logistikdaten (Aufträge, Bestellungen, Stücklisten etc.) müssen die entsprechenden Module aktiviert sein. Beispiele oder Beschreibungen hierzu würden den Rahmen dieses Buches sprengen. Betriebswirtschaftlich handelt es sich bei »Auftrag abwickeln« selbstverständlich nicht um eine Kostenstelle, sondern um einen Prozess im Unternehmen. Insofern macht die Nutzung der Prozesse auch dann Sinn, wenn Sie, wie hier, Funktionen nutzen, die genauso auch bei Kostenstellen zur Verfügung stehen.

Kostenstellen versus Geschäftsprozesse

7.4 Zusammenfassung

Die Prozesskostenrechnung wird genutzt, um erstens eine eventuell rudimentär ausgeprägte Kosten- und Leistungsrechnung bei der Kalkulation und der Kostenträgerrechnung zu ersetzen oder um zweitens sich wiederholende Aktivitäten in Verwaltung oder Vertrieb besser zu analysieren. Drittens wird die Prozesskostenrechnung genutzt, um abteilungsübergreifende Abläufe im Unternehmen mit ihren vollen Kosten fassbar zu machen. Für Geschäftsprozesse werden Cost Driver ermittelt, vergleichbar mit den Leistungsarten aus der Kostenstellenrechnung.

Die technischen Funktionen der Komponente Prozesskostenrechnung in SAP R/3 sind zum großen Teil aus der Kostenstellenrechnung übernommen. Leistungsverrechnungen von Kostenstellen auf Prozesse und zwischen Prozessen sind ebenso möglich wie z. B. Umlagen in die Ergebnisrechnung. Mit dem Durchgriff auf Daten der Logistikmodule entfaltet die Prozesskostenrechnung ihren wahren Nutzen.

In Abschnitt 7.2 haben wir Ihnen eine Umlage in die Ergebnisrechnung vorgestellt. Diese Lösung hat den Nachteil, dass die Kosten beim Leistungsempfänger fix werden; sie sollte daher nur eine Übergangslösung zu einer verursachungsgerechten Prozesskostenrechnung darstellen.

Kapitel 8

Überraaaschung!

8 Ergebnisrechnung und Profit-Center-Rechnung

Die Ergebnisrechnung und die Profit-Center-Rechnung wurden im System SAP R/3 implementiert, um Ergebnisse, Gewinn und Profit auszuweisen. Um in einem Geschäftsbereich, bei einem Kunden oder für einen Artikel Gewinn zu erzielen, muss das Unternehmen entsprechende Erlöse erwirtschaften. Thema dieses Buches sind jedoch Gemeinkosten und nicht Erlöse. Damit wird klar, dass wir uns mit Ergebnisrechnung und Profit-Center-Rechnung von unserem Kernthema entfernen. Trotzdem wagen wir einen kurzen Blick auf diese Komponenten, behalten dabei aber immer die Gemeinkosten im Auge.

8.1 Ergebnis- und Marktsegmentrechnung

8.1.1 Überblick

Im ersten Abschnitt dieses Kapitels beschäftigen wir uns mit der Ergebnisrechnung, der SAP R/3-Komponente CO-PA. Der vollständige Name *Ergebnis- und Marktsegmentrechnung* dieser Komponente taucht nur im Anwendungsmenü und in der Dokumentation des SAP-Systems auf. Im allgemeinen Sprachgebrauch wird der Begriff *Ergebnisrechnung* verwendet. Wir werden in diesem Buch den Begriff *Ergebnisrechnung* verwenden.

Beim Einrichten der Ergebnisrechnung in SAP R/3 entscheiden Sie ganz zu Beginn, ob Sie eine *kalkulatorische* oder eine *buchhalterische* Ergebnisrechnung betreiben wollen. Theoretisch können Sie sich für eine der beiden Varianten entscheiden oder beide Formen der Ergebnisrechnung parallel im System führen. Mit ihren Stärken voll nutzbar wird die Komponente allerdings nur in der kalkulatorischen Variante. Dabei wird das Korsett der Buchhaltungskonten (im Controlling die Kosten- und Erlösarten) über Bord geworfen und durch eine betriebswirtschaftlich sinnvolle Gliederung der Kosten in Wertfeldern ersetzt. *Wertfelder* werden definiert für Bereiche im Unternehmen wie Fertigung, Vertrieb, Verwaltung und weiter differenziert nach variablen und fixen Kosten. Standard- und Plankosten werden getrennt von Abweichungen nach Abweichungskategorien dargestellt. Außerdem bietet nur die kalkulatorische

Kalkulatorische versus buchhalterische Ergebnisrechnung

Ergebnisrechnung (wie der Name schon sagt) Funktionen für kalkulatorische Ansätze bei den Kosten. Wir beschäftigen uns im Folgenden ausschließlich mit einer kalkulatorischen Ergebnisrechnung.

Wertfelder Eben hatten wir schon erwähnt, dass wir in der kalkulatorischen Ergebnisrechnung auf die Gliederung der Kosten nach Kostenarten oder Kostenartengruppen verzichten. Begriffe wie Personalkosten, Abschreibungen, Energie usw. suchen wir in der Standardausführung zur Differenzierung unserer Gemeinkosten vergeblich. Stattdessen werden mit den Wertfeldern der Ergebnisrechnung die Kosten und Erlöse nach den genannten funktionalen und betriebswirtschaftlichen Kriterien gegliedert. Die Strukturierung der Kosten nach Wertfeldern schließt es nicht aus, Primärkostensätze mit durchgerechneten Primärkosten über alle Sekundär- und Primärstellen in Kalkulation und Ergebnisrechnung zu rechnen.

Merkmale Zur Selektion und Gruppierung von Kosten haben Sie in den klassischen Komponenten die Begriffe Kostenstelle, Innenauftrag, Projekt und Geschäftsprozess kennen gelernt. Kostenstelle, Innenauftrag usw. sind in den entsprechenden R/3-Komponenten fest vorgegeben. Datenstrukturen, Erfassungsmasken und Berichte werden im System fertig ausgeliefert. Das ist bei der Ergebnisrechnung anders. Hier finden Sie nur einen Werkzeugkasten, mit dem Sie sich Ihre Anwendung individuell für Ihr Unternehmen zusammenbauen. Die Strukturen zur Selektion und Gruppierung von Daten in der Ergebnisrechnung heißen *Merkmale*.

Artikel und Kunde Grundgerüst für die firmenindividuellen Merkmale sind *Artikel* und *Kunde* aus den Vertriebsbelegen Auftrag und Rechnung. Die wesentliche Datenquelle ist also das Modul SAP SD – *Vertrieb* und nicht, wie wir das bei den bisher besprochenen Komponenten gewohnt waren, das Modul FI – *Finanzwesen*. Einige organisatorische Merkmale wie Kostenrechnungskreis und Buchungskreis sowie Artikel- und Kundennummer sind in der Ergebnisrechnung immer verfügbar. Darüber hinaus besteht die Möglichkeit, aus drei Quellen weitere Merkmale zu generieren:

Quellen für Merkmale
- Artikel- und Kundenstamm (z.B. Materialgruppe, Produkthierarchie, Land, Kundenbezirk)
- Auftrags- bzw. Rechnungsbeleg (z.B. Auftragsart, Fakturaart, Verkaufsbüro)
- Selbst definierte Merkmale, die Sie aus Stammdaten oder Belegfeldern individuell ableiten (z.B. Ländergruppe, abgeleitet aus dem Land des Kunden, oder Business Unit, abgeleitet aus der Kunden- bzw. Artikelkombination)

Mit den üblicherweise zwischen 20 und 40 Merkmalen der Ergebnisrechnung können Sie Ihre Daten speziell für Ihr Unternehmen fein differenziert darstellen. Aber Vorsicht, mit der großen Zahl an Merkmalen steigt die Gefahr, die Daten zu stark zu differenzieren und damit die Wirksamkeit der Zahlen eher zu verringern als zu erhöhen.

Lassen wir es dabei bewenden, wir wollen hier keinen Leitfaden zum Einrichten einer Ergebnisrechnung präsentieren. Ziel dieses Kapitels ist, Ihnen die grundlegenden Strukturen der Ergebnisrechnung zu vermitteln. Danach werden wir am Beispiel der Vertriebskosten zeigen, wie Gemeinkosten in die Strukturen der Ergebnisrechnung überführt werden können.

8.1.2 Grundeinstellungen

In den vorangegangenen Kapiteln konnten wir bei jeder Komponente des Controllings (fast) sofort mit der Pflege von Stammdaten (Kostenstellen, Innenaufträge usw.) beginnen. Das ist jetzt anders. Mit dem »Werkzeugkasten« Ergebnisrechnung müssen wir uns erst einmal ein funktionierendes System bauen. Die Merkmale und Wertfelder werden individuell für Ihr Unternehmen in einem Ergebnisbereich festgeschrieben.

Datenstrukturen der Ergebnisrechnung

Sie nutzen hierfür die Transaktion KEA0, im Customizing **SPRO · SAP Referenz-IMG · Controlling · Ergebnis- und Marktsegmentrechnung · Strukturen · Ergebnisbereich definieren · Ergebnisbereich pflegen** und weiter mit dem Button **Anzeigen** im Block **Datenstruktur** (siehe Abbildung 8.1). Auf der ersten Registerkarte sehen wir eine Auswahl der **Merkmale**, die in der Ergebnisrechnung für die Bäckerei Becker verfügbar sind.

Merkmale

Mit der zweiten Registerkarte werden die **Wertfelder** gepflegt (siehe Abbildung 8.2).

Wertfelder

Zu den firmenindividuellen Datenstrukturen mit Merkmalen und Wertfeldern müssen Sie sich die passenden Berichte ebenfalls selbst erstellen. Standardberichte, wie wir sie bisher vorgestellt haben, suchen Sie in der Ergebnisrechnung vergeblich.

Berichte der Ergebnisrechnung

Zur Darstellung der Daten der Ergebnisrechnung haben wir den Bericht »Bäckerei Becker Plan 2004« für Sie vorbereitet. Er wir angezeigt mit Transaktion KE30, im Menü **Rechnungswesen · Controlling · Ergebnis- und Marktsegmentrechnung · Infosystem · Bericht ausführen** (siehe Abbildung 8.3). Im ersten Aufriss werden die Plandaten für **Absatz**, **Umsatz**, **Rohware**, **Verpackung** und **Fert var.** (Fertigungskosten variabel) für drei Kunden dargestellt.

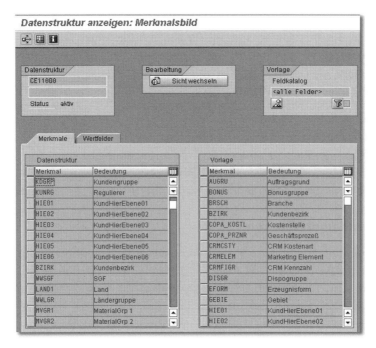

Abbildung 8.1 Merkmale in der Ergebnisrechnung

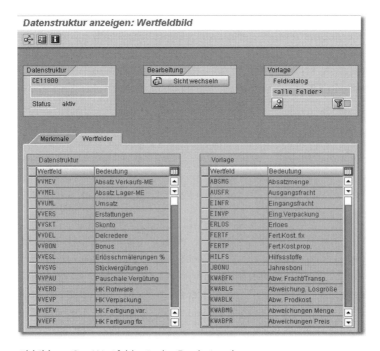

Abbildung 8.2 Wertfelder in der Ergebnisrechnung

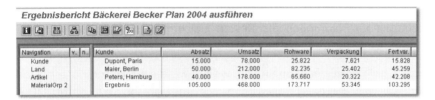

Abbildung 8.3 Ergebnisbericht mit Aufriss nach Kunde

Mit der Selektion des Kunden Peters können seine Daten detailliert nach Artikeln dargestellt werden (siehe Abbildung 8.4).

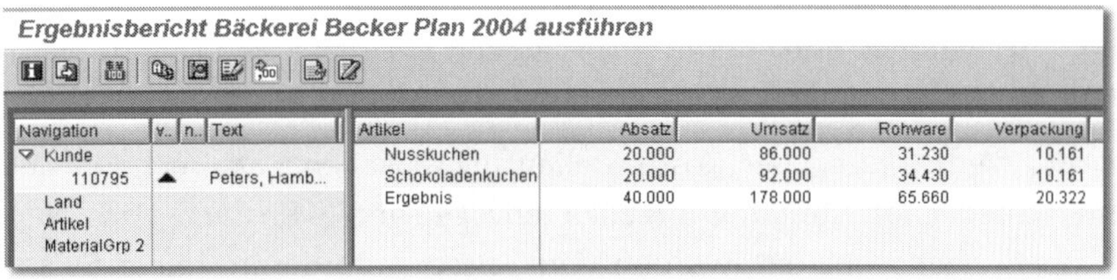

Abbildung 8.4 Ergebnisbericht Detail: Artikel eines Kunden

Die beiden gezeigten Ansichten sind Beispiele. Selbst mit den wenigen hier gezeigten Merkmalen **Kunde**, **Land**, **Artikel** und **MaterialGrp2** (Material Gruppe 2; steht für Marke) können durch die Variation der Selektionen und Aufrisse viele verschiedene Berichte online am Bildschirm dargestellt werden. Sie können sich vorstellen, welche unzähligen Möglichkeiten ein Ergebnisbericht mit einer realistischen Anzahl von 20, 30 oder gar 40 Merkmalen bietet.

Variationen im Online-Reporting

Selbstverständlich werden Sie in einer realen Umgebung die Wertfelder **Absatz**, **Umsatz** usw. nicht so schlicht nebeneinander darstellen wie hier im Beispiel. Sie werden Deckungsbeiträge und Kennzahlen für Standardkosten und Abweichungen ausweisen. Damit bieten sich weitere, nahezu unbegrenzte Variationsmöglichkeiten im Berichtswesen der Ergebnisrechnung.

Die Ergebnisrechnung ist im System angelegt. Sie haben einen individuellen Bericht kennen gelernt. Wir kehren jetzt zum eigentlichen Thema zurück und beschäftigen uns mit der Übertragung von Gemeinkosten in die Ergebnisrechnung.

Gemeinkosten in der Ergebnisrechnung

8.1.3 Indirekte Leistungsverrechnung im Plan

Zur Verrechnung von Gemeinkosten in die Ergebnisrechnung betrachten wir die Kostenstelle »610 Vertriebsleitung« der Bäckerei Becker. Auf die-

Fixkosten im Vertrieb

ser Kostenstelle werden ausschließlich Fixkosten geplant. Bei der Verrechnung im Plan sollen die Kosten gleichmäßig auf alle Artikel nach Absatzmenge (Stück) verteilt werden.

Später, bei der Verrechnung im Ist, wollen wir die geplanten Kosten nach der gleichen Regel verteilen, die wir im Plan benutzt hatten. Die Abweichungen sind von der Vertriebsleitung gesondert zu verantworten und sollen deshalb auch gesondert in der Ergebnisrechnung dargestellt werden.

Für die Verrechnung der Plankosten und der geplanten Kosten im Ist werden wir die indirekte Leistungsverrechnung von der Kostenstelle in die Ergebnisrechnung nutzen. Die Abweichung auf der Kostenstelle im Ist wird per Umlage in die Ergebnisrechnung transferiert.

Geplante Kosten und Abweichungen im Ist

Bei der Verrechnung der Kostenstellen im Ist sollen entsprechend der unterschiedlichen Verantwortlichkeiten geplante Kosten von den Abweichungen separiert werden. Um diese Anforderung zu erfüllen, müssen bereits im Plan die notwendigen Voraussetzungen geschaffen werden. Wir benötigen im Plan eine Leistungsverrechnung, mit deren Tarif wir dann im Ist die geplanten Kosten verrechnen können.

Wir entscheiden uns für eine Leistungsverrechnung in einer etwas abgewandelten Variante. Bisher hatten wir Ihnen die Leistungsverrechnung gemäß gemessener Mengen vorgestellt. Sie erinnern sich an die Verrechnung von Stromkosten gemäß der Leistungsart Kilowattstunden. Für die Kostenstelle Vertriebsleitung finden wir keine mess- oder zählbare Leistungseinheit. Wir »erfinden« eine Leistungsart und nennen sie »Vertrieb 100%«, abgeleitet von der Verrechnung im Plan, bei der 100% der Kostenstelle berücksichtigt werden. Eine Leistungseinheit LE steht dabei für 100%. Bei der Leistungsverrechnung soll im Plan und im Ist die gleiche künstliche Menge eins verrechnet werden. Wir wollen nicht, wie beim Strom, in jedem Monat Leistungsmengen erfassen, sondern die festgelegte Menge einmal in einer Verrechnungsregel hinterlegen. Diese Anforderungen sind in SAP R/3 abgebildet mit der *indirekten Leistungsverrechnung*.

Zur Umsetzung der indirekten Leistungsverrechnung werden wir Ihnen die folgenden Schritte präsentieren:

▶ Stammdaten der Leistungsart anlegen
▶ Kostenstelle und Leistungsart im Plan verknüpfen
▶ Zyklus für die Leistungsverrechnung pflegen

- Zyklus für die Leistungsverrechnung ausführen
- Kosten planen
- Tarifermittlung ausführen
- Daten im Ergebnisbericht darstellen

Für die Pflege der Leistungsartenstammdaten nutzen Sie die Transaktionen KL01, KL02, KL03, im Menü **Rechnungswesen · Controlling · Kostenstellenrechnung · Stammdaten · Leistungsart · Anlegen/Ändern/Anzeigen** (siehe Abbildung 8.5). Die Leistungsart für die indirekte Leistungsverrechnung muss bei der Stammdatenpflege mit dem Typ »2 indirekte Ermittlung, indirekte Verrechnung« ausgestattet sein.

Stammdaten der Leistungsart

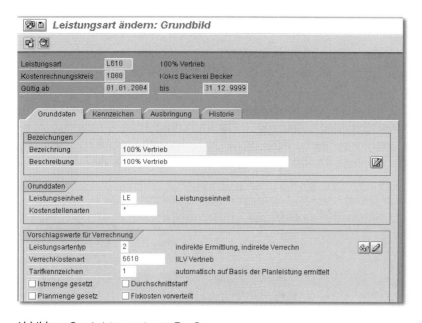

Abbildung 8.5 Leistungsart vom Typ 2

Danach verknüpfen wir Kostenstelle und Leistungsart für ein definiertes Planjahr (hier 2004) mit Transaktion KP26, Menü **Rechnungswesen · Controlling · Kostenstellenrechnung · Planung · Leistungserbringung/Tarife · Ändern** (siehe Abbildung 8.6). Sie erinnern sich an dieses Bild aus Abschnitt 3.5.4? Beachten Sie jetzt, dass die Spalte Planleistung grau hinterlegt ist. Die Erfassung der Planmenge ist hier, entsprechend des Leistungsartentyps, nicht möglich.

Kostenstelle und Leistungsart im Plan verknüpfen

Abbildung 8.6 Leistungsart und Kostenstelle verknüpfen

Zyklus für die Leistungsverrechnung pflegen

Und jetzt pflegen wir wieder einen Zyklus, der kein echter Zyklus ist. Bei der Beschreibung der Umlage des Geschäftsprozesses in die Ergebnisrechnung in Abschnitt 7.4, sind wir ausführlich auf das sprachliche Verwirrspiel der »unechten« Zyklen eingegangen. Diese Ausführungen werden wir hier nicht wiederholen. Wir nehmen die Masken wie sie sind und pflegen Zyklen für die indirekte Leistungsverrechnung der Vertriebskostenstelle in die Ergebnisrechnung mit den Transaktionen KEG7, KEG8, KEG9, im Menü **Rechnungswesen · Controlling · Ergebnis- und Marktsegmentrechnung · Planung · Planungsintegration · Indirekte Leistungsverrechnung** und dann weiter im Transaktionsmenü mit **Zusätze · Zyklus · Anlegen/Ändern/Anzeigen** (siehe Abbildung 8.7).

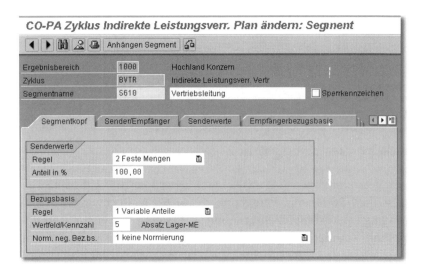

Abbildung 8.7 Indirekte Leistungsverrechnung: Segmentkopf

Indirekte Leistungsverrechnung – Segmentkopf

Sie sehen den Zyklus »BVTR Indirekte Leistungsverrechnung Vertrieb«. Im ersten Registerblatt **Segmentkopf** definieren wir mit dem Eintrag **2 Feste Mengen** im Feld **Regel**, dass wir die Leistungsmenge hier im Zyklus fest hinterlegen wollen. Der Wert zur Leistungsart wird später auf dem Registerblatt **Senderwerte** hinterlegt. Die Regel im Block Bezugsbasis **1 Variable Anteile** deutet darauf hin, dass die Kosten entsprechend gespeicherter Daten in der Ergebnisrechnung verteilt werden sollen. Gleich im nächsten Feld **Wertfeld/Kennzahl** sehen wir, woher das System die Verteilungsbasis ziehen soll, nämlich aus dem Wertfeld »Absatz Lagermengeneinheit«. Die Lagermengeneinheit für den Kuchen der Bäckerei Becker ist Stück. Die Kosten werden also mit dieser Regel nach geplanten »Stück Kuchen« gleichmäßig in der Ergebnisrechnung verteilt.

Die zweite Registerkarte **Sender/Empfänger** des Zyklus gibt an, woher die Kosten kommen (Kostenstelle und Leistungsart) und wohin sie geschrieben werden sollen (Merkmale in der Ergebnisrechnung). Sender ist die Kostenstelle »610 Vertriebsleitung« mit der Leistungsart »L610 Vertrieb 100 %«, die wir soeben angelegt haben. Empfänger sind alle Fertigartikel der Bäckerei Becker (siehe Abbildung 8.8).

Indirekte Leistungsverrechnung – Sender/Empfänger

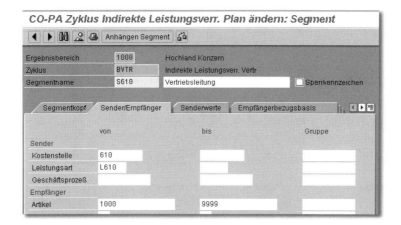

Abbildung 8.8 Indirekte Leistungsverrechnung: Sender/Empfänger

Jetzt, im dritten Registerblatt **Senderwerte**, tragen wir, wie erwähnt, die fiktive Leistungsmenge der Vertriebsleitung ein. Die Leistungsmenge »1« repräsentiert die 100 %-Verrechnung (siehe Abbildung 8.9).

Indirekte Leistungsverrechnung – Senderwerte

Im vierten Registerblatt **Empfängerbezugsbasis** spezifizieren wir im Block **Selektionskriterien** genauer, wie die Verteilungsbasis in der Ergebnisrechnung gespeichert ist (siehe Abbildung 8.10).

Indirekte Leistungsverrechnung – Empfängerbezugsbasis

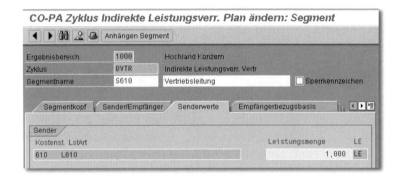

Abbildung 8.9 Indirekte Leistungsverrechnung: Senderwerte

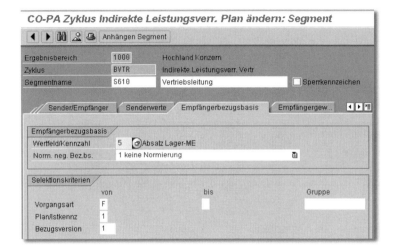

Abbildung 8.10 Indirekte Leistungsverrechnung: Empfängerbezugsbasis

Zyklus für die Leistungsverrechnung ausführen

Die Rechenregeln für die indirekte Leistungsverrechnung wurden im Zyklus »BVTR Indirekte Leistungsverrechnung Vertrieb« hinterlegt. Wir können diese Regeln jetzt benutzen und die Leistungsverrechnung im Plan für den Monat 12.2004 ausführen. Dazu nutzen wir die Transaktionen KEGB, im Menü **Rechnungswesen · Controlling · Ergebnis- und Marktsegmentrechnung · Planung · Planungsintegration · Indirekte Leistungsverrechnung** (siehe Abbildung 8.11).

Protokoll zur indirekten Leistungsverrechnung

Das Protokoll der Leistungsverrechnung weist in der Spalte **Anzahl Sender** einen Sender aus, das ist die Kostenstelle 610. In der Spalte **Anzahl Empfänger** steht die Zahl »3«. Daraus können wir, mit der Kenntnis des Zyklus, schließen, dass für diesen Monat der Verkauf von drei verschiedenen Artikeln geplant ist (siehe Abbildung 8.12).

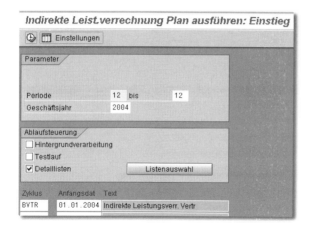

Abbildung 8.11 Indirekte Leistungsverrechnung ausführen

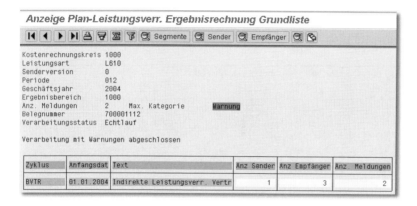

Abbildung 8.12 Indirekte Leistungsverrechnung – Protokoll

Betrachten wir die Details zu den Empfängern genauer. Mit Klick auf den Button **Empfänger** sehen wir, welche Artikel mit welchen Mengen in der Ergebnisrechnung geplant wurden (siehe Abbildung 8.13). Die Planmengen für die Artikel 1400, 1401 und 1402 sind in der Spalte **Bezugsbasis** in tausendstel Stück ausgewiesen. Diese drei Zahlen werden vom System genutzt, um die geplante Leistungsmenge eins in der Spalte **Planleistung** auf die drei Artikel aufzuteilen. Wichtig ist hier die Erkenntnis, dass wir mit der Ausführung des Zyklus zur indirekten Leistungsverrechnung keinerlei Kostendaten bewegt haben. Wir haben »nur« ein Mengengerüst für die Verteilung von Kosten generiert. Die Planung der Kosten mit anschließender Tarifermittlung können wir jetzt nachholen.

Empfänger im Detail

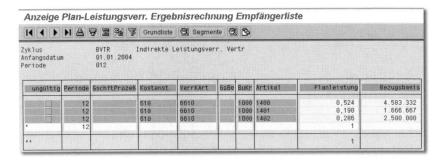

Abbildung 8.13 Indirekte Leistungsverrechnung – Empfängerliste

Planleistung aus der Leistungsverrechnung
Vor der Kostenplanung werfen wir noch einmal einen Blick auf die Funktion zur Planung der Leistungsmengen, auf die Transaktion KP26, **Leistungserbringung/Tarife · Ändern** (siehe Abbildung 8.14). Jetzt erkennen wir den bekannten Wert »1« in den Spalten **Planleistung** und **Disponierte Leistung**. Beide Einträge sind das Ergebnis der indirekten Leistungsverrechnung.

Abbildung 8.14 Leistungsart mit disponierter und Planleistung

Kosten planen
Aber jetzt zurück in bekanntes Terrain. Die Funktion zur Planung von primären Kosten haben wir hier im Buch bereits öfter benutzt. Im System heißt sie Transaktion KP06, Menü **Rechnungswesen · Controlling · Kostenstellenrechnung · Planung · Kostenarten/Leistungsaufnahmen · Ändern** (siehe Abbildung 8.15). Zur Kostenart 432010 planen wir Personalkosten in Höhe von 8 000 € für den Monat 12.2004. Als Abschreibungen unter der Kostenart 490011 erwarten wir 2 000 €.

Tarifermittlung ausführen
Die Planmenge eins der Leistungsart L610 hat uns das System mit der indirekten Leistungsverrechnung ermittelt. Die Kosten in Höhe von insgesamt 10 000 € zur Kostenstelle 610 haben wir soeben manuell erfasst. Jetzt berechnen wir den Preis pro Leistungseinheit mit der Tarifermittlung in Transaktion KSPI, Menü **Rechnungswesen · Controlling · Kostenstellenrechnung · Planung · Verrechnungen · Tarifermittlung**. Das

Ergebnis der Tarifermittlung für eine einzelne Kostenstelle können wir überprüfen, indem wir nochmals in die Pflege der Leistungen/Tarif einsteigen (siehe Abbildung 8.16). Der Wert 10 000 € in der Spalte **Tarif fix** wurde als Ergebnis der Tarifermittlung automatisch hier eingetragen.

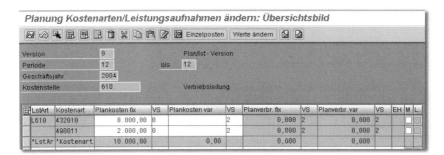

Abbildung 8.15 Kostenplanung für Kostenstelle, Kostenart, Leistungsart

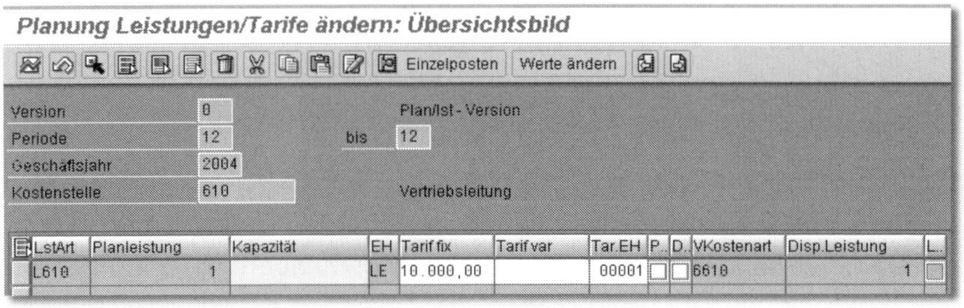

Abbildung 8.16 Ergebnis der Tarifermittlung

Das Ausführen der indirekten Leistungsverrechnung in Kombination mit dem Tarif zur Leistungsart müsste sich in der Ergebnisrechnung ausgewirkt haben. Wir erwarten, dass die geplanten Kosten des Vertriebs auf drei Artikel verteilt wurden. Das überprüfen wir mit einem weiteren Bericht in der Ergebnisrechnung, den wir für diesen Zweck für Sie vorbereitet haben. Sie kennen die Transaktion KE30 bereits: **Bericht ausführen**. Diesmal nutzen wir sie für den Bericht »Becker Vertriebskosten« (siehe Abbildung 8.17). Im Protokoll zur indirekten Leistungsverrechnung waren als Empfänger die Artikelnummern 1400, 1401 und 1402 angegeben. Jetzt sehen wir die passenden Artikelbezeichnungen: »Schokoladenkuchen«, »Nusskuchen« und »Marmorkuchen«. In der Spalte **Abs.Pln** (Absatz Plan) sind die geplanten Verkaufsmengen ausgewiesen, die Spalte **Vtr.Pln** (Vertriebskosten Plan) zeigt die erwartungsgemäß verteilten Kosten des Vertriebs.

Ergebnisbericht

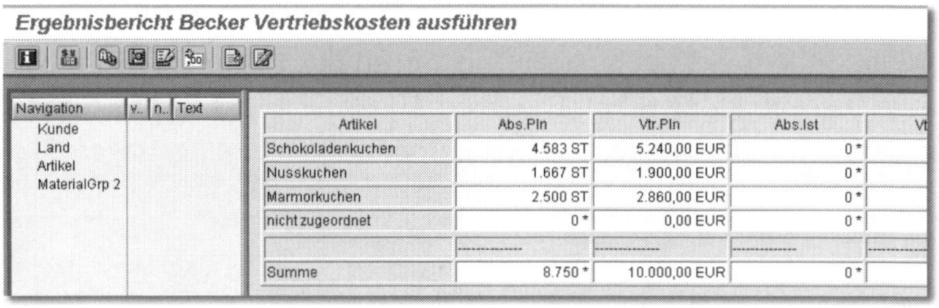

```
Ergebnisbericht Becker Vertriebskosten ausführen
```

Navigation	v.	n.	Text		Artikel	Abs.Pln	Vtr.Pln	Abs.Ist	Vt
Kunde					Schokoladenkuchen	4.583 ST	5.240,00 EUR	0 *	
Land					Nusskuchen	1.667 ST	1.900,00 EUR	0 *	
Artikel					Marmorkuchen	2.500 ST	2.860,00 EUR	0 *	
MaterialGrp 2					nicht zugeordnet	0 *	0,00 EUR	0 *	
					Summe	8.750 *	10.000,00 EUR	0 *	

Abbildung 8.17 Bericht nach Mengen- und Kostenplanung

8.1.4 Indirekte Leistungsverrechnung im Ist

Die Planung der Kostenstelle »610 Vertriebsleitung« mit primären Kosten in Verbindung mit einer indirekten Leistungsverrechnung haben wir soeben abgeschlossen. Die Verrechnung im Plan hätten wir mit einer Umlage statt der indirekten Leistungsverrechnung mit dem gleichen Ergebnis deutlich einfacher erreichen können. Die zusätzliche Anforderung, die Istkosten nach Plan und Abweichung getrennt zu verrechnen, hätten wir allerdings mit der Umlage nicht abdecken können. Im Ist profitieren wir von der Arbeit, die wir im Plan zusätzlich geleistet haben.

Istkosten auf der Kostenstelle

Machen wir uns ein Bild von der Kostenstelle »610 Vertriebsleitung« nach abgeschlossener Planung und nach der Buchung von Istkosten im Monat 12.2004. Wir nutzen den bekannten Kostenstellenbericht in Transaktion S_ALR_87013611, im Menü **Rechnungswesen · Controlling · Kostenstellenrechnung · Infosystem · Berichte zur Kostenstellenrechnung · Plan-Ist-Vergleiche · Kostenstellen: Ist/Plan/Abweichung** (siehe Abbildung 8.18).

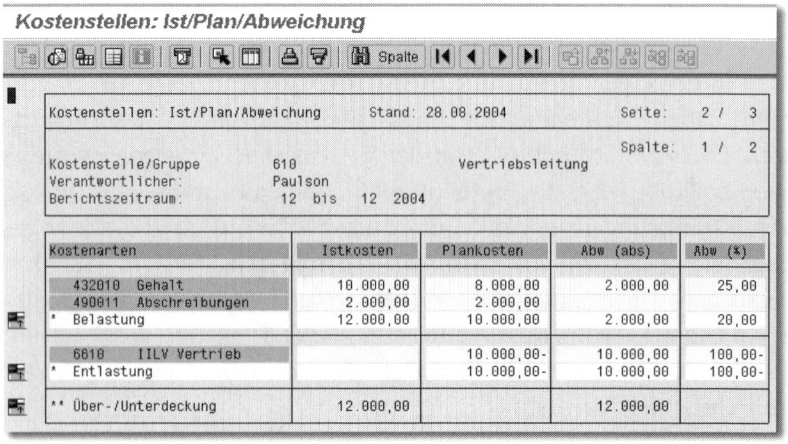

```
Kostenstellen: Ist/Plan/Abweichung
```

	Kostenstellen: Ist/Plan/Abweichung	Stand: 28.08.2004		Seite: 2 / 3
	Kostenstelle/Gruppe	610	Vertriebsleitung	Spalte: 1 / 2
	Verantwortlicher:	Paulson		
	Berichtszeitraum:	12 bis 12 2004		

	Kostenarten	Istkosten	Plankosten	Abw (abs)	Abw (%)
	432010 Gehalt	10.000,00	8.000,00	2.000,00	25,00
	490011 Abschreibungen	2.000,00	2.000,00		
▣	* Belastung	12.000,00	10.000,00	2.000,00	20,00
	6610 IILV Vertrieb		10.000,00-	10.000,00	100,00-
▣	* Entlastung		10.000,00-	10.000,00	100,00-
▣	** Über-/Unterdeckung	12.000,00		12.000,00	

Abbildung 8.18 Kostenstelle mit Plan- und Istkosten

Die manuell geplanten Kosten für Gehalt und Abschreibungen sind genau so zu sehen wie die Entlastung im Plan durch die indirekte Leistungsverrechnung unter der sekundären Kostenart »6610 IILV Vertrieb«. Die Istbuchung für Abschreibungen trifft den geplanten Wert mit 2 000 € exakt. Beim Gehalt wurden zusätzliche Prämien ausgeschüttet, so dass wir hier im Ist 2 000 € mehr als geplant, nämlich 10 000 € vorfinden. Eine Entlastung im Ist wurde noch nicht gebucht, das wollen wir jetzt tun.

Wie auch im Plan benötigen wir im Ist Rechenregeln, nach denen die indirekte Leistungsverrechnung durchgeführt werden soll, also einen Zyklus. Für die Istbuchungen muss ein eigener Zyklus angelegt werden. Beim Anlegen kopieren wir den oben gezeigten Planzyklus BVTR auf den neuen Zyklus »BVRTI Indirekte Leistungsverrechnung Vertrieb Ist«. Die entsprechenden Transaktionen heißen KEG1, KEG2, KEG3, im Menü **Rechnungswesen · Controlling · Ergebnis- und Marktsegmentrechnung · Istbuchungen · Periodenabschluss · Kostenstellen-/Prozesskosten übernehmen · Indirekte Leistungsverrechnung** und dann weiter im Transaktionsmenü mit **Zusätze · Zyklus · Anlegen/Ändern/Anzeigen** (siehe Abbildung 8.19).

Zyklus für indirekte Leistungsverrechnung im Ist

Die Einträge in den Registerkarten **Segmentkopf**, **Sender/Empfänger** und **Senderwerte** übernehmen wir ohne Änderung aus der Kopiervorlage.

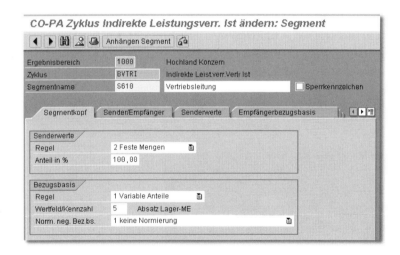

Abbildung 8.19 Indirekte Leistungsverrechnung – Zyklus im Ist

Bei der Detaillierung der **Empfängerbezugsbasis** nehmen wir bei **Plan/Istkennzeichen** und bei der **Bezugsversion** kleine Änderungen vor (siehe Abbildung 8.20).

Leistungsverrechnung im Ist – Empfängerbezugsbasis

Ergebnis- und Marktsegmentrechnung

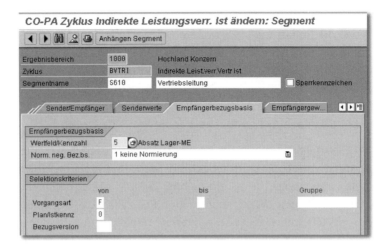

Abbildung 8.20 Indirekte Leistungsverrechnung – Empfängerbezugsbasis

Die Kosten sollen jetzt nach den Istabsätzen verteilt werden (**Plan/Istkennzeichen** gleich 0). Bei Istdaten erübrigt sich die Angabe einer Version, die Istdaten gibt es nur einmal, das Feld **Bezugsversion** bleibt deshalb leer.

Leistungsverrechnung im Ist ausführen

Auch das Bild zum Ausführen der indirekten Leistungsverrechnung im Ist kommt Ihnen bekannt vor, es ähnelt dem Bild zum Ausführen von Umlagen (siehe Abschnitt 7.4). Sie finden es unter Transaktionen KEG5, im Menü **Rechnungswesen · Controlling · Ergebnis- und Marktsegmentrechnung · Istbuchungen · Periodenabschluss · Kostenstellen-/Prozesskosten übernehmen · Indirekte Leistungsverrechnung** (siehe Abbildung 8.21).

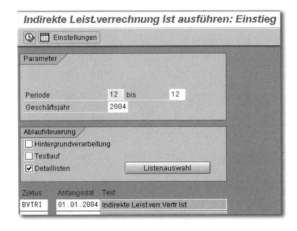

Abbildung 8.21 Indirekte Leistungsverrechnung im Ist ausführen

400   Ergebnisrechnung und Profit-Center-Rechnung

Sehen wir uns an, was die soeben durchgeführte indirekte Leistungsverrechnung in der Ergebnisrechnung ausgelöst hat. Wir nutzen wieder den Ergebnisbericht »Becker Vertriebskosten« mit Transaktion KE30, **Bericht ausführen** (siehe Abbildung 8.22). Im Ist wurden von den drei Artikeln »Schokoladenkuchen«, »Nusskuchen« und »Marmorkuchen« jeweils 3 000 Stück abgesetzt (Spalte **Abs.Ist**). Entsprechend gleichmäßig (bis auf Rundungsdifferenzen) fällt die Verteilung der Vertriebskosten aus (Spalte **Vtr.Ist**). Beachten Sie, das wir hier eine Leistungseinheit der Leistungsart »L610 Vertrieb 100%« mit einem Tarif von 10 000 € pro Leistungseinheit verrechnen, also Werte, die bei der Planung entstanden sind. Das heißt, dass Sie die indirekte Leistungsverrechnung nach der Buchung von Istmengen in der Ergebnisrechnung durchführen können, ohne auf den Abschluss der Kostenstelle in diesem Monat warten zu müssen. Die echten Istkosten beeinflussen diese Verrechnung nicht.

Ergebnisbericht nach Leistungsverrechnung im Ist

Ergebnisbericht Becker Vertriebskosten ausführen

Artikel	Abs.Pln	Vtr.Pln	Abs.Ist	Vtr.Ist	Vtr.IstAbw
Schokoladenkuchen	4.583 ST	5.240,00 EUR	3.000 ST	3.330,00 EUR	0,00 EUR
Nusskuchen	1.667 ST	1.900,00 EUR	3.000 ST	3.330,00 EUR	0,00 EUR
Marmorkuchen	2.500 ST	2.860,00 EUR	3.000 ST	3.340,00 EUR	0,00 EUR
nicht zugeordnet	0 *	0,00 EUR	0 *	0,00 EUR	0,00 EUR
Summe	8.750 *	10.000,00 EUR	9.000 *	10.000,00 EUR	0,00 EUR

Abbildung 8.22 Ergebnisbericht nach Leistungsverrechnung im Ist

Was hat sich auf der Kostenstelle getan? Den Kostenstellenbericht finden wir immer noch unter Transaktion S_ALR_87013611, **Kostenstellen: Ist/Plan/Abweichung** (siehe Abbildung 8.23).

Kostenstellenbericht nach Leistungsverrechnung im Ist

Die Entlastung im Ist in Höhe von 10 000 € stimmt exakt mit den Plankosten überein, das war eine erste Anforderung zur Verrechnung dieser Kostenstellenkosten in die Ergebnisrechnung. So richtig zufrieden sind wir allerdings noch nicht. Die zu hohen Belastungen im Ist sind als Unterdeckung in Höhe von 2 000 € ausgewiesen. Diesen Betrag will die Kostenstelle auch noch an die Ergebnisrechnung loswerden.

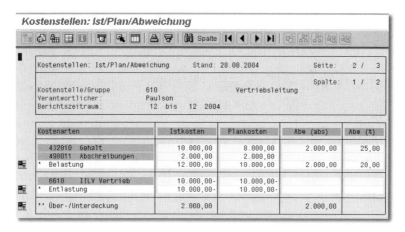

Abbildung 8.23 Kostenstelle nach Leistungsverrechnung im Ist

8.1.5 Umlage der Abweichungen

Nach der indirekten Leistungsverrechnung von geplanten Kosten im Ist von der Vertriebskostenstelle in die Ergebnisrechnung ist eine Abweichung in Höhe von 2 000 € übrig geblieben. Diese Mehrkosten sollen separat in der Ergebnisrechnung ausgewiesen werden, ohne Zuordnung zu den einzelnen Artikeln. Dazu nutzen wir die *Umlage*.

Zyklus für Umlage Wie Zyklen angelegt und ausgeführt werden, wissen Sie ja schon. Bei den Umlagen von Kostenstellen in die Ergebnisrechnung im Ist nutzen Sie dafür die Transaktionen KEU1, KEU2, KEU3, im Menü **Rechnungswesen · Controlling · Ergebnis- und Marktsegmentrechnung · Istbuchungen · Periodenabschluss · Kostenstellen-/Prozesskosten übernehmen · Umlage** und dann weiter im Transaktionsmenü mit **Zusätze · Zyklus · Anlegen/Ändern/Anzeigen** (siehe Abbildung 8.24).

Unter der Umlagekostenart »6500 Umlage Verwaltung + Vertrieb« wird auf der Kostenstelle die Entlastung ausgewiesen. Die Kostenbelastung erscheint in der Ergebnisrechnung im Wertfeld **Vertriebskosten Abweichungen**.

Umlagezyklus – Sender/Empfänger Bei der Definition der **Sender/Empfänger** geben wir die sendende Kostenstelle 610 an. Als **Empfänger** werden jetzt nicht mehr die einzelnen Artikel angegeben, sondern (weiter unten, nicht im Bild) die Verkaufsorganisation insgesamt (siehe Abbildung 8.25).

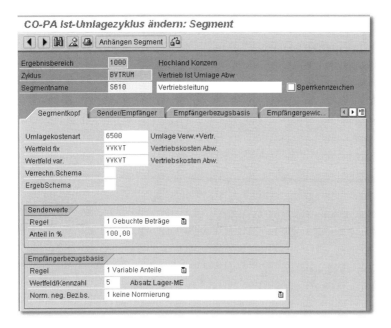

Abbildung 8.24 Umlagezyklus zur Verrechnung der Abweichungen

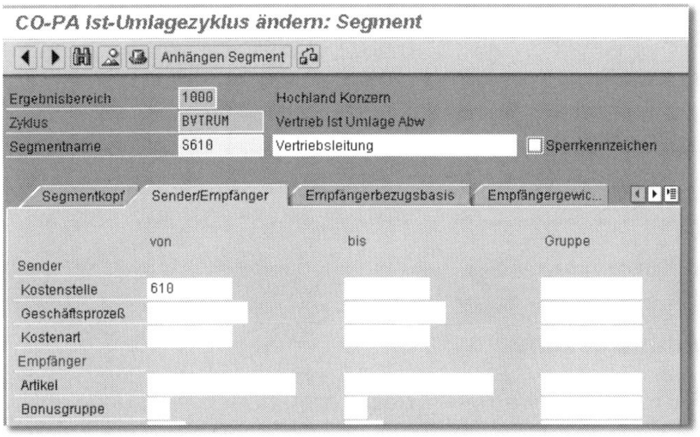

Abbildung 8.25 Umlagezyklus – Sender/Empfänger

Nach dem Ausführen der Umlage müssten auch die 2 000 € Abweichungen in der Ergebnisrechnung dargestellt sein. Sehen wir nach mit Transaktion KE30, **Bericht ausführen** (siehe Abbildung 8.26). Die Spalte **Vtr.IstAbw** (Vertrieb Ist Abweichungen) zeigt den erwarteten Betrag.

Ergebnisbericht nach Umlage

Abbildung 8.26 Ergebnisbericht nach Umlage

Kostenstellenbericht nach Umlage

Und wie hat sich die Umlage auf die Kostenstelle ausgewirkt? Diese Frage beantwortet ein letzter Blick in die Transaktion S_ALR_87013611, **Kostenstellen: Ist/Plan/Abweichung** (siehe Abbildung 8.27). Auch im Ist sind alle Kosten entlastet.

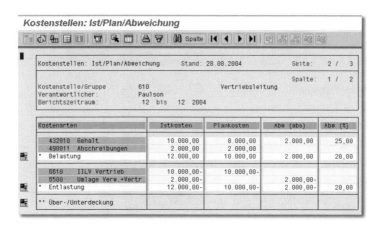

Abbildung 8.27 Kostenstelle nach Abweichungen

8.1.6 Zusammenfassung

In der Ergebnisrechnung werden Erlösinformationen aus Vertriebsbelegen mit Kosten aus Controllingkomponenten verknüpft. Bei der kalkulatorischen Ergebnisrechnung wird die Strukturierung der Kosten nach Kostenarten zugunsten von Wertfeldern aufgegeben. Außerdem neu im Vergleich zu den Komponenten der Gemeinkostenrechnung ist die Nutzung von eigenen und abgeleiteten Merkmalen zusätzlich zu den bekannten Objekten Kostenstelle, Innenauftrag usw. Die zusätzlichen Merkmale werden aus Stammdaten (Artikel, Kunde) oder aus Vertriebsbelegen übernommen oder abgeleitet.

Die Ergebnisrechnung ist die technische Grundlage für ein zentrales Steuerungsinstrument im Controlling, für die Deckungsbeitragsrechnung.

Bei der Übergabe von Kosten aus den vorgelagerten Bereichen in die Ergebnisrechnung muss für eine aussagefähige Deckungsbeitragsrechnung die Trennung nach fixen und variablen Bestandteilen sowie nach geplanten Werten und Abweichungen im Ist streng beachtet werden. Zur Umsetzung dieser Trennung bei Fixkostenstellen in der Verwaltung und im Vertrieb kann eine indirekte Leistungsverrechnung in Kombination mit einer Restumlage hilfreich sein.

8.2 Profit-Center-Rechnung

8.2.1 Überblick

Das englische Wort Profit kann mit Ergebnis übersetzt werden. Deshalb liegt scheinbar auf der Hand, dass die *Profit-Center-Rechnung* ähnliche Aufgaben erfüllt wie die Ergebnisrechnung, die wir im vorigen Abschnitt beleuchtet haben. Allerdings nur scheinbar. Beide Komponenten beschäftigen sich mit dem Ausweis von Ergebnissen. Erlöse und Kosten werden aus vorgelagerten Bereichen übernommen und verknüpft. Sowohl in der betriebswirtschaftlichen Zielsetzung als auch in der technischen Ausprägung unterscheiden sich diese beiden R/3-Komponenten allerdings deutlich.

Ergebnisrechnung versus Profit-Center-Rechnung

Für die *Ergebnis- und Marktsegmentrechnung* (und jetzt macht die vollständige Bezeichnung Sinn) gilt, dass sie an den Strukturen des Marktes ausgerichtet ist. Die Merkmale werden aus den Vertriebsbelegen abgeleitet. Artikel, Marken, Kunden, Kundenbezirke und Länder sind die zentralen Strukturen, an denen sich die Ergebnisrechnung orientiert. Bei der Strukturierung von Kosten werden nicht die aus der Buchhaltung abgeleiteten Kostenarten benutzt, sondern *Wertfelder*. Wertfelder werden ausschließlich für die Ergebnisrechnung angelegt; sie decken die firmenspezifische Anforderung an die Deckungsbeitragsrechnung ab. In der Ergebnisrechnung werden kalkulatorische Kosten berücksichtigt.

Kennzeichen der Ergebnisrechnung

Für die Profit-Center-Rechnung gilt: Die Gliederung der Kosten nach Strukturen des Marktes ist nicht möglich. Die interne Quelle von Kosten (Kostenstelle, Innenauftrag, Projekt etc.) kann nur bedingt ermittelt werden. Wertfelder wie in der Ergebnisrechnung sind hier unbekannt, stattdessen stehen in der Profit-Center-Rechnung wieder die bekannten Kostenarten zur Verfügung.

Kennzeichen der Profit-Center-Rechnung

Das klingt nicht allzu spannend. Merkmale wie in der Ergebnisrechnung gibt es nicht, und die Gliederung von Kosten nach Kostenarten kennen wir schon aus allen Komponenten der Gemeinkostenrechnung. Wozu also dient die Komponente Profit-Center-Rechnung?

Unternehmensführung mit Profit Centern

Erlauben Sie uns, dass wir zur Beantwortung dieser Frage etwas weiter ausholen. Manche Unternehmensführungskonzepte gehen davon aus, dass die Leistung von Managern im Unternehmen durch die Übertragung von Ergebnisverantwortung gefördert wird. Nach dieser Philosophie sind die Aufgaben der Fertigung mit der Produktion allein nicht erfüllt, der Vertrieb ist nicht nur für den Absatz verantwortlich und das Marketing nicht nur für Marketing und PR. Alle Manager sollen selbst Unternehmer im Unternehmen sein und ihre Leistungen an die Kollegen »verkaufen«. Die Leistung jedes Einzelnen wird dann am Ergebnisbeitrag seines Bereiches gemessen; aus einem Cost Center wird so ein firmeninternes Profit Center.

Das nahe liegende Problem bei der betriebswirtschaftlichen Umsetzung einer Profit-Center-Rechnung in der soeben skizzierten Form ist die Festlegung der Preise und die Definition von Auftraggebern und Auftragnehmern. Die Preise für den unternehmensinternen Waren- und Dienstleistungsverkehr heißen *Transferpreise*. Zu welchem Transferpreis soll die Fertigung ihre Waren an den Vertrieb verkaufen? Vielleicht finden Sie auf diese Frage noch eine vernünftige Antwort. Wenn Sie aber dem Vertriebsmann sagen, dass er dem Marketing seine Leistungen zum Transferpreis »abkaufen« muss, wird es schon deutlich schwieriger. Was ist die Leistung, was ist der Preis des Marketings?

Profit Center in der Verwaltung

Ganz absurd wird die konsequente Einführung von Profit Centern, wenn die Verwaltungsbereiche einbezogen werden. Bei einem Unternehmen wurde im Zuge der Einführung von Profit Centern schon einmal fast die Innenrevision abgeschafft. Vorgabe aus der Geschäftsleitung war, dass jede Abteilung nur noch auf der Basis konkreter Aufträge arbeiten durfte. Da keiner die Innenrevision haben wollte, stand sie völlig ohne Aufträge da. Der Fehler wurde rechtzeitig erkannt, die Innenrevision konnte weiterarbeiten, auch ohne von den einzelnen Abteilungen angefordert zu werden.

Sie merken schon, wir haben unsere Zweifel. Dennoch werde ich Ihnen die Profit-Center-Rechnung in ihren Grundzügen vorstellen. Zusätzlich zum eigentlichen Zweck, nämlich der Abbildung von Profit Centern, kann die Profit-Center-Rechnung in SAP R/3 nämlich für zwei eher technische Zwecke nützlich sein. Dies sind die

- Segmentberichterstattung
- Verdichtung von Gemeinkosten und Erlösen im Plan

Die *Segmentberichterstattung* ist eine Anforderung an Kapitalgesellschaften, die beim Erstellen des Geschäftsberichtes erfüllt werden muss. Segmente in Geschäftsberichten sind meist Produktlinien oder Regionen, in denen das Unternehmen tätig ist. Für jedes Segment soll eine eigene GuV und Bilanz erstellt werden. Bei einer groben Gliederung entsprechend den Anforderungen des externen Rechnungswesens kann die Profit-Center-Rechnung durchaus sinnvoll sein. Die Transferpreise werden dann von der Unternehmensleitung festgelegt. Preisverhandlungen zwischen den betroffenen Managern sind nicht notwendig.

Segmentberichterstattung

Wichtig für die Segmentberichterstattung ist die Ermittlung der Kapitalbindung in den einzelnen Segmenten. Zusätzlich zu einem GuV-Ergebnis mit Aufwand und Ertrag (Erlösen und Kosten) muss eine Segmentbilanz erstellt werden. Das Umlaufvermögen (Bestände, Finanzkonten) und das Anlagevermögen (Maschinen, Grundstücke, Fuhrpark etc.) wird entsprechend der Segmentdefinition aufgegliedert. Diese Aufteilung sollte bei einer entsprechend groben Gliederung der Segmente gelingen. Die Profit-Center-Rechnung von R/3 unterstützt die Zuordnung von Anlagepositionen. Damit stellt die Profit-Center-Rechnung Funktionen zur Verfügung, die weit über das hier im Buch behandelte Gemeinkosten-Controlling hinausgehen. Jetzt wird auch klar, warum die Profit-Center-Rechnung in SAP R/3 nicht dem Modul CO – *Controlling* zugeordnet wurde, sondern mit dem Kürzel EC-PCA *Enterprise Controlling – Profit Center Accounting* im Unternehmenscontrolling beheimatet ist. Im Unternehmenscontrolling ist z. B. auch die buchhalterische Konsolidierung zu finden. Um den Rahmen des Buches nicht zu sprengen, werden wir die Umsetzung einer Segmentberichterstattung mit der Profit-Center-Rechnung im Folgenden nicht darstellen.

Nun aber zu dem Teil der Profit-Center-Rechnung, den wir Ihnen an einem Systembeispiel demonstrieren wollen. Bei der Jahresplanung mit R/3 im Controlling werden Plandaten in unterschiedlichen Komponenten erzeugt. In Bezug auf Kostenstellen, Innenaufträge, Projekte, Geschäftsprozesse und nicht zuletzt in der Ergebnisrechnung werden Erlös- und Kosteninformationen hinterlegt. In vielen Unternehmen werden diese Einzelpläne zum Abschluss der Planung in einer Plan-GuV verdichtet. Oft wird externen Interessenten (Banken, Eigenkapitalgebern) nur dieser verdichtete Plan zur Verfügung gestellt. Anstatt zur Erzeugung der Plan-GuV die Plandaten aus den einzelnen Komponenten herunterzuladen oder abzutippen und dann in einer Excel-Datei zu verknüpfen, können Sie auch die Profit-Center-Rechnung in SAP R/3 nutzen.

Verdichtung von Gemeinkosten und Erlösen im Plan

8.2.2 Grundeinstellungen

Systemeinstellungen für die Profit-Center-Rechnung

Im folgenden Systembeispiel werden wir Plandaten aus der Kostenstellenrechnung und von Innenaufträgen verknüpfen und zu einem Profit Center verdichtet darstellen. Diesen Vorgang zeigen wir in den folgenden Schritten:

- Grundeinstellungen im Customizing
- Stammdaten anlegen
- Plandaten übernehmen
- Berichte der Profit-Center-Rechnung

Customizing im Kostenrechnungskreis

Zur Aktivierung der Profit-Center-Rechnung müssen im Customizing zwei Einstellungen vorgenommen werden. Zunächst prüfen wir, ob für den Kostenrechnungskreis der Bäckerei Becker die Profit-Center-Rechnung aktiviert ist. Mit Transaktion OKKP sehen wir den Haken bei **Profit Center**, im Customizing **SPRO · SAP Referenz-IMG · Controlling · Controlling allgemein · Organisation · Kostenrechnungskreis pflegen** (siehe Abbildung 8.28).

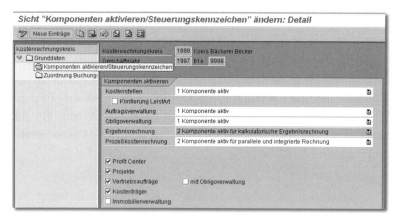

Abbildung 8.28 Einstellungen im Kostenrechnungskreis – Profit Center

Customizing in der Profit-Center-Rechnung

Nun benötigen wir einige Grundeinstellungen speziell für die Profit-Center-Rechnung. Die werden vorgenommen mit Transaktion OKE5, im Customizing **SPRO · SAP Referenz-IMG · Controlling · Profit-Center-Rechnung · Grundeinstellungen · Einstellungen für den Kostenrechnungskreis · Einstellungen für den Kostenrechnungskreis pflegen** (siehe Abbildung 8.29).

Das Dummy-Profit-Center 9999 dient als Sammelbecken für Kosten und Erlöse, die keinem anderen Profit Center zugeordnet sind. Das Dummy-

Profit-Center ist in den meisten Umgebungen eine Abstimmposition und sollte bei korrekter Pflege aller Stammdaten keine Werte tragen. Die Standardhierarchie für die Profit Center, hier P00, entspricht dem, was sie als Standardhierarchie bei den Kostenstellen kennen gelernt haben (siehe Abschnitt 3.3.1).

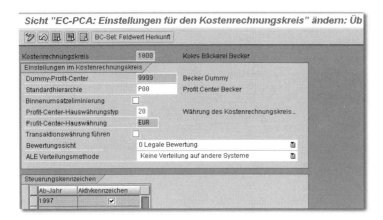

Abbildung 8.29 Einstellungen zur Profit-Center-Rechnung

In unserem Beispiel wollen wir Plandaten in Profit Centern verdichten. Dazu müssen zum Abschluss der Grundeinstellungen Einträge im Customizing der Planversion vorgenommen werden: **SPRO · SAP Referenz-IMG · Controlling · Controlling allgemein · Organisation · Versionen pflegen** (siehe Abbildung 8.30).

Customizing der Planversion

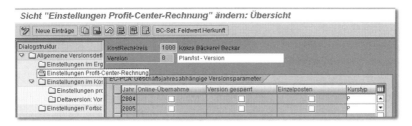

Abbildung 8.30 Einstellungen in der Planversion

Jetzt verlassen wir das Customizing und wenden uns der Anwendung zu. Wie bei den Komponenten der Gemeinkostenrechnung beginnt die Arbeit in der Profit-Center-Rechnung mit der Pflege von Stammdaten. Profit Center-Stammdaten werden gepflegt mit den Transaktionen KE51, KE52, KE53, im Menü **Rechnungswesen · Controlling · Profit-Center-Rechnung · Stammdaten · Profit Center · Anlegen/Ändern/Anzeigen** (siehe Abbildung 8.31).

Stammdaten zum Profit Center

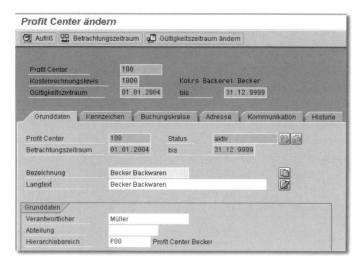

Abbildung 8.31 Profit Center – Stammdaten

Standardhierarchie

Die Zuordnung von Profit Centern zur Standardhierarchie erfolgt, wie eben gesehen, in den Stammdaten oder über die Hierarchiepflege mit den Transaktionen KCH1, KCH5N, KCH6N, im Menü **Rechnungswesen · Controlling · Profit-Center-Rechnung · Stammdaten · Standardhierarchie · Anlegen/Ändern/Anzeigen** (siehe Abbildung 8.32). Von Hierarchie kann hier im Beispiel nicht wirklich die Rede sein. Die drei Profit Center »100 Becker Backwaren«, »200 Becker Projekte« und »9999 Becker Dummy« sind direkt dem obersten Knoten »P00 Profit Center Becker« zugeordnet. Selbstverständlich wäre hier, wie bei Hierarchien für Kostenstellen, Innenaufträge und Kostenarten, eine Strukturierung über mehrere Stufen möglich.

Abbildung 8.32 Profit Center – Standardhierarchie

Verknüpfung Kostenstelle und Profit Center

Die Profit-Center-Rechnung ist im Customizing aktiviert. Stammdaten und Stammdatenhierarchie für das Profit Center sind angelegt. Jetzt verlassen wir die Profit-Center-Rechnung und verknüpfen die Stammdaten aus den anderen Komponenten mit Profit Centern. Für Kostenstellen z. B. nutzen wir hierzu die Transaktion KS02, im Menü **Rechnungswesen • Controlling • Kostenstellenrechnung • Stammdaten • Kostenstelle • Einzelbearbeitung • Ändern** (siehe Abbildung 8.33). Die Kostenstelle »330 Backofen« ist jetzt mit dem Profit Center »100 Becker Backwaren« verbunden.

Abbildung 8.33 Kostenstelle – Zuordnung zum Profit Center

Auch bei den Innenaufträgen finden wir in den Stammten ein Feld, mit dem die Verbindung zur Profit-Center-Rechnung hergestellt wird. Den Auftrag »1000003 Marke: Kuchenglück« verknüpfen wir ebenfalls mit Profit Center »100 Becker Backwaren« und nutzen dafür Transaktion KO02, im Menü **Rechnungswesen • Controlling • Innenaufträge • Stammdaten • Spezielle Funktionen • Auftrag • Ändern** (siehe Abbildung 8.34).

Verknüpfung Innenauftrag und Profit Center

Mit der Stammdatenpflege in den benachbarten Komponenten können Sie, wie eben an zwei Beispielen gezeigt, Kostenstellen, Innenaufträge, Projekte und Geschäftsprozesse Profit Centern zuordnen. Zusätzlich, aus der Sicht der Profit-Center-Rechnung, haben Sie die Möglichkeit, Objektzuordnungen zu Profit Centern in Übersichten darzustellen. Nutzen Sie hierfür Transaktion 1KE4, im Menü **Rechnungswesen • Controlling • Profit-Center-Rechnung • Stammdaten • Zuordnungsübersicht** und dann weiter im Transaktionsmenü mit **Zuordnungsübersicht • Kostenstellen • Kostenstellen zu Profit Center** (siehe Abbildung 8.35).

Stammdatenverknüpfungen überprüfen

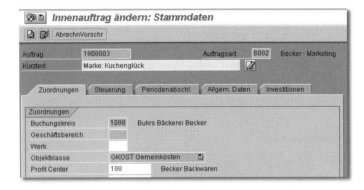

Abbildung 8.34 Innenauftrag – Zuordnung zum Profit Center

Abbildung 8.35 Zuordnungsübersicht auswählen

Protokoll zur Zuordnung Profit-Center/ Kostenstelle

Hier im Beispiel sind alle Kostenstellen dargestellt, die mit dem Profit Center »100 Becker Backwaren« verbunden sind (siehe Abbildung 8.36). Fehler bei der Zuordnung können direkt von hier aus korrigiert werden. Mit dem Doppelklick auf eine Zeile erreichen Sie die Stammdatenpflege des gewählten Objektes.

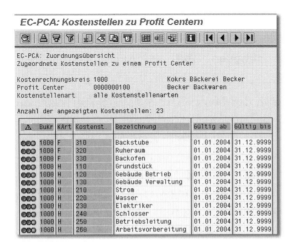

Abbildung 8.36 Kostenstellen mit Zuordnung zum Profit Center

Vergleichbare Varianten zur Überprüfung der Stammdatenzuordnung sind auch für Innenaufträge, Geschäftsprozesse, Projekte usw. verfügbar.

8.2.3 Plandatenübernahme

Das Customizing und die Stammdatenpflege für die Profit-Center-Rechnung sind abgeschlossen. Im Folgenden wollen wir von den Profit Centern als eigenes Kontierungsobjekt keinen Gebrauch machen. Stattdessen fungiert das Profit Center »100 Becker Backwaren« als Struktur zur Verdichtung von Gemeinkosten aus Kostenstellen und Innenaufträgen.

Spannend wäre natürlich noch die Übernahme von geplanten Erlösen aus der Ergebnisrechnung mit einer Umschlüsselung von Wertfeldern auf Erlösarten oder FI-Konten. Diese Übertragung ist allerdings nicht Thema einer Gemeinkostenrechnung im engeren Sinne und wird im Folgenden nicht dargestellt.

Datenübernahme aus der Ergebnisrechnung

Wir starten den Lauf zur Übernahme von Plandaten in die Profit-Center-Rechnung mit Transaktion 1KE0, im Menü **Rechnungswesen · Controlling · Profit-Center-Rechnung · Planung · Plandatenübernahme · CO-Plandaten** (siehe Abbildung 8.37).

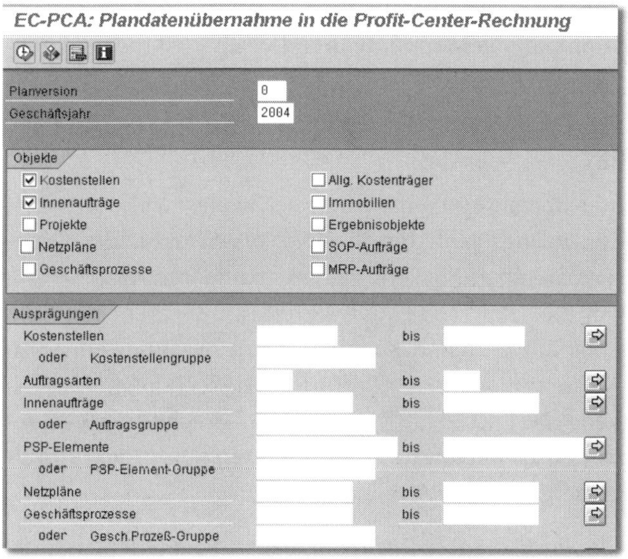

Datenübernahme von Kostenstellen und Innenaufträgen

Abbildung 8.37 Plandatenübernahme – Einstieg

Im Protokoll werden die bearbeiteten Objekte mit den Planungsgebieten (Abgrenzung, Primärkostenplanung, Leistungsverrechnung usw.) in Verbindung mit Profit Centern gezeigt (siehe Abbildung 8.38).

Protokoll zur Datenübernahme

```
EC-PCA: Plandatenübernahme in die Profit-Center-Rechnung

EC-PCA: Plandatenübernahme in die Profit-Center-Rechnung                              1

Verarbeitungs-Protokoll:  Verbuchungs-Lauf    (bereits vorhandene Daten wurden gelöscht)
Kostenrechnungskreis 1000 Geschäftsjahr 2004 Version 0

Objekt         Partner        Kostenart    PrCtr.    Partner PrCtr.   Betrag

Übernommene Plandaten von Kostenstellen

Plan Abgrenzung

310            KST 310        431070       100       100              5.000,40  EUR
310            KST 310        431080       100       100              9.999,60  EUR
Summe:                                               *                15.000,00 EUR

Primäre Plankosten

110                           431010       100                        100.000,00 EUR
130                           457702       100                        1.200,00   EUR
310                           431010       100                        120.000,00 EUR
Summe:                                               *                221.200,00 EUR
```

Abbildung 8.38 Plandatenübernahme – Protokoll

Das war's. Mehr brauchen wir für die Versorgung der Profit-Center-Rechnung mit Plandaten nicht zu tun. Wir können uns jetzt ansehen, welche Daten durch die Stammdatenverknüpfung und den Übernahmelauf generiert wurden.

8.2.4 Reporting

Kontengruppen

Mit der Profit-Center-Rechnung hier im Beispiel wollen wir »nur« eine Verdichtung der Controlling-Plandaten in eine GuV-Struktur der Buchhaltung erzeugen. Die Buchhaltung kennt keine sekundären Kostenarten. Also versuchen wir, bei den folgenden Profit Center-Berichten die Anzeige auf die geplanten primären Kostenarten zu beschränken. Dazu erzeugen wir eine Kontengruppe in der Profit-Center-Rechnung. Wir nutzen die Transaktionen KDH1, KDH2, KDH3, im Menü **Rechnungswesen · Controlling · Profit-Center-Rechnung · Stammdaten · Kontengruppe · Anlegen/Ändern7Anzeigen** (siehe Abbildung 8.39).

Beim Reporting in der Profit-Center-Rechnung hat sich die SAP nicht festlegen wollen. Vom Reporting der Kostenstellen und der Innenaufträge her kennen Sie die listorientierten, eher starren Berichte des Report Painter bzw. Report Writer. Die Standardberichte, die Sie hier im Buch (siehe z.B. Abschnitte 3.5.4 und 4.4.3) in diesen Bereichen gesehen haben, wurden mit diesen Werkzeugen erstellt.

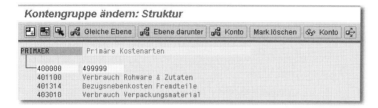

Abbildung 8.39 Kontengruppen für Profit-Center-Rechnung

Das Werkzeug zum Erstellen von Berichten in der Ergebnisrechnung heißt *Recherche*. Die Rechercheberichte sind dynamischer und eher auf das Online-Reporting ausgerichtet. In der Profit-Center-Rechnung finden Sie beides. Sowohl mit dem Report Painter bzw. Report Writer als auch mit der Recherche können Standardberichte erzeugt werden. Wir werden uns zunächst einen Recherchebericht und dann einen Report Painter-Bericht ansehen.

Einen Recherchebericht für die Analyse von Profit Center-Daten direkt am Bildschirm starten wir mit Transaktion S_ALR_87013326, im Menü **Rechnungswesen · Controlling · Profit-Center-Rechnung · Infosystem · Berichte zur Profit-Center-Rechnung · Interaktives Reporting · PrCtr-Gruppe: Plan/Ist/Abweichung** (siehe Abbildung 8.40).

Recherchebericht

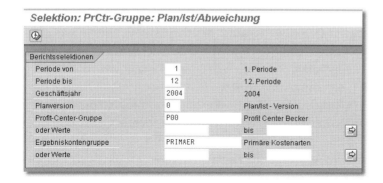

Abbildung 8.40 Online-Bericht ausführen – Einstieg

Die primären Plankosten für die beiden Profit Center »100 Becker Backwaren« und »200 Becker Projekte« werden jeweils in Summe dargestellt (siehe Abbildung 8.41).

Aufriss nach Profit Center

Nach der Selektion des Profit Centers »100 Becker Backwaren« wählen wir den Aufriss nach Kontonummer (siehe Abbildung 8.42). Diese Anzeige kann mit wenigen Mausklicks in Excel übertragen und dort zu einer präsentablen Plan-GuV aufbereitet werden.

Aufriss nach Konto

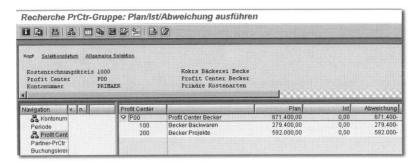

Abbildung 8.41 Online-Bericht für Profit Center

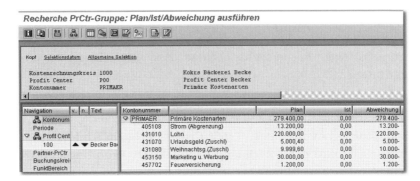

Abbildung 8.42 Online-Bericht – Detail für ein Profit Center

Listorientierter Bericht

Die hier gezeigten Daten wären auch mit den listorientierten Standardberichten der Profit-Center-Rechnung darstellbar. Anstatt die Anzeige jedoch zu wiederholen, wählen wir einen Bericht mit detaillierten Informationen mit Transaktion S_ALR_87009726, im Menü **Rechnungswesen · Controlling · Profit-Center-Rechnung · Infosystem · Berichte zur Profit-Center-Rechnung · Listorientierte Berichte · PrCtr-Gruppe: Plan/Ist/Abweichung nach Herkunft** (siehe Abbildung 8.43). Jetzt sehen wir für Plankosten unseres Profit Centers »100 Becker Backwaren« nicht nur den Aufriss nach Kostenarten, sondern zusätzlich auch die Herkunft: **2 Kostenstelle** bzw. **3 Gemeinkostenauftrag**.

Standardberichte und individuelle Erweiterungen

In den Standardberichten bietet das System eine Auswahl an listorientierten Report Painter- bzw. Report Writer-Berichten sowie einige Rechercheberichte, die auf das Online-Reporting ausgerichtet sind. Selbstverständlich haben Sie die Möglichkeit, eigene Report Painter-, Report Writer- oder Recherche-Berichte zu erzeugen, wenn Ihre speziellen Anforderungen im Standard nicht abgedeckt sind. Diesbezüglich unterscheidet sich die Profit-Center-Rechnung nicht von dem, was die anderen, bisher besprochenen Komponenten in SAP R/3 bieten.

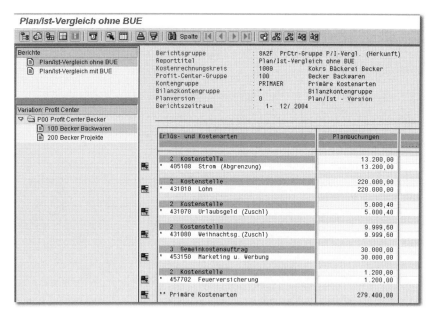

Abbildung 8.43 Listbericht für Profit Center

8.2.5 Zusammenfassung

Die Profit-Center-Rechnung wird genutzt für die Abbildung firmeninterner Bereiche, die an eigenen Bereichsergebnissen gemessen werden sollen. Oft ist bei Profit Centern in diesem Sinne die Festlegung der Preise für den firmeninternen Waren- und Dienstleistungsverkehr ein zentrales Problem. Durch die Verhandlung dieser Transferpreise kann das Unternehmen gelähmt werden. Der gewünschte Effekt einer Leistungssteigerung durch Ergebnisverantwortung wird möglicherweise überlagert.

Als technisches Hilfsmittel wird die Profit-Center-Rechnung bei der Erstellung von Segmentberichten im externen Rechnungswesen genutzt oder zur Verdichtung von Plandaten aus dem Controlling zu einer Plan-GuV nach den Vorgaben aus der Buchhaltung. Bei der Nutzung der Profit-Center-Rechnung im letztgenannten Sinn werden die Plandaten aus den vorgelagerten Komponenten (Kostenstellen, Innenaufträge, Projekte, Ergebnisrechnung) in Profit Centern zusammengefasst und stehen so für ein umfassendes Reporting zur Verfügung.

Wir haben Ihnen in diesem Kapitel die Ergebnisrechnung mit SAP CO-PA bzw. SAP EC-PCA vorgestellt. In der praktischen Anwendung hat es sich bewährt, beide Module parallel einzusetzen: CO-PA als Vertriebsergebnisrechnung nach dem Umsatzkostenverfahren, ohne durchgerechnete

Abweichungen und in mehrdimensionalen Verdichtungen; parallel dazu die Profit-Center-Rechnung nach dem Gesamtkostenverfahren, mit durchgerechneten Abweichungen inklusive dem Ausweis der Bestandsveränderungen.

Kapitel 9

Und jetzt im Galopp in die schöne neue Welt

9 SAP BW und SAP SEM-BPS

In den vergangenen Kapiteln haben wir Ihnen betriebswirtschaftliche Grundlagen des Controllings vermittelt. Zur technischen Umsetzung wurde das System SAP R/3 vorgestellt. In diesem letzten Kapitel verlassen wir erstmals R/3 und sehen uns an, was die SAP mit den Komponenten Business Information Warehouse (BW) und Strategic Enterprise Management – Business Planning and Simulation (SEM-BPS) an neuer Technologie bietet und welchen zusätzlichen Nutzen diese Module für die Gemeinkostenrechnung und das Gemeinkosten-Controlling haben können.

9.1 SAP Business Information Warehouse (BW)

9.1.1 Einführung

BW steht für *Business Information Warehouse*. Dabei handelt es sich um eine Datenbankplattform mit OLAP-Technologie. OLAP steht für Online Analytical Processing im Gegensatz zum OLTP, Online Transaction Processing. Ein OLTP-System, wie zum Beispiel R/3, ist dahingehend optimiert, dass sehr viele Benutzer gleichzeitig kleine Datenmengen speichern können. Mit einem OLAP-System, wie dem SAP BW, arbeiten weniger Benutzer. Diese sind dann eher an der Auswertung von umfangreichen und komplexen Datenbeständen interessiert als am Wegschreiben von einzelnen Buchungssätzen.

OLTP versus OLAP

SAP BW ist eine moderne Plattform zum Aufbau eines unternehmensweiten Data Warehouses. Damit sollen bereichsübergreifende Informationen sowohl im Detail als auch sehr schnell hoch verdichtet dargestellt werden. Mögliche Argumente für die Einführung eines Data Warehouses zusätzlich zum operativen DV-System SAP R/3 sind:

Gründe für die Nutzung von SAP BW

- Beschleunigung der Auswertungen
- Integration von Daten aus verschiedenen R/3-Modulen
- Integration von Daten aus verschiedenen R/3-Systemen
- Integration von Daten aus Fremdsystemen
- Vereinheitlichung der Reporting-Oberfläche
- Reduzierung der Belastung auf dem R/3-System

- Nutzung neuer DV-Technologien beim Erstellen der Benutzeroberfläche, insbesondere der Internettechnologie (Web)

Redundante Datenhaltung

Ein produktives Data Warehouse wie das SAP BW ist immer ein selbstständiges System. Daten aus den Vorsystemen werden in das BW kopiert, mit allen Problemen, die eine redundante Datenhaltung mit sich bringt. Aus den Vorsystemen werden bereichsabhängig tägliche, wöchentliche oder monatliche Kopien der Originaldaten erzeugt. Das erste Problem ist also ein Zeitverzug zwischen dem Entstehen der Daten und der Verfügbarkeit auf dem System, das für die Auswertung vorgesehen ist. Zweitens findet bei der Kopie fast immer eine Selektion oder Bearbeitung der Daten statt. Die Abstimmung von Datenquelle mit dem -ziel ist eine sowohl inhaltliche als auch organisatorisch schwierige Aufgabe. Drittens treten bei der Benutzung von Computern Fehler auf. Je komplexer die Umgebung, desto höher die Fehlerwahrscheinlichkeit und desto schwieriger die Analyse von Fehlern. Ein SAP R/3-System allein ist schon ein komplexes Gebilde, das für sich betrachtet schon alles andere als fehlerfrei ist. Entsprechend schwierig ist die Verknüpfung von verschiedenen R/3-Systemen oder gar das Einbinden von Daten aus gänzlich externen Quellen.

Unternehmensweites Data Warehouse

Was wollen wir damit sagen? Einige gute Gründe sprechen für den Aufbau eines Data Warehouses in einer modernen IT-Landschaft. Mit einer einfachen Kopie von Daten innerhalb einiger Tage ist allerdings nichts erreicht. Der Aufbau eines laufend aktualisierten Datenbestandes und die Entwicklung von nutzbringenden Analysewerkzeugen benötigen Zeit und Ressourcen. Nur so werden die Probleme beherrschbar. Der aus unserer Sicht zielführende Weg beim Aufbau eines unternehmensweiten Data Warehouses lässt sich am besten zusammenfassen mit dem Schlagwort »start small – think big«. Suchen Sie sich einen eng umrissenen Bereich im Quellsystem, und beginnen Sie mit einer einfachen Kopie. Sammeln Sie Erfahrungen bei der Datenübertragung und der Nutzung von Reporting-Werkzeugen. Bringen Sie diesen ersten Datentopf produktiv zum Einsatz, und integrieren Sie dann nach und nach weitere Datenquellen.

Im Folgenden kümmern wir uns nicht um die Verknüpfung von Systemen oder um Einstellungen, die für die Datenübernahme notwendig sind. Dieser Bereich liegt in der Verantwortung der IT-Abteilung. Wir zeigen Ihnen ein Analysewerkzeug des BW, den *Business Explorer Analyzer BEx*, der von Fachabteilungen, insbesondere vom Controlling, gerne genutzt wird.

9.1.2 Der Business Explorer Analyzer (BEx)

Die Bäckerei Becker hat sich für die Einrichtung eines Data Warehouses entschieden. Nach der Prüfung verschiedener Alternativen soll als technische Plattform das SAP Business Information Warehouse (BW) genutzt werden. Eine weise Entscheidung, vor allem weil als wichtigste Datenquelle das SAP R/3-System des Unternehmens angezapft wird. Die Übernahme von R/3-Daten kann kein Anbieter von Data Warehouse-Software so gut wie die SAP selbst. Diese Tatsache tröstet über manche Unzulänglichkeit beim Handling an der Oberfläche hinweg.

Datenübernahme aus SAP R/3

Das BW-System ist eingerichtet und funktioniert. Als erste Datenquelle werden die Plandaten von Kostenstellen im Data Warehouse dargestellt. Das Einrichten des Datenziels im BW-System und die Erstellung von Übernahmeprogrammen bereitet keine Probleme. Es wurde lediglich ein so genannter Business Content aktiviert. Er besteht aus einer Datenstruktur und einer Sammlung von Programmen und Einstellungen für die Datenübertragung von SAP R/3 ins BW, die mit dem SAP Business Information Warehouse ausgeliefert wird. Business Contents stehen für praktisch alle Module und Komponenten des Standard-R/3 zur Verfügung.

Für dieses Beispiel haben wir die drei Kostenstellen, »310 Backstube«, »320 Ruheraum« und »330 Backofen«, mit rudimentären Plandaten versorgt. Wir verzichten hier auf eine betriebswirtschaftlich sinnvolle Planung mit Leistungsarten, Tarifermittlung und Kostenspaltung und beschränken uns auf die Planung von Kostenarten auf den genannten Kostenstellen. Hier geht es nicht um die Wiederholung der betriebswirtschaftlichen Diskussion aus den vorigen Kapiteln, sondern um die Darstellung der neuen technischen Funktionalität im BW.

Vereinfachte Planung

Wie sieht also unsere Kostenstelle in R/3 aus? Nutzen wir einen Bericht zur Darstellung von Plan- und Istdaten im Überblick mit Transaktion S_ALR_87013613, im Menü **Rechnungswesen · Controlling · Kostenstellenrechnung · Infosystem · Berichte zur Kostenstellenrechnung · Plan-Ist-Vergleiche · Bereich: Kostenarten** (siehe Abbildung 9.1).

Sie kennen die Art der Darstellung. Für ein listenorientiertes Reporting sind diese Berichte durchaus brauchbar. Sie wissen, dass wir in diversen Standardberichten alternative Darstellungen für Kostenstellen, Kostenarten, Be-/Entlastungen, Periodenaufrisse, Betrags- und Mengenfelder im R/3-System vorfinden. Was in R/3 jedoch nicht geht, ist die schnelle und flexible Online-Analyse von Daten nach beliebigen Aufrissen, kreuz und quer.

Berichte in SAP R/3

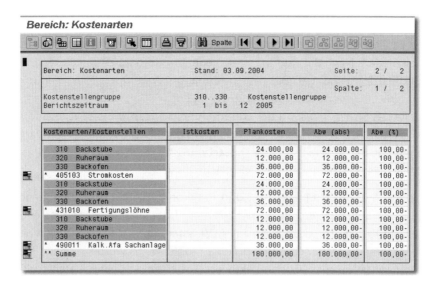

Abbildung 9.1 Bericht mit Kostenstellen und Kostenarten in R/3

Die soeben dargestellten Plandaten für Kostenstellen wurden in das BW-System der Bäckerei Becker übernommen. Datenziel in BW ist der InfoProvider 0CCA_C11, »CO-OM-CCA: Kosten und Verrechnungen«, aus dem Business Content. InfoProvider oder InfoCubes sind Datentöpfe in BW, die Informationen zur Analyse liefern (engl. *provide*). Die Analyse kann in mehreren Dimensionen erfolgen. Symbol für die mehrdimensionale Auswertung ist der Würfel (engl. *Cube*). Daher der zweite Begriff, der für die BW-Datentöpfe benutzt wird: InfoCube.

Für und wider BEx
Zur Anzeige von BW-Daten liefert die SAP standardmäßig ein in Excel integriertes Werkzeug, den Business Explorer Analyzer BEx. BEx ist als Werkzeug für Endanwender bei IT-Abteilungen und Systemhäusern gleichermaßen unbeliebt. Aus Sicht der IT-Abteilungen ist die Gefahr groß, dass Anwender mit diesem mächtigen Werkzeug und dem direkten Zugriff auf die Daten Unsinn anrichten. Systemhäuser verkaufen lieber individuell entwickelte Web-Reporting-Tools, als dass sie das Know-how des direkten Datenzugriffs aus der Hand geben. Beide Positionen sind durchaus verständlich. BEx ist, da stimmen wir zu, nur bedingt geeignet als Reporting-Instrument in der Hand von Gelegenheitsusern. Gelegenheitsuser sind Kostenstellenverantwortliche oder Außendienstmitarbeiter, die ein- oder zweimal im Monat auf ihre Daten zugreifen. Auch Manager in mittleren und oberen Ebenen verrennen sich eventuell in den umfangreichen Möglichkeiten, die ihnen BEx bietet.

Trotzdem zeigen wir Ihnen den Business Explorer Analyzer BEx gerne. Sie sind Power-User im Controlling und kennen Ihre Daten im Zweifelsfall besser als jeder Mitarbeiter in der EDV. Sie sind Profi im Umgang mit Microsoft Excel und finden sich schnell mit dem Tool zurecht. Lassen Sie sich von den Kollegen in der EDV und von Beratern nicht beirren. Sie werden schnell Gefallen am BEx finden.

Technisch ist BEx nicht mehr als ein Excel-Makro für den Zugriff auf BW-Systeme. Sie starten dieses Makro »sapbex.xla«, das mit dem SAP GUI (Graphical User Interface) lokal installiert wird, über das Windows-Menü. Bei uns im System lautet der Pfad: **Programme · SAP Frontend · SAP Business Explorer Analyzer**.

Erweiterung von Microsoft Excel

Das Excel mit aktiviertem BEx unterscheidet sich vom Standard-Excel nur durch einen zusätzlichen Eintrag im Menü, **Business Explorer**, und eine zusätzliche Menüleiste mit der gleichen Bezeichnung (siehe Abbildung 9.2). Die hier geladene Datei KSt.xls enthält Daten aus dem Business Information Warehouse, die bei der vorigen Nutzung des BEx heruntergeladen wurden. Die Datei kann in der gewohnten Umgebung wie jede andere Excel-Datei gespeichert, bearbeitet und verschickt werden.

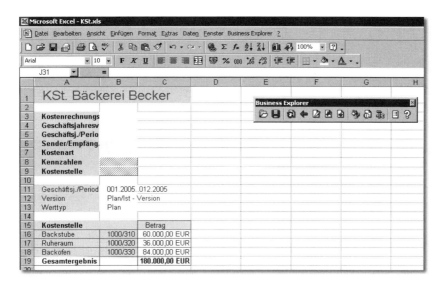

Abbildung 9.2 Excel-Datei aus dem SAP Business Information Warehouse

Wir wollen nun prüfen, ob sich die hier gezeigten Daten seit der letzten Verbindung mit dem BW-Server geändert haben. Mit dem Button **Aktualisieren** wird eine neue Verbindung zwischen Excel und BW hergestellt. Die aktuellen Daten werden in den dargestellten Excel-Aufriss

Daten aktualisieren

übertragen. Zunächst werden Anmeldedaten abgefragt, ähnlich wie bei der Anmeldung an ein R/3-System (siehe Abbildung 9.3).

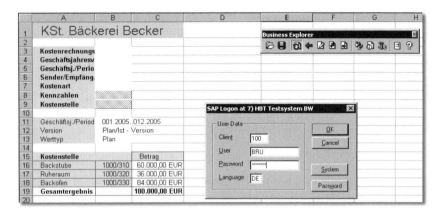

Abbildung 9.3 Excel mit BW-Server verbinden

Zeitraum auswählen

Danach überprüft das BW, ob für die aktuelle Anfrage (technisch Query) Variablen hinterlegt sind. Das ist hier der Fall. Der Benutzer hat bei jedem Aktualisieren die Möglichkeit, den Analysezeitraum zu wählen (siehe Abbildung 9.4).

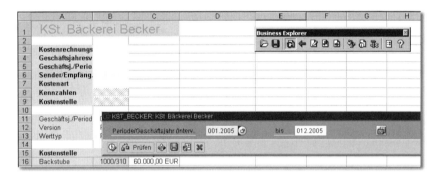

Abbildung 9.4 Variablen auswählen – Analysezeitraum

Die Daten werden aktualisiert, unterscheiden sich allerdings nicht von dem, was wir schon in Excel gespeichert hatten. Für die Kostenstellen »Backstube«, »Ruheraum« und »Backofen« wurden primäre Kosten geplant, jeweils in Summe von 60 000 €, 36 000 € und 84 000 €.

Mehrfachaufriss

Jetzt gehen wir einen Schritt weiter. Nun wollen wir sehen, wie sich die Kostenstellenkosten auf die einzelnen Kostenarten aufteilen. Ein Doppelklick auf **Kostenart** (Zelle A7) im Navigationsbereich liefert das gewünschte Ergebnis (siehe Abbildung 9.5).

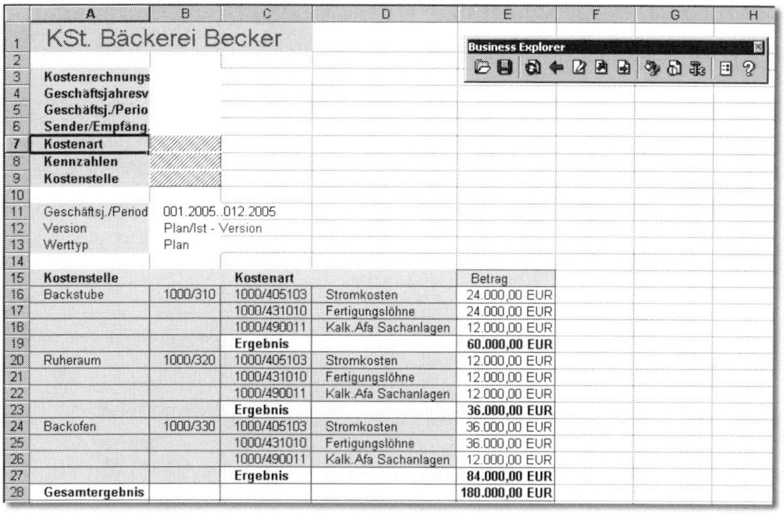

Abbildung 9.5 Zusätzlicher Aufriss nach Kostenart

Diesen Aufriss, jede Kostenstelle detailliert nach den Kostenarten auf einer Seite dargestellt, suchen Sie als R/3-Standardbericht vergeblich. In R/3 müssten Sie den Bericht mit dem Werkzeug Report Painter mühsam erstellen. In BEx genügt ein schlichter Doppelklick. Aber wir können viel mehr.

Controller saugen die Excel-Kenntnisse bereits mit der Muttermilch ein, so scheint es uns manchmal. Entsprechend gerne denken sie in Zeilen und Spalten. Wenn in den Spalten nicht die Werttypen Ist, Plan und Abweichung dargestellt werden sollen, wie in den R/3-Standardberichten, genügt im BEx der Aufruf des Kontextmenüs zur Zelle **Kostenart** mit einem Klick auf die rechte Maustaste (siehe Abbildung 9.6).

Waagerechter Aufriss

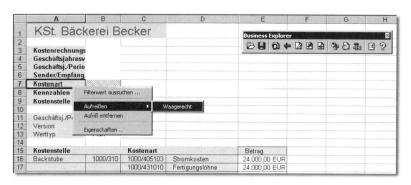

Abbildung 9.6 Waagerechter Aufriss nach Kostenart

In einer Kreuztabelle sind jetzt in den Zeilen die Kostenstellen zu sehen, in den Spalten die Kostenarten (siehe Abbildung 9.7).

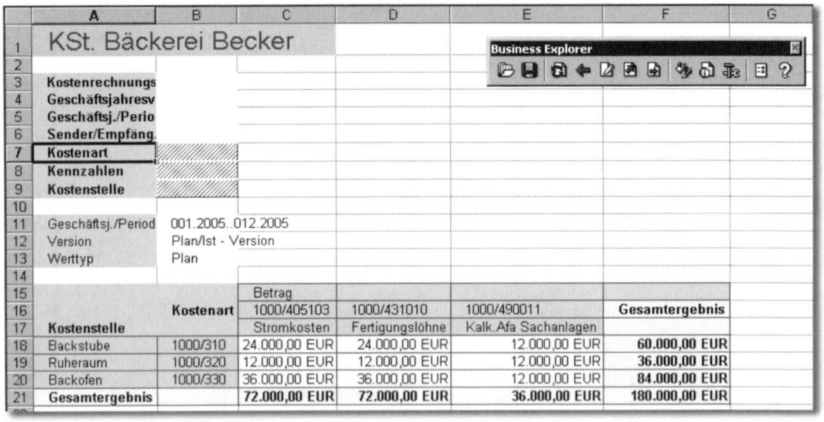

	Kostenart	Betrag 1000/405103 Stromkosten	1000/431010 Fertigungslöhne	1000/490011 Kalk.Afa Sachanlagen	Gesamtergebnis
Kostenstelle					
Backstube	1000/310	24.000,00 EUR	24.000,00 EUR	12.000,00 EUR	**60.000,00 EUR**
Ruheraum	1000/320	12.000,00 EUR	12.000,00 EUR	12.000,00 EUR	**36.000,00 EUR**
Backofen	1000/330	36.000,00 EUR	36.000,00 EUR	12.000,00 EUR	**84.000,00 EUR**
Gesamtergebnis		**72.000,00 EUR**	**72.000,00 EUR**	**36.000,00 EUR**	**180.000,00 EUR**

Abbildung 9.7 Kreuztabelle für Kostenstelle und Kostenart

Aufriss nach Perioden

Zusätzlich zu Kostenstellen und Kostenarten können wir die Perioden als Kriterium für die Strukturierung der Daten verwenden. Ausgehend von dem Aufriss **Kostenstellen detailliert nach Kostenarten** wählen wir für **Geschäftsj./Periode** (Zelle A5) den waagerechten Aufriss (siehe Abbildung 9.8).

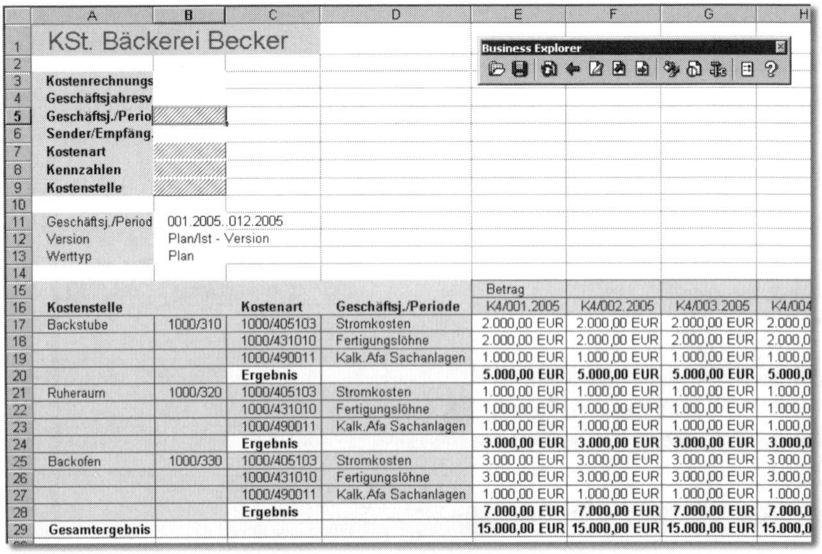

Kostenstelle		Kostenart	Geschäftsj./Periode	Betrag K4/001.2005	K4/002.2005	K4/003.2005	K4/004
Backstube	1000/310	1000/405103	Stromkosten	2.000,00 EUR	2.000,00 EUR	2.000,00 EUR	2.000,0
		1000/431010	Fertigungslöhne	2.000,00 EUR	2.000,00 EUR	2.000,00 EUR	2.000,0
		1000/490011	Kalk.Afa Sachanlagen	1.000,00 EUR	1.000,00 EUR	1.000,00 EUR	1.000,0
		Ergebnis		**5.000,00 EUR**	**5.000,00 EUR**	**5.000,00 EUR**	**5.000,0**
Ruheraum	1000/320	1000/405103	Stromkosten	1.000,00 EUR	1.000,00 EUR	1.000,00 EUR	1.000,0
		1000/431010	Fertigungslöhne	1.000,00 EUR	1.000,00 EUR	1.000,00 EUR	1.000,0
		1000/490011	Kalk.Afa Sachanlagen	1.000,00 EUR	1.000,00 EUR	1.000,00 EUR	1.000,0
		Ergebnis		**3.000,00 EUR**	**3.000,00 EUR**	**3.000,00 EUR**	**3.000,0**
Backofen	1000/330	1000/405103	Stromkosten	3.000,00 EUR	3.000,00 EUR	3.000,00 EUR	3.000,0
		1000/431010	Fertigungslöhne	3.000,00 EUR	3.000,00 EUR	3.000,00 EUR	3.000,0
		1000/490011	Kalk.Afa Sachanlagen	1.000,00 EUR	1.000,00 EUR	1.000,00 EUR	1.000,0
		Ergebnis		**7.000,00 EUR**	**7.000,00 EUR**	**7.000,00 EUR**	**7.000,0**
Gesamtergebnis				**15.000,00 EUR**	**15.000,00 EUR**	**15.000,00 EUR**	**15.000,0**

Abbildung 9.8 Zusätzlicher Aufriss nach Geschäftsjahr/Periode

Schon in diesem kleinen Beispiel bieten sich viele Möglichkeiten zur Darstellung unserer Kostenstellendaten. Sicher verstehen Sie jetzt, dass viele Anwender nach dem ersten Kontakt mit BEx nur ungern zu den Standardberichten von SAP R/3 zurückkehren.

Mit dem Business Explorer Analyzer BEx von SAP können Sie Daten, die in einen BW-Server geladen wurden, schnell und flexibel analysieren. Nicht vergessen sollten wir allerdings, dass wir uns innerhalb des Werkzeugs Microsoft Excel bewegen. Alle Excel-Funktionen können wir auch auf die BW-Daten anwenden. Beliebt ist z.B. das Grafik-Tool von Excel (siehe Abbildung 9.9). Die Grafik wird bei Aktualisierung der Excel-Datei durch neue BW-Daten aufgefrischt und zeigt ohne weitere manuelle Eingriffe den jeweils aktuellen Stand.

Standardfunktionen von Microsoft Excel

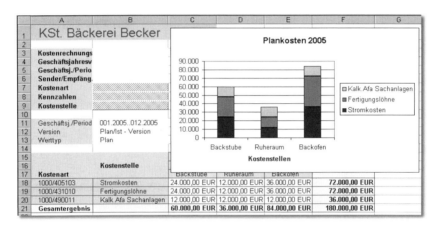

Abbildung 9.9 Diagramm in Excel

Sie haben gesehen, wie der Business Explorer Analyzer benutzt wird. Grundlage für diese Anwendung ist eine Query, die beschreibt, welche Merkmale (hier z.B. Kostenstelle, Kostenart, Geschäftsjahr/Periode) und welche Kennzahlen (hier Betrag) für die Analyse in Excel zur Verfügung stehen. Wir sehen uns jetzt die hier benutzte Query genauer an.

9.1.3 Queries pflegen

Für den Zugriff auf Daten des SAP Business Information Warehouse kann, wie wir soeben gesehen haben, der Business Explorer Analyzer genutzt werden. Daneben gibt es von der SAP, aber auch von Drittanbietern, verschiedene andere Reporting- und Analyse-Tools. Den Web Application Designer von SAP z.B. benutzen Sie, um BW-Daten im Intra- oder Internet darzustellen. Einige Drittanbieter liefern Anwendungen zum Data-

Mining, dem automatischen Analysieren und Erklären von Anomalien und Abweichungen in großen Datenbeständen.

Datenzugriff mittels Query
Unabhängig davon, welches Werkzeug Sie für den Zugriff auf BW-Daten nutzen, Sie benötigen immer eine Query. Die Query erstellen Sie mit erweiterten Funktionen des Business Explorer Analyzers.

 Die Pflege der Query, die wir im obigen Beispiel benutzt haben, erreichen Sie mit dem Button **Query** in der Menüleiste **Business Explorer**. Sie klicken dann auf den Menüpunkt **Query ändern (globale Definition)** (siehe Abbildung 9.10).

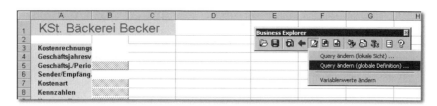

Abbildung 9.10 Query ändern – Einstieg

Der Query Designer wird aufgerufen mit einer Query, die den technischen Namen KST_BECKER trägt und die Beschreibung **KSt. Bäckerei Becker** (siehe Abbildung 9.11).

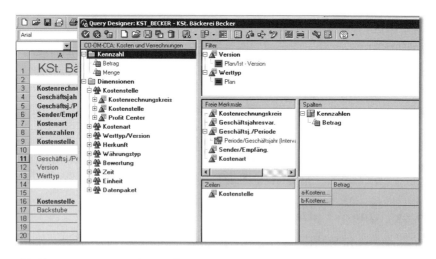

Abbildung 9.11 Query-Definition für Kostenstellen Bäckerei Becker

Details zum InfoProvider
Die linke Spalte zeigt alle verfügbaren Merkmale und Kennzahlen zur Datenquelle, die dieser Query zugrunde liegen. Die Datenquelle ist hier der InfoProvider »CO-OM-CCA: Kosten und Verrechnungen«. Die bei-

den Kennzahlen in diesem InfoProvider sind Betrag und Menge. Die Merkmale werden in Dimensionen gruppiert. Zur Dimension **Kostenstelle** sind die Merkmale **Kostenrechnungskreis**, **Kostenstelle** und **Profit Center** verfügbar.

Die Query-Definition erfolgt per Drag and Drop. Merkmale und Kennzahlen werden aus der linken Spalte in einen der vier Bereiche **Filter**, **Freie Merkmale**, **Zeilen** oder **Spalten** gezogen.

Im Bereich **Filter** sind Einschränkungen für die Merkmale **Version** und **Werttyp** zu sehen, die beim Ausführen der Query automatisch im Hintergrund berücksichtigt werden. Der BEx-Endanwender ohne Berechtigung zum Pflegen der Query kann den Bereich Filter nicht bearbeiten. Mit dieser Query kann ein Endanwender also nur Plandaten aus der Plan-/Ist-Version anzeigen.

Filter

Die Merkmale und Kennzahlen in den Bildschirmbereichen **Freie Merkmale**, **Zeilen** und **Spalten** stehen dem Benutzer zur Navigation in Excel (oder eventuell einem anderen Werkzeug) zur Verfügung. Die Kennzahl »Betrag« im Block **Spalten** und das Merkmal **Kostenstelle** im Block **Zeilen** werden beim ersten Ausführen der Query in Excel zur Anzeige benutzt. Dieser erste Aufriss ist in dem grau hinterlegten Block unten rechts als Vorschau zu sehen. Für die weitere Navigation können **Betrag** und **Kostenstelle** genauso benutzt werden wie die Merkmale **Kostenrechnungskreis**, **Geschäftsj./Periode** und **Kostenart** aus dem Block **Freie Merkmale**.

Freie Merkmale, Zeilen, Spalten

Zum Merkmal **Geschäfsj./Periode** erkennen Sie eine Einschränkung mit dem Variablensymbol und dem Text **Periode/Geschäftsjahr (Intervall)**. Mit dieser Variablen wird der Benutzer beim Ausführen der Query aufgefordert, den Analysezeitraum einzuschränken.

Variablen

Das SAP BW ist ein Reporting- und Analysewerkzeug. Daten, die in anderen Systemen, z.B. SAP R/3, entstanden sind, werden in das BW kopiert und stehen dort für Auswertungen zur Verfügung. Schon bald nach der Verfügbarkeit des BW bemängelten insbesondere die Controller diese Einschränkung »anschauen – aber nicht anfassen«. Sie wollten die aus verschiedenen Systemen oder SAP-Komponenten gesammelten und verdichteten Daten als Basis für die Planung, für Simulationen oder für Forecasts nutzen. Funktionen zur manuellen Erfassung von Daten direkt in die BW-Strukturen hinein sowie automatische Planungsfunktionen wurden gefordert. Diese Funktionen zur manuellen Planung sowie eine umfangreiche Sammlung an automatischen Funktionen zum Bearbeiten und Erzeugen von Plandaten stehen seit einiger Zeit in der Komponente Strategic Enterprise Management – Business Planning and Simulation (SAP SEM-BPS) zur Verfügung.

9.2 Strategic Enterprise Management – Business Planning and Simulation (SAP SEM-BPS)[1]

Planung in SAP R/3

Sie nutzen SAP R/3 im Controlling. Dann planen Sie, das ist eine Ihrer wichtigsten Aufgaben, bereits mit diesem System »wie ein Weltmeister«. In der Gemeinkostenrechnung werden Pläne für Kostenarten, Kostenstellen, Innenaufträge, Projekte und Geschäftsprozesse erstellt. Kosten werden in fixe und variable Bestandteile gespalten. Leistungsmengen und Tarife werden im Plan erfasst bzw. ermittelt. Wenn wir den Blickwinkel erweitern und andere Module betrachten, finden wir Planabsätze und Preise im Vertrieb, Stücklisten und Arbeitspläne in der Produktion, geplante Einkaufspreise für Materialien und Dienstleistungen in der Materialwirtschaft. Alle Anwender scheinen bei der Arbeit mit SAP R/3 mit dem Planen beschäftigt zu sein. Dennoch hat die SAP mit der Komponente Strategic Enterprise Management – Business Planning and Simulation (SEM-BPS) zusätzliche Funktionen zur Unterstützung der Planung in Unternehmen zur Verfügung gestellt. Einige Gründe sprechen für die Nutzung von SEM-BPS:

Gründe für die Nutzung von SEM-BPS

▶ Retraktion
Die Plandaten sollen von den Verantwortlichen vor Ort direkt in stark reduzierte Web-Planungsmasken erfasst werden. Die Plandaten werden dann im Hintergrund in die Strukturen von R/3 (z. B. Kostenstelle/Kostenart) zurückgeschrieben.

▶ Vereinheitlichung von Basisdaten
Basisdaten aus dem Ist und aus »alten« Plänen wurden aus verschiedenen R/3- oder Fremdsystemen zusammengetragen und sollen als gemeinsame Grundlage für eine neue Planung herangezogen werden.

▶ Integrierte Planung
Mit Mengen, Preisen, Kostensätzen und Fixkosten sollte eine durchgängige und schlanke Planung des Vertriebes, der Produktion und des Einkaufs bis hin zu GuV, Bilanz und Cashflow-Rechnung der Buchhaltung umgesetzt werden.

---

[1] Für die Beispiele hier im Buch haben wir das Release 3.20 von SAP SEM mit SEM-BPS benutzt. Im folgenden Release 3.50 wird die Planungskomponente dem SAP BW zugeordnet und heißt dann BW-BPS

- **Konzernkonsolidierung**
  Bei der Planung im Konzern sollen die Pläne aus verschiedenen Unternehmen mit unterschiedlichen Strukturen aus diversen Quellen zu einem Plan verdichtet und konsolidiert werden.

- **Mehrjahresplanung**
  Die Planung soll im Anschluss an die detaillierte Jahresplanung in R/3 auf verdichteten Ebenen für mehrere Jahre in die Zukunft fortgeschrieben werden.

- **Individuelle Anforderungen**
  Spezielle Abhängigkeiten bei der Planung in Ihrem Unternehmen sind im Standard von R/3 nicht abgebildet und sollen in die Pflege von Plandaten einfließen.

Diese und vielleicht einige weitere Gründe sind die Argumente für die Einführung von SEM-BPS. Meist wird die BPS-Planung die Jahresplanung in R/3 nicht ersetzen, sondern ergänzen.

Die SAP liefert im System SEM-BPS Business Contents mit aus, vergleichbar mit den Business Contents zur Übernahme von R/3-Daten im BW-System. Die Business Contents des SEM-BPS bilden repräsentative Planungsszenarien ab, die so oder ähnlich bei Referenzkunden umgesetzt wurden. Theoretisch können diese Business Contents als Ready-to-go-Planungsumgebung aktiviert werden. In der Praxis werden sie allerdings meist als Vorlage für die Entwicklung eigener Planungsfunktionen benutzt. In manchen Unternehmen wird SEM-BPS als Entwicklungsumgebung genutzt, gänzlich an den Vorgaben der Business Contents vorbei.

Business Content

Betrachten wir diesen letzten Fall und nutzen SEM-BPS als Entwicklungsumgebung für ein stark reduziertes Beispiel. Sie sehen nun, wie die manuelle Planung von Kostenstelle und Kostenart in wenigen Schritten mit SEM-BPS eingerichtet werden kann. Wie schon im Abschnitt 9.1.2 planen wir ohne Leistungsarten und ohne Kostenspaltung in fixe und variable Bestandteile. Das folgende Beispiel soll Ihnen einen kleinen Einblick in die technischen Möglichkeiten von SEM-BPS geben. Die betriebswirtschaftliche Diskussion wurde in den ersten sieben Kapiteln dieses Buches bereits umfassend geführt.

9.2.1 Planungsgebiet

Zur Nutzung von SAP SEM im folgenden Beispiel wurde bei der Bäckerei Becker ein Server eingerichtet, auf dem SAP BW und SAP SEM gemein-

Technische Basis

sam installiert sind. Das BW-Release ist hier 3.10, das SEM-Release 3.20. Der Menübaum für SEM wird aktiviert mit Transaktion UG00.

Ein Server für BW und SEM setzt auf der gleichen Basis auf wie ein R/3-System. Systemverwalter, die mit der Einrichtung und dem Betrieb von R/3 vertraut sind, werden auch ein BW-/SEM-System am Leben halten können. In der Anwendung allerdings finden wir fast nichts Vertrautes. Schon das Anwendungsmenü eines BW-/SEM-Systems unterscheidet sich grundlegend von dem eines R/3-Systems.

Planungs-workbench In die Entwicklungsumgebung von SEM-BPS gelangen wir mit Transaktion BPS0, im Menü **Strategic Enterprise Management · Business Planning and Simulation · Anwendungsübergreifende Planung · Planungsworkbench** (siehe Abbildung 9.12).

Verbindung zu SAP BW Grundlegende Struktur bei der Planung mit BPS ist das **Planungsgebiet**. Dem Planungsgebiet »ZCCA Kostenstellen Bäckerei Becker« ist der BW-InfoCube (InfoProvider) ZCCA_C11 zugeordnet. Schon hier erkennen Sie die enge Verknüpfung von BW und SEM.

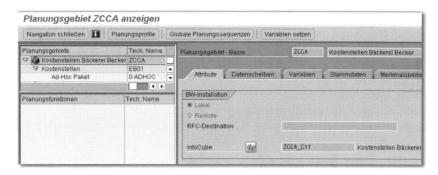

Abbildung 9.12 Planungsgebiet anlegen

Variablen im Planungsgebiet Zum Planungsgebiet können Variablen definiert werden. Mit den Variablen wählen die Anwender beim Ausführen der Planung Objekte, z.B. Kostenstellen. Variablen werden benutzerübergreifend oder wie hier in Bezug auf einzelne Benutzer mit Werten vorbelegt (siehe Abbildung 9.13). Zur Freude der Anwendungsentwickler und zum Entsetzen der Systemverwalter wird mit dem benutzerspezifischen Vorbelegen von Variablen eine SEM-spezifische Berechtigungsverwaltung umgesetzt. Der Benutzer BRU (Uwe Brück) darf mit den Einstellungen in diesem Beispiel nämlich genau die drei Kostenstellen 310, 320 und 330 bearbeiten. Da kein anderer Benutzer in der Liste aufgeführt ist, kann eine Anwendung, die diese Variable nutzt, nur von diesem einen User BRU ausgeführt werden.

Die Berechtigungsverwaltung von SAP-Systemen ist eine streng gehütete Aufgabe der Systemverwalter. In hoch komplexen Einstellungen mit Benutzerrollen und -profilen werden für betriebswirtschaftliche Funktionen und definierte Objekte (z. B. Kostenrechnungskreis, Kostenstelle oder Auftragsart) Berechtigungen zum Anlegen, Ändern und Anzeigen individuell vergeben. Eine derart schlichte Verknüpfung von Benutzername und Variablenwerten wie hier in den BPS-Variablen widerspricht dem Berechtigungskonzept, das für SAP-Systeme vorgesehen ist. Dennoch werden Anwendungsentwickler diese Funktion schätzen und gerne nutzen.

Berechtigungsverwaltung

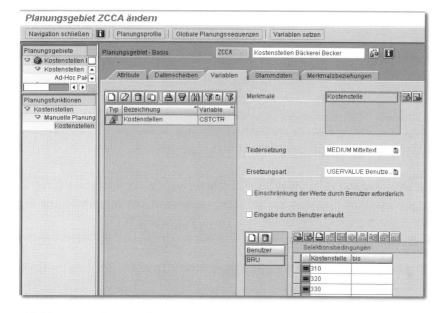

Abbildung 9.13 Planungsgebiet – Variablen pflegen

9.2.2 Planungsebene

Im Planungsgebiet, das wir eben angelegt haben, werden grundsätzliche Einstellungen vorgenommen, die die Planung mit SEM-BPS ermöglichen. Jetzt, mit der Pflege einer Planungsebene, werden wir schon deutlich spezifischer. Mit der Auswahl und der Selektion von Merkmalen legen wir den Arbeitsbereich für Planungsfunktionen fest.

Auswahl und Selektion von Merkmalen

In der Planungsebene »EB01 Kostenstellen« wurden aus dem **Merkmalsvorrat** die Merkmale **Geschäftsjahr**, **Geschäftsjahresvariante**, **Kostenart**, **Kostenrechnungskreis**, **Kostenstelle** ausgewählt, zusätzlich zu einigen nicht sichtbaren (siehe Abbildung 9.14). Der Block **Merkmalsvorrat** zeigt alle Merkmale des InfoCubes ZCCA_C11, mit dem unser Planungsgebiet verknüpft ist.

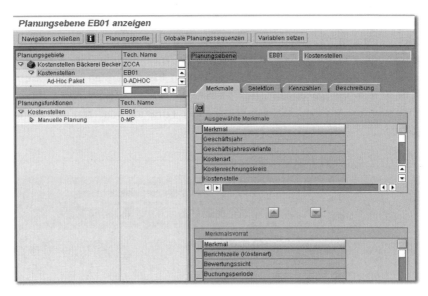

Abbildung 9.14 Planungsebene – Merkmale auswählen

Wertebereiche einschränken
Mit der Registerkarte **Selektion** schränken wir das Arbeitsgebiet von Planungsfunktionen weiter ein. Zu jedem ausgewählten Merkmal kann ein Wertebereich vorgegeben werden (siehe Abbildung 9.15).

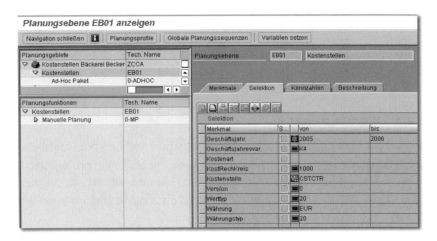

Abbildung 9.15 Planungsebene – Werte für Merkmale selektieren

Für Geschäftsjahr, Geschäftsjahresvariante, Kostenrechnungskreis und einige andere sind feste Werte als Einschränkungen vorgegeben. Bei der

Kostenstelle ist die Selektionsvariable CSTCTR hinterlegt, die wir bei der Pflege des Planungsgebietes kennen gelernt hatten. In Abhängigkeit vom Benutzer wird die Variable durch die hinterlegten Merkmalswerte (Kostenstellen 310, 320, 330) ersetzt.

Als letzte Stufe bei der Verfeinerung des Arbeitsgebietes müssen Planungspakete angelegt werden. Planungsfunktionen sind nur in Verbindung mit Planungspaketen ausführbar. Zu jeder Planungsebene wird ein Planungspaket mit dem Namen »Ad-hoc-Paket« automatisch angelegt. Wenn Sie die Angaben aus der Planungsebene im Paket nicht weiter verfeinern wollen, können Sie dieses »Ad-hoc-Paket« beim Ausführen von Planungsfunktionen benutzen.

Planungspaket

Den Begriff Planungsfunktion haben wir bereits im Text benutzt. Der Block links unten in der Planungs-Workbench trägt diesen Titel. Mit Planungsfunktionen werden Daten bearbeitet, die mit einem Planungspaket vorselektiert sind. Dabei können bestehende Daten geändert, gelöscht oder neue Daten angelegt werden. In der Komponente SEM-BPS ist eine Reihe automatischer Planungsfunktionen vorbereitet, z. B. zum Kopieren oder Löschen von Datenbeständen. Mit betriebswirtschaftlichen Funktionen wie einem Abschreibungsrechner, Zinsberechnungen und vielen anderen können sehr einfach komplexe Anforderungen aus der Planung realisiert werden. Falls die Standardfunktionen zur Manipulation der Plandaten nicht ausreichen, können mit der eigens für BPS entwickelten Makro-Programmiersprache FOX (Formula Extension) individuelle Funktionen erstellt werden. Sollten Sie Ihre Anforderungen auch mit FOX nicht umsetzen können, haben Sie die Möglichkeit, mit der SAP-eigenen Programmiersprache ABAP auf die BPS-Daten zuzugreifen.

Planungsfunktionen

Außer den automatischen Planungsfunktionen, die Sie aus dem Standard übernommen, mit FOX oder ABAP selbst erstellt haben, benötigen Sie sicher auch Bildschirmmasken zur manuellen Erfassung von Plandaten. Auch das Erstellen dieser Bildschirmmasken wird von SEM-BPS unterstützt.

9.2.3 Manuelle Planung

Für unsere rudimentäre Planung von drei Kostenstellen und mit drei Kostenarten wollen wir nun eine Planungsmaske zur manuellen Erfassung der Daten erzeugen. Wir verwenden die Plandaten, die wir für das Jahr 2005 aus R/3 übernommen haben, als Vorlage und lassen die Erfassung und Änderung für das Jahr 2006 zu. Ein vergleichbares Szenario wurde bei einem Lebensmittelproduzenten umgesetzt. Er plant für alle Werke das Folgejahr sehr detailliert über alle Bereiche mit R/3. Die Ergebnisse dieser Planung werden in SEM-BPS verdichtet. Diese verdichteten Pläne werden dann für vier weitere Jahre mit Absatz, Umsatz, Kosten bis hin zu GuV, Bilanz und Cashflow-Rechnung fortgeschrieben.

Planungslayout Steigen wir ein in die Definition des Planungslayouts »MAN01 Kostenstellen manuell« (siehe Abbildung 9.16). Die Planungsmaske soll so aufgebaut sein, dass Kostenarten in Zeilen untereinander dargestellt sind und die Geschäftsjahre 2005 und 2006 in Spalten nebeneinander. Auf der Registerkarte **Layouttyp** können Sie mit dem Radiobutton **Kennzahlen in Datenspalten** auswählen und unter **Zusätzliche Einstellungen Schl.spalte** (Schlüsselspalte) bzw. **Datenspalte** für **Kostenart** bzw. **Geschäftsjahr** diese Anforderung realisieren. Alle anderen Merkmale werden im Kopf des Layouts dargestellt.

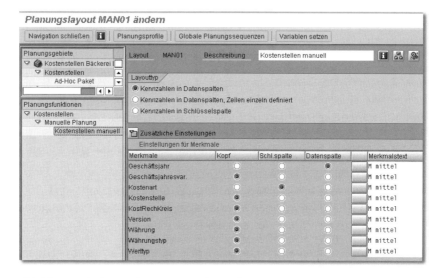

Abbildung 9.16 Planungslayout – Grundeinstellungen

Kopfbereich Auf der nächsten Seite der Layoutdefinition mit der Registerkarte **Kopfbereich** legen wir die Reihenfolge der Kopfmerkmale fest. Wir verbergen alle Merkmale außer der Kostenstelle. Die Reihenfolge der verborgenen Merkmale ist nicht relevant. Für die Kostenstelle als einziges sichtbares Merkmal wird automatisch die Position »1« gesetzt (siehe Abbildung 9.17).

Schlüsselspalten In der nächsten Registerkarte **Schlüsselspalten** definieren wir das Anzeigeverhalten unserer einzigen Schlüsselspalte, der Kostenart (siehe

Abbildung 9.18). Die Kostenarten sollen mit Schlüssel (= Nummer) und Bezeichnung zu sehen sein.

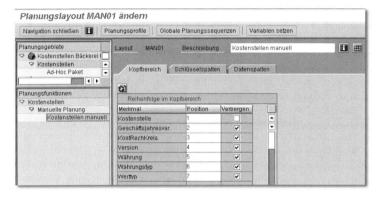

Abbildung 9.17 Planungslayout – Kopfbereich

Abbildung 9.18 Planungslayout – Schlüsselspalten

Die nächste Registerkarte **Datenspalten** beschreibt die Spalten unseres Erfassungslayouts, die für die Planjahre 2005 und 2006 vorgesehen sind (siehe Abbildung 9.19). Die erste Spalte zum Jahr 2005 soll nur angezeigt werden, was an dem Haken in der Spalte **Vg.Sp.** (Vorgabespalte) zu erkennen ist. Für beide Spalten sollen die Daten in der **Kennzahl** »Betrag« hinterlegt werden. Der technische Name dieser Kennzahl wird hier erfasst, er lautet 0AMOUNT.

Datenspalten

Abbildung 9.19 Planungslayout – Datenspalten

Anzeigewerkzeug

Bei der Wahl des **Anzeigewerkzeugs** mit Klick auf den gleichnamigen Button entscheiden wir uns für die Variante Microsoft Excel (siehe Abbildung 9.20).

Abbildung 9.20 Anzeige des Layouts mit Microsoft Excel

Vorschau des Planungslayouts

Auf dem letzten Bild zur Definition des Planungslayouts sehen wir eine Vorschau der Planungsmaske (siehe Abbildung 9.21). Innerhalb des SAP-Bildschirms wird das lokal installierte Excel mit allen Funktionen dargestellt. Wir fügen zusätzlich zu den Einträgen, die automatisch in den Spalten A bis D erzeugt wurden, eine Spalte **Delta** ein. Mit einer einfachen Excel-Formel (z. B. in Zelle E5) berechnen wir die Abweichung des Planes für das Jahr 2006 vom Plan für 2005.

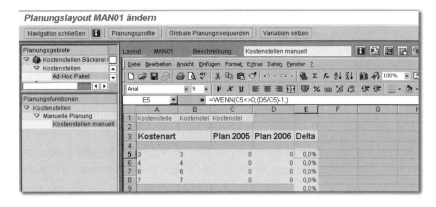

Abbildung 9.21 Vorschau des Excel-Planungslayouts

9.2.4 Planung ausführen

Inplace-Aktivierung im SAP-Container

Mit aktiviertem Planungspaket und Doppelklick auf die Planungsfunktion MAN01 führen wir nun die Planungsmaske aus. Wie auch schon in der Vorschau, beim Erstellen des Layouts, wird innerhalb des SAP-Bildschirms ein vollständiges Excel als Instrument für die Plandatenerfassung zur Verfügung gestellt (siehe Abbildung 9.22). Diese Verknüpfung heißt Inplace-Aktivierung im SAP-Container. Vorteil dieser Verknüpfung ist, dass Sie die

Planungsmaske sehr genau an Ihre Vorstellungen anpassen können. Diese Anpassung geschieht dadurch, dass Excel-Makros nach der Übertragung der Daten auf den Bildschirm oder vor dem Speichern in die Datenbank automatisch aufgerufen werden können, und dadurch, dass Excel-Arbeitsblätter individuell gestaltet werden. Bei Organisationen mit zentraler Erfassung der Plandaten wird von dieser Methode gern Gebrauch gemacht.

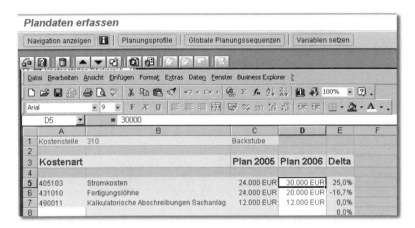

Abbildung 9.22 Manuelle Planung ausführen

Sollten Sie allerdings eine dezentrale Planung umsetzen wollen, bei der Anwender im Management, im Außendienst oder in entfernten Tochterunternehmen ihre Plandaten selbst erfassen, könnte das gemischte Layout aus SAP- und Excel-Bildschirm Akzeptanzprobleme verursachen. Bei der dezentralen Planung bietet sich eher die Umsetzung von Planungsmasken im Web an.

9.2.5 Planung im Web

Eine individuell für die Bäckerei Becker erstellte Web-Planung könnte folgendermaßen aussehen. Im Intranet wird der Planer mit dem Firmenlogo begrüßt (siehe Abbildung 9.23).

Anwendung im Intranet

Mit dem Klick auf den Button **Planung starten** erscheint ein übersichtlicher Bildschirm mit den gleichen Inhalten, die wir auch im vorigen Abschnitt gesehen haben (siehe Abbildung 9.24).

Übersichtliche Planung

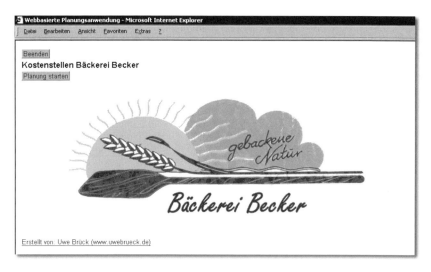

Abbildung 9.23 Webbasierte Planung – Einstieg[2]

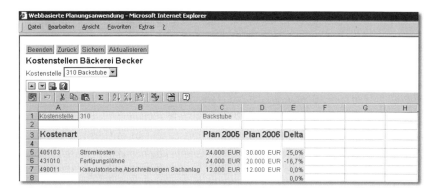

Abbildung 9.24 Planungslayout mit Web-Excel

Datenauswertung mit BEx

Wir erfassen mit SEM-BPS direkt in Datenstrukturen des BW. Entsprechen einfach und übersichtlich ist die Auswertung der Plandaten, zum Beispiel mit dem Business Explorer Analyzer BEx (siehe Abbildung 9.25).

9.3 Zusammenfassung

Das Reporting-Instrument Business Information Warehouse (SAP BW) bietet zusammen mit den Planungsfunktionen des Strategic Enterprise Management – Business Planning and Simulation (SAP SEM-BPS) zusätz-

---

2 Herzlichen Dank an die Bäckerei Druckmiller in Marktoberdorf, die uns dieses Logo zur Verfügung stellt.

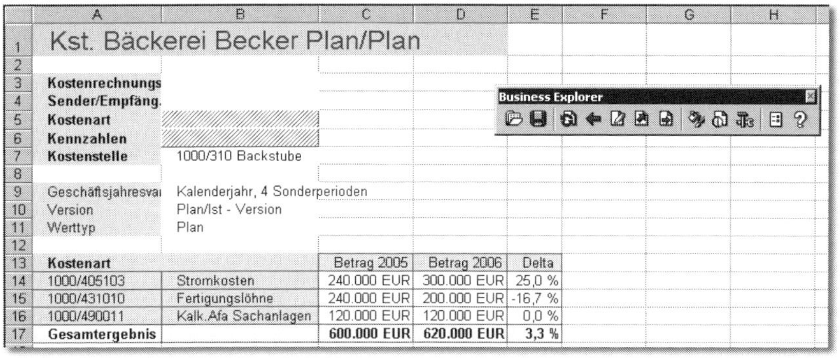

Kst. Bäckerei Becker Plan/Plan				
Kostenrechnungs				
Sender/Empfäng.				
Kostenart				
Kennzahlen				
Kostenstelle	1000/310 Backstube			
Geschäftsjahresvai	Kalenderjahr, 4 Sonderperioden			
Version	Plan/Ist - Version			
Werttyp	Plan			
Kostenart		Betrag 2005	Betrag 2006	Delta
1000/405103	Stromkosten	240.000 EUR	300.000 EUR	25,0 %
1000/431010	Fertigungslöhne	240.000 EUR	200.000 EUR	-16,7 %
1000/490011	Kalk.Afa Sachanlagen	120.000 EUR	120.000 EUR	0,0 %
Gesamtergebnis		**600.000 EUR**	**620.000 EUR**	**3,3 %**

Abbildung 9.25 Analyse von Plandaten mit BEx

lich zum System SAP R/3 sinnvolle und zeitsparende Unterstützung bei der Arbeit im Controlling.

Mit SAP BW können Daten aus dem Controlling, die in R/3 oder in anderen Quellen entstanden sind, genauso visualisiert und analysiert werden wie Daten aus anderen Modulen oder Bereichen. Als Frontend-Werkzeug liefert die SAP den in Microsoft Excel integrierten Business Explorer Analyzer BEx. BW-Daten können darüber hinaus mit dem Web Application Designer oder verschiedenen Tools von Drittanbietern zur Anzeige gebracht oder in Anwendungen integriert werden.

Aufsetzend auf den Datenstrukturen des BW werden Planungsmasken und automatische Planungsfunktionen in SEM-BPS erstellt und ausgeführt. SEM-BPS ist das geeignete Werkzeug, um die Planung im Finanz- und Controllingbereich an die individuellen Anforderungen in Ihrem Unternehmen anzupassen.

A SAP-Komponenten

Eine Auswahl an Controlling-relevanten SAP-Komponenten.

Komponente	Deutsch	Englisch
FI	Finanzbuchhaltung	Financial Accounting
FI-GL	Hauptbuchhaltung	General Ledger Accounting
FI-LC	Konsolidierung	Legal Consolidation
FI-AP	Kreditorenbuchhaltung	Accounts Payable
FI-AR	Debitorenbuchhaltung	Accounts Receivable
FI-BL	Bankbuchhaltung	Bank-Related Accounting
FI-AA	Anlagenbuchhaltung	Asset Accounting
FI-SL	Spezielle Ledger	Special Purpose Ledger
FI-RL	Retail Ledger	Retail Ledger
FI-FM	Haushaltsmanagement	Funds management
FI-TV	Reisemanagement	Business Trip Management
CO	Controlling	Controlling
CO-OM	Gemeinkosten-Controlling	Overhead Cost Controlling
CO-OM-CEL	Kostenartenrechnung	Cost Element Accounting
CO-OM-ACT	Leistungsarten	Activity Types
CO-OM-CCA	Kostenstellenrechnung	Cost Center Accounting
CO-OM-ABC	Prozesskostenrechnung	Activity-Based Costing
CO-OM-OPA	Gemeinkostenaufträge	Overhead Orders
CO-OM-IS	Informationssystem	Information System
CO-PC	Produktkosten-Controlling	Product Cost Controlling
CO-PC-PCP	Produktkostenplanung	Product Cost Planning
CO-PC-OBJ	Kostenträgerrechnung	Cost Object Controlling
CO-PC-ACT	Istkalkulation/Material-Ledger	Actual Costing/ Material Ledger
CO-PC-IS	Informationssystem Produktkosten-Controlling	Information System Product Cost Controlling
CO-PA	Ergebnis- u. Marktsegmentrechnung	Profitability Analysis
CO-PA-ST	Strukturen	Structures

Komponente	Deutsch	Englisch
CO-PA-MD	Stammdaten	Master Data
CO-PA-SPP	Absatz- und Ergebnisplanung	Sales and Profit Planning
CO-PA-ACT	Wertflüsse im Ist	Flow of actual values
CO-PA-IS	Informationssystem	Information System
CO-PA-TO	Werkzeuge	Tools
EC	Unternehmenscontrolling	Enterprise Controlling
EC-PCA	Profit-Center-Rechnung	Profit Center Accounting
EC-BP	Unternehmensplanung	Business Planning
EC-CS	Konsolidierung	Legal Consolidation
EC-EIS	Executive Information System	Executive Information System
LO	Logistik Allgemein	Logistics – General
LO-MD	Grunddaten Logistik	Logistics Basic Data
PS	Projektsystem	Project System
PS-ST	Strukturen	Structures
PS-DOC	Dokumente	Documents
PS-CLM	Claim-Management	Claim Management
PS-COS	Kosten	Costs
PS-REV	Erlöse und Ergebnis	Revenues and Earnings
PS-CAF	Zahlungen	Payments
PS-DAT	Termine	Dates
PS-CRP	Ressourcen	Resources
PS-MAT	Material	Material
PS-CON	Rückmeldung	Confirmation
PS-SIM	Simulation	Simulation
PS-VER	Versionen	Versions
PS-PRG	Fortschritt	Progress
PS-WFL	Anbindung SAP Business Workflow	SAP Business Workflow Connection
PS-IS	Informationssystem	Information System
SD	Vertrieb	Sales and Distribution
SD-MD	Stammdaten	Master Data

Komponente	Deutsch	Englisch
SD-BF	Grundfunktionen	Basic Functions
SD-SLS	Verkauf	Sales
SD-FT	Außenhandel	Foreign Trade
SD-BIL	Fakturierung	Billing
SD-CAS	Vertriebsunterstützung	Sales Support
SD-IS	Informationssystem	Information System
SD-EDI	Electronic Data Interchange	Electronic Data Interchange
SD-POS	POS-Interface	POS Interface
MM	Materialwirtschaft	Materials Management
MM-CBP	Verbrauchsgesteuerte Disposition	Consumption-Based Planning
MM-PUR	Einkauf	Purchasing
MM-SRV	Dienstleistungen	Services Management
MM-IM	Bestandsführung	Inventory Management
MM-IV	Rechnungsprüfung	Invoice Verification
MM-IS	Informationssystem	Information System
MM-EDI	Electronic Data Interchange	Electronic Data Interchange
MM-FT	Außenhandel	Foreign Trade
PP	Produktionsplanung und -steuerung	Production Planning and Control
PP-BD	Grunddaten	Basic Data
PP-SOP	Absatz- und Produktionsgrobplanung	Sales & Operations Planning
PP-MP	Produktionsplanung	Master Planning
PP-MP-MFC	Materialprognose	Material Forecast
PP-MP-DEM	Programmplanung	Demand Management
PP-MP-MPS	Leitteileplanung	Master Production Scheduling
PP-MP-LTP	Langfristplanung (Simulation)	Long-Term Planning (Simulation)
PP-CRP	Kapazitätsplanung	Capacity Planning
PP-MRP	Bedarfsplanung	Material Requirements Planning
PP-SFC	Fertigungsaufträge	Production Orders

Komponente	Deutsch	Englisch
PP-KAB	Kanban	KANBAN
PP-REM	Serienfertigung	Repetitive Manufacturing
PP-ATO	Montage	Assembly Processing
PP-PI	Produktionsplanung Prozessindustrie	Production Planning for Process Industries
PP-PDC	Betriebsdatenerfassung	Plant Data Collection
PP-FLW	Flow Manufacturing	Flow Manufacturing
PP-IS	Informationssystem	Information System
BW	SAP Business Information Warehouse	SAP Business Information Warehouse
BW-BCT	Business Content und Extraktoren	Business Content and Extractors
BW-BEX	Business Explorer	Business Explorer
BW-WHM	Warehouse Management	Warehouse Management
BW-SYS	Basis-System und Installation	Basis System and Installation
FIN	Financials	Financials
FIN-SEM	Strategic Enterprise Management	Strategic Enterprise Management
FIN-SEM-BCS	Business Consolidation	Business Consolidation
FIN-SEM-BPS	Business Planning and Simulation	Business Planning and Simulation
FIN-SEM-BIC	Business Information Collection	Business Information Collection
FIN-SEM-CPM	Corporate Performance Monitor	Corporate Performance Monitor
FIN-SEM-SRM	Stakeholder Relationship Management	Stakeholder Relationship Management
FIN-SEM-BC	Business Content	Business Content
FIN-BA	Business Analytics	Business Analytics
FIN-FSCM	Financial Supply Chain Management	Financial Supply Chain Management
FIN-BAC	Business Accounting	Business Accounting
FIN-FB	Financials Basis	Financials Basis

B Glossar

Abrechnung Methode zur Verrechnung von Aufträgen (Innenaufträge, Fertigungsaufträge, Produktkostensammler) auf Kostenstellen oder in die Ergebnisrechnung

Absatz Menge verkaufter Materialien

Abschreibung Periodischer (monatlicher oder jährlicher) Wertverlust von Maschinen oder Gebäuden

Aktiva Vermögenswerte und Bestände eines Unternehmens

Anlage Maschine oder Gebäude, das vom Unternehmen genutzt wird

Arbeitsplan Stammdatum der Produktion; gibt an, auf welchen Arbeitsplätzen die Produktion eines Materials welche Leistung in welcher Menge in Anspruch nimmt

Arbeitsplatz Stammdatum der Produktion; Ort, an dem Materialien bearbeitet werden

Aufwand Geld, das ein Unternehmen ausgibt, z.B. für Rohstoffe, Personal, Energie, Wertverlust von Maschinen – *hier*: Synonym für Kosten

Bilanz Darstellung von Aktiva und Passiva, also von Vermögenswerten, Beständen, Schulden und Eigenkapital eines Unternehmens

Buchungskreis Organisationseinheit, die rechtlich selbstständig ist und einen eigenen Abschluss in der Finanzbuchhaltung erstellt

CO-Innenauftrag siehe Innenauftrag

Controlling-Objekt Sammelbegriff für Kostenstelle, Innenauftrag, Fertigungsauftrag, Produktkostensammler und Ergebnisobjekt

CO-Objekt kurz für Controlling-Objekt

Customizing Anpassung des R/3-Systems an den Kundenwunsch; Kunde meint hier den Nutzer der Software R/3, also den SAP-Kunden

Dimension Gruppierung von Merkmalen

Ergebnis Umsatz minus Kosten – Synonym für Gewinn

Ergebnisbereich Organisationseinheit für die Erstellung von Ergebnisrechnungen im Controlling

Ergebnisobjekt Kombination von Merkmalen in der Ergebnisrechnung

Erlös Geld, das ein Unternehmen einnimmt durch den Verkauf seiner Produkte oder Dienstleistungen – *hier*: Synonym für Umsatz

Fertigungsauftrag Stammdatum im Controlling und in der Produktion zur Sammlung von Materialkosten und Leistungen, wird genutzt, wenn in der Produktion die Komponenten Einzelfertigung oder Werkstattfertigung eingesetzt werden

FI-Konto Stammdatum im Finanzwesen zur Gliederung von GuV und Bilanz – Synonym für Sachkonto

Gewinn Umsatz minus Kosten – Synonym für Ergebnis

Gewinn- und Verlustrechnung Darstellung von Erlös, Aufwand und Gewinn aus Sicht der Finanzbuchhaltung

GuV kurz für Gewinn- und Verlustrechnung

Innenauftrag Stammdatum im Controlling; Projekt oder Maßnahme das Kosten verursacht

Innenauftrag, echt wird unabhängig von einer Kostenstelle mit Kosten belastet

Innenauftrag, statistisch »Anhängsel« einer Kostenstelle zur zusätzlichen Gliederung von Kosten

Ist tatsächlich eingetretene Absätze, Erlöse, Kosten und Leistungen

Kalkulation Zusammenstellung der Kosten, die bei der Herstellung eines Produktes anfallen

Kennzahl Datenspalte für Absatz, Umsatz oder Kosten (in CO-PA: Wertfeld; im BW: Kennzahl)

Komponente Baustein der Software SAP R/3

Kosten Geld, das ein Unternehmen ausgibt, z.B. für Rohstoffe, Personal, Energie, Wertverlust von Maschinen – *hier*: Synonym für Aufwand

Kosten, fix Kosten, die unabhängig von der produzierten Menge entstehen

Kosten, variabel Kosten, die proportional zur Produktionsmenge steigen und fallen

Kostenart, primär Stammdatum im Controlling; Kopie derjenigen FI-Konten, die Aufwand oder Erlös repräsentieren

Kostenart, sekundär Stammdatum im Controlling; wird angelegt um Verrechnungen zwischen Controlling-Objekten zu ermöglichen

Kostenplanung Bestimmung des planmäßigen Gemeinkostenanfalls für alle Kostenstellen/Leistungsarten

Kostenrechnungskreis Organisationseinheit, in der Kostenstellen und Innenaufträge geführt werden

Kostensatz Kosten einer Kostenstelle/Leistungsart (variabel und fix), dividiert durch die Leistungsartenmenge

Kostenstelle Stammdatum im Controlling; Ort des Kostenanfalls

Kostenstelle, primär Verrechnung auf Erzeugnisse oder Ergebnisobjekte

Kostenstelle, sekundär Verrechnung auf andere Kostenstellen

Kostenträgerrechnung Ermittlung und Verrechnung der Kosten der erzeugten Materialien

Leistungsart Stammdatum im Controlling; Verrechnungseinheit für Leistungen von Kostenstellen

Leistungsverrechnung Methode zur Verrechnung von Kosten auf der Basis von Leistungsarten

Material Sammelbegriff für Waren, die ein Unternehmen einkauft, herstellt, weiterverarbeitet oder verkauft

Merkmal Schlüssel zur Identifikation von Plandaten; Beispiele: Kunde, Material, Land, Produktgruppe

Modul Hauptbaustein der Software SAP R/3

Organisationseinheit Element in einer Unternehmensstruktur

Passiva Schulden und Eigenkapital eines Unternehmens

Plan Vorschau auf Absätze, Erlöse, Kosten und Leistungen

Planungsebene Struktur, in der Merkmale und Kennzahlen bzw. Wertfelder für die Planung ausgewählt werden

Planungslayout Erfassungsmaske für die manuelle Planung

Planungsmethode Funktion zur manuellen oder automatischen Veränderung von Plandaten

Planungspaket Struktur, in der Merkmalwerte für die Planung selektiert werden

Produktkostensammler Stammdatum im Controlling und in der Produktion zur Sammlung von Materialkosten und Leistungen, wird genutzt, wenn in der Produktion die Komponente Serienfertigung eingesetzt wird

Prozesskostenrechnung Methode zur Ermittlung und verursachungsgerechten Verrechnung der Kosten indirekter Leistungsbereiche

R/3 integrierte Software der SAP für alle betriebswirtschaftlichen Belange in Unternehmen unterschiedlichster Branchen

Sachkonto Stammdatum im Finanzwesen zur Gliederung von GuV und Bilanz – Synonym für FI-Konto

SAP Systeme, Anwendungen und Produkte in der Datenverarbeitung; deutsches Softwarehaus mit Sitz in Walldorf, Baden-Württemberg

Soll Messlatte für Kosten und Leistungen in allen Teilbereichen des Internen Rechnungswesen

Sparte grobe Gliederung von Waren oder Dienstleistungen aus Sicht des Vertriebes

Stückliste Stammdatum der Produktion; gibt an, welche Komponenten in welcher Menge für die Herstellung eines Materials eingesetzt werden

Umlage, in die Ergebnisrechnung Methode zur Verrechnung von Kostenstellen in die Ergebnisrechnung

Umlage, zwischen Kostenstellen Methode zur Verrechnung von Kosten zwischen Kostenstellen

Umsatz Geld, das ein Unternehmen einnimmt durch den Verkauf seiner Produkte oder Dienstleistungen – *hier*: Synonym für Erlös

Werk Organisationseinheit, die Materialien einkauft, lagert, produziert oder verkauft

Wertfeld Datenspalte für Absatz, Umsatz oder Kosten (in CO-PA: Wertfeld; im BW: Kennzahl)

Zyklus speichert die Rechenregeln, nach denen die Umlagen ausgeführt werden

C Die Autoren

Uwe Brück

Uwe Brück ist selbstständiger Unternehmensberater Referent und Autor, von ihm stammt u. a. das *Praxishandbuch SAP-Controlling*, einer der Bestseller bei SAP Press. Er berät international tätige Konsumgüterhersteller bei der Gestaltung und der technischen Umsetzung ihrer Prozesse im Controlling.

Uwe Brück war 1991 bis 2001 bei der Hochland AG in Heimenkirch (Allgäu) beschäftigt. Das Unternehmen produziert und vermarktet Käse als einer der führenden Hersteller in Europa.

Während der ersten sechs Jahre bei Hochland war er im Bereich Informationstechnologie beschäftigt. Im Zuge der Einführung von SAP R/3 wechselte er 1997 in den Bereich Controlling, wo er zunächst in der Zentrale im Allgäu die Leitung der Abteilung übernahm. Als Bereichsleiter Controlling folgte dann in den Jahren 2000 und 2001 eine Position mit Verantwortung für die Controlling-Systeme und das Berichtswesen aller neun Standorte in sechs Ländern Europas.

Im Internet unter: *www.uwebrueck.de*

Alfons Raps

Alfons Raps ist als selbstständiger Unternehmensberater tätig. Zuvor war er Mitglied der Geschäftsleitung und schließlich geschäftsführender Gesellschafter der Unternehmensberatung Plaut. Er hat in seiner Tätigkeit als verantwortlicher Betriebswirt für die Plaut-Gruppe die Entwicklung der Abrechnungs- und Controllingfunktionen in den SAP-Systemen RK (R/2) bzw. CO (R/3) maßgeblich mitgestaltet. In den Jahren 1992–1999 hielt er außerdem Vorlesungen zum Thema Controlling an der Universität Erlangen-Nürnberg.

Index

A
Abgrenzungsauftrag 336
Abrechnung 318
Abrechnungsvorschrift 313, 314
Absatzplan 113
Abschreibungen 161
Abweichung, dispositiv 350
Abweichungen 345, 390
Abweichungsverrechnung 348
Acitivity Based Costing 363
Aktiva 18, 21, 22
Aktivierung 164, 312
Analytische Kostenplanung 112, 363
Arbeitsplan 93, 113, 327, 363
Arbeitsplatz 93, 94
Arbeitsvorgang 327
Auftragsabwicklung 360
Aufwand 19, 20
Aufwandskonto 19
Ausschuss 138

B
Benutzervariablen 157
Bereichskostenstelle 93
Beschaffung 140
Beschäftigungsabweichung 345
Beschäftigungsgrad 330
Bestandsaufnahme 18
Bestandskonto 21
Bestandsveränderung 19
Betriebliche Leitungsstelle 136
Betriebsbereitschaft 127
Betriebshandwerker 133
Betriebswirt 16
Bezugsgröße 94
Bilanz 18, 20, 21
Bilanzkonto 18
Bilanzsumme 18
Buchhaltung 17
Buchungskreis 46, 103
Budget 112, 306
Budgetüberwachung 300
Business Content 433
Business Explorer Analyzer 423

C
Controller 16
CO-OM 45
CO-PA 45
CO-PC 45
Cost Driver 362
Customizing 102

D
Data Warehouse 422
Dauerauftrag 336
Deckungsbeitrag 34, 38
Deckungsrechnung 332
Dienstleistungsbereich 369
Disponierte Leistung 160, 174
Divisionskalkulation 370
Doppelte Buchführung 20
Doppelverrechnung 54, 143, 342

E
EDV 141
EDV-Spezialist 16
Eigenkapital 18
Einkauf 140
Einzelauftrag 336
Einzelfertigung 32, 114, 138, 349
Einzelkosten 24, 27, 51
Energiestelle 131
Entwicklungsaufträge 138
Entwicklungskosten 361, 365
Entwicklungsstelle 138
Ergebnisobjekt 92, 98
Ergebnisrechnung 23, 34, 45, 99
   buchhalterisch 385
   kalkulatorisch 385
Erlös 19, 104
ERP-System 42
Erstplanung 117
Ertrag 20

F
F&E-Stelle 98, 114
Fertigungsindustrie 25
Fertigungsstelle 93, 98, 138
Fertigungsunterstützung 359

FI 44
Finanzdienstleistung 26
Finanzwesen 44
Fixkosten
   gedeckt 331
   verrechnet 331
Fixkostenstelle 101
Fixkosten-Vorverteilung 130, 143
Fließfertigung 328, 349
Formenbau 133
Forschungs- und Entwicklungsstelle 98
Forschungsstelle 138
Fristigkeit 117

G

Gemeinkosten 27, 51, 91
   echte 27
   unechte 28
Gemeinkosten-Controlling 91
Gemeinkostenrechnung 23, 45
Gesamtleistung 19
Geschäftsführung 141
Geschäftsjahr 117
Gewinn- und Verlustrechnung 19, 20, 21
Grenzkostensatz 95
Großserienfertigung 96

H

Handel 24
Hauptprozess 367
Herstellungskosten 26
HR 44

I

Indirekte Bereiche 362
Indirekte Leistungsverrechnung 389, 398
InfoProvider 430
Innenauftragsabrechnung 336
Instandhaltungsvorhaben 299
Internes Rechnungswesen 28
Intervallplanung 127
Investitionsmanagement 306
Investitionsvorhaben 299
Istdaten 28
Istkosten 28, 334

Istkostennachweis 343
Istleistung 28, 335
Istmengen 116

K

Kalkulation 92, 94, 145
Komplexitätskosten 361
Kontierungsfehler 353
Kontierungsrichtlinien 353
Konzernkonsolidierung 433
Kosten 33
   fix 33, 111, 325, 362
   kalkulatorisch 335
   variabel 33, 111, 175, 325, 362
Kosten- und Leistungsrechnung 91
Kostenanalyse 352
Kostenanteil, variabel/fix 127
Kostenart 91
   primär 146, 147, 165
   primäre 53
   sekundär 107
   sekundäre 53
Kostenauflösung 127
Kostenbelastung 373
Kostendeckungsrechnung 99, 141
   stufenweise 92
Kostendurchsprache 352
Kostenplanung 111, 325
Kostenrechnungskreis 46, 103, 156, 371, 408
Kostenrechnungskreiswährung 103
Kostensatz 91, 95, 368
Kostenstelle 91, 111
   primär 92, 155, 350
   primäre 53
   sekundär 92, 115, 143, 155, 350
   sekundäre 53
   Verrechnungen 155
Kostenstellengruppe 105
Kostenstellenhierarchie 105
Kostenstellentypen 98
Kostenstellenverantwortlicher 112, 117
Kostenträger 92
Kostenträgerrechnung 94, 363
Kostenverrechnung 91
Kreditorenbuchhaltung 334
Kundenauftragsabwicklung 360

L

Lager 140
Lagerplan 113
Leistung 92
Leistungsart 94, 95, 109, 111, 391
  direkt 329
  indirekt 330
Leistungsartenermittlung, retrograd 328
Leistungsartenmenge 327
  direkt 327
Leistungsaufnahme 158
Leistungsempfänger 174
leistungsmengeninduziert 362
leistungsmengenneutral 362
Leistungsverrechnung 100, 108, 333
  direkt 100
  indirekt 100
Lohnverrechnungsstelle 93

M

Massenfertigung 349
Materialabrechnung 334
Materialgemeinkosten 359
Materialgemeinkostenzuschlag 140
Materialstelle 98, 114, 140
Materialwirtschaft 44
Materialzuschlag 140
Mehrfachaufriss 426
Mehrjahresplanung 433
Menge 154
Mengenabweichung 32, 116, 334, 345
Mengenbeziehung 108, 154
Mengeneinheit 108
Merkmal 386
Mittelfristplanung 117
MM 44

N

Nacharbeit 138
Netzplan 302, 307
Nutzungsdauerverhältniss 128

O

Objektwährung 103
OLAP 421
OLTP 421
Operatives Controlling 41

P

Parallele Fixkostenverrechnung 130
Passiva 18, 21, 22
Periodenbild 157
Personalkosten 334
Personalwesen 141
Personalwirtschaft 44
Planabstimmung 161, 174
Planbeschäftigung 113
Plandaten 28
Planerprofil 156, 169
Plan-Ist-Vergleich 352
Plankosten 325
Plankostensatz 144
Planleistung 160, 174
Planmenge 116
Plan-Plan-Vergleich 352
Planungsabstimmung 143
Planungsebene 435
Planungsgebiet 433
Planungshilfe 181
Planungsüberholung 112
Planungsworkbench 434
Planversion 153, 409
PP 44
PPS-System 94, 95, 327
Preisabweichung 32, 116, 334, 337, 345
Primärkosten 104
Primärkostenrechnung 351
Primärkostensatz 144
Primärkostenschichtung 145
Produkte 98
Produktionsplanung und -steuerung 44
Produktkostenrechnung 23, 33, 45
Prognose 303
Project Builder 308
Projektbericht 319
Projekte 98
Projektfertigung 114, 138, 349
Projektstrukturplan 302, 307
Proportional 94
Prozessbericht 374
Prozessfertigung 96, 113, 328
Prozesskostenrechnung 92
Prozesstreiber 362

Q

Query 429
Quoten 98

R

Raumstelle 130
Rechnungswesen, extern 342
Redundante Datenhaltung 422
Relativziffernplanung 146
Ressource 146, 147, 369
Ressourcenplanung 168, 335
Ressourcenpreis 170
Retraktion 432
Revision 344

S

SD 44
Segment 377, 392
Segmentberichterstattung 407
Sekundärkosten 104
Sekundärstelle 329
Senderkostenstelle 159
Senderleistungsart 159
Serienfertigung 32, 113, 328, 349
siehe F&E-Stelle
Simulation 143, 150
Solldaten 28
Soll-Istkosten-Vergleich 33, 113, 337
Soll-Ist-Vergleiche 352
Sollkosten 95, 325, 329
Sollmenge 116
Sonderbetriebsmittel 365
Sozialstelle 136
Stammdaten, Kostenstellen 102
Standardhierarchie 372, 410
Standard-Stunde 114, 140, 362
Statische Nebenrechnung 370
Statistischer Auftrag 337
Strategisches Controlling 41

T

Tarifermittlung 178

U

Teilprozess 367
Transaktionswährung 103
Transportstelle 135

U

Umlage 101, 108, 333, 376, 402
Umwertung 146, 184

V

Variabel 94
Variatorenrechnung 127
Verbrauchsabweichung 337, 340, 345
Vererben 309
Verrechnung 373
Verrechnungssatz 91
Versuchsaufträge 138
Vertrieb 44, 101
Vertriebsgemeinkosten 360
Vertriebskosten 25
Vertriebskostenzuschlag 360
Vertriebsstelle 98, 141
Verwaltung 101
Verwaltungskosten 25
Verwaltungsstelle 98, 114, 141
Vorgabewertschlüssel 97

W

Wareneingang 140, 368
Web 441
Werkzeugbau 133
Wertbeziehungen 108
Werte 154
Wertfeld 386
Wiederholplanung 117

Z

Zeitbezugsgröße 96
Zuschlag 92, 98
Zuschlagsverrechnung 140
Zyklus 376, 392

Hat Ihnen dieses Buch gefallen?
Hat das Buch einen hohen Nutzwert?

Wir informieren Sie gern über alle
Neuerscheinungen von SAP PRESS.
Abonnieren Sie doch einfach unseren
monatlichen Newsletter:

www.sap-press.de